제2판

영유아 교육기관 운영관리

홍순옥 · 안영혜 · 서은주 · 이미란
송민서 · 이서연 · 정은주

창지사

머리말

최근 여성의 경제활동 참여가 활발해지고 맞벌이 가정이 점차 늘어나면서 가정 양육에서는 영유아 교육기관 중심으로 이루어지는 양육의 중요성에 대한 인식이 높아지고 있습니다. 이에 따라, 국가적 차원에서의 양육 지원에 대한 요구가 증가하면서 영유아 교육기관 운영에 대한 기대 또한 증가하고 있습니다.

영유아 교육기관은 우리 아이들이 미래를 꿈꾸는 곳으로 미래 사회의 중심입니다. '행복한 아이', '행복한 교사', '행복한 영유아 교육기관'은 운영관리의 주체이자 대상인 영유아, 교사, 학부모, 원장 모두의 바람입니다. 무엇보다 행복한 영유아 교육기관이 되기 위해서는 변화하는 시대적 흐름과 사회적 요구를 빠르게 반영하는 체계적인 영유아 교육기관 운영관리가 필요합니다.

본 교재에서는 영유아 교육기관 운영관리의 주체로서 원장과 교사가 반드시 알아야 하는 내용을 유치원과 어린이집으로 구분하여 기술하였습니다. 교재 집필자들은 영유아 교육현장에서 유치원 교사, 보육교사, 유치원 원장, 어린이집 원장, 대학교수 등 영유아 교육기관 운영 경험이 풍부하며, 이러한 집필자들의 운영 경험을 토대로 영유아 교육현장에서 반드시 알아야 할 기본적인 이론과 영유아 교육현장 중심의 실제를 이해하기 쉽게 기술하였습니다.

이에 따라, 각 장의 주요 내용으로 1장에서는 영유아 교육기관에 대한 전반적인 이해를 돕기 위해 '영유아 교육기관의 이해'에 대해 다루고, 2장에서는 효율적인 영유아 교육기관 운영관리를 위한 '영유아 교육기관 운영관리의 기초'에 대해 다루었으며, 3장에서는 우리나라 대표적인 영유아 교육기관인 유치원과 어린이집의 설립과정에 대한 기본적인 정보 제공을 위해 '영유아 교육기관의 설립'에 대해 다루었습니다. 그리고 4장부터 9장까지는 영유아 교육기관 운영관리 영역별로 '원아관리',

‘인사관리’, ‘시설 · 설비관리’, ‘비품 및 교재 · 교구관리’, ‘재정관리’, ‘건강 · 영양 · 안전관리’에 대한 세부 내용들을 자세히 다루었으며, 10장에서는 영유아 교육기관 운영을 돕기 위해 반드시 연계교류가 이루어져야 하는 ‘가정 및 지역사회와의 연계교류’에 대한 내용을 다루었습니다. 11장에서는 유치원과 어린이집 통합평가에 대한 이해를 돕기 위해 평가체계 및 평가지표 등 ‘평가관리’에 대한 내용을 상세히 다루었습니다.

마지막으로 본 교재가 예비 영유아 교사뿐만 아니라 영유아 교육기관을 운영하는 원장님들과 현직교사들에게 영유아 교육기관 운영에 도움이 되는 자료로 활용되기를 기대하며, 본 교재가 나올 수 있도록 도움을 주신 많은 분들께 감사드립니다.

2018년 여름

저자 일동

차례

CHAPTER 01

영유아 교육기관의 이해

현대사회는 사회적 환경과 시대적 변화에 따른 핵가족화, 다문화 가정, 조손가정, 결합가정 등 다양한 가족의 출현과 여성의 사회참여 증대 등으로 인해 가족의 구조 및 기능이 변화해 가고 있으며, 영유아기 교육의 중요성 인식이 증가함에 따라 과거 대부분 부모나 조부모 등에 의해 가정에서 이루어지던 교육의 기능과 역할이 영유아 교육기관에서 담당해야 하는 방향으로 전환되고 있다. 이에 따라 설립 주체, 형태, 운영체, 시간 등에 따른 다양한 영유아 교육기관이 출현하고 있으며, 영유아 교육기관의 분류 유형 또한 다양하다. 영유아 교육기관의 유형은 나라마다의 특수한 조건, 사회적 요구, 취업 형태, 가족제도, 유아교육에 대한 인식 등에 따라 다르게 적용되고 있으므로(신은수 · 조형숙, 2006) 우리나라의 실정에 맞는 영유아 교육기관에 대한 이해가 요구된다. 따라서 본 장에서는 우리나라 영유아 교육기관의 정의 및 특성, 변천 과정, 유형 및 현황 등 우리나라 영유아 교육기관에 대한 전반적인 이해를 돕고자 한다.

1. 영유아 교육기관의 정의 및 특성

유아교육은 일반적으로 만 6세 이전의 유아를 위한 1~2년간의 교육으로 인식되어 왔고, 취학전 교육, 학령전 교육, 조기교육, 보육 등의 용어와 함께 여러 가지 이름으로 모호하게 사용되어 왔다. 그러나 현대에 와서 취학전 교육 또는 학령전 교육(preschool)이라는 용어는 유아교육(early childhood education)이라는 용어로 대치되고 있다(이기숙 · 이영자, 1991). 취학전 또는 학령전이라는 용어는 학교에 들어가기 이전이라는 의미를 내포하고 있어 유아교육을 학교 체제 속에 포함시키지 않는다는 뜻을 갖게 되기 때문이다(이영자 · 신동주, 2012). 유치원은 「교육기본법」에 따라 초등학교나 중 · 고등학교와 마찬가지로 학교의 한 유형으로 구분되어 유아학교로 부를 수 있다. 따라서 유아교육을 '취학전 교육' 또는 '학령전 교육'으로 지칭하는 것은 적절하지 못하다(신화식 · 김명희, 2010).

유아교육은 일반적으로 "출생부터 8세까지의 유아를 대상으로 유아 행동의 계획적이고 긍정적인 방향으로의 변화" 또는 "출생부터 8세 유아의 정신적 · 신체적 성장과 발달을 도와주는 일련의 과정"으로 규정할 수 있다(이은화 · 이정환 · 이기숙 외, 2003). 유아교육에 대하여 스포덱(Spodek)은 "3세에서 8세까지의 유아를 대상으로 유아원, 유치원, 어린이집 및 초등학교 저학년에서 실시하는 교육"이라고 정의하였으며, 모리슨(Morrison)은 "0에서 8세를 위한 교육"으로 정의하였다(우수경 · 김현자 · 신선희 외, 2016). 따라서 유아교육은 '0~8세의 모든 유아를 위한 전인교육'이라 할 수 있다.

영유아 교육기관은 영유아를 대상으로 교육하는 기관으로, 이연섭(1999)은 "유아를 대상으로 의도적 · 계획적 · 제도적 교육을 실시하기 위하여 설치한 기관"이라고 하였으며, 임재택(1999)은 "영유아의 체계적인 보호와 교육을 위하여 국가에서 법과 제도적으로 공인한 보호 · 교육시설"을 의미한다고 하였다. 즉, 영유아 교육기관은 '영유아를 대상으로 보호와 교육이 이루어지는 곳으로 영유아의 전인적 성장 및 발달을 위해 국가에서 법적 · 제도적으로 공인한 교육시설'을 의미한다. 현재 우리나라에서의 영유아 교육기관은 「유아교육법」과 「영유아보육법」에 의해 설립 · 운영되고 있는 유치원과 어린이집이 있다.

유아 관련 학문을 연구하는 학자들은 영유아의 발달 특성상 많은 시간을 영유아 교육기관에서 보내는 것에 대해 반대하고 하루에 반나절 정도만 교육해야 한다고 주장한다. 반면, 일부 여성학자들은 어린이의 보호와 교육은 사회가 책임져야 한다고 주장하고 24시간제 영유아 교육기관까지 활성화시켜 줄 것을 요구하고 있다(김혜경, 2005). 이러한 양측의 주장은 모두 설득력을 가지고 있으며, 영유아 교육기관의 성격은 시대적 · 사회적 변화와 밀접한 연관성이 있으므로 영유아 교육기관의 성격 또한 변화될 필요성이 있다.

현대사회는 산업 및 경제 구조가 변화되고 있으며, 여성의 직업군이 다양해지고 여성 노동력의 질적 향상으로 여성 인력의 활용이 활발해짐에 따라(최애경 · 좌승화 · 최진원, 2013) 가정에서 여성의 역할이 변화되고 있으며, 육아에 대한 국가와 사회의 관심이 증가함에 따라 영유아 교육기관의 성격 또한 변화되고 있다. 따라서 21세기 정보화 사회에서 영유아 교육기관은 다음과 같은 특성을 지닌다(이인원 · 김호년 · 전정희 외, 2012).

첫째, 영유아 교육기관에서의 서비스 대상 연령은 0세부터 시작된다. 여성의 사회참여가 늘어나고 점차 전문직으로 진출하는 기회가 많아져 출산과 육아를 위해 퇴직하는 여성이 줄어듦에 따라 영유아 교육기관을 이용하는 연령이 점차 하향화되고 있다.

둘째, 영유아 교육의 대상이 점차 다양한 영유아에 대한 요구를 수용하는 방향으로 전환되고 있으며, 특수아동에 대한 교육과 일반아동의 혼합학급을 구성하는 통합교육이 활성화되고 있다.

셋째, 부모의 요구가 다양해짐에 따라 다양한 영유아 교육 프로그램이 실시되고 있다.

넷째, 부모의 직업이 다양해지고 근무시간이 다양해짐에 따라 탄력적인 시간 운영이 이루어지고 있다. 하루 4시간을 운영하는 반일제, 시간 연장제, 8시간을 운영하는 종일제, 야간보육, 휴일보육 등 부모의 요구에 따라 다양한 형태로 운영되고 있다.

다섯째, 영유아에 대한 교육 이외에 부모를 포함한 가족들에 대한 서비스까지 확대되고 있다.

여섯째, 영유아 교육기관 현장에서는 보육과 교육을 분리하여 접근하기보다는 점차 통합적으로 운영하고 있다. 과거에는 보호와 교육의 기능을 구별하는 경향이 있었으나 최근에는 이 두 개념을 분리할 수 없는 통합된 개념으로 이해한다.

2. 우리나라 영유아 교육기관의 변천 과정

우리나라 영유아 교육기관은 현재 교육부가 관할하는 유치원과 보건복지부가 관할하는 어린이집으로 이원화되어 운영되고 있다. 유치원과 어린이집의 변천 과정을 살펴보면 다음과 같다.

1) 유치원

우리나라 유치원의 역사는 현재 약 110년 정도로 시대적 변화와 요구에 따라 다양하게 변화되어 왔다. 공식적인 교육기관에서 유아교육이 시작된 것은 1837년 독일의 프뢰벨(Fröbel)이 '유아교육소'를 설립한 것을 계기로 세계 여러 나라에서 유치원을 설립 · 운영하였으나 우리나라 유아교육은 다른 나라에 비해 60여 년 정도 뒤늦게 출발하였다. 그 원인으로는 국내외의 혼란스러운 정세로 인해 국가적 차원에서 유아교육에 대해 무관심하였고, 이로 인해 우리나라 유아교육은 가정에서 주로 어머니의 역할에 의존해 오다가 일제 강점기에 일본인에 의해 1897년 부산유치원이 설립되면서부터 점차 발전하게 되었다(박승자, 2003).

우리나라 유치원의 변천 과정을 시대적으로 유치원 초기 형성기, 유치원 기반 형성기, 유치원의 질적 수준 향상기, 유치원 발전기, 유아교육 공교육화 모색기로 나누어 살펴보면 다음과 같다(지옥정, 2008).

(1) 유치원 초기 형성기(1897~1945년)

한국 땅에 설립된 최초의 유치원은 1897년 일본인들이 그들의 자녀를 교육하기 위해 부산에 설립한 '부산유치원'이다. 일제 강점기에 우리나라는 유아교육에 대해 전무한 상태였으며, 부산유치원은 일본인 교사가 교육하고 일본인 자녀만 입학할 수 있었다. 한국인 자녀를 위해 설립한 최초의 유치원은 '나남유치원'으로 1909년 일본인이 함경북도 경성군 나남읍에 설립하여 한국인 자녀를 교육하였으나 교사는 모두 일본인이었다. 그 후 1913년 서울 인사동에 한국인에 의해 '경성유치원'이 설립되었다. 한국인 교사 3명과 일본인 교사 1명이 3학급의 유아 약 120명을 교육하였는데 교육내용은 대부분 일본인 식민지 동화정책을 위한 내용이었다. 경성유치원은 소위 귀족층 자녀로 구성되었으며, 식민지 문화정책 중의 하나로 운영되었기 때문에 진정한 의미의 우리나라 최초의 유치원이라고 보기에는 어려움이 있다.

1914년 미국인 선교사 브라운 리(Charlotte Brown lee)에 의해 이화학당 부설 기관으로 설립한 '이화유치원'은 우리말로 교육이 이루어졌으며, 원하는 사람의 자녀는 누구나 입학이 허용되었다. 이화유치원은 서양식 유아교육 이론에 기초한 우리나라 최초의 유치원이라 할 수 있으며, 우리나라 유치원 교육에 많은 영향을 주었다. 1916년에는 현 중앙대학교의 모체인 서울 중앙교회 부속으로 3 · 1 독립운동의 민족대표 33인의 한 사람인 박희도에 의해 중앙유치원이 설립되었다. 중앙유치원은 설립목적, 설립 주체, 교육대상이 모두 한국인으로 자주적인 설립이었다는 점에서 의미가 있다. 중앙유치원을 시작으로 1917년에 한국인이 직접 설립한 청송유치원과 금정유치원이 설립 · 운영되었고 1921년에는 모두 39개 유치원에서 2,160명의 유아들이 87여 명의 교사들에 의해 유아교육이 이루어졌으며, 법적인 규제 없이 조선총독부의 「사립학교령」의 감독만 받았다(박승자, 2003). 이후 1922년 총독부령 제11호에 최초로 유치원 규정이 발표되어 해방 후 1949년 「교육법」이 제정되기까지 사립 유치원 교육의 법적 근거가 되었다. 그러나 그 규정은 취원 연령, 설립요건, 설립절차, 폐원절차, 시설 등 외형적인 규제에 그쳤으며, 교육내용에 대한 규제는 없었다.

〈표 1-1〉 해방 전 우리나라 유치원 역사

<table>
<tr><td rowspan="8">한국의
초기
유치원</td><td rowspan="6">한국인 유치원
(사립 유치원)</td><td rowspan="2">기독교 유치원</td><td>선교사 설립(이화유치원, 1914)</td></tr>
<tr><td>한국인 설립(중앙유치원, 1916)</td></tr>
<tr><td colspan="2">불교 유치원(금천유치원, 1923)</td></tr>
<tr><td colspan="2">비기독계 유치원(금릉유치원, 1920)</td></tr>
<tr><td rowspan="2">동화형 유치원</td><td>한국인 설립
(나남유치원, 1909 / 사립 경성유치원, 1913)</td></tr>
<tr><td>일본인 설립
(애국부인회 경성유치원 1922 / 덕풍유치원, 1924)</td></tr>
<tr><td rowspan="2">일본인 유치원</td><td colspan="2">사립 유치원(사립 부산유치원, 1897)</td></tr>
<tr><td colspan="2">공립 유치원(공립 경성유치원, 1900)</td></tr>
</table>

(2) 유치원 기반 형성기(1945~1968년)

1945년 광복 이후 1948년에 대한민국 정부가 수립되었으나 그동안의 일제 교육 정책 후유증과 해방 이후 혼란기를 접하면서 교육 부분은 기틀을 가지지 못하였다(신화식 · 김명희, 2010). 1949년에는 「교육법」을 제정 · 공포하였으며, 이 중 제146조, 제147조, 제148조에 유치원에 관한 내용을 규정하고 있다(최애경 외, 2013). 그러나 이는 1947년 공포된 일본의 학교 교육법의 영향을 받은 것으로, 이후 국립 유치원의 필요성을 인식하고 1950년 5월 문교부에서 국립 유치원 설치 계획을 발표하였지만, 한국전쟁으로 인해 무산되었다.

한국전쟁 이후 수많은 요보호 아동기관들이 시급한 사회적 문제로 대두되면서 유아교육을 교육적 기능보다는 보호적 기능으로 생각하거나 가정교육의 한 부분으로 취급하여 사립 유치원은 유아를 위한 전인교육기관으로 인정받지 못하였다(김영옥, 1986). 1962년 8월 「유치원 시설 기준령」이 공포되어 1963년부터 시행되면서 그동안 무질서하게 설치 · 운영되었던 유치원 교육에 필요한 최소한의 시설 기준을 마련하였으며, 이는 사립 유치원의 교육적 환경을 개선하는 데 필요한 법적 근거가 되었다(심은희, 2010). 또한, 1963년부터 문교부에서 자격이 갖추어진 사람에게 1정 자격증, 2급정 자격증, 준교사 자격증을 발급해 주었으나(박승자, 2003), 사회경제적으로 여건이 성숙되지 못하여 실질적인 유아교육은 기대에 미치지 못하였다.

(3) 유치원의 질적 수준 향상기(1969~1980년)

1969년에는 우리나라 최초의 유치원 교육과정이 문교부령으로 제정되었고 건강, 사회, 자연, 언어, 예능의 5개 영역으로 구성되어 유치원 교육의 내실화를 기하게 되었다. 또한, UNESCO가 1970년을 '세계교육의 해'로 선정함에 따라 이때부터 평생교육의 교육사조가 대두되었고 유아교육의 기회확대운동이 활발히 전개되기 시작하였다(신화식 · 김명희, 2010). 1970년 중반에 이르러 국가 경제 발전으로 인해 국민 생활이 안정되자 정부나 학부모들이 유아교육에 관심을 갖게 되면서 유치원 교육의 중요성을 인식하게 되었다. 이에 1976년 최초의 공립 유치원을 초등학교 병설 형태로 서울 4곳과 부산 1곳에 설립하여 운영하게 되었으며, 이후 유치원 교육의 공교육화 추진 움직임으로 인해 1980년에는 40개 정도가 되었다.

〈표 1-2〉 우리나라 공 · 사립 유치원 수

연도	공립	사립	계
1974	0	588	588
1975	0	611	611
1976	5	630	635
1977	5	660	665
1978	8	713	721
1979	26	768	794
1980	40	861	901

출처: 박승자(2003) 재구성.

(4) 유치원 발전기(1981~2004년)

1981년 제5공화국이 출범하면서 유아교육의 중요성을 언급하고 낙후된 유아교육 육성을 정부 시책으로 채택하면서 1981년 12월 31일 「유아교육진흥법」을 공포하였다. 또한, 영유아 교육기관을 전국에 고루 설치하여 저소득층을 포함한 많은 영유아가 교육을 받을 수 있도록 1982년 3월 26일에 '유아교육진흥종합계획'을 수립하였다. 이로 인해 우리나라 영유아 교육기관의 양적 증대에 혁명적인 변화를 가져왔다.

「유아교육진흥법」과 '유아교육진흥종합계획'에 따라 보건사회부가 관할하던 어린이집, 농촌진흥청의 농번기 탁아소, 내무부의 새마을 협동 유아원이 내무부 관할의 새마을 유아원으로 통합되었다. 이는 새마을 유아원이 명실공히 영유아 교육기관의 반열에 오름으로써 현재의 보육시설이 확고한 영유아 교육기관으로 자리 잡도록 하는 데 기초가 되었으나(한미라 · 전예화 · 신혜영, 2005), 이러한 정책이 오늘날 교육부 관할의 유치원과 보건복지부 관할의 어린이집으로 이원화된 유아교육 체제를 만든 결과를 초래하게 되었다.

이후 1991년 1월 4일 「영유아보육법」이 제정 · 공포되면서 새마을 유아원이 어린이집이나 유치원으로 전환되었고, 1992년부터는 만 3세 유아가 유치원에 입학할 수 있게 되었으며, 1995년부터는 유치원에서 종일반을 운영할 수 있게 되었다. 1999년 3월 1일부터 시행된 「유아교육진흥법」 개정안에는 유아교육에 대한 정부의 제도적 지원을 강화하고 유아교육 무상교육화를 추진하는 만 5세 유아에 대한 무상교육의 근거를 마련하였다(이기숙 · 김순환 · 조혜진, 2014).

(5) 유아교육 공교육화 모색기(2004~현재)

유아교육의 질을 높이고 공교육 체제를 마련하기 위해 2004년 1월 「초 · 중등교육법」에서 분리된 「유아교육법」이 제정되었다. 「유아교육법」에는 만 5세아 무상교육, 사립 유치원 교사 인건비 등 운영에 소요되는 경비 전부 또는 일부 지원, 유치원의 종일반 운영에 관한 내용을 규정하고 있다. 「유아교육법」 제정은 우리나라 유아교육이 공교육 체제를 갖추는 기반이 되었고, 이러한 유아교육의 공교육화 추진이 가속되면서 초등학교 병설 유치원 및 단설 유치원이 증대되고 있다.

한편, 유아교육과 보육의 통합에 대한 필요성이 대두되면서, 2005년 유아교육과 보육 관련 업무를 하는 국책연구기관으로 육아정책개발센터(2009년 12월 육아정책연구소로 개칭)가 설립되었으며, 유아교육이 공공성을 확보하고 유아교육의 질적 향상을 위해 육아정책개발센터의 주도 아래 유치원 평가를 시행하고 있다. 2007년 공 · 사립 유치원을 대상으로 시범평가를 실시하였으며, 2008~2010년에는 모든 유치원을 대상으로 1주기 평가를 실시하였다. 2017년부터는 4주기 유치원 평가가 실시되고 있고, 누리과정을 공통 적용하고 있는 유치원과 어린이집에 대한 통합평가가 3년 단위로 주기적으로 실시되었다. 그러나 유치원 평가 만족도 조사 결과 점검, 감사, 문서 중심 평가로 인한 업무 가중으로 현장평가 폐지에 대한 요구가 높아지면서 자율과 참여에 바탕을 둔 자체평가 중심의 평가 방법으로 개선이 필요하였다. 이에 매년 전체 공 · 사립 유치원을 대상으로 현장평가를 폐지하고 자율과 참여 중심의 유치원 자체평가를 실시하고 있다.

〈표 1-3〉 해방 후 우리나라 유치원 역사

시기	주요 내용
1940년대	– 1946년 10월: 보통교육국 초등교육과에서 유치원 업무 담당 – 1947년 12월: 유아교육의 법적 근거 마련 4세~초등학교 취학 전 어린이에 대한 수업연한 1년 이상의 유아교육 실시 – 1949년: 「교육법」 공포
1950년대	– 1950년 3월: 제1차 학제 개정에 국립 유치원 설치계획을 마련하였으나 6·25전쟁으로 실행하지 못함 – 1952년: 유치원 설립인가 등 유아교육 기반 법적 근거 마련 '후생시설운영요강'에 의거한 부산시립탁아소 설치 – 1955년 2월: 문화국 사회교육과에서 유치원 업무 담당
1960년대	– 1962년: 「유치원 시설 기준령」 마련 – 1963년: 「유치원 시설 설치 기준령」 공포·시행 보통교육국 교육행정과에서 유치원 업무 담당 – 1968년: 유치원 수업료 및 입학금 정액표 – 1969년 2월: 최초로 유치원 교육과정 제정 (건강, 사회, 자연, 언어, 예능 영역)
1970년대	– 1976년: 최초로 공립 유치원인 초등학교 병설 유치원 설립(서울 4, 부산 1) – 1979년: 전문대학 보육과 설치 – 1979년 3월: 서울시 교육위원회 초등교육과에 유치원 담당 장학사 배치 보통교육국 의무교육과에서 유치원 업무 담당 제2차 유치원 교육과정 개정 (사회정서, 인지, 언어, 신체발달 및 건강 영역)
1980년대	– 1981년: 유아교육 활성화 강화 – 1981년 3월: 제1차 유아교육진흥 종합계획 수립 – 1981년 12월: 제3차 유치원 교육과정 개정 (신체, 정서, 언어, 인지, 사회성발달 영역) – 1982년 11월: 제1회 유아교육 교재·교구 전시회 개최 – 1982년 12월: 「유아교육진흥법」 제정 「유아교육진흥법」에 의거한 어린이집 691개소를 새마을 유아원으로 흡수·운영 – 1983년 2월: 보통교육국 유아교육담당관실 설치 시·도 교육위원회 유아교육 담당 장학관 배치 – 1984년: 제3회 유아교육 교재·교구 전시회 개최 – 1985년 2월: 시·도 교육위원회 유아교육 담당 장학사 배치 사립 유치원 납입금 자율화 시행 – 1985년: 서울 등 6개 도시 초등학교 병설 유치원 설치(19개 원 41학급) – 1985년 8월: 제4회 유아교육 교재·교구 전시회 개최 – 1986년 1월: 공립 유치원 전임강사 운영관리 지침 시안 – 1986년: 제5회 유아교육 교재·교구 전시회 개최

시기	주요 내용
1980 년대	– 1987년 6월: 제4차 유치원 교육과정 개정 (신체, 정서, 언어, 인지, 사회성발달 영역) – 1987년 12월: 「남녀고용평등법」에 의거 직장탁아제 도입 – 1989년 9월: 「아동복지법 시행령」에 탁아사업 실시 근거 부활
1990 년대	– 1900년 1월: 「탁아시설의 설치 · 운영 규정」 제정 – 1900년 2월: 지역교육청에 유아교육계 설치 – 1991년 1월: 「영유아보육법」 제정 내무부 관청 새마을 유아원 교육부 이관 이관된 유아원은 1993년까지 유치원 또는 탁아소로 전환 – 1991년 12월: 유치원 취원 연령을 만 4, 5세에서 만 3, 4, 5세로 조정 「유아교육진흥법」 개정 – 1992년 3월: 「유아교육진흥법 시행령」 개정 – 1992년 9월: 제5차 유치원 교육과정 제정 (건강, 사회, 표현, 언어, 탐구생활 영역) – 1998년 6월: 제6차 유치원 교육과정 제정 (건강, 사회, 표현, 언어, 탐구생활 영역)
2000 년대	– 2004년 1월: 「유아교육법」 제정, 「영유아보육법」 개정 – 2004년 6월: 보육 업무가 보건복지부에서 여성가족부로 이관 – 2005년: 표준보육과정 개발연구, 어린이집 평가인증제 실시 – 2006년 11월: 제1차 어린이집 표준보육과정 공포 – 2007년 1월: 제1차 어린이집 표준보육과정 고시 (기본생활, 신체운동, 의사소통, 사회관계, 예술경험, 자연탐구 영역) – 2007년: 2007 개정 유치원 교육과정 제정 (건강, 사회, 표현, 언어, 탐구생활 영역) – 2008년 4월: 여성가족부에서 보건복지가족부로 이관 – 2010년 9월: 보육 업무가 여성가족부에서 보건복지부로 이관 제1차 어린이집 표준보육과정 재고시 – 2011년 9월: 5세 누리과정 고시 – 2012년 3월: 5세 누리과정 시행 (신체운동건강, 의사소통, 사회관계, 예술경험, 자연탐구 영역) – 2012년 2월: 제2차 어린이집 표준보육과정 개정 · 고시 – 2012년 7월: 3~5세 연령별 누리과정 고시 – 2013년 1월: 제3차 어린이집 표준보육과정 고시 – 2013년 3월: 3~5세 연령별 누리과정 시행 (신체운동건강, 의사소통, 사회관계, 예술경험, 자연탐구 영역) –2019년 7월: 3~5세 연령별 개정 누리과정 고시 –2020년 3월: 3~5세 연령별 개정 누리과정 시행 –2020년 4월: 제4차 어린이집 표준보육과정 고시 –2020년 9월: 제4차 어린이집 표준보육과정 시행

2) 어린이집

어린이집의 발달은 아동복지사업의 발달과 맥을 같이한다. 초기 아동복지사업은 구빈적 차원에서 요보호 아동을 대상으로 시작되었으나, 최근에는 장애아동은 물론 모든 영유아를 대상으로 발전하였다. 우리나라 어린이집의 발전 과정을 법과 제도에 따라 태동기, 전환기, 정비기, 확대기, 정착기로 나누어 살펴보면 다음과 같다(이인원 외, 2012).

(1) 태동기(1921~1960년)

1921년 서양 감리교 선교사들이 서울에 개관한 태화기독교사회관에서 빈곤가정 자녀를 위한 구제사업의 일환으로 탁아 프로그램을 개설하면서 우리나라의 보육사업이 시작되었다. 그 후 1926년 부산 공생탁아소와 대구 은총탁아소가 설치 · 운영되었고 1939년 관립 1개소, 부 · 읍 · 면립 2개소, 재단 설립 3개소, 종교단체 설립 7개소, 기타 3개소로 총 11개의 공 · 사립탁아소에서 435명의 영유아가 보육을 받았다. 그러나 이 시기에는 보육에 대한 법과 제도는 마련되지 않고 주로 빈곤가정의 자녀를 보호하는 구호 차원의 특성이 강하였다. 광복 후 한국전쟁으로 인한 정치적 불안과 사회적 혼란으로 인해 요보호 영유아에 대한 구호문제가 시급하여 외국의 원조로 여러 곳에 보호시설이 설치되었다. 1960년에는 전쟁을 통해 피란민이 결집된 부산에 24개소의 탁아소에서 1,130명의 요보호 유아들이 보호를 받았다. 즉, 이 시기는 해방과 전쟁이라는 극심한 사회 혼란기를 겪으면서 서양식 교육을 받은 한국 지식인들의 증가로 현대식 보육 개념이 이미 태동하였음에도 불구하고 전쟁고아, 수해와 기근으로 인한 기아 등 시급한 사회 구호적 보육이 요구되었다(오경희, 2005; 문혁준 · 안효진 · 김경희, 2014, 재인용).

(2) 전환기(1961~1981년)

1950년대까지 구호의 성격에서 벗어나지 못했던 보육사업은 1961년 「아동복리법」이 제정 · 공포되면서 아동의 복리 증진과 보장을 위한 보육사업이 시작되었다. 당시 경제개발 추진에 의한 산업화가 진행되면서 취업 여성이 증가하고 보육문제가 사회문제로 대두되면서, 1968년 3월에는 「아동복리법 시행령」 제2조 제9항에 근거한 「미인가 탁아시설 임시 조치령」을 공포하여 민간 탁아시설을 적극적으로 권장하였다. 1960년에 24개소이던 탁아시설이 1970년대에는 600여 개에 달하는 양적 확충을 가져 왔으며(오경희, 2005), 탁아소는 아이를 단순히 맡겨 놓는 곳으로의 오해 소지가 있어 명칭을 '어린이집'으로 변경하여 교육의 기능을 강화하였다. 이러한 노력의 결과로 1982년까지 629개소의 어린이집(1968년 거칭)과 382개 농번기 탁아소(1963년 시작), 263개의 새마을 협동유아원(1981년), 38개의 민간유아원 등 학부모의 요구와 지역적 특성에 따라 다양한 보육시설이 생겨나게 되었다(백혜리, 2013). 그러나 「미인가 탁아시설 임시 조치령」으로 인해 보육시설의 수는 양적으로 증가하였지만 보육시설의 환경, 교사 자격 등 운영 전반에 걸친 질적 수준은 매우 미흡하였다.

정부는 보육교사의 질적 향상을 제고하기 위해 결국 1977년 「미인가 탁아시설 임시 조치령」을 폐지하였고 「사회복지사업법」 제6조 제2항을 개정하여 탁아시설의 법인화를 촉구하였다. 그 결과 탁아시설의 증가율은 둔화되기 시작하였으나 맞벌이 부부의 자녀는 여전히 증가하여 보육의 수요 증가에 따라 1978년 4월 23일 '탁아시설 운영 개설방안'을 마련하였다. 이에 따라 보육료를 내면 중산층의 유아도 어린이집을 이용할 수 있게 되었다.

결론적으로 이 시기는 1961년 「아동복리법」의 제정으로 보육시설이 법정시설로 정부의 지도와 감독을 받으며 유아의 복지에 대한 필요성을 인지하기 시작한 시기이기는 하나 보육시설의 미흡한 질적 수준으로 인한 부정적 이미지를 가지고 있었다.

(3) 정비기(1982~1990년)

1980년대에 들어서면서 복지국가 건설이라는 국정 이념에 따라 유아교육과 아동복지 문제가 정부의 주요 개혁 시책으로 강조되었다. 1982년 2월 8일 '유아교육진흥계획'이 수립되어 영유아 교육기관이 통합 · 정비되었으며, 3월 26일 '유아교육진흥종합계획'이 확정되어 보건사회부의 어린이집 691개소, 내무부의 새마을협동유아원 263개소, 농업진흥청의 농번기 탁아소 382개소 등의 영유아 교육기관이 모두 새마을 유아원으로 통합되고 내무부에서 이를 주관하도록 하였다. 이로써 영유아 교육기관은 문교부 관할의 유치원과 내무부 관할의 새마을 유아원으로 정비되었다(이기숙 외, 2014). 그 결과, 새마을 유아원 시설 확충과 운영관리는 내무부에서, 장학지도와 교재 · 교구 개발 및 보급, 교사 양성은 문교부에서 맡아 운영하였고 아동 급식과 보건위생 등 보건의료 지원은 보건사회부에서 맡아 운영하였다.

새마을 유아원은 유아교육 진흥이라는 큰 목적하에 학령 전 아동의 교육과 보호를 동시에 충족시키는 이상적인 시설로서, 특히 저소득층 취업모의 자녀를 위한 보육을 담당한다는 목적을 가지고 어린이집을 흡수 · 통합하여 전국적으로 확대되어 갔다. 그러나 새마을 유아원 사업은 당초의 목적과는 달리 보육시설의 기능을 거의 수행하지 못하고 있음이 드러나기 시작했다(김남식, 2002). 0~3세 영아를 보육하는 새마을 유아원이 거의 없었고 무엇보다 하루의 보육 시간이 5~6시간으로 짧아서 노동시간이 평균 11시간인 저소득층 맞벌이 부부에게는 도움이 되지 못하였다.

1980년대 후반에 들어서면서 여성의 경제활동인구가 지속적으로 증가하면서 보육수요 증대로 인한 보육문제가 사회문제로 부각되었다. 이에 1987년 12월 노동부에서 「남녀고용평등법」으로 탁아소를 설치할 수 있는 근거를 마련하여 공단 지역을 중심으로 시범탁아소를 설치 · 운영하였다.

1989년과 1990년 「아동복지법 시행령」과 「아동복지법 시행규칙」을 개정하여 탁아사업 실시 근거를 부활시키고 탁아소 전환을 희망하는 내용을 포함한 탁아시설의 설치운영 규정을 제정하였다. 이 법에 의하여 탁아의 유형을 세 가지로 분류하여 저소득층 밀집 지역에는 정부지원 탁아시설, 공단 또는 산업체 내에는 직장탁아,

기타 일반 지역에는 수익자부담시설 또는 가정탁아를 설치하도록 하였다. 기존의 새마을 유아원은 교육이 주목적인 시설은 문교부로 이관하고 보육이 주목적인 시설은 보건사회부로 이관하도록 하였다. 내무부가 관장하는 새마을 유아원의 업무 중 탁아사업은 보건사회부로 일원화되었다. 보건사회부에서는 「아동복지법」에 의해 탁아사업을 다시 실시하였으나 여러 부처에서 각기 독자적으로 탁아 관련 사업을 관리 · 운영하게 됨에 따라 정부 재정의 비효율성과 체계적인 보육서비스에 많은 문제점을 노출시켰다(김남식, 2002).

이와 같이 1982년에서부터 1990년까지는 시대적으로 보육에 대한 수요가 급격히 발생하였지만 국가는 이러한 수요에 대하여 적절하게 대처할 수가 없었다. 결국, 1990년대 발생한 제대로 보호받지 못한 맞벌이 가정 남매의 죽음과 같은 비극적인 사건이 발생하면서, 이를 계기로 영유아를 위한 보육제도는 사회적 관심의 대상이 되면서 새로운 발전을 모색하게 된다(백혜리, 2013).

(4) 확대기(1991~2004년)

1990년대 기혼 여성의 취업률이 계속 증가하면서 보육에 대한 수요는 더 늘어났다. 정부는 증가하는 맞벌이 가정의 보육수요에 대처하기 위해 보육시설 확충에 대한 정책이 필요하였고, 이에 1991년 1월 「영유아보육법」이 제정 · 공포되었다.

1991년 제정된 「영유아보육법」 제1조에 의하면 보육은 "보호자가 근로 또는 질병 기타 사정으로 인하여 보호하기 어려운 영아 및 유아를 심신의 보호와 건전한 교육을 통하여 건강한 사회성원으로 육성함과 아울러 보호자의 경제적 · 사회적 활동을 원활하게 하여 가정 복지 증진에 기여함을 목적으로 한다."라고 제시하고 있어 보육의 대상이 요보호 아동에 대한 선별적 차원의 보육이었음을 밝히고 있다(이미정 · 윤숙현, 2006). 또한, 이 법은 보호와 교육의 애매했던 개념을 보호와 교육을 통합한 '보육(educare)'이라는 진보된 개념으로 전환하였고 보육내용도 아동교육, 영양, 건강, 안전 등의 보호와 교육 또는 부모교육, 지역사회와의 연계까지 포괄하는 종합적인 서비스를 제공하도록 하였다(오경희, 2005).

이와 같이 정부의 보육사업에 대한 확고한 의지로 1994~1995년 국민연금 융자 제도를 마련하여 토지나 재산을 소유한 무자격자에게 보육시설 설치비를 저리로 대여해 주어 보육시설을 설립할 수 있게 하고 단기 보육시설장 양성 과정을 수료하게 하여 시설장 자격을 주었다. 그러나 이러한 보육시설 확대 정책으로 인해 보육시설의 양적 확충은 이루어졌으나 보육의 질적 저하를 초래하는 결과를 가져왔다.

(5) 정착기(2005~ 현재)

2004년 1월 「영유아보육법」이 전면 개정되면서 제1조에 "보육은 영유아를 심신의 보호와 건전한 교육을 통하여 건강한 사회성원으로 육성함과 아울러 보호자의 경제적 · 사회적 활동을 원활하게 함으로써 가정 복지 증진에 기여함을 목적으로 한다."라고 제시하고 있다. 이는 보육의 공적 책임을 강화하고 보육서비스의 질을 향상시키고 보육서비스를 다양화하여 보육사업이 발전할 수 있는 계기가 되었다. 개정된 「영유아보육법」은 보육시설의 설치 기준을 신고제에서 인가제로 강화하였고 보육교사의 국가자격증 제도를 시행하였으며, 표준보육과정 개발과 평가인증 제도를 실시하는 등 공보육을 강화시키고 보육서비스의 질을 향상시키고자 노력하였다.

2005년부터는 보육교사 국가자격증 제도가 도입되어 국가가 보육교사 자격을 검정하고 자격증을 교부하였다. 보육교사 자격은 1, 2, 3급으로 구분하였으며, 이전 법에 의하여 1급 교사 자격은 2급으로, 2급 교사 자격은 3급으로 변경되었고 1급 교사제도가 신설되었다. 즉, 2급 보육교사 자격을 취득한 후 3년의 보육경력이 있으면 승급교육 후 1급 정교사 자격을 취득할 수 있도록 교사 자격 제도를 강화하였다. 다만, 보육교사 자격에서 관련 학과 규정을 폐지하여 전공 여부와 관계없이 보육 관련 교과목을 이수할 경우, 보육교사 자격을 취득할 수 있도록 개정하였다(백혜리, 2013).

보육의 공적 기능이 강화함에 따라 정부의 보조금이 확대되었고, 이를 투명하게 사용할 수 있도록 하기 위해 2007년 개정된 「영유아보육법」에서는 거짓이나 부정한 방법으로 보조금을 받거나 유용한 경우 보육원장의 자격 정지 및 자격 취소가 가능하도록 규정하였다(이인원 외, 2012). 이처럼 보육의 공적 기능 강화 및 보육서비스 수준의 중요성이 부각되면서 국가 보육정책은 보육서비스 질적 수준의 제고와 유지 방안에 관심이 증가되었고 어린이집 질적 수준 관리 기제의 필요성이 제기됨에 따라 정부에서는 2003년 '어린이집 평가인증제 모형' 개발 및 2004년 「영유아보육법」 제30조에 '어린이집 평가인증'의 법적 근거를 마련하였다. 어린이집 평가인증제도는 2005년 시범운영을 거쳐 2006년도부터 본격적으로 확대 시행하였고(보건복지부, 2014), 2009년까지 제1차 시행이 완료되어 2010년부터 제2차 평가인증이 시행되고 있으며, 2014년 12월부터 2018년 현재까지 3차 지표 시범사업에 신청한 어린이집을 대상으로 시범운영하였다. 2019년 6월부터는 전체 어린이집을 대상으로 어린이집 평가제가 시행되고 있다. 어린이집 평가제는 의무참여이며, 정당한 이유 없이 평가 또는 확인점검을 거부 · 방해 또는 기피하는 경우 시정명령 및 행정처분 대상(영유아보육법 제44조 제4호의 6)이 될 수 있다.

3. 영유아 교육기관의 유형 및 현황

우리나라의 영유아 교육기관은 「유아교육법」에 근거하여 설치 · 운영되는 교육부 산하의 유치원과 「영유아보육법」에 근거하여 설치 · 운영되는 보건복지부 산하의 어린이집으로 구분된다. 영유아 교육기관의 유형 및 연도별, 설립별 현황과 어린이집의 유형 및 연도별, 설립별 현황을 구체적으로 살펴보면 다음과 같다.

1) 유치원

(1) 유치원 유형

「유아교육법」 제2조에 의하면 '유치원'이란 유아의 교육을 위하여 설립 · 운영되는 학교를 말하며, '유아'란 만 3세부터 초등학교 취학 전까지의 어린이를 말한다. 따라서 유치원이란 만 3세부터 초등학교 취학 전까지의 유아를 대상으로 유아의 교육을 위하여 설립 및 운영되는 기관이라 할 수 있다.

유치원은 「유아교육법」 제7조에 따라 국립 유치원, 공립 유치원, 사립 유치원으로 구분된다. 국립 유치원은 국가가 설립 · 경영하는 유치원이며, 공립 유치원은 지방자치단체가 설립 · 경영하는 유치원으로 설립 주체에 따라 시립 유치원과 도립 유치원으로 구분된다. 그리고 사립 유치원은 법인 또는 개인이 설립하여 운영하는 유치원이 있다.

또한, 국 · 공립 유치원은 초등학교 내에서 병설 유치원으로 운영되거나 단독 건물에서 운영되는 단설 유치원이 있다. 사립 유치원은 학교법인인 경우 대학의 부속유치원으로서 대학에서 운영되고 종교법인인 경우 그 종교단체에서 운영되고 있다. 이 외에 「유아교육법」 제16조에 따른 외국인 유치원이란 국내에 체류 중인 외국인 자녀를 교육하기 위하여 설립된 유치원을 말하며, 설립 기준, 교육과정, 수업연한, 학력 인정과 그 밖에 설립 · 운영에 필요한 사항은 대통령령으로 정하고 있다(이기숙 외, 2014).

〈표 1-4〉 설립유형에 따른 유치원 분류

국 · 공립 유치원	국립 유치원
	공립 유치원
사립 유치원	법인 유치원
	개인 유치원

(2) 유치원 현황

우리나라 유치원은 해마다 그 수와 취원율이 증가하고 있다. 연도별 유치원 현황을 구체적으로 살펴보면, 2017년 전국의 유치원 수는 9,029개소이고 취원율은 47.4%로 2000년도의 유치원 수 8,494개, 취원율 26.2%에 비해 해마다 증가하고 있는 추세이다. 또한, 2019년 교육통계의 설립 주체별 유치원 수를 살펴보면, 2019년 국립 유치원과 공립 유치원이 4,859개이고 사립 유치원이 3,978개로 국 · 공립 유치원의 수가 더 많은 것으로 나타났다. 하지만 설립 주체별 유치원의 학급 수를 보면 사립 유치원의 전체 학급 수가 25,673개인 데 반해, 국립 유치원은 17개이고 공립 유치원은 11,578개로 사립 유치원의 학급 수에 비해 국 · 공립 유치원의 학급수가 매우 적은 것을 알 수 있듯이 앞으로 공립 유치원의 확충이 더 필요하다. 시 · 도별 유치원 수를 살펴보면, 경기가 2,237개로 가장 많았으며, 세종이 60개로 유치원 수가 가장 적은 것을 알 수 있다.

〈표 1-5〉 연도별 유치원 현황

연도	취원율(%)	유치원 수(개)	원아 수(명)	교원 수(명)
2000	26.2	8,494	545,263	28,012
2005	30.9	8,275	541,603	31,033
2010	39.9	8,388	538,587	36,461
2014	47.0	8,826	652,546	48,530
2015	48.9	8,930	682,553	50,998
2016	49.0	8,987	704,138	52,923
2017	47.4	9,029	694,631	53,808

출처: 한국교육개발원(2017). 교육통계 연보.

〈표 1-6〉 2019년 시 · 도별, 설립별 유치원 수

지역	계	국립	공립			사립						
			계	단설	병설	계	법인			개인	군부대	기타
							소계	학교법인	기타법인			
서울	830	–	236	27	209	594	134	45	89	459	1	–
부산	408	–	102	21	81	306	50	10	40	256	–	–
대구	355	–	111	20	91	244	32	11	21	211	1	–
인천	403	–	169	13	156	234	16	2	14	218	–	–
광주	312	–	130	11	119	182	18	7	11	163	–	1
대전	260	–	99	10	89	161	18	9	9	142	1	–
울산	200	–	89	7	82	111	5	–	5	104	–	2
세종	60	–	57	38	19	3	1	–	1	2	–	–
경기	2,237	–	1,200	92	1,108	1,037	92	18	74	944	1	–
강원	368	1	266	23	243	101	20	2	18	81	–	–
충북	328	1	245	24	221	82	14	1	13	68	–	–
충남	499	1	370	23	347	128	25	7	18	102	1	–
전북	519	–	362	21	341	157	22	6	16	135	–	–
전남	542	–	432	26	406	110	17	3	14	93	–	–
경북	707	–	470	17	453	237	54	12	42	181	2	–
경남	686	–	417	30	387	269	16	2	14	251	2	–
제주	123	–	101	–	101	22	14	3	11	7	1	–
계	8837	3	4,856	403	4,453	3,978	548	138	410	3,417	10	3

출처: 한국교육개발원(2019). 교육통계 연보.

2) 어린이집

(1) 어린이집 유형

「영유아보육법」 제2조에 의하면 '어린이집'이란 보호자의 위탁을 받아 영유아를 보육하는 기관을 의미하며, '영유아'란 6세 미만의 취학 전 아동을 말한다. '보육'이란 영유아를 건강하고 안전하게 보호 · 양육하고 영유아의 발달 특성에 맞는 교육

을 제공하는 어린이집 및 가정 양육 지원에 관한 사회복지서비스를 말한다. 따라서 어린이집이란 만 6세 영유아를 대상으로 영유아를 건강하고 안전하게 보호 · 양육하고 영유아의 발달 특성에 맞는 교육을 제공하는 기관이라 할 수 있다.

어린이집은 「영유아보육법」 제10조에 따라 국 · 공립 어린이집, 사회복지법인 어린이집, 법인 · 단체 등 어린이집, 직장 어린이집, 가정 어린이집, 협동 어린이집, 민간 어린이집으로 구분된다. 국 · 공립 어린이집은 국가나 지방자치단체가 설치 · 운영하는 어린이집이고 사회복지법인 어린이집은 「사회복지사업법」에 따른 사회복지법인이 설치 · 운영하는 어린이집이다. 그리고 각종 법인(사회복지법인을 제외한 비영리법인)이나 단체 등이 설치 · 운영하는 어린이집은 법인 · 단체 등 어린이집, 사업주가 사업장의 근로자를 위하여 설치 · 운영하는 어린이집은 직장 어린이집, 개인이 가정이나 그에 준하는 곳에 설치 · 운영하는 어린이집은 가정 어린이집이다. 협동 어린이집은 보호자 또는 보호자의 보육교직원이 조합을 결정하여 설치 · 운영하는 어린이집, 민간 어린이집은 국 · 공립, 사회복지법인, 법인 · 단체 등 직장, 가정, 부모협동 어린이집에 해당하지 않는 어린이집을 달한다.

❖ 설립 주체별 어린이집 유형

- 국 · 공립 어린이집: 국가나 지방자치단체가 설치 · 운영하는 어린이집
- 사회복지법인 어린이집: 「사회복지사업법」에 따른 사회복지법인이 설치 · 운영하는 어린이집
- 법인 · 단체 등 어린이집: 각종 법인이나 단체 등이 설치 · 운영하는 어린이집으로 대통령령으로 정하는 어린이집
- 직장 어린이집: 사업주가 사업장의 근로자를 위하여 설치 · 운영하는 어린이집
- 가정 어린이집: 개인이 가정이나 그에 준하는 곳에 설치 · 운영하는 어린이집
- 협동 어린이집: 보호자들이 조합을 결성하여 설치 · 운영하는 어린이집
- 민간 어린이집: 위 어린이집에 해당하지 않는 어린이집

❖ 특수어린이집 유형

- 영아전담 어린이집: 2004년 이전 영아전담 어린이집으로 지정받았거나 국고보조금으로 영아전담 신축비를 지원받은 어린이집
- 장애아전문 어린이집: 「장애아동복지지원법」 제32조에 따라 요건을 갖추고, 상시 12명 이상의 장애아(단, 미취학 장애아 9명 이상 포함)를 보육하는 어린이집
- 장애아통합 어린이집: 정원의 20% 내에서 장애아 종일반을 편성 · 운영하거나 장애아 종일반을 별도로 편성하지 않은 채 미취학 장애아를 3명 이상 통합 보육하고 있는 어린이집
- 시간연장 어린이집: 기준 보육 시간(07:30~19:30)을 경과하여 최대 24:00까지 시간을 연장하여 보육하는 어린이집
- 24시간 어린이집: 24시간 동안 보육서비스를 제공하는 어린이집
- 휴일 어린이집: 일요일 및 공휴일에 보육하는 어린이집
- 방과후 어린이집: 초등학생을 대상으로 방과후 보육서비스를 제공하는 어린이집

출처: 보건복지부(2019). 2019 보육통계.

(2) 어린이집 현황

우리나라 어린이집 현황을 살펴보면, 2019년 전국의 어린이집 수는 37,371개소이고 이 중 가정 어린이집이 17,117개소(45.8%)로 가장 많으며, 다음으로 민간 개인 어린이집이 12,568개소(33.6%)로 많았다. 반면, 국 · 공립 어린이집은 4,324개소(11.6%)로 보육사업이 주로 민간에 의해 이루어지고 있다는 것을 알 수 있다. 어린이집의 정원 대비 이용률은 80.9%에 그치고 있으며, 보육교직원 1인당 아동 수는 평균 4.1명으로 과거에 비하여 개선되고 있다.

〈표 1-7〉 어린이집 일반 현황(2019. 12. 31.)

(단위: 개소, 명, %)

구분			계	국·공립 어린이집	사회복지 법인 어린이집	법인·단체 등 어린이집	민간 개인 어린이집	가정 어린이집	협동 어린이집	직장 어린이집
어린이집 수	개소(A)		37,371	4,324	1,343	707	12,568	17,117	159	1,153
	(비중)		100.0	11.6	3.6	1.9	33.6	45.8	0.4	3.1
아동수	정원(B)		1,686,873	269,500	124,040	51,736	832,749	318,092	5,297	85,459
	(비중)		100.0	16.0	7.4	3.1	49.4	18.9	0.3	5.1
	현원 (C)	계	1,365,085	232,123	86,775	38,538	664,106	273,399	4,121	66,023
		남	705,867	119,993	45,411	20,101	343,060	140,965	2,205	34,132
		녀	659,218	112,130	41,364	18,437	321,046	132,434	1,916	31,891
	(비중)		100.0	17.0	6.4	2.8	48.6	20.0	0.3	4.8
	이용률		80.9	86.1	70.0	74.5	79.7	85.9	77.8	77.3
보육 교직원 수	인원 (D)	계	331,444	50,436	18,835	8,062	139,344	95,763	1,043	17,961
		남	12,392	1,094	1,861	647	7,542	1,017	27	204
		녀	319,052	49,342	16,974	7,415	131,802	94,746	1,016	17,757
	(비중)		100.0	15.2	5.7	2.4	42.0	28.9	0.3	5.4
어린이집1개당 아동수(C/A)			36.5	53.7	64.6	54.5	52.8	16.0	25.9	57.3
보육교직원1인당 아동수(C/D)			4.1	4.6	4.6	4.8	4.8	2.9	4.0	3.7

* 아동수: 현원(종일, 맞춤, 야간, 24시간, 방과후)기준

출처: 보건복지부(2019). 2019 보육통계.

보육사업이 시작된 이래 어린이집을 이용하는 영유아의 수가 꾸준히 늘어남에 따라 어린이집 수 또한 꾸준히 늘고 있다. 어린이집 연도별 설치·운영 현황을 살펴보면, 1996년 12,098개소였던 어린이집이 2016년에는 약 3.5배 늘어난 41,084개소로 증가하였으며, 설립 주체별로 살펴보면, 가정 어린이집 수가 20,598개소로 가장 많고 다음으로 민간 어린이집 수가 14,316개소로 많으나 국·공립 어린이집은

2,859개소에 그치고 있다. 어린이집 이용 아동 수 또한 민간 어린이집이 745,663명으로 가장 많으며, 가정 어린이집이 328,594명으로 많으나 국·공립 어린이집은 175,929명에 그치고 있다.

〈표 1-8〉 어린이집 연도별 설치·운영 현황(2019. 12. 31.)

(단위: 개소)

구분	계	국·공립 어린이집	사회복지 법인 어린이집	법인·단체 등 어린이집	민간 어린이집	가정 어린이집	협동 어린이집	직장 어린이집
2019	37,371	4,324	1,343	707	12,568	17,117	159	1,153
2018	39,171	3,602	1,377	748	13,518	18,651	164	1,111
2017	40,238	3,157	1,392	771	14,045	19,656	164	1,053
2016	41,084	2,859	1,402	804	14,316	20,598	157	948
2015	42,517	2,629	1,414	834	14,626	22,074	155	785
2014	43,742	2,489	1,420	852	14,822	23,318	149	692
2013	43,770	2,332	1,439	868	14,751	23,632	129	619
2012	42,527	2,203	1,444	869	14,440	22,935	113	523
2011	39,842	2,116	1,462	870	14,134	20,722	89	449
2010	38,021	2,034	1,468	888	13,789	19,367	74	401
2009	35,550	1,917	1,470	935	13,433	17,359	66	370
2008	33,499	1,826	1,458	969	13,306	15,525	65	350
2007	30,856	1,748	1,460	1,002	13,081	13,184	61	320
2006	29,233	1,643	1,475	1,066	12,864	11,828	59	298
2005	28,367	1,473	1,495	979	12,769	11,346	42	263
2004	26,903	1,349	1,537	966	12,225	10,583	미분류	243
2003	24,142	1,329	1,632	787	11,225	8,933	미분류	236
2002	22,147	1,330	1,633	575	10,471	7,939	미분류	199
2001	20,097	1,306	1,991	313	9,490	6,801	미분류	196
2000	19,276	1,295	2,010	324	8,970	6,473	미분류	204
1999	18,768	1,300	1,965	266	8,327	6,703	미분류	207
1996	12,098	1,079	1,280	69	4,688	4,865	미분류	117

출처: 보건복지부(2019). 2019 보육통계.

〈표 1-9〉 어린이집 연도별 보육아동 현황(2019. 12. 31.)

(단위: 명)

구분		계	국 · 공립 어린이집	사회복지 법인 어린이집	법인 · 단체 등 어린이집	민간 어린이집	가정 어린이집	협동 어린이집	직장 어린이집
2019	계	1,365,085	232,123	86,775	38,538	664,106	273,399	4,121	66,023
	남	705,867	119,993	45,411	20,101	343,060	140,965	2,205	34,132
	녀	659,218	112,130	41,364	18,437	321,046	132,434	1,916	31,891
2018	계	1,415,742	200,783	92,787	41,298	711,209	302,674	4,360	62,631
	남	731,498	103,444	48,702	21,633	367,436	155,682	2,272	32,329
	녀	684,244	97,339	44,085	19,665	343,773	146,992	2,088	30,302
2017	계	1,450,243	186,916	96,794	43,404	738,559	321,603	4,508	58,454
	남	749,266	96,611	50,741	22,625	381,384	165,414	2,308	30,183
	녀	700,977	90,305	46,053	20,779	357,175	156,194	2,200	28,271
2016	계	1,451,215	175,929	99,113	45,374	745,663	328,594	4,240	52,302
	남	750,122	91,124	52,038	23,638	385,046	168,970	2,197	27,109
	녀	701,093	84,805	47,075	21,736	360,617	159,624	2,043	25,193
2015	계	1,452,813	165,743	99,715	46,858	747,598	344,007	4,127	44,765
	남	750,621	85,961	52,333	24,279	385,507	177,103	2,166	23,272
	녀	702,192	79,782	47,382	22,579	362,091	166,904	1,961	21,493
2014	계	1,496,671	159,241	104,552	49,175	775,414	365,250	3,774	39,265
	남	773,987	82,306	55,049	25,478	400,579	188,152	2,012	20,411
	녀	722,684	76,935	49,503	23,697	374,835	177,098	1,762	18,854
2013	계	1,486,980	154,465	108,834	51,684	770,179	364,113	3,226	34,479
	남	768,523	79,934	57,048	26,670	397,270	187,899	1,735	17,967
	녀	718,457	74,531	51,786	25,014	372,909	176,214	1,491	16,512
2012	계	1,487,361	149,677	113,049	51,914	768,256	371,571	2,913	29,881
	남	769,573	77,321	59,562	26,867	397,021	191,722	1,572	15,508
	녀	717,788	72,356	53,487	25,047	371,235	179,949	1,341	14,373
2011	계	1,348,729	143,035	112,688	50,676	706,647	308,410	2,286	24,987
	남	699,806	73,850	59,408	26,341	366,164	159,378	1,248	12,917
	녀	648,923	69,185	53,280	24,335	340,483	148,532	1038	12,070
2010	계	1,279,910	137,604	114,054	51,126	671,891	281,436	1898	21,901
	남	665,305	71,195	60,124	26,846	348,844	146,009	1051	11,236
	녀	614,605	66,409	53,930	24,280	323,047	135,427	847	10,665

* 남/녀 구분: 아동의 주민등록번호의 7번째 자릿수가 홀수이면 남, 짝수이면 녀
 – 이후 남/녀 구분 동일한 조건

출처: 보건복지부(2019). 2019 보육통계.

이상에서 살펴본 바와 같이, 우리나라의 영유아 교육기관은 「유아교육법」에 근거하여 설치 · 운영되는 교육부 산하의 유치원과 「영유아보육법」에 근거하여 설치 · 운영되는 보건복지부 산하의 어린이집으로 구분되어 있으며, 설립 목적, 대상 연령, 교육과정, 교직원 자격, 교사 양성 제도, 운영 시간 등에서 다소 차이가 있다. 우리나라 영유아 교육기관의 체제를 구체적으로 비교하여 살펴보면 다음과 같다.

〈표 1-10〉 우리나라 영유아 교육기관 체제 비교

구분	유치원	어린이집
근거 법	「유아교육법」	「영유아보육법」
목적	유아의 교육을 위하여 설립 · 운영되는 학교	보호자의 위탁을 받아 영유아를 보육하는 기관
대상 연령	만 3세~초등학교 입학 전 유아	0~만 5세 미만의 취학 전 영유아를 원칙으로 하되, 필요한 경우 만 12세까지 연장 가능
교육과정	누리과정	표준보육과정(0~2세) 누리과정(3~5세)
소관부처	교육부	보건복지부
기관 유형	국립, 공립, 사립	국 · 공립, 사회복지법인, 법인 · 단체 등, 직장, 가정, 협동, 민간.
학급당 원아 수 (교사 1인 배치에 따른 유아 수)	학급당 최소 및 최대 유아 수는 유치원의 유형, 지역 여건 등을 고려하여 관할청이 정함	만 1세 미만: 영유아 3명 만 1세 이상 만 2세 미만: 영유아 5명 만 2세 이상 만 3세 미만: 영유아 7명 만 3세 이상 만 4세 미만: 영유아 15명 만 4세 이상: 영유아 20명
교직원 자격	원장, 원감, 수석교사, 정교사(1급, 2급), 준교사	원장, 보육교사(1급, 2급, 3급)
교사 양성 제도	무시험 자격검정	무시험 자격검정
운영 시간	교육과정: 1일 3~5시간 방과후 과정: 1일 8시간 이상	주 6일 이상, 하루 12시간 이상 운영 (단, 보호자 및 영유아에게 불편을 주지 않는 범위에서 보호자에게 미리 동의를 받은 경우 원장이 운영 시간을 조정할 수 있음) / 기본보육: 1일 7시간, 연장보육: 기본보육 시간이 종료된 후
수업일수	매 학년도 180일 이상을 기준으로 원장이 정함	공휴일을 제외하고 연중 계속 운영 (단, 보호자와 사전 협의에 의하여 보육에 지장을 주지 않는 범위 내에서 조정 운영할 수 있음)

CHAPTER 02

영유아 교육기관 운영관리의 기초

최근 부모들의 영유아 교육기관에서의 서비스 요구와 기대가 증가함에 따라 이를 충족시킬 수 있는 적극적인 운영관리가 요구된다. 영유아 교육기관의 효율적인 운영관리는 영유아 교육의 질과 관련되므로 체계적인 운영관리가 필요하다. 즉, 영유아 교육은 교육과정 관리, 원아관리, 학부모 관리, 행정관리 등 운영관리를 어떻게 하느냐에 따라 질적 수준의 차이가 있으며, 이를 체계적으로 관리함으로써 교육의 효과를 높일 수 있으므로 운영관리의 개념 및 필요성, 기본 원리, 운영관리 영역에 대해 명확히 이해하는 것은 영유아 교육기관의 효율적인 운영관리를 위한 기초이다. 따라서 본 장에서는 영유아 교육기관 운영을 위한 기초적 이해를 돕기 위해 운영관리의 개념 및 필요성, 기본 원리, 운영관리 영역에 대해 구체적으로 살펴보고자 한다.

1. 운영관리의 개념 및 필요성

1) 운영관리의 개념

유치원은 만 3, 4, 5세 영유아의 교육을 위해 설립하여 운영하는 학교이고(「교육기본법」 제9조, 「유아교육법」 제2조), 어린이집은 0~5세 영유아를 보육하는 기관이다(「영유아보육법」 제2조). 따라서 영유아 교육기관의 운영관리는 유치원과 어린이집의 운영관리를 말하며, 모든 유치원 및 어린이집이 기관에서 설정한 교육목적을 달성하기 위해 주어진 자원을 활용하여 기관을 운영하는 것을 의미한다.

영유아 교육기관 운영관리의 개념에 대해서는 학자마다 다소 다른 견해를 보인다. 양옥승 외(2001)는 운영을 경영과 구별하여 경영은 경제적인 면, 즉 손익이나 효과의 유무에 중점을 두지만 운영은 주로 능률적인 면에 중점을 두는 것으로 보고 영유아 운영관리를 유치원이나 어린이집의 시설이나 설비를 이용해 영유아를 교육하는 활동이라고 하였다(이혜원 · 임미혜 · 황윤세, 2013). 이대균과 송정원(2005)은 운영관리란 조직체의 목적과 목표를 능률적이고 효과적으로 달성하도록 그 업무와 활동을 계획하고 조직하고 지시하고 평가하는 과정이므로 영유아 교육기관 운영관리란 인적 · 물적 · 재정적 조건을 갖추고 교육의 목적과 목표를 달성하도록 인사, 시설, 재정, 교육과정, 학급, 기타 필요한 업무를 계획 · 실시하고 평가하는 과정으로 정의하고 있다. 임재택(2005)은 운영관리의 개념을 기관의 목적을 달성하기 위하여 사람, 돈, 공간, 시간 등을 효율적으로 계획하고 조직하고 실행하고 평가하는 일련의 과정으로 정의하였다. 즉, 유치원 및 어린이집의 운영관리란 기관의 목적을 달성하기 위해 주어진 인적 · 물적 자원을 동원하여 최대한 효율적으로 기관 운영과 관련된 모든 것을 계획하고(planning) 조직하고(organizing) 실행하고(implementation) 평가 · 검토하는(evaluation and review) 일련의 과정이다(Decker & Decker, 2001; Shoemaker, 1995).

서울특별시교육청(2007)의 「유치원 교직실무편람」에서는 유치원 운영관리란 영유아 교육의 목적을 달성하기 위해 인적 · 물적 · 재정적 · 시간적 요소를 효율적으로 계획 · 조직 · 실행 · 평가하는 일련의 과정이라 하였으며(이순례 · 이현옥 · 박희숙, 2012), 타일러(Tyler, 1979) 역시 운영관리를 어떤 조직의 기능을 계획하고(planning) 조직하고(organizing) 실행하고(implementation) 평가하는(evaluation) 과정으로 보았다(이혜원 외, 2013). 즉, 계획하기는 '무엇을 할 것인가'에 관한 것이고 조직하기는 '누가 어떻게 할 것인가'에 관해 조정하는 것이다. 실행하기란 '계획을 실제로 수행하는 것'에 관한 것이고 평가하기란 '계획의 적절성을 사정하는 것'에 관한 것으로 보았다(신화식 · 이영미 · 윤길근 외, 2014).

이상의 정의를 바탕으로 영유아 교육기관 운영관리의 개념을 정리하면, 영유아 교육기관 운영관리란 영유아 교육기관의 존재 이유를 명확히 밝혀 지향하는 방향을 정하는 합리적인 목적을 설정하고 그 목적을 달성하기 위해 필요한 요소, 즉 사람, 교육 프로그램, 사물, 돈, 공간, 시간 등을 효율적으로 기능하도록 계획하고 조직하고 실행하고 평가하는 일을 말한다(이인원 외, 2012).

〈표 2-1〉 운영관리 과정에서의 단계별 고려사항

단계	유치원 및 어린이집의 운영자가 고려할 사항
• **계획하기** 무엇을 하기 전에 미리 어떻게 할 것인지에 대해 체계적으로 생각해 보는 것으로, 목적을 명확하게 설정하고 어떤 과정을 통해 이를 달성할지를 구체화하는 단계	– 프로그램의 교육철학적 입장 및 목적을 명확히 한다. – 유치원 및 어린이집의 인가 및 인증과 관련된 절차를 밟아야 하며, 교직원들이 인가 및 인증 기준을 이해하고 이를 준수하도록 한다. – 현실적이고 실현 가능한 적절한 수준의 목적 및 목표를 설정해야 한다. – 기관 운영과 관련된 의사결정을 할 때는 전반전인 목적과 목표에 준하여 결정한다. – 필요할 때마다 프로그램 및 계획에 대해 평가하고 재조정한다. – 정기적으로 운영위원회, 교직원, 학부모와 기관의 목적, 프로그램, 계획 및 수행 과정에 대해 의논한다.
• **조직하기** 목적을 달성하기 위해 서로 관련된 요소들끼리 효율적으로 작용하도록 인적·물적 자원을 배치하고 관련된 활동 등을 통합하는 단계	– 프로그램의 원활한 운영을 촉진하기 위해 기관 구성 및 업무체계를 조직하고 이에 대한 권한을 위임해야 한다. – 업무가 성공적으로 이루어질 수 있도록 공간, 시설·설비, 물품 등을 효율적으로 조직하여 활용하여야 한다.
• **실행하기** 계획을 실제로 수행하는 단계	– 모든 결정을 기관의 교육철학적 입장 및 목적에 부합하도록 한다. – 교육적 측면은 영유아 활동, 영유아 평가 및 기록, 가족 프로그램, 영유아의 영양, 건강, 안전 등과 관련된 내용을, 행정적인 측면은 인사관리, 시설·설비, 재정관리 등과 관련된 내용을 고려해야 한다.
• **평가 및 검토하기** 기관에서 제공하는 서비스의 질을 최상으로 유지하기 위해 운영관리의 전반적인 과정 및 수행결과에 대해 점검하는 단계	– 유치원 및 어린이집의 운영자는 기관의 모든 조직 및 구성원들이 질 높은 서비스를 제공하기 위해 최선을 다하고 있는지 항상 모니터해야 한다. – 다른 사람들의 견해를 수용해야 하고, 운영과 관련된 문제 및 현안을 객관적으로 평가해야 한다.

출처: 이혜원 외(2013). 유치원 및 어린이집 운영관리.

2) 운영관리의 필요성

영유아 교육기관은 정부, 지방자치단체 등 행정적 정책에 적합한 형식적 조직을 갖추고 있지만 초·중등 교육기관에 비해 민간 중심으로 운영되는 사립기관의 비율이 높다는 운영의 특수성을 지니고 있다. 또한, 대부분 여성 중심으로 구성되어 있고 다른 기관에 비해 소규모라는 특성이 있어 기관 운영이 합리적이고 조직적이고 체계적이지 못한 경향이 있다. 그러나 최근 영유아 교육을 공교육 · 공보육으로 전환하려는 정책적 노력으로 공공성의 개념이 도입됨으로써 영유아 교육기관의 운영관리가 한층 더 중요시되고 있으며(최혜순 · 이미현, 2015), 합리적이고 체계적이며 일관성 있는 영유아 교육기관의 운영정책은 영유아 교육의 목적 달성을 위한 지침이 되고 운영책임자가 확신을 가지고 정책 실현을 위한 결정을 할 수 있도록 해주므로 그 필요성이 더욱더 증가하고 있다(김수향 · 이용주 · 이은진, 2013).

따라서 행정 당국은 영유아 교육기관의 효율적인 운영관리를 위해 합리적인 유아교육정책을 수립하고 현 정책의 문제점과 개선방안을 철저히 검토하고 현장 경영자들의 의견을 반영한 다양한 지원체계를 마련해야 한다(신호식 외, 2014). 또한, 영유아 교육기관은 교육목적을 달성하고 교사와 부모, 유아의 교육적 요구를 수용하여 더욱 발전된 운영계획을 수립하고 문제점 개선을 통한 운영관리에 최선을 다하여야 하며, 교육의 질 향상을 위해 체계성을 갖추고 일관되고 합리적으로 운영되어야 할 필요성이 있다.

2. 운영관리의 기본 원리

유치원 및 어린이집을 운영한다는 것은 기관 운영과 관련된 여러 가지 의사결정을 끊임없이 수행하는 것을 의미한다(이영자 · 신동주, 2006). 즉, 영유아 교육기관의 운영자는 기관의 목적을 수립하고 이를 달성하기 위해 인적 · 물적 자원을 적절하게 배치하며, 관련 업무 및 활동을 수행하고, 정해진 기준에 준거하여 업무 및 활동의 결과를 평가하며, 평가의 결과를 토대로 목적 달성을 위한 방법을 재조정하는 일련의 복잡한 과정에서 많은 의사결정을 하게 된다. 따라서 기관 운영의 계획하기, 조직하기, 실행하기, 평가하기와 같은 일련의 과정에서 영유아 교육기관의 운영자가 고려해야 할 운영 원리를 살펴보면 다음과 같다(이영자 · 신동주, 2006; 임재택, 2005; Decker & Decker, 2001).

1) 타당성의 원리

영유아 교육기관은 교육계획 수립 및 전반적인 운영에 있어 운영 목적에 맞는 바람직한 방법으로 운영함으로써 모든 교육행정 활동은 타당성이 있어야 한다. 즉, 유치원 및 어린이집에서 이루어지는 모든 행사는 그 기관의 교육목표 달성을 돕는 수단으로서 객관적으로나 논리적으로나 타당한 행정 활동이 되어야 한다.

2) 민주성의 원리

영유아 교육기관 운영의 모든 측면이 민주적으로 이루어져야 하며, 영유아 교육기관의 모든 구성원이 기관 운영과 관련된 의사결정 과정에 함께 참여할 수 있어야 한다. 즉, 원장은 원내 조직을 민주적으로 구성하여 계획에서 평가에 이르기까지 모든 의사결정 과정에 전 교직원이 함께 참여할 수 있도록 전체 교직원 회의를 정기적으로 실시함으로써 의사 참여의 기회를 제공해야 한다(이기숙 외, 2016).

유치원 및 어린이집 운영의 민주화는 운영관리 조직의 민주화와 운영관리 과정의 민주화의 두 측면에서 고려될 수 있다. 즉, 운영관리 조직의 민주화는 교직원 회의가 단순히 운영자의 결정사항을 전달하는 역할을 하는 것이 아니라 유치원 및 어린이집 운영방침 등에 대해 함께 토의하고 의결하는 역할을 하는 것을 의미하고 운영관리 과정의 민주화는 교직원들이 유치원 및 어린이집의 목적을 수립하고 운영계획을 세우며 이를 평가하는 과정에 적극적으로 참여하고 자신의 의견을 제시할 수 있는 기회를 가지는 것을 말한다.

3) 효율성의 원리

영유아 교육기관 운영은 최소한의 노력과 경비로 최대한의 효과를 얻어야 한다. 그러나 영유아 교육을 포함한 대부분의 교육효과는 단시간에 나타나는 것이 아니다. 그러므로 다른 원리들을 무시하면서 효율성의 원리만을 고집하는 것은 곤란하며, 운영의 목적과 수단이 균형을 이루도록 해야 한다. 따라서 유치원 및 어린이집의 운영관리는 '최소한의 수단으로 최대의 목적을 달성한다.'는 경제적 효율성보다 '주어진 수단으로 최대의 목적을 달성한다.'는 사회적 효율성이 강조되어야 한다.

4) 적응성의 원리

영유아 교육기관 운영관리는 그 기관이 처한 현실적인 상황을 충분히 고려해야 하며, 과학의 진보나 사회의 변화에 적응할 수 있는 능력을 갖추어야 한다. 즉, 국가의 행정적 · 재정적 정책이나 지원의 미비, 불충분한 물리적 환경, 교사 대 영유아의 높은 비율 등의 문제가 발생한 경우, 유치원 및 어린이집 운영자는 이에 대해 불만을 갖거나 포기하기보다 이를 현안으로 삼고 적절하게 대처해 나가며 사회현상에 적응하고 합리적인 해결방안을 모색해 나가야 한다(이기숙 외, 2014).

5) 안전성의 원리

영유아 교육기관 운영관리는 사회변화를 수용하고 현실에 적응하면서 동시에 기관의 교육철학 및 본질적인 가치 등을 고수함으로써 장기적인 안목을 가지고 기관을 운영해야 한다(이혜원 외, 2013). 즉, 유치원 및 어린이집 운영자는 사회적 변화를 수용하고 새로운 것을 받아들이되 기관의 운영철학이나 전통을 계승하고 현 상태를 유지하면서 변화를 모색함으로써 조직의 안정성을 유지해야 한다(이기숙 외, 2014).

6) 합법성의 원리

영유아 교육기관은 관련 법규인 「유아교육법」과 「영유아보육법」에 의해 설치 · 운영되는 기관이므로 유치원과 어린이집의 모든 행정 활동은 「유아교육법」과 「영유아보육법」에 명시된 법규의 테두리 안에서 합법적으로 운영되어야 한다(이기숙 외, 2014).

3. 운영관리의 영역

영유아 교육기관은 설립 취지나 목적에 따라 그 형태는 다양하나 영유아를 교육하기 위한 형식적인 조직체라는 점에서 운영관리의 영역은 비교적 많은 공통점을 가진다. 데커와 데커(Decker & Decker, 2001)는 영유아 교육기관 운영에 필요한 공통적인 운영관리 영역을 다음과 같이 9가지 범주로 구분하여 제시하였다(이기숙 외, 2014).

1) 프로그램 서비스 관리

영유아 교육기관 운영관리에서 우선적인 문제는 영유아를 위한 보호와 교육서비스 및 음식물 제공, 등 · 하원 서비스를 위한 차량 운행, 기타 사회복지 서비스가 포함된다. 즉, 프로그램 서비스 관리를 위해 연간 · 월간 · 주간 · 일일 교육계획안, 식단표, 차량 운행 서비스 제공 및 아동학대 및 정서상의 문제 발생 시 대처를 위한 관련 기관 연계 등의 서비스 제공이 포함된다.

2) 행정관리

영유아 교육기관 운영위원회의 조직과 의원 선정 및 임명에 관한 사항, 원장과 장학요원의 임명과 정책에 관한 사항, 명령 계통과 같은 행정 운영체계 및 행정 조직 구성원과 그 역할 등에 관한 전반적인 행정 운영 사항이 포함된다. 즉, 행정관리를 위해 운영위원회 회의록, 문서 발송 대장 및 문서 수신 대장(관공서, 정보센터, 기타 기관) 등이 포함된다.

3) 교직원 관리

교직원의 임면에 관한 사항, 교직원의 자격, 교직원의 업무 분담, 교직원의 훈련, 교직원의 근무 평정, 재직 및 퇴직에 관한 사항, 부수 및 근무 조건에 관한 사항, 결근과 이직에 관한 사항, 교직원 개인의 개인적 활동과 전문적 활동에 관한 사항 등이 포함된다. 즉, 교직원 관리를 위해 근로계약서 및 복무규정, 급여 대장, 신입 교직원 교육 자료 및 교직원 교육 자료, 교직원 근무상황부, 교직원 업무분장표, 교사 회의록 등이 포함된다.

4) 영유아 관리

영유아의 모집과 관리에 해당되는 것으로 원아모집, 입학 및 출석 관리, 학급 관리, 교사 대 유아 비율 관리, 유아의 보호, 교육에 관련된 각종 서비스 활동, 유아의 발달과 프로그램에 대한 평가 및 보고, 야외학습과 행사 등 특별활동에 관한 사항이 포함된다. 즉, 영유아 관리를 위해 입소신청서, 출석부, 생활기록부, 보육일지 및 운영일지, 연간 교육 및 행사 계획안, 관찰일지 등이 포함된다.

5) 건강관리

입학이 허락된 영유아에 대한 입학 전 건강진단, 신체검사와 예방접종과 같은 의료서비스, 돌발 사태에 대한 관리, 영양과 급식관리, 휴식관리, 건강 및 안전관리, 환경관리 문제 등이 포함된다. 즉, 건강관리를 위해 응급처치동의서, 영유아 건강검진 결과표, 투약의뢰서, 연간 안전교육 계획안, 비상시 대처방안에 따른 업무분담 및 비상연락망, 급 · 간식 위생 체크리스트 및 식단표, 방역일지 및 공기 질 측정 검사서 등이 포함된다.

6) 재정관리

재정 운영에 관련된 관리로 운영자금의 출처, 예산편성, 지출 관리, 물품 구입과 서비스를 위한 지침 및 세부 절차에 관한 사항, 결산 및 회계 감사 등에 관한 사항이 포함된다. 즉, 재정관리를 위해 예산서, 결산서, 수입결의서, 지출결의서, 정부보조금 명세서, 현금출납부, 급여 대장, 교육 및 보육료 대장 등이 포함된다.

7) 문서관리

기록과 보존에 관한 사무관리 영역으로 일반 사무 기록, 교직원 인사 기록, 문서 보관 및 관리, 기록에 관한 업무, 일반 보고 서류, 통신, 문서 발송 및 접수에 관한 사항 등이 포함된다. 즉, 문서관리를 위해 인사기록카드, 문서 발송 대장 및 문서 수신 대장(관공서, 정보센터, 기타 기관), 비품 대장, 소모품 대장, 도서 대장, 교재 · 교구 대장, 거래처 관리 대장(보험, 계약, 사업자등록증) 등이 포함된다.

8) 학부모 관리

학부모 교육과 참여 등과 관련된 관리 영역으로 학부모 자원의 효율적인 활용과 학부모의 건의사항, 유아와 관련된 전반적인 사항 등을 협의하기 위한 학부모와 교직원, 원장의 면담 사항이 포함된다. 즉, 학부모 관리를 위해 가정통신문, 부모교육자료, 부모상담일지 등이 포함된다.

9) 대외관리

영유아 교육기관의 홍보관리 영역으로 학부모와 지역사회 및 기타 유관기관과 협력적 관계를 유지하기 위하여 학부모나 지역사회 인사의 참여 유형, 영유아 교육기관의 시설 활용과 지역사회기관의 활용 사항, 영유아 교육 관련 단체나 학회 및 지역사회 인사와의 소통, 대중매체의 활용 방안에 관한 사항 등이 포함된다. 즉, 대외관리를 위해 지역사회 연계기관 목록표, 지역사회 연계 및 행사, 실습생 및 자원봉사 관리 대장, 교육 연수 보고 대장 등이 필요하다.

이상의 영유아 교육기관의 운영관리 영역을 세부 영역으로 구분하여 구체적으로 제시하면 다음과 같다.

〈표 2-2〉 영유아 교육기관 운영관리의 세부 영역

영역	내용
영유아 관리	입·퇴원, 반 편성, 출·결석, 가정환경 조사, 생활기록부, 관찰 기록(평가 기록 포함), 생활지도, 안전지도, 건강과 영양(간식과 급식)지도, 위생과 청결
교직원 관리	임면 사항, 담임 배정, 업무 분담, 근무 평가, 교사 연수, 연구 수업, 장학 지도
시설 및 설비관리	건물, 교실, 놀이터, 시설·설비 관리(구입, 수선, 유지), 원내·외 환경 관리, 안전관리, 조리실
교재 및 교구관리	교재·교구 목록표 작성, 교재·교구 및 관리
비품관리	비품 목록표 작성(물품 목록: 도서 대장, 비품 대장, 소모품 대장, 교육 기자재 대장), 비품 및 소모품의 구입 및 관리
교육 및 보육활동 관리	연간·월간·주간·일일 교육계획 수립, 교육환경 구성, 흥미영역의 구성과 관리, 일과 계획 및 운영, 행사 계획 및 운영, 견학 및 소풍
재정관리	예산편성, 지출 관리, 회계장부 기록, 결산, 감사, 교육비 수납, 기타 회계 관리
사무관리	사무 분장, 법정 서류 관리, 보고 서류, 기록 서류, 통신, 문서 처리 및 관리
부모와의 협력	가정 통신 부모회 조직과 운영, 부모교육, 부모참여. 부모상담, 보조교사 지원
지역사회와의 협력	지역사회기관과의 협력, 관련 행정기관과의 협력, 지역사회 인사 및 관련 학회, 유관단체(유치원 연합회)와의 협력, 자원봉사자 관리

출처: 백미열·이성희·이경자·송유진(2000). 유아교육기관 운영관리.

CHAPTER 03

영유아 교육기관의 설립

영유아 교육기관의 효율적인 운영관리를 위해서는 설립 전부터 설립 지역에 대한 수요 및 요구 조사, 학교 부지 선정, 타 기관 시설 참관, 건축 계획, 관할 행정기관과의 협의 등 오랜 기간 동안의 사전연구와 준비가 필요하다. 또한, 영유아 교육기관은 법적 근거에 따라 설립되어야 하므로 설립 관련 법규 검토 후 유치원은 「유아교육법」, 어린이집은 「영유아보육법」에 명시된 법적 절차와 기준에 따라 설립되어야 한다. 따라서 본 장에서는 유치원과 어린이집의 설립 과정에 대해 구체적으로 살펴보고자 한다.

1. 유치원 설립 과정

유치원 설립은 「유아교육법」, 「유아교육법 시행령」, 「유아교육법 시행규칙」에 근거하고 있으며, 그 외에도 「고등학교 이하 각급 학교 설립 · 운영 규정」과 「학교보건법」, 「식품위생법」, 「건축법」의 관련 법규를 검토하고 준수해야 한다. 이에 따른 유치원의 종류, 설립인가 절차 및 시설 · 설비 기준을 살펴보면 다음과 같다.

1) 유치원의 유형

유치원은 설립 주체에 따라 국립 유치원, 공립 유치원, 사립 유치원으로 구분하고 있다(「유아교육법」 제2장 제7조). 국 · 공립 유치원은 국가나 지방자치단체가 설립 · 운영하는 유치원을 말하고 사립 유치원은 법인 또는 개인이 설립 · 운영하는 유치원이다.

「유아교육법」 제2장 제7조(유치원의 구분) 유치원은 다음 각호와 같이 구분한다. (개정 2010. 3. 24.)

① 국립 유치원: 국가가 설립 · 경영하는 유치원
② 공립 유치원: 지방자치단체가 설립 · 경영하는 유치원(설립 주체에 따라 시립 유치원과 도립 유치원으로 구분할 수 있다)
③ 사립 유치원: 법인 또는 사인이 설립 · 경영하는 유치원

2) 유치원의 설립인가 절차

유치원 인가를 받기 위해서는 설립인가 전 교육환경평가가 법제화되어 유치원 설립 계획서를 제출하기 이전에 학교 설립 용지의 적합 여부를 판단받아야 한다(「학교보건법 시행령」, 제10조). 유치원 용지가 교육환경평가 결과 적합하다고 판단되면 설립인가를 받기 위해 교육감에게 학교 설립 계획서를 제출한다(「고등학교 이하 각급 학교 설립 · 운영 규정 시행규칙」, 제2조). 이후 시 · 도 교육감으로부터 유치원 설립에 대한 승인을 받으면 유치원 설립계획에 따라 유치원을 건축 · 시공하고 유치원 교사의 주요 구조부의 공사가 완료되면 유치원 설립인가를 신청한다(「유아교육법」 제2장 제8조).

또한, 사립 유치원의 설립인가를 받으려는 자는 교육부령으로 정하는 바에 따라 목적, 명칭, 위치 및 개원 예정 연월일 등을 기재한 학교 설립인가 신청서 외에 설립인가 신청 시 구비해야 할 기본적인 서류를 갖추고 교육감에게 신청해야 한다(「유아교육법」 제2장 제9조). 유치원 설립인가 신청 시 구비해야 하는 서류는 다음과 같다.

- 유치원규칙
- 교지 · 실습지의 지적도
- 교사(체육장 포함)의 평면도
- 설립자가 법인인 경우에는 등기 및 출연금에 관한 서류

- 설립자가 사인인 경우에는 경비의 지급 및 변제 능력에 관한 서류
- 해당 유치원의 장으로 임용될 사람의 경우에는 다음 각 목의 서류
  (자격 증명에 필요한 서류, 성범죄 경력 조회 동의서, 신원진술서)
- 시설 및 설비 관련 서류 등 그 밖에 교육부령으로 정하는 서류

유치원규칙에 명시해야 할 사항은 「유아교육법」 제2장 제10조에 명시되어 있으며, 사립 유치원의 장은 유치원규칙 중 제1항 제2호 · 제6호 · 제8호 또는 제9호 외의 사항을 개정한 경우에는 개정한 날부터 30일 내에 교육감에게 보고해야 한다. 유치원규칙에 명시되어야 할 사항은 다음과 같다.

- 교육연한, 학기 및 휴업일
- 학급 편제 및 정원
- 교육내용
- 수업일수 및 수업 운영 방법
- 입학, 재입학, 편입학, 전학, 휴학, 퇴학, 수료 및 졸업
- 수업료 · 입학금과 그 밖의 비용 징수
- 유치원규칙의 개정 절차
- 다른 법령에서 유치원규칙으로 정하도록 한 사항
- 그 밖에 법 제18조 제1항에 따른 해당 유치원의 지도 · 감독기관이 정하는 사항

또한, 사립 유치원을 설립 · 경영하는 자가 유치원을 폐쇄하려는 경우나 대통령령으로 정하는 중요사항, 즉 유치원의 설립 · 경영자, 목적, 명칭, 위치, 유치원규칙의 기재사항 중 제10조 제1항 제2호 · 제6호 · 제8호 또는 제9호, 교지 · 실습지의 지적도, 교사(체육장을 포함)의 평면도 등을 변경하려는 경우에는 교육감의 인가를 받아야 한다.

3) 유치원의 시설 · 설비 기준

유치원의 시설 · 설비에 관한 기준은 「유아교육법」 제8조 제1항에 유치원을 설립하려는 자가 갖추어야 하는 시설 · 설비 등 유치원의 설립 기준에 관한 사항은 따로 대통령령으로 정하고 있으며, 「유아교육법 시행규칙」과 「고등학교 이하 각급 학교 설립 · 운영 규정」에 명시되어 있다. 교육시설은 일반적으로 시설과 설비로 구분되는데 시설은 건물, 운동장, 정원, 사육장, 교문 등 토지에 고착된 것을 말하고 설비는 교육의 기능을 수행하기 위해 시설과 관련되어 부속된 모든 물적 요소를 일컫는다(신화식 · 김명희, 2010). 유치원에서 갖추어야 할 시설 · 설비의 법적 기준은 다음과 같다.

〈표 3-1〉 유치원의 시설 · 설비 기준

구분	시설 · 설비 기준
소유 주체	• 교지 및 교사는 당해 학교를 설립 · 경영하는 자의 소유이어야 하며, 교지 안에는 설립 주체 외의 자가 소유하는 건축물을 둘 수 없다.
유치원 시설	• 유아교육 수요, 보건, 위생, 급수, 안전, 교통, 환경 등을 고려하여 쾌적한 환경을 갖춘 곳에 위치하여야 한다. • 건물의 1층 또는 2층을 사용하여야 한다. 다만, 건물 전체를 사용하는 경우에는 3층까지 사용할 수 있다. • 시도의 교육감이 학교환경위생정화구역을 설정할 때에는 절대정화구역과 상대정화구역으로 구분하여 설정하되, 절대정화구역은 학교 출입문(학교 설립 예정지의 경우에는 설립될 학교의 출입문 설치 예정 위치를 말한다)으로부터 직선거리로 50m까지인 지역으로 하고, 상대정화구역은 학교경계선 또는 학교 설립 예정지 경계선으로부터 직선거리로 200m까지인 지역 중 절대정화구역을 제외한 지역으로 한다.
교지	• 각급 학교의 교지는 제4조의 규정에 의한 교사용 대지와 제5조의 교정에 의한 체육장의 면적을 합한 용지로서 교사의 안전, 방음, 환기, 채광, 소방, 배수 및 학생의 통학에 지장이 없는 곳에 위치하여야 한다.
교사	• 각급 학교의 교사는 교수-학습에 적합하여야 하고, 그 내부 환경은 「학교보건법」 제4조의 규정에 의한 환경위생 및 식품위생의 유지 관리에 관한 기준에 적합하여야 한다. • 유치원 원사의 기준 면적 산출은 원아가 40명 이하인 경우 5N, 40명 이상인 경우에는 80 + 3N이다. (N은 유치원 원아 정원)
교사용 대지	• 교사용 대지의 기준 면적은 건축 관련 법령의 건폐율 및 용적률에 관한 규정에 따라 산출한 면적으로 한다.

구분	시설 · 설비 기준
체육장	• 체육장 면적은 「고등학교 이하 각급 학교 설립 · 운영 규정」 별표 2의 유치원 체육장의 기준 면적에 적합해야 한다. 지역의 특수상 체육장 설치가 불가할 경우에는 인근 놀이터 활용이 가능하며, 놀이터 활용 시 이용계획서를 교육감에게 미리 제출하여야 한다. • 체육장은 배수가 잘되거나 배수시설을 갖춘 곳에 위치하여야 한다. • 최소면적 160m²에 40명 초과 원아 1인당 1m² 가산한 면적 (40명 이상 기준 면적: 120 + 총인원) • 실내체육시설을 설치할 경우에는 실내체육시설의 2배를 체육장 기준 면적에서 제외한다.
교구	• 각급 학교에는 학과 또는 교과별로 필요한 도서, 기계, 기구 등의 교구를 갖추어야 한다. • 교구의 종목 및 기준은 시 · 도 교육감이 정하여 고시한다.
급온수 공급 시설	• 각급 학교에는 급수시설을 두어야 하되 수질검사 결과 위생상 무해하다고 판명된 것이어야 한다. • 학교에는 온수를 공급할 수 있는 시설을 갖추어야 한다.
조리실	• 조리실은 교실과 떨어지거나 차단되어 유아의 학습에 지장을 주지 않도록 하되, 식품의 운반과 배식이 편리한 곳에 두어야 한다. • 조리실은 작업 과정에서 교차오염이 발생하지 않도록 벽과 문을 설치하여 전처리실, 조리실 및 식기구세척실로 구획한다. 다만, 100명 이상에게 급식을 제공하는 경우로서 이러한 구획이 불가능한 경우와 100명 이하에게 급식을 제공하는 경우에는 교차오염을 방지할 수 있는 다른 조치를 하여야 한다. • 조리실의 내부 벽, 바닥 및 천장은 내화성 · 내수성 및 내구성이 있는 재질로 하여, 청소와 소독이 쉽고 화재를 예방할 수 있도록 하여야 한다. • 출입구와 창문에는 해충 및 쥐의 침입을 막을 수 있는 방충망 등 적절한 설비를 갖추어야 한다. • 조리실 내의 증기와 불쾌한 냄새 등을 빨리 배출할 수 있도록 환기시설을 설치하여야 한다. • 조리실의 조명은 220럭스(lx) 이상이 되도록 하여야 한다. • 조리실에는 필요한 곳에 손 세척시설이나 손 소독시설을 설치하여 손에 의한 오염을 막아야 한다. 다만, 100명 이상에게 급식을 제공하는 경우에는 손 세척시설과 손 소독시설을 모두 설치하여야 한다. • 조리실에는 온도 및 습도 관리를 위하여 적정 용량의 급배기 시설 또는 냉 · 난방 시설 등 적절한 시설을 갖추거나 적절한 조치를 하여야 한다.
식품 보관실	• 식품 보관실은 환기와 방습이 잘 되어 식품과 식재료를 위생적으로 보관하기에 적합한 곳에 두되, 해충 및 쥐의 침입을 막을 수 있는 방충망 등 적절한 설비를 갖추어야 한다. • 식품과 소모품은 별도로 구분된 장소에서 보관하도록 하되, 부득이하게 함께 보관할 경우 서로 섞이지 않도록 분리하여 보관하여야 한다. • 환기시설이나 환기창 등 통풍을 위한 적절한 시설을 갖추거나 적절한 조치를 하여야 한다.

구분	시설 · 설비 기준
설비 · 기구	• 냉장실 또는 냉장고와 냉동고는 식재료의 보관, 냉동 식재료의 해동, 가열조리된 식품의 냉각 등에 충분한 용량과 온도(냉장고 5℃ 이하, 냉동고 −18℃ 이하)를 유지하여야 한다. • 조리, 배식 등의 작업을 위생적으로 하기 위하여 식품 세척시설, 조리시설, 식기구 세척시설, 식기구 보관장, 덮개가 있는 폐기물 용기 등을 갖추어야 하며, 식품과 접촉하는 부분은 내수성 및 내부식성 재질로 하여 씻기 쉽고 소독 · 살균이 가능하도록 하여야 한다. • 식기구를 소독하기 위하여 전기살균소독기 또는 열탕소독시설을 갖추거나 충분히 세척 · 소독할 수 있는 세정대를 설치하여야 한다. • 냉장식품을 검수하거나 가열조리 식품의 중심온도를 잴 때 사용할 수 있는 전자식 탐침 온도계를 갖추어야 한다. • 조리 작업을 하는 곳에 두는 쓰레기통은 뚜껑이 있는 페달식으로 하여 파리와 같은 해충의 접근을 막아야 한다.
내부 환경	• 학교의 장은 교육인적자원부령으로 정하는 바에 따라 유치원 안에서의 환기, 채광, 조명, 온도, 습도의 조절, 상하수도, 화장실의 설치 및 관리, 오염공기, 석면, 폐기물, 소음, 휘발성 유기 화합물, 세균, 먼지 등의 예방 및 처리와 같은 환경위생과 식기, 식품, 먹는 물의 관리 등 식품위생을 적절히 유지 관리하여야 한다.

2. 어린이집 설립 과정

어린이집 설립의 근거가 되는 법령은 「영유아보육법」에 근거하며, 제9조에 구체적으로 어린이집의 설치에 관한 기준이 명시되어 있다. 그 외에도 「전기사업법」, 「도시가스사업법」, 「식품위생법」, 「건축법」 등의 관련 법규를 검토하고 준수해야 한다. 또한, 직장 어린이집의 경우에는 「남녀고용평등법」, 「일 · 가정 양립지원에 관한 법률」, 「고용보험법」의 관계 법령을 검토해야 한다. 어린이집은 종류에 따라 설치운영에 관한 근거 법령과 준수해야 할 조항에 차이가 있다. 이에 따른 어린이집의 유형, 설립인가 절차 및 시설 · 설비 기준을 살펴보면 다음과 같다.

1) 어린이집의 유형

어린이집은 설립 주체에 따라 국 · 공립 어린이집, 사회복지법인 어린이집, 법인

단체 등 어린이집, 민간 어린이집, 직장 어린이집, 가정 어린이집, 부모협동 어린이집으로 구분하고 있다.

(1) 보육 시간에 따른 분류

❶ 종일제 보육 어린이집

종일제 보육 어린이집은 일반적으로 오전 7시 30분부터 오후 7시 30분까지 운영되는 어린이집으로 일일 12시간 이내 보육을 제공한다. 종일제 보육은 비교적 장시간 운영되기 때문에 부모 모두 직장을 다니는 경우에 많이 이용한다.

❷ 반일제 보육 어린이집

반일제 보육 어린이집은 일반적으로 오전 9시에서 오후 1~2시까지 운영되는 어린이집으로 일일 6시간 이내 보육을 제공한다. 반일제 보육은 부모의 취업과 관계없이 자녀를 보육하고자 하는 경우나 매일 일정 시간을 활용하고자 하는 경우에 이용한다.

❸ 시간제 보육 어린이집

시간제 보육 어린이집은 부모에게 긴급한 사정이 생겼을 경우나 잠시 동안 보육이 필요한 경우에 부모의 요구에 따라 일부분 또는 잠시 동안 운영되는 어린이집으로, 주로 비취업모 부모가 쇼핑, 운동, 여가 선용이나 여러 가지 용무를 보기 위해서 영유아에게 일시적인 보육을 제공한다.

❹ 방과 후 보육 어린이집

방과 후 보육 어린이집은 유치원과 초등학교를 비롯한 유아기 및 아동기의 공식적인 교육기관에서의 정규적인 일과 이외의 시간 동안 운영되는 어린이집으로, 정규 수업 후 제공되는 보육뿐만 아니라 학교 수업이 시작되기 전이나 공휴일 또는 동계와 하계 방학 기간에 제공된다. 보육 시간은 대부분 학기 중에는 오후 1시 30분에서 오후 7시 30분 사이에 운영되며, 아동의 귀가 시간에 따라 신축적으로 운영된다.

❺ 야간 및 24시간 보육 어린이집

야간 및 24시간 보육 어린이집은 밤늦게까지 영유아를 돌봐 주거나 잠을 재우며 밤새 운영하는 어린이집으로, 24시간 보육을 이용하는 아동은 월요일 오전 7시 30분에서 토요일 2시경까지 어린이집에서 보내고 주말은 부모님과 함께 보내는 경우를 의미한다. 야간 및 24시간 보육은 야근이나 지방 출장이 잦은 맞벌이 부모나 밤늦게까지 근무해야 하는 직업에 종사하는 부모가 주로 이용한다.

❻ 휴일보육 어린이집

휴일보육 어린이집은 휴일에 보육을 제공하는 어린이집으로 보육을 운영하지 않는 일요일과 공휴일에 근무하는 부모를 위해 운영된다.

(2) 보육 목적에 따른 분류

❶ 영아전담 어린이집

영아전담 어린이집은 0~3세까지의 영아를 대상으로 운영되는 어린이집으로, 영아의 생리적 · 신체적 욕구 충족을 중심으로 건강하고 안전하게 보호하며, 전반적인 발달이 이루어지도록 한다.

❷ 장애아전문 어린이집

장애아전문 어린이집은 장애아를 대상으로 운영되는 어린이집으로, 전문적인 특수교육을 받은 교사, 언어치료사, 물리치료사 등의 전문 치료사가 배치되어 장애아에게 필요한 서비스가 전문적으로 제공된다.

❸ 장애아통합 어린이집

장애아통합 어린이집은 장애를 가지고 있지 않은 일반 아동과 장애 아동을 대상으로 운영되는 어린이집으로, 장애 아동과 일반 아동을 분리하여 교육하는 데서 오는 단점을 보완할 수 있는 장점이 있다.

❹ 위기보육을 위한 어린이집

위기보육을 위한 어린이집은 가정폭력이나 부모의 학대 및 위기를 경험한 아동을 일시적으로 보호하는 형태로 운영되는 어린이집이다. 아동학대로 인하여 격리보호가 필요한 요보호 아동을 대상으로 위기 개입을 통한 아동보호와 학대에 따른 정서적 안정, 일상생활지도, 심리치료, 가족치료 등을 통해 아동학대를 치료 · 예방하고 원 가정으로 복귀할 수 있도록 지원한다.

(3) 설립 및 운영 주체에 따른 분류

❶ 국·공립 어린이집

국 · 공립 어린이집은 국가와 지방자치단체가 설치 · 운영하는 어린이집으로, 주로 저소득층 밀집 지역이나 농어촌 지역 등 취약 지역에 우선적으로 설치 · 운영되며, 상시 영유아 11인 이상을 보육할 수 있다. 운영형태는 국 · 공립 어린이집을 운영하는 각급 기관의 장이 보육교직원을 공무원으로 채용하여 직접 운영하거나 법인, 단체 또는 개인에게 위탁하여 운영할 수 있다.

❷ 법인 어린이집

법인 어린이집은 「사회복지사업법」에 의한 사회복지법인이 설치 · 운영하는 어린이집으로, 상시 영유아 21인 이상 보육할 수 있다.

❸ 직장 어린이집

직장 어린이집은 사업주가 사업장의 근로자를 위하여 단독 또는 공동으로 사업장 내 또는 그에 준하는 인근 지역과 사업주택 등 사업장 근로자 밀집 거주 지역에 설치 · 운영하는 어린이집으로, 「영유아보육법 시행령」 제20조 제1항에 의하여 '상시 여성 근로자 300인 이상 또는 근로자 500인 이상을 고용하고 있는 사업장'은 직장 보육시설을 설치 · 운영하여야 하며, 보육아동 정원의 1/3 이상이 동 사업장 근로자의 자녀이어야 한다.

❹ 가정 어린이집

가정 어린이집은 개인이 가정 또는 그에 준하는 곳에서 설치 · 운영하는 어린이집으로, 상시 영유아 5인 이상 20인 이하를 보육할 수 있다.

❺ 부모협동 어린이집

부모협동 어린이집은 영유아를 둔 부모 15인 이상이 상호 출자하여 공동으로 설치 · 운영하는 어린이집으로, 부모들이 주체가 되어 자녀의 보육문제를 해결하기 위하여 비영리로 운영한다.

❻ 민간 어린이집

민간 어린이집은 사회복지법인이 아닌 법인 및 단체 또는 개인이 설치 · 운영하는 어린이집이다. 직장 어린이집, 가정 어린이집 또는 부모협동 어린이집이 아닌 어린이집으로, 상시 영유아 21인 이상 보육할 수 있다.

〈표 3-2〉 운영 및 설립 주체에 따른 어린이집 유형

<table>
<tr><th>구분</th><th>설립 주체</th><th>설치 방법</th><th>규모</th></tr>
<tr><td>국 · 공립
어린이집</td><td>국가, 지방자치단체</td><td>직접
설치</td><td>상시 영유아
11인 이상 보육</td></tr>
<tr><td>사회복지법인
어린이집</td><td>「사회복지사업법」에 의한 사회복지법인</td><td rowspan="6">인가</td><td rowspan="2">상시 영유아
21인 이상</td></tr>
<tr><td>법인 · 단체 등
어린이집</td><td>각종 법인(사회복지법인을 제외한
비영리법인)이나 단체</td></tr>
<tr><td>직장 어린이집</td><td>사업주(국가 또는 지방자치단체의 장이 소속
공무원을 위하여 설치 · 운영하는 경우 포함)</td><td>상시 영유아
5인 이상</td></tr>
<tr><td>가정 어린이집</td><td>개인</td><td>상시 영유아
5인 이상 20인 이하 보육</td></tr>
<tr><td>부모협동
어린이집</td><td>보호자(15인 이상이 조합을 결성하여
설치 · 운영)</td><td>상시 영유아
11인 이상 보육</td></tr>
<tr><td>민간
어린이집</td><td>국 · 공립 · 사회복지법인 · 법인 단체 등
직장 · 가정 · 부모협동이 아닌 개인 또는 단체</td><td>상시 영유아
21인 이상 보육</td></tr>
</table>

출처 : 보건복지부 (2012).

2) 인가절차

어린이집은 유치원 인가 시 '교육환경 평가서'와 '학교 설립 계획서'를 교육감에 제출하여 사전 승인을 받아야 하는 것과는 달리 별도로 제출하는 서류는 없으나 시 · 군 · 구청의 담당자와 사전상담제가 운영되고 있다. 사전상담제란 어린이집 설치인가를 담당하는 시 · 군 · 구청에서 어린이집을 설치하고자 하는 자에게 해당 지역의 보육수요와 지역 여건, 어린이집 설치 기준 등에 대해 전문적으로 대면 상담을 제공하는 민원행정서비스이다(보건복지부, 2012).

❖ 「영유아보육법」 제8조의 2(어린이집 설치 전 상담)

법 제13조의 제1항 및 법 제14조 제1항에 따라 어린이집을 설치하려는 자는 해당 지역의 보육수요 등 지역적 여건과 어린이집 설치 기준 등에 대하여 관할 특별자치도지사 · 시장 · 군수 · 구청장과 미리 상담할 수 있다. 이 경우 관할 특별자치도지사 · 시장 · 군수 · 구청장은 적극적으로 협조하여야 한다.

즉, 어린이집을 설치 또는 설치인가사항을 변경하려는 자는 어린이집 설립인가 신청 시 보육수요 등 지역 여건 및 어린이집 설치 기준에 관하여 관할 시장 · 군수 또는 구청장에게 사전에 설치 전 상담을 요청할 수 있으며, 이를 통해 관련 법규 및 지역사회 내 보육의 기대와 요구 수준을 검토한 후 어린이집 인가 신청서를 관할 시장 · 군수 또는 구청장에게 제출해야 한다.

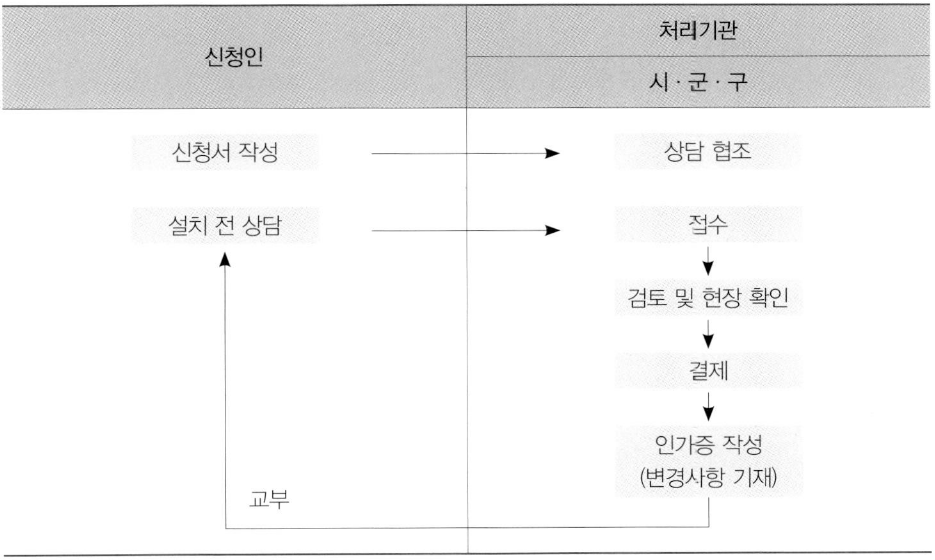

어린이집 설치 전 상담 시 유의하여 고지해야 할 사항은 다음과 같다.

첫째, 어린이집의 인가 관련 법령 준수 여부를 확인한다. 영유아보육법령 및 건축 관계 법령, 소방 관계 법령, 「장애인 · 노인 · 임산부 등의 편의 증진에 관한 법률」, 「장애인차별금지법」, 「어린이놀이시설 안전 관리법」, 「다중이용시설 등의 실내공기질 관리법」, 「환경보건법」 등 어린이집 인가 관련 법령 및 인가절차를 고지하고 법령 준수 여부를 확인 후 인가한다.

둘째, 어린이집의 입지 관련 사항을 확인한다. 옥외놀이터 및 비상재해대비시설 설치, 건축물의 일부를 어린이집으로 사용하면서 건물의 2층 이상에 어린이집을 설치한 경우('05. 1. 30.부터 대표자 · 정원(증원) · 소재지 · 종류의 변경 등이 제한), 어린이집 입지조건 중 위험시설 등을 확인한다.

셋째, 경비의 지급 및 변제 능력에 관한 서류를 확인한다.

넷째, 가정 · 민간 어린이집 설치 또는 대표자 변경 시 재산요건 관련 사항을 확인한다. 어린이집으로 사용되는 토지 · 건물에 대한 대표자의 부채 비율이 50% 미만이 되도록 하고 어린이집 자산 금액 대비 대표자의 금융기관 부채 중 어린이집 설치 · 운영과 관련된 부채 비율로 계산한다.

어린이집 설립인가 신청 시 구비해야 하는 서류는 다음과 같다.

- 법인의 정관 및 출연금 등에 관한 서류(법인인 경우만 해당)
- 단체의 회칙 또는 규약(단체인 경우만 해당)
- 임대차계약서(부동산을 임차하는 경우만 해당)
- 어린이집의 구조별 면적이 표시된 평면도와 어린이집 및 설비 목록
- 어린이집 원장의 자격을 증명하는 서류
- 보육교직원 채용계획서
- 어린이집 운영계획서(운영경비와 유지 방법을 포함한다)
- 경비의 지급 및 변제 능력에 관한 서류(설립자가 개인인 경우만 해당한다)
- 인근 놀이터 이용계획서(영유아 50명 이상의 어린이집으로서 옥외놀이터나 옥내놀이터를 설치하지 아니하는 경우만 해당한다)
- 「전기사업법 시행규칙」 제38조에 따른 전기안전점검확인서 및 「도시가스사업법 시행규칙」 제25조 및 「액화석유가스의 안전관리 및 사업법 시행규칙」 제29조에 따른 정기검사증명서
- 「소방용품의 품질관리 등에 관한 규칙」 제5조에 따른 현장처리물품의 방염성능검사성적서 및 방염성능검사 확인 표시

3) 어린이집의 시설 · 설비 기준

어린이집의 시설 · 설비에 관한 기준은 「영유아보육법 시행규칙」(2017. 12. 12. 일부개정)과 보건복지부령 제541호 제9조와 관련된 별표 1에 명시되어 있다. 어린이집에서 갖추어야 할 시설 · 설비의 법적 기준은 다음과 같다.

구분	시설 · 설비 기준
어린이집 입지조건	• 지방자치단체의 장은 '어린이집은 보육수요 · 보건 · 위생 · 급수 · 안전 · 교통 · 환경 및 교통편의 등을 충분히 고려하여 쾌적한 환경의 부지를 선정'하여야 하므로, 영유아의 신체적 · 사회적 안전에 위험하다고 판단되는 시설(폐기물처리시설, 유흥업소, 전염병원 등) 인근에 어린이집이 입지하지 않도록 인가를 제한할 수 있으며, 위험시설 또한 어린이집 인근에 입지하지 않도록 노력하여야 한다. • 어린이집은 「주택건설기준 등에 관한 규정」에서 규정하고 있는 위험시설로부터 수평거리 50m 이상 떨어진 곳에 배치하여야 한다. – 어린이집의 범위는 건물뿐만 아니라 전용 부수공간(놀이터 · 주차장)을 포함하며, 위험시설의 범위는 그 충전 · 저장설비 등의 시설물만이 아닌 이들 시설이 설치되어 있는 장소를 포함한다. – 위험시설과 어린이집 간의 이격거리 산정은 각각의 장소적 경계가 되는 양 건물의 부지경계선을 기준으로 하는 것을 원칙으로 한다. – 부지경계선에 담(또는 벽)을 설치한 경우, 부지경계선과 담(또는 벽) 중 최단거리를 기준으로 한다. – 공동주택에 설치한 가정 어린이집의 경우, 어린이집이 위치한 동 전체 건물이 아닌 해당 호실의 외벽을 이격거리 산정의 기준으로 한다. • 지방자치단체의 장은 보육부서와 건축 및 기타 부서 간 긴밀한 협조체계를 구축하여, 어린이집의 인가 또는 위험시설의 신축을 위한 건축 허가 시 어린이집의 입지조건을 충분히 고려하도록 조치하여야 한다.
어린이집 시설	• 어린이집은 1층 또는 건물 전체(5층 이하)에 설치하여야 한다. • 어린이집의 건물구조 및 보육실 · 화장실 · 놀이기구 등이 영유아의 안전과 이용에 편리하도록 설계 · 시공되어 있는지 확인한다. • 어린이집은 하나의 건물에 설치하여야 한다. – 담 또는 울타리로 둘러싸인 동일 대지 안에 여러 개의 건물이 있는 경우 모든 건물의 전체가 어린이집으로 사용되고 옥외놀이터가 설치된 경우에는 예외적으로 여러 동 건물에 어린이집 설치를 허용한다.
조리실	• 조리실은 1층 이상에 설치하는 것을 원칙으로 하되 「식품위생법」에 의하여 집단급식소로 신고한 경우 지하 1층에도 설치를 허용하나, 영유아의 식사를 위한 테이블 등 식당시설을 설치할 수 없다. 조리실을 설치할 수 없는 지하층은 보육교직원 관련 시설 또는 물품 창고 등으로 사용하도록 지도한다. • 유치원과 같은 건물에 설치된 어린이집은 유치원의 조리실을 함께 사용할 수 있다. • 직장 어린이집을 설치한 경우, 설치된 건물에 집단급식소를 운영하는 경우에는 조리실을 별도로 설치할 필요는 없다. 이 경우 영유아를 위한 음식의 조리 공간은 분리, 구획되어 있어야 한다. 전담 영양사 및 전담 조리원이 배치될 수 있도록 행정지도 및 밀폐 가능한 냉온조절 운반차 등을 사용할 수 있도록 행정 지도하여 조리된 음식물의 오염을 방지한다.

구분	시설 · 설비 기준
보육실	• 보육실은 건축물 1층에 설치하며, 어린이집이 1층에 해당하는지는 「건축법」상의 층수와 관계없이 실제상의 층수를 기준으로 한다. – 보육실이 위치한 층의 4면의 100분의 80 이상 지상에 노출되어 있고, 어린이집의 주 출입구의 하단이 지표면으로부터 위, 아래 방향으로 1m 이내인 경우 실제상 1층으로 본다. 따라서 건축물대장에 1층으로 기재되어 있어도 실제상 2층인 경우 1층으로 인정할 수 없다. – 건물 전체가 어린이집인 경우 및 사업주가 직장 어린이집을 설치하는 경우, 1층부터 5층까지 보육실을 설치할 수 있다. 영아반 보육실은 1층에 우선 배치한다. – 건물 전체를 어린이집으로 사용하는 경우, 건물 전체가 「건축법」상 어린이집시설로 용도가 지정되어 어린이집으로 전용되어야 한다. – 300세대 이상의 아파트 전체가 「건축법 시행령」에 따른 필로티나 그밖에 이와 비슷한 구조의 경우 그 위층에 설치가 가능하나, 비상시 양방향 대피가 가능하도록 반드시 비상계단 등을 설치한다.
화장실 및 기타시설	• 화장실은 보육실과 동일한 층의 인접한 공간에 설치하며, 목욕실은 보육실과 인접한 공간에 설치한다. 영유아용 수세식 변기는 10~15인당 1개 이상을 설치하는 것이 바람직하다. 다만, 가정 어린이집의 경우 성인용 변기에 디딤판 및 탈부착식 유아용 변기를 설치하고 이동식 어린이용 변기를 갖춘 경우 유아용 변기를 설치하지 않아도 된다. • 시설 규모에 따라 사무실, 양호실, 식당, 자료실, 상담실, 강당, 놀이터 등 설치 가능하다. 어린이집 원장 사무실은 보육실과 동일 층 설치가 바람직하다. 보육교직원 휴게실은 설치 가능하다.
놀이터	• 정원 50인 이상의 어린이집은 영유아 1인당 3.5㎡ 이상 규모의 옥외놀이터 설치를 원칙으로 하되, 어린이집 자체 부지가 있는 경우, 옥외놀이터를 설치하여야 한다. • 어린이집의 지하층에는 놀이터 설치가 불가하다. • 어린이집의 2층 이상에 놀이터를 설치하는 경우, 영유아보육법령에서 정하는 비상 재해대비시설을 설치해야 한다. • 직장 어린이집은 옥외 · 대체놀이터(옥내 · 인근 놀이터) 중 자유롭게 설치 가능하며, 대체놀이터 활용 시 주 3회, 매회 30분 이상 실외 활동을 실시할 수 있도록 한다. • 놀이터 면적 및 바닥 설치 기준은 실내놀이터를 제외하고, 놀이터의 바닥은 모래밭, 천연 및 인공 잔디, 고무매트, 폐타이어 블록으로 설치한다. • 놀이터의 면적은 설치한 바닥 면적에 한하여 인정하며, 고정식 놀이기구가 설치된 부분에 대하여는 「어린이놀이시설 안전관리법」의 설치검사로 인정받은 면적을 인정한다.

구분	시설 · 설비 기준
비상대피 시설	• 어린이집이 1층인 경우 – 비상시 양방향 대피가 가능해야 한다. – 양방향 대피를 위하여 주 출입구 외에 안전한 지상과 바로 연결되는 비상구 또는 출구를 설치해야 한다. – 출구는 비상구 또는 유사시 사람의 출입이 가능한 창 등의 개구부로서 규격은 유효폭 0.75m 이상, 유효높이 1.75m 이상 설치해야 한다. – 출구의 하단은 안전한 외부 지표면으로부터 1.2m 이내여야 하며, 건물 외부의 도로 또는 대지 등에 안전하게 직접 연결되야 한다. – 출구는 어린이집 주 출입구의 반대 방향 또는 당해 층 장변길이의 1/2 이상 이격해야 한다. – 출구까지의 경로상에는 주방 등 화기시설을 설치할 수 없으며, 출구 접근 및 개방에 방해되는 장애물을 적치할 수 없다. • 어린이집이 2층과 3층인 경우 – 비상시 각 층별로 양방향 대피가 가능해야 한다. – 양방향 대피를 위하여 주 계단 외에 각 층별로 건물 내부를 경유하지 않고 직접 지상으로 바로 연결되는 비상계단 또는 미끄럼대를 당해 건물의 외부에 설치해야 한다. – 다만, 건물 전체를 어린이집으로 사용하는 건물에서 내부 직통계단을 2개 이상 설치하거나, 주 계단 외에 피난 층 또는 지상으로 통하는 직통계단을 설치한 경우 비상계단을 설치한 것으로 인정한다. – 3층의 경우 「화제예방, 소방시설 설치 · 유지 및 안전관리에 관한 법률 시행령」에서 규정하는 스프링클러가 건물 전체에 걸쳐 유효하게 설치되고, 피난기구의 화재안전기준(NFSC)에서 정한 피난기구를 설치한 경우, 비상계단 및 미끄럼대를 설치하지 않을 수 있다.

CHAPTER 04

원아관리

영유아 교육기관에서 아무리 질 높은 교육과정과 우수한 교사가 준비되었다고 하더라도 그 교육을 받을 영유아가 부족하다면 운영상 큰 어려움을 겪게 되므로 운영관리 측면에서 원아모집은 매우 중요한 부분을 차지한다. 따라서 영유아 교육기관에서는 자신의 교육기관의 운영철학 및 교육 방향, 특색교육 등을 적절히 알리고 소개할 수 있어야 하며, 모집된 신입 원아를 효율적으로 관리하는 노력과 세심한 배려가 필요하다. 이에 본 장에서는 영유아 교육기관에서의 원아모집과 학급관리, 신입 원아관리에 대해 구체적으로 살펴보고자 한다.

1. 원아모집

1) 원아모집을 위한 홍보

영유아 교육기관에서 훌륭한 인적 자원과 질 좋은 교육환경이 준비되었다면 이제 홍보를 통해 교육을 실천할 수 있는 영유아를 모집하여야 한다. 홍보활동의 목적은 영유아 교육기관의 원아모집을 순조롭게 하고 가정과의 원활한 관계를 통해 교육의 효과를 높이고 지역사회와의 화합 분위기 조성에 도움을 줌으로써 영유아 교육기관이 그 지역사회의 한 기관으로서 역할을 할 수 있도록 하기 위함이다(임재택, 1999). 따라서 영유아 교육기관의 홍보는 단순히 원아모집을 하기 위함이라기보다는 영유아를 위한 좋은 교육기관이 있음을 평소에 학부모들과 지역사회에 알리는 것에 초점을 두어야 한다(이기숙 외, 2014).

영유아 교육기관 홍보는 교육기관의 분명한 교육철학과 유아관, 교육목적, 운영방법을 명확하게 밝혀야 하며, 그것에 기초하여 철저하게 교육을 실천하고 있다는 신뢰를 얻도록 연중 홍보활동을 하는 것이 좋다. 대체로 영유아 교육기관의 홍보방법은 TV, 신문, 잡지, 라디오 등의 대중매체를 이용하거나 우편물, 현수막, 포스터, 안내 책자, 생활정보지, 전단지 등의 인쇄물을 게시 · 배포하거나 교육기관 홈페이지, SNS, 인터넷 카페 등 온라인을 통한 홍보 방법이 있다.

최근에는 개별 기관에서 대중매체나 인쇄물을 활용한 독자적인 홍보는 거의 하고 있지 않으며, 비용 절감 측면에서 효과적으로 유치원 연합회 또는 어린이집 연합회 차원에서 공동으로 홍보를 하고 있다. 대신에 영유아 교육기관에서는 홈페이지를 통해 연중 지속적으로 교육기관의 특성 및 교육활동을 소개하고 다양한 정보를 제공함으로써 홍보 효과를 거두고 있으며, 초청 강연 부모교육, 바자회, 오픈 하우스 등 지역사회 연계 활동을 통해 기관을 홍보하는 방법을 주로 하고 있다. 또한, 원아모집 시기 직전에 교육과정 설명회를 개최하고, 이를 통해 교육기관의 운영철학 및 특색을 알리는 데 주력하고 있다. 그러나 무엇보다도 가장 효과적인 홍보 방법은 교육기관에서 평소에 내실 있는 교육 프로그램을 운영함으로써 재원생 및 졸업생 학부모, 지역주민들로부터 신뢰를 얻는 것이 중요하다.

2) 원아선발 절차

영유아 교육기관의 원아모집 절차는 일반적으로 원아모집 공고와 원서 접수, 입학 대상자 선발 및 통보로 진행되며, 유치원의 경우 입학금과 수업료, 어린이집의 경우 입소비와 보육료를 납부하면 입학이 확정된다(이기숙 외, 2014). 기본적인 원아모집 절차는 유치원과 어린이집이 유사하나 모집 대상이나 형식에서 일부 차이가 있다. 유치원과 어린이집의 원아선발 절차에 대해 자세히 살펴보면 다음과 같다.

(1) 유치원 원아모집

❶ 입학 대상

유치원 입학 대상 유아는 「유아교육법」 제11조 제1항에서 "유치원에 입학할 수 있는 사람은 유아로 한다."라고 규정하고 있으며, 제2조 제1항에서 "유아란 만 3세부터 초등학교 취학 전까지의 어린이를 말한다."라고 규정한다. 따라서 유치원의 입학 대상은 '만 3세부터 초등학교 취학 전까지의 어린이'라고 할 수 있다.

❷ 원아모집 방법 및 절차

유치원의 원아모집은 교육지자체로 인해 시 · 도에서 자체적으로 결정하므로 시 · 도에서 교육청의 지도에 따라 실시하면 된다. 일반적으로 새로운 학년도 시작 전까지 마무리되어야 하므로 11월~2월 중에 이루어진다.

과거의 유치원 원아모집은 선착순이나 재원생 학부모의 추천에 의해 이루어졌으나 「유아교육법」 제11조 "원장은 교육 목적에 적합한 범위에서 유치원규칙으로 정하는 바에 따라 공정하고 투명한 방법으로 유치원에 입학할 유아를 모집 · 선발하여야 한다."에 따라 2013학년도부터 선착순이나 추천에 의한 원아모집이 금지되고 추첨 선발을 하고 결원이 생겼을 때 대기자 명부를 작성하여 대기 순서대로 입학시키도록 권고하고 있다. 따라서 유치원에서의 원아모집은 지원자가 모집인원보다 많을 경우 대부분의 사립 유치원은 추첨을 원칙으로 원아를 모집하고 초등학교 병설 유치원 등 공립 유치원의 경우 지원자 수가 모집인원보다 많을 경우 나이가 많은 유아를 우선적으로 취원시키고 추첨에 의해서 선발한다. 또한, 초등학교 병설 유치원의 경우에는 일정 지역(학구) 내 거주자로 한정하여 모집할 수 있는데 대개 초등학교 학내 거주자로 한정한다. 그러나 사립 유치원의 경우에는 거주 지역을 제한하지 않고 원아를 선발하고 있다.

유치원 원아모집 절차는 원아모집 공고를 하고 입학 원서 교부 및 접수 후 입학 대상자를 선발하여 통보하고, 입학금을 납부하면 입학 대상자가 확정된다. 유치원의 원아모집에 필요한 서류는 개별 유치원에서 필요한 서류를 사용하고 있으며, 최근에는 교육청에서 양식을 제작하여 보급하고 있다.

❸ 홍보 방법 및 내용

유치원 홍보는 홍보 방법에 따라 그 내용이 달라진다.

첫째, 학부모를 직접 영유아 교육기관에 초청하여 홍보하는 방법이다. 이때에는 시설 및 환경을 견학하고 영유아 교육기관의 이름, 주소, 전화번호(위치, 약도 포함), 교육 프로그램의 주요 내용에 대한 소개, 운영방침과 특징, 운영자 및 교직원 소개, 모집 대상 아동의 연령, 모집인원, 모집 시기 및 입학절차, 납입금, 교육시간, 학습 편성, 교통편 등 전문단체의 등록 및 가입 여부, 보험 가입 등의 내용이 담긴 비디오와 슬라이드, 파워포인트 등 다양한 매체를 이용하여 홍보를 한다.

둘째, 인쇄물 또는 게시물을 통해 홍보하는 방법이 있다. 이 방법을 사용할 때에는 인상에 남을 만한 색상을 쓰는 등 세련된 편집으로 학부모의 관심을 끌어야 하며, 내용은 너무 많지 않아야 한다. 인쇄물에는 영유아 교육기관 전경 사진, 유아교육기관의 이름, 주소, 전화번호, 약도, 모집원아의 연령, 모집 시기, 주요 프로그램, 교통편 등을 수록한다.

❹ 입학을 위한 준비

유치원에서는 신입 원아가 확정되면 입학 전 신입 원아들의 지속적인 관리가 필요하며, 신입 원아와 가족 정보 수집하기, 부모면담, 신입 원아 및 학부모 오리엔테이션 등의 준비를 해야 한다.

유아의 입학이 결정되면 유아의 흥미, 요구, 발달 수준, 가정환경 등에 관한 정보를 사전에 파악하여 유아 및 가족의 요구를 충족시킬 수 있는 프로그램을 계획하고 실천할 수 있는 운영계획과 교육활동계획을 사전에 수립하여야 한다. 일반적으로 영유아 교육기관에서 유아의 특성이나 가정환경은 일정한 양식의 유아 및 가정환경 조사서를 통해 파악한다. 유아 및 가정환경 조사서에는 유아의 이름, 성별, 생년월일, 사진, 부모의 이름, 주소, 전화번호, 직업, 근무지, 가정환경, 유아의 생활습관, 성격, 건강 상태 및 특이사항, 비상연락처의 주소, 전화번호, 인명, 등 · 하원 시 보호자, 기타 필요한 사항 등이 포함된다.

유아 및 가정환경 조사서를 통해 수집된 유아, 부모와 가족의 다양한 정보는 반드시 비밀이 보장되어야 할 뿐만 아니라 개인정보 수집 · 동의서를 받은 이후에 유아를 지도하기 위한 교육적인 목적으로만 사용되어야 한다. 만약, 이러한 정보를 연구목적이나 자료로 활용할 때에는 부모의 허락을 받아야 한다. 유아 개인 조사서 양식과 개인정보 수집 · 동의서의 예시는 다음과 같다.

유아 개인 조서

반명		이름		성별		생년월일	년 월 일

식사습관	식습관: 잘 먹는다( ) 편식한다( ) 먹지 않는다( ) 식사 시 특징 : 섭취 금지 음식(알레르기 반응): ※상세히 적어 주시면 원에서의 지도에 도움이 되겠습니다.
건강 상태	건강 상태 : 체질상 특이사항 :
생활	옷이나 신발을 혼자 해결한다( ) 도움이 필요하다( ) 주는 대로 입는다( ) 마음에 드는 옷을 고집한다( ) 대변: 혼자서 본다( ) 도와주어야 한다( ) 기타( ) 소변: 혼자서 본다( ) 도와주어야 한다( ) 기타( ) 용변 시기: 규칙적이다( ) 불규칙적이다( ) 좋아하는 놀이: 책( ) 인형( ) 블록( ) 게임기( ) 악기( ) 기타( )
친구관계	놀이친구: 주로 ( )명 연령차 비슷하다( ) 차이 난다(연상, 연하) 놀이장소: 주로 자기 집( ) 친구 집( ) 실외놀이( ) 놀이형태: 늘 주도한다( ) 평범하다( ) 혼자 놀이한다( )
유아정서	기본성격: 화날 때: 말을 안 한다( ) 운다( ) 물건을 던진다( ) 기타( ) 특별히 무서워하는 것: 대화 형태: 질문이나 표현이 많다( ) 보통이다( ) 말수가 적다( )
유아의 장단점	장점 : 단점 :
부모의 양육 태도	* 자유롭게 기재해 주세요.
꼭 부탁하고 싶은 말씀	* 유아생활 지도, 건강 상태, 친구관계 등 꼭 담임교사에게 부탁하고 싶은 말씀을 구체적으로 적어 주세요.

개인정보 수집 · 이용 동의

1. 수집 이용 목적: 유아상담 및 관리, 생활기록부 작성 기초 자료
2. 수집항목: 유아 성명, 생년월일, 식사습관, 건강 정보, 유아 취미, 유아의 단점, 생활, 입학 전 교육경험, 부모의 양육 태도, 부탁사항
3. 이용 보유 기간 및 처리 방법: 년 월 일 ~ 년 월 일(이용 기간 후 파기)
4. 거부권 및 불이익 사항: 개인정보의 제공 · 이용하는 데 동의를 거부할 권리가 있으며, 거부 시 유아 신상 파악이 미흡하여 담당교사의 심도 있는 지도에 어려움을 초래할 수 있음

※ 수집한 개인정보는 정보 주체의 동의 없이 수집한 목적 외로 사용하거나 제3자에게 제공되지 않으며, 보유 및 이용 기간 만료 이후에는 파기합니다.

개인정보 수집 이용에 동의하십니까? □ 동의 □ 동의하지 않음

년 월 일

보호자(법정대리인) 성명 (인)

출처: 부산광역시교육청(2017). 유치원 교육과정 편성 · 운영 디딤돌.

개인정보 수집이용 동의서

학부모님 안녕하십니까!
항상 자녀의 교육활동에 관심과 애정을 보여 주시고 적극적으로 협조해 주시는 학부모님께 감사의 말씀을 전합니다. 본 유치원은 원활한 교육과정 운영을 위해 아래의 항목에 대하여 유아의 재원 기간 동안 해당 정보를 수집·이용 또는 해당 업체에 제공하고 있습니다. 학부모님께서는 아래의 내용을 읽어 보고 서명하신 후, 유치원으로 제출해 주시기 바랍니다.

– 아래 –

○ 수집 이용 목적
- 유아지도 및 교육활동, 유치원생활기록부 및 출석부 입력, 유아 명부 및 비상연락망 작성, 유치원 SNS 서비스, 스쿨뱅킹, 현장체험학습 시 여행자 보험, 수료 및 졸업 관련 서류 제작, 홈페이지, 홍보 자료 등에 활용하고자 한다.

※ 전학 시 유치원생활기록부 송부 동의 포함

○ 수집 항목
- 학급명, 성명, 집 전화번호, 보호자 휴대폰 번호
- 주민등록등본에 수록된 내용(유아 및 보호자의 생년월일, 주소 등)
- 입학원서에 수록된 내용(성별, 유아의 통학로 등)
- 스쿨뱅킹 동의서에 수록된 내용(예금주 성명, 주민등록번호, 계좌번호)
- 유아의 유치원 교육활동 사진 및 동영상 자료(CCTV)

○ 보유 및 이용 기간
유아의 유치원 재학 기간 및 유아가 전학할 경우 전입유치원에 유치원생활기록부를 송부할 때까지

※ 유치원생활기록부의 보유 기간: 준영구

○ 개인정보를 수집·이용하는 데 동의를 거부할 권리가 있으며, 거부 시 유치원 교육활동 및 유치원 생활기록부 관리 등에 지장이 초래될 수 있음

※ 수집한 개인정보는 정보 주체의 동의 없이 수집한 목적 외로 사용하거나 제3자에게 제공되지 않으며 보유 및 이용 기간 만료 이후에는 파기합니다.

개인정보 수집 이용에 동의하십니까? □ 동의 □ 동의하지 않음

년 월 일

__________ 반 유아명: __________

※ 만 14세 미만 아동인 경우 반드시 법정대리인의 동의가 필요합니다.

법정대리인(보호자) 성명: (인)

유아와의 관계:

○○유치원장 귀하

출처: 부산광역시교육청(2017). 유치원 교육과정 편성 · 운영 디딤돌.

(2) 어린이집 원아모집

❶ 입소 대상

어린이집 입소 대상은 「영유아보육법」 제2조(정의) 제1호에 "영유아라 함은 6세 미만의 취학 전 유아를 말한다."의 규정과 동법 제16조(보육시설의 입소 대상) "보육시설의 입소 대상은 영 · 유아를 원칙으로 한다."로 명시되어 있다. 다만, "보건복지부 장관, 시 · 도지사 또는 시장 · 군수는 제4조 제1항의 규정에 의한 중앙보육위원회 또는 지방보육위원회의 의결을 거쳐 입소 대상 연령을 12세까지 연장할 수 있다."의 규정에 의하여 어린이집 입소 대상 연령은 0~6세 미만의 취학 전 영유아뿐만 아니라 12세 아동까지이다. 또한, 「영유아보육법」 제1조(목적) "이 법은 영유아의 심신을 보호하고 건전하게 교육하여 건강한 사회 구성원으로 육성함과 아울러 보호자의 경제적 · 사회적 활동이 원활하게 이루어지도록 함으로써 영유아 및 가정복지 증진에 이바지함을 목적으로 한다."의 규정에 의하여 보호자가 근로, 질병, 기타 사정으로 인하여 직접 보육하기 어려워 위탁한 유아를 그 대상으로 한다.

❷ 원아모집 방법 및 절차

어린이집 원아모집은 월별로 원아들의 입 · 퇴소가 빈번하기 때문에 연중 어린이집 입소가 가능하다. 관할 지자체는 신학기 대규모 원아모집을 실시하고 입소대기 관리시스템에 신학기 입소예정자를 2월 말까지 확정하도록 권장하고 있다. 따라서 어린이집 입소를 위해서는 입소대기 관리시스템에 등록을 해야 하며, 등록 후 대기 순서에 따라 입소가 가능하다. 직장 및 부모협동 어린이집을 제외한 모든 어린이집은 반드시 입소 우선순위에 따라 보육이 이루어지도록 하여야 한다. 어린이집 입소 순위는 보육 정원에 비해 지원자 수가 많은 경우 입소 대상의 차례를 정하는 것을 의미하며, 위반 시에는 「영유아보육법」 제56조 제2항 제2호의 규정에 의한 과태료 부과 및 동법 시행규칙 제38조 제1항 별표 9의 규정에 의한 행정처분을 받게 되므로 입소우선순위를 반드시 준수하여야 한다. 입소우선순위는 지역 또는 시설의 여건에 따라 차이가 있지만 「영유아보육법」 제28조(보육의 우선 제공)에서는 다음과 같이 제시하고 있다.

❖ 어린이집 입소 우선순위

- 1순위(법 제28조, 시행령 제21조의 4, 시행규칙 제29조)
  - 「국민기초생활 보장법」에 따른 수급자(법정)
  - 「한부모가족지원법」 제5조의 규정에 의한 보호대상자의 자녀
  - 「국민기초생활 보장법」 제24조의 규정에 의한 차상위계층(중위소득의 50% 이하)의 자녀
  - 「장애인복지법」 제2조에 따른 장애인 중 장애의 정도가 심한 장애인의 자녀 또는 형제자매
    * 「장애인 복지법 시행규칙」 별표 1의 장애정도 중 장애의 정도가 심한 장애인
  - 아동복지시설에서 생활 중인 영유아
  - 부모가 모두 취업 중이거나 취업을 준비 중인 영유아
  - 「다문화가족지원법」 제2조 제1호에 따른 다문화 가족*의 영유아
    * 「재한외국인 처우 기본법」 제2조 제3호의 결혼이민자와 「국적법」 제2조부터 제4조까지의 규정에 따라 대한민국 국적을 취득한 자로 이루어진 가족
    * 「국적법」 제3조 및 제4조에 따라 대한민국 국적을 취득한 자와 같은 법 제2조부터 제4조까지의 규정에 따라 대한민국 국적을 취득한 자로 이루어진 가족
  - 「국가유공자 등 예우 및 지원에 관한 법률」 제4조 제1항에 따른 국가유공자 중 전몰자(제3호), 순직자(제5호 · 제14호 · 제16호), 상이자(제4호 · 제6호 · 제12호 · 제15호 · 제17호)로서 보건복지부령으로 정하는 자*의 자녀
    * 「국가유공자 등 예우 및 지원에 관한 법률 시행령」 별표 3의 1급 내지 3급까지의 상이등급에 해당하는 사람
  - 자녀가 3명 이상인 가구 또는 영유아가 2자녀 가구의 영유아
  - 제1형 당뇨를 가진 경우로서 의학적 조치가 용이하고 일상 생활이 가능하여 보육에 지장이 없는 영유아
  - 산업단지 입주기업체 및 지원기관 근로자의 자녀로서 산업단지에 설치된 어린이집을 이용하는 영유아
- 2순위
  - 기타 「한부모가족지원법」에 따른 한부모 가족 및 조손 가족
  - 가정위탁 보호아동 및 입양된 영유아
    ※ 위탁가정의 경우에 위탁아동을 친자녀로 포함하여 입소우선순위 모든 요건 적용
  - 동일 어린이집 재원 중(신학기 입소 확정 포함)인 아동의 형제 · 자매
    ※ 단, 재원아동 형제 · 자매의 경우, 3월 신학기 입소 시 첫째 자녀가 초등학교에 입학할 경우 해당하지 않음

출처: 보건복지부(2020). 보육사업안내.

어린이집 원장은 신청 순위에 따라 어린이집 이용신청자 명부를 작성 · 비치하여 이를 열람할 수 있도록 하여야 한다. 이용신청자 명부는 입소대기 관리시스템의 대기자 전산 출력물로 대체 가능하다. 또한, 입소대기 관리시스템을 통하여 입소 시 원장은 증빙서류를 제출받아 반드시 확인하여야 하며, 입소확정 후 신청자는 증빙서류를 입소 전 7일(휴일 포함) 이내에 제출하여 입소 순위에 대한 증빙을 하여야 한다. 만약, 정해진 기한 내에 입소 우선순위 증빙서류를 제출하지 못하거나 「영유아보육법」 등 관련 법령을 위반한 경우, 신청한 전체 어린이집에 대한 입소대기 신청이 취소된다.

또한, 관할 지자체는 부 또는 모의 장기입원, 행방불명 등 가정에서 영유아를 돌볼 수 없는 불가피한 사정이 있는 영유아의 경우 입소 가능한 인근 어린이집에 안내하여 이용할 수 있도록 지도하고 어린이집 원장은 입소신청(상담)자에게 우선입소 대상 순위와 그에 따른 증빙서류, 보육료 지원제도 등을 적극 홍보하여 지원 혜택을 받을 수 있도록 하여야 한다.

❸ 홍보 방법 및 내용

어린이집의 정규 원아모집은 일반적으로 12월에서 2월 사이에 이루어지나 학부모의 사정에 따라 영유아의 입 · 퇴소가 유치원보다 빈번하므로 수시로 모집한다. 어린이집에서는 신문간지, 현수막, 포스터, 생활정보지, 홈페이지 이용 등을 활용하여 홍보를 하고 있으나 가장 좋은 홍보 방법은 방법은 평소에 질적으로 우수한 보육서비스를 제공하여 원아와 학부모로부터 신뢰를 얻어 입소문을 통해 홍보가 되도록 하는 것이다.

어린이집 홍보 자료의 내용은 어린이집 명, 주소, 전화번호(위치 약도 포함), 보육 목적과 운영방침, 연간 프로그램, 운영자 및 종사자 소개, 보육대상 유아의 연령, 모집인원, 모집 시기 및 입소 절차, 월 보육료, 보육 시간, 학급 편성, 교통편 등 학부모가 궁금해하는 것을 중점적으로 알려 주어야 하며, 신설 어린이집은 어린이집의 존재를 지역사회에 알리는 것이 중요하다.

❹ 입학을 위한 준비

어린이집에서는 신입 영유아가 확정되면 입학 전 신입 원아들의 지속적인 관리가 필요하며, 영유아와 가족 정보 수집하기, 부모면담, 영유아 및 학부모 오리엔테이션 등의 준비를 해야 한다. 영유아와 가족의 필요와 요구에 적합한 보육서비스를 제공하기 위해서는 입소 영유아와 가족에 관한 정보를 수집해야 한다. 영유아와 가족에 관한 정보는 어린이집에서 융통성 있게 필요한 정보를 수집할 수 있으며, 비밀이 보장되어야 하고 보육 목적 이외의 용도로 사용해서는 안 된다. 영유아 및 가정환경 파악을 위해서는 성명, 성별, 생년월일, 주소, 사진, 부모명, 전화번호, 직업, 근무처, 가족사항, 등 · 하원 시 보호자, 생활습관, 예방접종, 병력 기록 및 성장에 관한 기록 등의 정보를 확보해야 한다.

또한, 어린이집의 운영과 보육활동에 대한 계획을 학부모에게 소개하고 학부모의 기대와 요구를 파악하며, 영유아 개인과 가정생활에 관한 정보를 보다 정확히 파악하기 위해 학부모 면담을 실시한다. 학부모 면담을 통해 교사는 학부모로부터 영유아의 환경, 부모의 영유아 보육에 대한 이해 정도, 어린이집에 대한 학부모의 기대와 요구, 입학에 필요한 각종 서류 등을 얻을 수 있고 학부모는 교사로부터 어린이집의 설비와 보육환경, 보육 프로그램의 철학, 목표 및 운영계획, 입학 전 · 후 부모의 역할과 태도 등을 이해할 수 있으므로 교사와 학부모 모두에게 도움이 된다. 어린이집 입소신청서와 부모 동의 및 조사서의 예시는 다음과 같다.

입소신청서

<table>
<tr><td rowspan="6">신청인 보호자</td><td>이름</td><td colspan="3"></td><td>관계</td><td colspan="4"></td></tr>
<tr><td>연락처(휴대폰)</td><td colspan="3"></td><td>집</td><td colspan="4"></td></tr>
<tr><td>주소</td><td colspan="8"></td></tr>
<tr><td>입소영유아의 가족현황</td><td colspan="8">□ 부 □ 모 □ 조부 □ 조모
□ 기타 (명)</td></tr>
<tr><td rowspan="2">비상연락</td><td>이름</td><td>관계</td><td colspan="2">전화번호</td><td>이름</td><td>관계</td><td colspan="2">전화번호</td></tr>
<tr><td></td><td></td><td colspan="2"></td><td></td><td></td><td colspan="2"></td></tr>
<tr><td rowspan="6">대상 영유아</td><td>이름</td><td colspan="2"></td><td>성별</td><td colspan="2">남 / 여</td><td colspan="2" rowspan="4">사진</td></tr>
<tr><td>생년월일</td><td colspan="5"></td></tr>
<tr><td>건강 상태</td><td colspan="5">□ 건강 양호 □ 허약
□ 질병 □ 기타</td></tr>
<tr><td>특이사항</td><td colspan="5"></td></tr>
<tr><td rowspan="2">타 어린이집 이용 경력</td><td>이용 시기</td><td colspan="7">□ 만 0세부터 □ 만 1세부터
□ 만 2세부터 □ 만 3세부터 □ 만 4세부터</td></tr>
<tr><td>어린이집 유형</td><td colspan="7">□ 국·공립 □ 사회복지법인
□ 법인·단체 등 □ 민간 □ 직장
□ 가정 □ 부모협동 □ 유치원
□ 기타</td></tr>
</table>

○○어린이집 원장 귀하

아래의 영유아가 귀 어린이집에 일소하고자 신청합니다.

년 월 일

신청자: (인)

출처: 중앙육아종합지원센터(2016). 어린이집 문서 및 서식 자료집.

부모 동의 및 조사서

○○어린이집에서는 「영유아보육법」 및 동법 시행규칙, 사업지침 등에 따라 아래의 내용에 대하여 보호자의 동의를 받아 진행 여부를 결정하고자 합니다. 구체적인 내용을 확인하시고 해당 내용에 동의 여부를 빠짐없이 체크해 주시기 바랍니다.

〈영유아 기본 정보〉

<table>
<tr><td>성명</td><td colspan="2">(남 / 여)</td><td>반 이름</td><td></td></tr>
<tr><td>주소</td><td colspan="2"></td><td>생년월일</td><td></td></tr>
<tr><td rowspan="3">보호자</td><td>성명</td><td colspan="2">영유아와의 관계</td><td>연락처</td></tr>
<tr><td></td><td colspan="2"></td><td></td></tr>
<tr><td></td><td colspan="2"></td><td></td></tr>
</table>

1. 응급처치 및 귀가 동의

구분	처리 내용
응급 처치	– 응급상황 발생 시 위의 보호자에게 연락하여 주십시오. – 필요시 119구조대에 연락하여 □ 기관지정 의료기관( )이나 □ 보호자지정 의료기관( )으로 수송해 주십시오.
귀가 동의	– 위 영유아의 귀가 시 위의 보호자에게 인도하여 주십시오. – 정해진 보호자 외 다른 사람에게 인계할 경우 사전에 반드시 연락을 취하겠습니다. ※ 우리 어린이집에서는 영유아를 성인 보호자 없이 혼자 귀가시키지 않습니다. 특히, 영유아가 13세 미만(초등학생) 형제·자매와만 등·하원하지 않도록 유념해 주시기 바랍니다. – 등·하원 방법: □ 보호자 동행 □ 차량(어린이집) – 차량 이용 시 등·하원 시간: 등원(시 분), 하원(시 분) (필요시 기재) – 부모 외 인계 보호자: (필요시 기재)

2. 특별활동 프로그램 참여

* 특별활동 프로그램 참여 여부: □ 참여하지 않음 □ 참여함(해당 경우에만 아래 서식 작성)

<table>
<tr><td colspan="6">특별활동 프로그램</td><td rowspan="2">참여 여부</td></tr>
<tr><td>명칭</td><td>내용</td><td>실시 횟수 (주 · 월)</td><td>요일</td><td>운영 시간</td><td>비용(원)</td></tr>
<tr><td></td><td></td><td>회</td><td></td><td>: ~ :</td><td>원</td><td></td></tr>
<tr><td></td><td></td><td>회</td><td></td><td>: ~ :</td><td>원</td><td></td></tr>
</table>

※ 특별활동에 참여하지 않는 영유아에 대해서는 대체 프로그램을 마련하여 진행하고 있음

3. 식품 알레르기 조사

어린이집 급·간식 제공 시 식품 알레르기가 있을 경우, 영유아의 건강에 심각한 문제가 발생할 수 있습니다. 식품에 대한 알레르기 반응이 있을 경우, 해당 식품과 대체 가능 식품을 알려 주시기 바랍니다.

식품 알레르기 여부	알레르기 유발 식품	알레르기 증상	대체 가능 식품

※ 알레르기를 유발하는 대표적인 식품(예): 난류, 우유, 메밀, 땅콩, 대두, 밀 고등어, 게, 새우, 돼지고기, 복숭아, 토마토, 아황산염 등

※ 현재 식품 알레르기 증상이 없으나 이후 증상이 발생할 경우, 반드시 어린이집으로 관련 내용을 알려주시기 바랍니다.

4. 개인정보 활용

「개인정보 보호법」에 의거 귀하의 개인정보를 아래와 같이 '수집·이용·제3자 제공'에 동의를 얻고자 합니다. 다음의 사항을 충분히 읽어 보신 후 동의 여부를 체크, 서명하여 주시기 바랍니다.

1) 개인정보의 수집 및 이용

수집·이용하려는 개인정보의 항목	개인정보 이용 기간 및 보유 기간
영유아 및 부모의 이름, 생년월일, 주소, 전화번호, 건강검진 정보, 사진 등	영유아 보육활동, 건강관리, 가정과의 연계 긴급한 상황 시 대처

동의함 ☐ 동의하지 않음 ☐

2) 개인정보의 제3자 제공

개인정보를 제공받는 자	제공하는 개인정보의 항목	개인정보를 제공받는 자의 개인정보 이용 목적	개인정보를 제공받는 자의 개인정보 이용 기간 및 보유 기간
CCTV 영상 확인 요청자	CCTV 영상	아동의 사고 시 발생 상황 파악	영상을 확인하는 기간 (보조 매체토 인해 영상을 보관할 경우 영상 저장 시, 보유 기간을 정함)

동의함 ☐ 동의하지 않음 ☐

5. 어린이집 운영 내용 확인 및 협조사항

- 신입 및 재원아 학부모 오리엔테이션(운영안내서)을 통해 안내해 드린 어린이집 운영과 관련된 부모님들의 협조사항에 대해 충분히 이해하고 공감해 주시리라 생각합니다.
  아래의 내용은 우리 자녀들이 건강하고 안전하게 어린이집 생활을 하는 데 기본이 되는 사항으로 ㅇㅇ어린이집 모든 부모님들의 적극적인 협조와 이해 부탁드립니다. 어린이집에서도 우리 아이들이 건강하게 성장해 나갈 수 있도록 최선을 다해 보살피도록 노력하겠습니다.

1. 신입원아 적응프로그램
2. 어린이집의 개방원칙 및 인계규정
3. 감염병 질환의 예방과 관리대책
4. 아프거나 다친 영유아에 대한 처리 절차(환아처리지침, 상해유형에 따른 응급처치 등)
5. 부모 동의 및 조사서 작성 안내(귀가동의, 응급처치동의, 식품 알레르기 관련, 개인정보 활용 등)
6. 상해, 화재, 배상보험 가입 안내
7. 안전사고 발생 시 어린이집이 갖는 책임한계에 관한 규정
8. 맞춤형 프로그램 운영(맞춤형 운영기준 포함)
9. 보육교직원 윤리강령(아동학대 예방지침 포함)

※ 위 사항의 자세한 내용은 오리엔테이션에서 배부해 드린 자료를 참고해 주시기 바라며, 문의사항이 있을 경우에는 ㅇㅇ어린이집(ㅇㅇ-ㅇㅇㅇ-ㅇㅇㅇㅇ)으로 연락주시기 바랍니다.

ㅇㅇㅇㅇ년 ㅇㅇ월 ㅇㅇ일

영유아명 : 보호자(서명):

출처: 중앙육아종합지원센터(2020). 어린이집 문서 및 서식 자료집.

2. 학급관리

1) 영유아의 이해

한 학급의 영유아들은 특정 연령상 공통된 성향과 행동을 나타내며, 남녀의 성에 따른 특징을 보인다. 교사는 담당 학급 원아들의 공통된 특성과 행동 유형을 빨리 파악해야 하며, 원아들의 특성과 행동, 사고를 수용할 태도를 준비해야 한다. 또한, 개별 영유아의 얼굴 모습이 서로 다른 것처럼 성격이나 사고, 행동, 정서가 각기 다르다는 것을 인식하고 개별 영유아의 특성을 올바로 파악하기 위해 노력해야 한다. 이러한 교사의 노력은 학급을 효과적으로 운영하는 데 도움이 될 뿐만 아니라 영유아가 영유아 교육기관 및 자신의 학급, 담임교사에 잘 적응하고 의사소통을 수월하게 하는 데 도움을 준다. 그리고 영유아를 보다 나은 방향으로 발전시키는 데 있어 개별 영유아의 요구에 맞게 적절히 도움을 줄 수 있다. 영유아를 올바로 이

해하기 위해서는 아동심리학이나 아동발달 등 이론적 지식을 바탕으로 담당 영유아에 대한 책임감과 영유아의 현재 상태를 수용하고 이해하려는 태도, 체계적인 방법으로 끊임없이 영유아를 관리하는 교사의 자세가 무엇보다도 중요하다.

입학 시에 제출한 영유아에 대한 기록을 살펴보는 것은 영유아에 대한 이해를 돕는 가장 기본적인 방법이다. 가족관계, 주거 지역, 주거 형태, 과거 병력, 좋아하는 놀이, 부모의 양육 태도, 부모가 기록한 자녀에 대한 보고서 등을 통해 영유아에 대한 기본적인 정보를 얻을 수 있다. 또한, 입학 전 상담이나 오리엔테이션 등 영유아 교육기관을 직접 방문하는 기회를 제공하여 영유아를 직접 만나 보는 것이 영유아를 올바로 파악하는 데 도움이 된다. 그러나 영유아의 반응과 행동은 입학 후 영유아 교육기관 및 학급, 담임교사에 대한 적응에 따라 크게 달라질 수 있으므로 영유아에 대한 초기 이해는 입학 후 영유아와의 상호작용을 통해 발전되어야 하며, 교사의 유아에 대한 선입견은 빨리 수정되어야 한다.

또한, 입학 후 영유아의 초기 관찰과 그 후 변화에 대한 관찰은 영유아 지도, 학급 운영, 부모와의 상담 자료 등을 위한 중요한 자료로 활용될 수 있으므로 공식적인 양식과 비공식적인 교사 개인 노트에 따로 기록해 두어야 한다. 기록의 형태는 흔히 영유아 교육기관에서 활용하고 있는 평가지, 각종 검사지, 일화기록 등이 있으나 가장 중요한 것은 교사 나름대로 비형식적으로 자유롭게 작성하여 보유하고 있는 누적된 영유아에 대한 소견이다.

2) 학급 편성

(1) 유치원의 학급 편성

학급은 교육목적 달성을 위한 핵심적인 교육활동이 이루어지는 기초 조직으로 교사와 영유아가 교육과정을 중심으로 교육활동을 전개하는 곳이다. 그러므로 학급은 교육활동이 효율적으로 이루어질 수 있도록 편성 · 운영되어야 한다.

❶ 학급 편성을 위한 고려사항

유치원에서 유아를 지도하고 교육하는 일은 학급에서 이루어진다. 따라서 유치원의 학급의 인원수 및 연령 구성을 결정하여 학급을 편성하는 것은 기관 운영의 기본 단위를 결정하는 것이며, 학급의 인원수는 사용 가능한 공간의 크기, 법적으로 인가된 인원수, 교직원의 수, 프로그램의 철학 및 목적 등에 의해 결정된다. 또한, 교사의 능력 및 요구, 유아의 요구, 동일 연령 학급 구성 및 혼합 연령 학급 구성에 대한 입장 등도 고려해야 한다. 장애아 통합교육을 실시하는 경우에는 통합되는 특수아의 수 및 장애 정도 등도 학급 인원수를 결정짓는 중요한 요소이다. 유치원에서 학급 편성 시 고려해야 할 사항은 다음과 같다.

첫째, 전체 원아 수를 고려해야 한다. 기관 전체의 원아 수는 입학을 원하는 유아의 수와 물리적 공간의 크기에 의해 결정된다. 처음 개원하는 기관의 경우에는 우선 지역사회의 수요를 조사하여 시설 관련 사항들을 정한 다음 전체 원아 수를 결정하고 되도록 유아가 편안하고 안전하게 느낄 수 있는 규모와 환경을 마련해야 한다. 일반적으로 유치원은 초 · 중 · 고등학교와는 달리 유아의 신체 · 정서발달 특성 등을 고려하여 운영해야 한다. 그러므로 재정 운영상 어느 정도의 규모에 몇 명 정도의 원아를 교육하는 것이 적정 수준인지 검토해 볼 필요가 있다.

둘째, 물리적 환경과 학급의 인원수를 고려해야 한다. 유아 출입의 동선 및 안전한 전이를 위해 적정한 인원수를 배치해야 한다.

셋째, 교사의 능력과 학급의 인원수를 고려해야 한다. 학급의 인원수는 교사와 유아의 원활한 상호작용과 유아의 발달과 적합한 보호 그리고 안전한 학급 운영을 위해 가능한 인원수를 결정해야 한다.

넷째, 유아의 요구와 학급의 인원수를 고려해야 한다. 교사가 유아의 개인차에 따른 요구에 지속적으로 부응할 수 있도록 집단 크기를 조정해야 하며, 교사가 자주 바뀌지 않아야 한다. 유아가 하루 종일 기관에서 지내는 경우에도 집단의 인원수를 적게 하고 소속된 사람들끼리 서로 친밀함을 느낄 수 있도록 하는 것이 좋다.

종일제 프로그램에서는 유아에게 가정과 같은 친밀하고 따뜻한 분위기를 제공해야 하며, 유아 혼자 또는 소그룹으로 교사와의 상호작용을 위해 활동할 수 있는 시간과 공간이 필요하다.

❷ 학급 편성의 법적 근거

「유아교육법 시행령」에 따르면, 유치원의 학급 수 및 학급당 원아 수는 관할청이 정하도록 되어 있다. 대부분의 교육청에서는 학급 편성을 3, 4, 5세가 혼합인 경우는 학급당 25명, 단일 연령일 경우에는 학급당 3세는 20명, 4세는 30명, 5세는 30명을 초과하지 않도록 정하고 있으나 관할 교육청마다 권고하는 학급당 원아 수는 다소 차이가 있다.

부산광역시의 경우, 2018년도 유치원 학급당 원아 수는 다음과 같다.

〈표 4-1〉 신설 또는 변경인가 유치원인 경우

(단위: 명)

만 3세반	만 4세반	만 5세반	혼합반		
			만 3~4세반	만 4~5세반	만 3~5세반
18	26	28	22	26	24
※ 해당 연도 유아수용계획에서 정하는 공립 유치원 기준 적용					

출처: 부산광역시교육청(2018). 2018 부산유아교육계획.

〈표 4-2〉 기설 유치원인 경우

<table>
<tr><th>구분</th><th>학급당 정원</th></tr>
<tr><td>학급당 정원 40명 이하 인가
※ 1998년도 이전(구 「교육법 시행령」)</td><td><table><tr><th>연도</th><th>2017</th><th>2018</th><th>2019</th></tr><tr><td>원아 수</td><td>28</td><td>28</td><td>28</td></tr></table>* 공립 유치원 정원 기준 적용 권장</td></tr>
<tr><td>만 5세반 학급당 정원 기준 인가</td><td>• 명시된 학급당 정원 준수
• 미명시된 유치원은 총 정원 범위 내 탄력적 운영</td></tr>
<tr><td colspan="2">※ 2020학년도부터는 2019학년도에 수립하는 유아수용계획에서 정하는 연령별 학급당 정원 기준 적용</td></tr>
</table>

출처: 부산광역시교육청(2018). 2018 부산유아교육계획.

(2) 어린이집의 학급 편성

❶ 연령별 반 편성

어린이집은 동년도 출생아를 함께 반 편성하는 것을 원칙으로 하며, 가능한 한 만 2세 미만 영아반, 만 2세 영아반과 만 3세 이상의 유아반을 동시에 운영하도록 하고 있다. 다만, 장애아가 있는 경우에는 장애아만으로 구성된 반을 운영할 수 있으며(「영유아보육법 시행규칙」 제23조 별표 8의 규정), 시장 · 군수 · 구청장은 지역 여건 등을 고려하여 관내 어린이집의 반 운영을 달리 운영하게 할 수 있다. 그러나 반별 정원 탄력편성, 농촌 소규모 어린이집 및 도서 · 벽지 · 농어촌 지역의 교사 대 아동 비율 특례 등에 의해 예외적인 반 편성이 허용된 어린이집도 정원책정 기준인 어린이집 전용면적과 보육실 면적 등은 준수하여야 한다. 어린이집 연령별 반 편성 시 반별 정원 기준은 다음과 같다(「영유아보육법 시행규칙」 제10조 별표 2).

〈표 4-3〉 어린이집 연령별 반 편성 기준

반별 정원 기준	만 0세	만 1세	만 2세	만 3세	만 4세 이상
원칙	3명	5명	7명	15명	20명

어린이집 학급 편성은 연령별 반 편성 정원 기준에 따라 편성하도록 하고 있으나 반 편성 시 1, 2월생 영유아의 경우 보호자 신청이 있을 경우에는 3월 반 편성 시 또는 신규 입소 시에 한하여 상위 연령반에 편성할 수 있도록 허용하고 있다. 반면에 취학유예 아동은 만 5세아 반으로 하위 연령반에 편성이 가능하고 장애아의 경우 연령이 아닌 장애 정도에 따라 적절한 반에 편성 · 운영할 수 있으나 연령과 달리 하위반에 편성할 때에는 부모와 협의하고 시 · 군 · 구담당자의 확인을 받아 조정해야 한다. 또한, 장애아는 아니나 아동의 발달 차이를 고려하여 하위반 희망 영유아가 있을 시에 보호자가 신청하면 하위 연령반 편성을 허용하고 있다.

어린이집에서 혼합반을 편성 · 운영하고자 할 경우 교사 대 아동 비율은 낮은 연령의 교사 대 아동 비율을 준수하여야 한다. 다만, 정부 인건비 미지원 시설은 지역 내 수급 상황(인근 지역 여유정원이 없는 경우 등), 학부모의 요구(형제 등 동반 입소) 등 불가피한 사유가 있는 경우에는 시 · 군 · 구 사전 승인 후 예외적으로 만 2세와 만 3세 아동의 혼합반 운영이 가능하고 가정 어린이집은 만 2세아와 유아(방과후 포함)의 혼합반 운영도 가능하다. 혼합반 편성 시 반별 정원 기준은 다음과 같다.

〈표 4-4〉 어린이집 혼합반 반별 정원 기준

혼합반 운영	만 0세와 만 1세 영아	만 1세와 만 2세 영아	만 0세와 만 2세 영아	만 2세 이하 영아와 만 3세 이상 유아	만 3세와 만 4세 이상 유아
원칙	가능	가능	불가능	불가능	가능
교사 대 아동 비율	1:3	1:5	–	–	1:15

어린이집 학급별 정원 기준은 「영유아보육법 시행규칙」 제10조 별표 2에 따른 기준을 적용하되, 시 · 도지사가 관할 지역의 보육환경, 어린이집 운영 여건 등을 고려하여 어린이집 총 정원 범위 내에서 지방보육정책위원회의 심의를 거쳐 반별 영유아 수를 기준범위 내에서 달리할 수 있도록 탄력적 반 편성을 허용하고 있다. 다만, 반별 정원의 탄력편성은 총 정원의 범위 내에서 이루어져야 하며, 연령별 탄력편성 영유아 수의 합이 해당 연령별 교사 대 아동 비율의 아동 수 미만이어야 한다. 또한, 어린이집에서 통합반을 운영하고자 할 경우에는 당초 편성된 반 유지를 원칙으로 하되, 조기 등원 및 귀가 등으로 보육아동이 현저히 적을 경우 당초 편성된 동일 연령반 및 혼합반을 연령별 교사 대 아동 비율을 준수하는 범위 내에서 통합하여 편성 · 운영이 가능하다. 다만, 통합반은 오전 9시 이전 및 오후 3시 이후에만 편성 가능하며, 담당교사를 지정하여 보육하고 보육일지에 통합반 운영을 기록 · 관리하여야 한다. 탄력적 반 편성 시 반별 정원 기준은 다음과 같다.

〈표 4-5〉 어린이집 탄력적 반 편성 시 반별 정원 기준

반별 정원	만 0세	만 1세	만 2세	만 3세	만 4세 이상
원칙	3명	5명	7명	15명	20명
탄력편성 가능 인원	–	1명	2명	3명	3명

※ 도서·벽지·농어촌 등은 별도의 특례 규정(시행규칙 40조) 적용, 이 경우 추가로 반별 탄력편성 불가능함

※ 반별 정원의 탄력편성은 총 정원의 범위 내에서 이루어져야 하며, 연령별 탄력편성 영유아 수의 합이 해당 연령별 교사 대 아동 비율의 아동 수 미만이어야 함

※ 반별 정원을 탄력편성하는 시설은 보조교사(정부 지원 보조교사는 미인정)를 배치하여 해당 반을 우선 지원하도록 하거나, 탄력편성에 따라 발생하는 수입금의 30% 이상을 해당 반 보육교사에게 추가로 지급해야 함

※ 시·도지사는 관할 지역의 보육환경, 어린이집 운영 여건 등을 고려하여 지방보육정책위원회의 심의를 거쳐 반별 영유아 수를 위 기준범위 내에서 달리할 수 있으며, 탄력편성 요건 등을 강화하여 세부기준을 정할 수 있음

출처: 보건복지부(2020). 보육사업안내.

3. 신입 원아관리

1) 신입 원아 및 학부모 오리엔테이션

영유아 교육기관에서는 영유아가 입학하기 전에 신입 원아를 위한 오리엔테이션을 준비해 둘 필요가 있다. 신입 원아 오리엔테이션은 입학 전에 영유아가 기관의 여러 시설물을 돌아보고 교직원들과 만나 보는 과정을 통해 기관에 대한 낯선 감정을 제거하고 친숙한 느낌이 들게 함으로써 영유아의 기관 적응을 도와주기 위한 것이다.

신입 원아 오리엔테이션은 입학 대상 원아 전체를 대상으로 대집단으로 이루어질 수도 있고 학급별로 날짜를 달리할 수도 있다. 최근에는 좀 더 효과적으로 오리엔테이션을 진행하기 위해 영유아들을 소집단으로 나누어 2~3일에 걸쳐 실시하는 경우도 있다. 원아의 기관 첫 방문은 30분에서 45분 정도로 계획하는 것이 좋으며,

영유아가 피곤해하거나 지루해하기 전에 끝내는 것이 좋다. 또한, 영유아의 호기심을 끌 수 있는 특별한 매체로 전달되는 동화 등을 준비하면 더욱 효과를 높일 수 있다.

학부모 오리엔테이션은 부모에게 영유아 교육기관의 교육철학과 운영방침에 관한 정보를 제공하여 가정과 기관의 긴밀한 협력관계를 형성하고 교직원과 부모의 만남을 통해 서로 신뢰할 수 있는 인간관계를 형성하여 교육의 효과를 높이기 위한 것이다. 나아가 이런 기회를 통하여 교사는 영유아에 관한 여러 가지 정보를 수집할 수 있다.

영유아 교육기관에서는 안내문을 통하여 오리엔테이션에 대해 알리고 기관에 대한 자료를 마련함으로써 효과적인 오리엔테이션이 될 수 있도록 준비하여야 한다. 학부모 오리엔테이션 자료는 처음 교육기관을 이용하는 학부모에게 영유아 교육기관에 대한 여러 가지 정보 및 자녀의 기관 생활을 위해 알아야 할 많은 내용을 안내해야 하므로 학부모의 이해를 돕기 위해서 사진 자료나 비디오를 함께 준비하여 소개하는 것이 효과적이다.

학부모 오리엔테이션 시 전달해야 할 내용을 구체적으로 살펴보면 다음과 같다.

- 기관의 교직원 소개
- 기관의 교육철학과 교육목표, 운영방침
- 기관의 일과 운영
- 연중 진행될 각종 행사
- 영유아의 복장, 소지품 관리에 관한 사항
- 영유아의 건강, 위생, 안전에 관한 유의사항
- 부모참여를 위한 계획과 부모참여 방법
- 교육비 납부에 관한 사항
- 기관과 가정의 의사소통 방법에 관한 사항
- 기타 기관 운영에 관해 학부모가 알아야 할 사항

2) 신입 원아 적응 프로그램

신입 원아 적응 프로그램은 영유아가 부모와 헤어져 교사에게 안정감을 느끼고 영유아 교육기관을 안전하고 편안한 장소로 느낄 수 있도록 적응을 돕는 체계적인 과정이다(이기숙 외, 2014). 신입 원아가 처음으로 영유아 교육기관에 등원하게 되면 부모와 헤어지는 것을 두려워하지 않고 영유아 교육기관을 안전하고 편안한 장소로 느낄 수 있도록 충분한 적응 프로그램을 가지는 것이 필요하다. 이러한 적응 기간 동안 영유아는 새로운 교사와 친구에 대해 친밀감을 느끼고 새로운 환경에 적응해 나가게 된다.

신입 원아 적응 프로그램은 일반적으로 영유아 교육기관 환경 탐색, 교사 및 친구와의 유대감 형성, 영유아 교육기관에서의 급 · 간식 및 낮잠 시간 경험하기 등의 내용으로 이루어지며, 효과적인 신입 원아 적응 프로그램 운영을 위한 기본 원칙은 다음과 같다.

첫째, 영유아와 보호자가 같이 프로그램에 참여한다.

둘째, 영유아의 적응에 필요한 기본적인 활동을 경험하게 한다.

셋째, 적응 기간 첫째 주 보육 시간은 약 2시간 정도에서 점진적으로 늘려 간다.

넷째, 적응 기간은 일반적으로 1주에서 4주 정도이나 영유아의 개인차를 고려하여 융통성 있게 진행한다.

신입 원아 적응 프로그램은 최소한 1주일 이상으로 실시한다. 만 3세 이상 유아의 경우 1주일 정도 실시하고 만 2세 이하 영아의 경우에는 2주에서 4주 정도로 계획한다. 시간은 약 1시간 정도에서 시작해서 점진적으로 늘려 나가는 것이 일반적이나 영유아의 연령, 기질 및 건강 상태, 양육경험 등 개인차를 고려하여 융통성 있게 진행한다.

신입 원아 적응 프로그램의 진행 단계를 구체적으로 살펴보면 다음과 같다.

■ 1단계(첫째 주)

- 등원 시 아이와 함께 인사하고 교실 및 보육실에 들어온다.
- 교사와 아이 그리고 보호자가 함께 놀잇감을 가지고 놀면서 아이가 주변을 탐색하게 한다.
- 교사에게 아이에 관한 정보를 제공함으로써 교사와 아이가 친해질 수 있도록 한다.
- '내일 또 와야지.'하는 생각이 들 때쯤 귀가한다.

■ 2단계(둘째 주)

- 오전 프로그램에 영유아와 함께 참여하다가 인사를 하고 헤어진다.
- 귀가 후 아이가 휴식을 취할 수 있도록 지도한다.

■ 3단계(셋째 주)

- 친구들과 함께 점심을 먹고 귀가한다.
- 아이가 친구와 사귈 수 있도록 같은 반 친구에 대해 관심을 보여 준다.
- 잠들기 전에 어린이집 생활에 대해서 이야기를 나누어 아이의 긴장감을 풀어 준다.

■ 4단계(넷째 주)

- 아이에게 애정을 가지고 지속적인 관심을 표현해 주면 아이의 울음은 줄고 언어 표현이 늘어나면서 영유아 교육기관에서의 하루일과에 흥미를 느끼고 생활하게 된다.

CHAPTER 05

인사관리

인사관리에서 흔히 “인사(人事)가 만사(萬事)다.”라는 말을 자주 사용한다. 이는 ‘좋은 인재를 잘 뽑아서 적재적소에 배치하는 것이 모든 일을 잘 풀리게 하고 순리대로 돌아가게 한다.’라는 것을 의미한다. 사람을 채용하고 관리하는 것은 조직 운영의 성패를 좌지우지할 정도로 매우 중요하므로 영유아 교육기관 운영자는 자격을 갖춘 교직원을 채용하고 교직원의 능력에 맞는 업무를 분장시킴으로써 영유아 교육기관이 원활히 운영되도록 노력해야 한다. 즉, 영유아 교육기관의 효율적인 운영관리를 위해서는 교직원의 조직 구성과 업무분장이 체계적으로 이루어져야 한다. 따라서 본 장에서는 교직원의 자격, 임용 절차 및 보수, 교직원이 갖추어야 할 자질과 역할 등 유치원과 어린이집의 인사관리, 실습생 및 자원봉사자 관리, 교직윤리에 대해 구체적으로 살펴보고자 한다.

1. 유치원 인사관리

1) 교원의 종별 및 자격

유치원에서 이루어지는 인사관리란 자격을 갖춘 교원의 임용, 승진, 급여, 퇴직, 현직교육, 후생복지 등을 관리하는 것을 말한다. 교원은 각급 학교의 교원과 직원을 포괄하는 용어로 사용되며, ‘교원’이라 함은 각 학교에서 원아 · 학생을 직접 지도 · 교육하는 자를 말한다.

유치원의 인사관리는 유능한 적임자를 선정하여 기관이 적절한 위치에 배치하여 각 개인의 능력을 최대한으로 발휘하게 함으로써 기관의 목표를 달성하도록 하는 것이 가장 중요한 요소이다. 유치원의 원활한 운영을 위해서는 기관에 필요한 교직원의 수를 확보해야 한다. 유치원의 경우 「유아교육법」 제20조 제1항에 “유치원에는 교원으로 원장, 원감, 수석교사 및 교사를 두되, 대통령령으로 정하는 일정 규모 이하의 유치원에는 원감을 두지 아니할 수 있다.”라고 명시되어 있다.

유치원 교원의 종별과 자격 기준은 「유아교육법」 제3장에 명시되어 있는데, 유치원 교원의 종별 및 자격 기준은 다음과 같다.

〈표 5-1〉 유치원 교원의 종별과 자격 기준(「유아교육법」 제22조 1항, 2항)

구분	자격 기준
원장	1. 유치원의 원감 자격증을 가지고 3년 이상의 교육 경력과 소정의 재교육을 받은 자 2. 학식과 덕망이 높은 자로서 대통령령이 정하는 기준에 해당한다고 교육부 장관의 인정을 받은 자
원감	1. 유치원 정교사(1급) 자격증을 가지고 3년 이상의 교육 경력과 소정의 재교육을 받은 자 2. 유치원 정교사(2급) 자격증을 가지고 6년 이상의 교육 경력과 소정의 재교육을 받은 자
정교사 (1급)	1. 유치원 정교사(2급) 자격증을 가진 자로서 3년 이상의 교육 경력을 가지고 소정의 재교육을 받은 자 2. 유치원 정교사(2급) 자격증을 가지고 교육대학원 또는 교육부 장관이 지정하는 대학원의 교육과에서 유치원 교육과정을 전공하여 석사학위를 받은 자로서 1년 이상의 교육 경력이 있는 자
정교사 (2급)	1. 대학에 설치하는 유아교육과 졸업자 2. 대학(전문대학 및 이와 동등 이상의 각종 학교와 「평생교육법」 제31조 제4항에 따른 전문대학 학력 인정 평생교육시설을 포함한다)졸업자로서 재학 중 소정의 보육과 교직학점을 취득한 자 3. 교육대학원 또는 교육부 장관이 지정하는 대학원의 교육과데서 유치원 교육과정을 전공하고 석사학위를 받은 자 4. 유치원 준교사자격증을 가진 자로서 2년 이상의 교육 경력을 가지고 소정의 재교육을 받은 자
준교사	1. 유치원 준교사 자격검정에 합격한 자

2) 원장이 아닌 교원의 임용

임용이란 특정한 직위에 임명하는 것으로서 신규 채용, 승진, 승급, 전직, 전보, 휴직, 복직, 강임, 직위해제, 면직 및 파면 등을 포함한다. 임용에서 가장 핵심적인 사항은 선발과 임명이다. 선발이란 자격을 갖춘 후보자 중에서 최적임자를 선정하는 것을 말하며, 임명이란 선발된 후보자에게 직위를 보하는 것을 말한다(임재택, 1999).

가. 교원 임용 업무 흐름도

교원 채용 절차

1. 채용 공고
2. 채용절차 진행
3. 임용예정자 결정

▼

신원조사 의뢰용 서류제출

교원→유치원→교육지원청
1. 기본증명서 1부
2. 신원진술서(약식) 1부
3. 개인정보동의서 1부

교원 준비 서류

1. 경력증명서(전임유치원 면직 보고 후)
2. 채용신체검사서(임용 전 완료)
3. 교원자격증
4. 교원공무원 인사기록카드
5. 원장: 취임승낙서(자필)

▼

신원조사 의뢰

유치원→교육지원청→경찰서
(법정소요기한 1개월)

결격사유 조회

유치원→등록기준지
(임용예정교원)
(약 2주 정도 소요)

성범죄경력 및 아동학대 관련 범죄전력 조회 의뢰

유치원→경찰서
(온라인 발급 가능)

▼

각종결과 확인 후 임용확정

임용제청서 작성

- 법인: 원장→법인이사회 보고(회의록 작성)
- 사인: 원장→설립자 보고

임명장 전달

설립자→교원

임용대장 작성

인사기록카드 원본 및 임용대장 기록 · 관리 철저

▼

교육지원청 임용보고(임용한 날부터 7일 이내)

1. 설립자가 날인한 임용보고 공문 1부
2. 교육공무원 인사기록카드(직인 날인)
3. 교원자격증 사본(원본 지참)
4. 임명장 사본 1부
5. 임용제청서 사본 1부(원장 제외) / 취임승낙서(자필) 사본 1부(원장)
6. 경력증명서 각 1부(해당자만)
7. 채용신체검사서 사본 1부
8. 성범죄경력 및 아동학대 관련 범죄전력 조회 회신서 사본 1부
9. 결격사유 조회 회보서 사본 1부
10. 이사회 회의록 사본 1부(법인)

출처: 서울시교육청(2019). 사립유치원 교원 인사 실무 매뉴얼.

신원진술서(약식)

성명		한자		주민등록번호		【사진】 사진파일 가능 (3cm×4cm)·(3.5cm×4.5cm)
등록기준지						
주소						
실거주지						

직장	직장명: 소재지:	연락처	직장전화: 휴대폰: E-mail:

학력	학교명	기간	전공학과	학위	소재지
		. . ~ . .			
		. . ~ . .			

경력	기관 · 업체 및 정당 · 사회단체명	기간	직 책(직급)	상벌 관계(일자)
		. . ~ . .		
		. . ~ . .		

해외 거주 사실	거주 국가	기 간	거주 목적	동반 가족
		. . ~ . .		
		. . ~ . .		

병역	군별	기간	병과	최종 계급	미필 사유
		. . ~ . .			

자녀	관계	성명	생년월일	관계	성명	생년월일
	배우자			子女		
	父			子女		
	母			子女		

위 내용은 사실과 다름이 없으며, 기재사항을 누락하거나 허위로 기재할 경우 관계 법령에 따라 불이익을 받을 수 있다는 사실을 고지 받았음을 확인합니다.

년 월 일

작성자 성명 인(서명 또는 날인)

210mm×297mm [백상지(80/㎡) 또는 중질지(80/㎡)]

개인정보 수집 및 이용 동의서

국가정보원, 국방부 및 경찰청은 「보안업무규정」 제46조(고유식별정보의 처리) 및 「개인정보 보호법」 제15조(개인정보의 수집 · 이용), 제23조(민감정보의 처리 제한), 제24조(고유식별정보의 처리 제한) 및 제24조의 2(주민등록번호 처리의 제한)에 따라 신원조사 업무의 수행에 필요한 개인정보, 민감정보 및 고유식별정보를 수집 · 이용합니다.

■ 개인정보 수집 · 이용 내역

항목	성명(한자 포함), 사진, 주민등록번호, 등록기준지, 주소, 실거주지, 직장(직장명, 소재지 포함), 연락처(직장전화, 휴대폰, E-mail 포함), 학력(학교명 등 포함), 경력(기관 또는 업체명 등 포함), 해외거주사실(거주목적, 동반가족 등 포함), 병역사항, 가족관계(배우자, 부모, 자녀 포함)
수집 · 이용 목적	신원조사 및 사실관계의 확인
보유 · 이용기간	2년

※ 위 내용은 신원조사 업무 수행을 위해 필요한 최소한의 필수 정보에 해당하며, 그 내용에 관하여 **개인정보 수집 · 이용 동의를 거부할 권리**가 있습니다. 그러나 **동의를 거부하는 경우에는** 「보안업무규정」에 따른 신원조사를 실시할 수 없어 **임용(채용) · 비밀취급인가 등에 제한을 받을 수 있음**을 알려 드립니다.

☞ 위와 같이 개인정보를 수집 · 이용하는 데 동의하십니까? 동의함 [ ] 동의하지 않음 [ ]

■ 민감정보 처리 안내

항목	정당 · 사회단체 경력
수집 · 이용 목적	신원조사 및 사실관계의 확인
보유 · 이용기간	2년

※ 위 내용은 신원조사 업무 수행을 위해 필요한 최소한의 필수 정보에 해당하며 그 내용에 관하여 **민감정보 처리 동의를 거부할 권리**가 있습니다. 그러나 **동의를 거부하는 경우에는** 「보안업무규정」에 따른 신원조사를 실시할 수 없어 **임용(채용) · 비밀취급인가 등에 제한을 받을 수 있음**을 알려 드립니다.

☞ 위와 같이 민감정보를 처리하는 데 동의하십니까? 동의함 [ ] 동의하지 않음 [ ]

■ 고유식별정보 처리 안내

항목	주민등록번호
수집 · 이용 목적	신원조사 및 사실관계의 확인
보유 · 이용기간	2년

※「개인정보 보호법」 제24조의 2 제1항 제1호 및 「보안업무규정」 제46조에 따라 별도의 동의는 필요하지 않습니다.

☞ 위와 같이 고유식별정보를 처리하는 것을 확인했습니다. [ ]

「개인정보 보호법」에 따라 개인정보처리자가 준수해야 할 개인정보보호 규정을 준수하고 있으며, 관련 법령에 따라 대상자의 권익을 보호하고 허가된 이용 목적 외에는 사용하지 않겠습니다.

20 년 월 일

신청인(대리인): (서명 또는 인)

(필요시) 법정대리인: (서명 또는 인) 연락처:

출처: 서울특별시강남서초교육지원청(2020). 행복교육소식 행복교육자료실 유치원.

개인정보 제공 동의서(약식)

- 본인은 신원조사기관이 본인에 대한 신원조사를 실시할 필요가 있다는 것과 개인정보(범죄경력 등 민감정보 포함. 이하 동일) 수집 목적 등 아래 유의사항을 이해하였으며, 이를 위해 「개인정보보호법」 등에 의해 보호되고 있는 본인의 개인정보를 동법 제15조(개인정보의 수집 · 이용) 및 제17조(개인정보의 제공)의 규정 등에 따라 신원조사기관에 제공하는 데 동의합니다.
- 이에 따라, 개인정보 보유기관장은 원활한 신원조사를 위해 본인에 관한 개인정보를 해당 신원조사기관에게 제공하여 줄 것을 요청합니다.
- 본인이 서명한 동의서 복사본은 원본과 동일하게 유효하다는 것을 인정합니다.

유의사항 (개인정보 수집 목적 · 관리방법, 정보제공 동의 거부 가능 고지)
▪ 수집된 개인정보자료 · 개인정보 제공 동의서는 신원조사 목적으로만 사용되고,「공공기록물 관리에관한법률」에 따라 관리 · 폐기되며 수집하려는 개인정보의 항목은 아래와 같습니다. ▪ 개인의 자유로운 의사에 따라 정보 제공동의를 거부할 수 있습니다. 다만, 이 경우 신원조사를 원활히 진행할 수 없음을 알려드립니다.

년　월　일

성명　　　(서명)

- 본인 동의

성명	생년월일	서 명	
		개인정보 제공 동의	민감정보 제공 동의
		(자필 서명)	(자필 서명)

※ 신원조사를 위해 수집되는 정보자료 항목

개인정보	민감정보
▪ 주민 조회자료(경찰청)	▪ 범죄경력 · 수사 · 수배 조회자료(경찰청)

개인정보 보유기관장 귀하

출처: 서울특별시강남서초교육지원청(2020). 행복교육소식 행복교육자료실 유치원.

나. 자격 요건

① 사립학교(유치원)의 교원 자격에 관하여는 국 · 공립학교(유치원)의 교원의 자격에 관한 규정에 의함(「사립학교법」 제52조)

② 유치원 교원은 「유아교육법」 제22조에 따른 자격이 있는 사람이어야 함(「교육공무원법」 제6~7조)

③ 임용 결격 사유

i. 「교육공무원법」 제10조의 4 각 호의 어느 하나에 해당하는 자는 사립학교(유치원)의 교원으로 임명될 수 없음(「사립학교법」 제54조의 3 제1항 제4호)

ii. 「아동 · 청소년의 성보호에 관한 법률」 제56조에 따라 법원은 아동 · 청소년 대상 성범죄 또는 성인 대상 성범죄(이하 '성범죄'라 한다)로 형 또는 치료감호를 선고하는 경우(제11조 제5항에 따라 벌금형을 선고받은 자는 제외한다)에는 판결(약식명령 포함)로 그 형 또는 치료감호의 전부 또는 일부의 집행을 종료하거나 집행이 유예 · 면제된 날(벌금형을 선고받은 경우에는 그 형이 확정된 날)부터 10년이 초과하지 않는 일정기간 동안 아동 · 청소년 관련기관 등(제56조 제1항 제1호)을 운영하거나 아동 · 청소년 관련기관 등에 취업 또는 사실상 노무를 제공할 수 없도록 하는 명령(이하 '취업제한 기간')을 성범죄 사건의 판결과 동시에 선고(약식명령의 경우에는 고지)하여야 함

iii. 「아동복지법」 제29조의 3에 따른 아동학대 관련 범죄로 형 또는 치료감호를 선고받아 확정된 사람(이하 '아동학대 관련 범죄전력자'라 한다)은 그 확정된 때부터 형 또는 치료감호의 전부 또는 일부의 집행이 종료(종료된 것으로 보는 경우를 포함한다)되거나 집행을 받지 아니하기로 확정된 후 10년까지의 기간 동안 아동관련 기관을 운영하거나 아동관련기관(제29조의 3 제1항 8호)에 취업 또는 사실상 노무를 제공할 수 없음

iv. 「사립학교법」 제54조의 3(임명의 제한) 제6항에 규정한 사항

– 금품수수행위 · 시험문제 유출 및 성적조작 등 학생성적 관련 비위 행

위 · 학생에 대한 신체적 폭력 행위로 인하여 파면 · 해임되거나 금고 이상의 형을 선고받은 사람은 원칙적으로 교원으로 임명할 수 없음

3) 교원의 역할 및 자질

"교육의 질은 교사의 질을 능가하지 못한다."라는 말에서 알 수 있듯이, 교사는 교육의 질을 좌우하는 가장 중요한 요소이다. 더욱이 유치원의 교직원은 다른 기관과 달리 유아의 건전한 성장과 발달을 도와주는 역할을 수행해야 하므로 그에 적합한 능력과 자질을 갖추어야 한다.

유치원 교사의 자질에 대한 초기의 관점은 교사의 개인적 인성에 중점을 두고 유아를 사랑하는 사람, 정서적으로 성숙한 사람, 친절, 인자함, 신뢰, 동정심을 지닌 사람 등의 요소를 강조하였다. 최근에는 유아교육의 발전과 더불어 교사의 개인적 자질은 물론 전문적 자질의 근원에 대해 밝히려는 노력이 계속되고 있다. 이기숙 외(1986)는 교사의 전문적 자질로서 프로그램을 계획하고 실천하는 능력, 부모 · 전문가 및 여러 관계자들을 참여시키는 능력, 유아의 성장 발달을 촉진시키는 능력, 고도의 지적 전문성, 직업윤리, 지속적인 전문적 성장 등으로 지적하였으며, 유해인(1990)은 교사의 전문적 자질을 특성으로 교육적 태도 영역에 사명감, 개인차 고려, 전문적 지식과 기능 영역에 지적 능력, 전문지식, 융통성, 예능 소질, 동기 유발, 창의성 지도, 기술 향상, 노력 등으로 제시하고 있다.

유치원의 유형이나 유아를 보는 관점에 따라 교직원의 역할이 다소 달라질 수는 있으나 유치원 교직원의 일반적인 역할과 자질은 다음과 같다.

(1) 원장

원장은 유치원의 전체적인 운영 및 관리에 대한 책임을 지며 기관을 대표한다. 원장은 유치원 운영관리의 성패를 좌우한다고 해도 과언이 아닐 정도로 핵심적 역할을 수행하는 사람으로, 훌륭한 원장은 좋은 유치원의 첫째 조건이다. 「유아교육

법」 제21조 제1항에 "원장은 원무를 총괄하고 소속 교직원을 지도 · 감독하며 해당 유치원의 유아를 교육한다."라고 그 역할을 명시하고 있다. 원장은 원아를 직접 지도하는 일보다 유치원 전체를 조직하고 관리하고 감독하는 책임을 맡고 있다. 즉, 유치원 운영관리자인 원장은 교육행정가, 재원 확보 · 관리자, 대외적 홍보자, 운영계획과 관리자, 유아교사, 교직원 인사관리자, 교사나 학부모의 상담자, 영양 · 건강 · 안전관리자 등의 역할을 수행한다.

유치원의 운영을 책임지고 있는 원장이 실제로 담당해야 할 임무를 구체적으로 살펴보면 다음과 같다.

- 전반적인 운영계획의 수립과 운영관리
- 교육목표 설정 및 교육과정의 계획과 관리
- 교직원 채용 및 인사관리
- 원아의 모집 및 관리
- 시설 · 설비의 관리
- 비품 및 교재 · 교구의 구입과 관리
- 재정관리
- 행정적 업무 처리 및 기록의 보관 유지
- 부모교육 및 부모와의 관계 유지
- 행정당국, 지역사회 관련 기관 및 단체들과의 관계 유지

한편, 원장은 교육지도자로서 법적인 의무 외에 수행해야 할 일이 많은데, 그 내용을 보면, 실천적 · 구체적인 교육내용을 수립 · 운영하고 교직원으로 하여금 그 역량을 최대한 발휘시킬 수 있도록 동기유발을 시키며 격려하고 유치원의 발전을 위한 장 · 단기 운영계획을 수립하고 지역사회와의 협조 체제를 구축하는 일 등의 부가된 업무를 갖게 된다. 이러한 막대한 역할을 수행하기 위해 갖추어야 할 원장의 자질을 보면, 우선 유아교육 프로그램 및 교수법과 교육과정 조직에 관한 교육심리학적인 충분한 지식을 갖고 있어야 하며, 다양한 프로그램을 제작 · 활용할 수

있는 능력이 있어야 한다. 또한, 학사 행정에 필요한 제반 처리 규정을 알고 있고 교사 선발 및 관리에 대한 법규 및 기술을 갖고 있으며, 창의성이 있어야 하고 미래적 안목, 교육평가에 대한 소양을 갖고 있어야 한다(곽덕영 외, 1999).

(2) 원감

원감의 역할은 「유아교육법」 제21조 제2항에 "원감은 원장을 보좌하여 원무를 관리하고 해당 유치원의 유아를 교육하며, 원장이 부득이한 사유로 직무를 수행할 수 없을 때에는 그 직무를 대행한다. 다만, 원감을 두지 아니하는 유치원은 원장이 미리 지명한 교사(수석교사를 포함한다)가 그 직무를 대행한다."라고 명시되어 있다.

원감의 역할은 일반적인 역할, 원장 대리자로서의 역할, 학급에서의 역할 세 가지로 나눌 수 있다. 원감이 실질적으로 수행해야 하는 역할을 살펴보면 다음과 같다(곽덕영 외, 1999).

- 연간 · 월간 · 주간 및 일일 교육계획안 수립
- 유아교육활동의 지도 · 감독 및 조언
- 유아의 영양 · 건강 및 안전에 대한 대책과 관리
- 교재 · 교구 및 비품의 관리
- 연구 행사 계획의 수립 및 진행
- 각종 학습 자료의 관리
- 부모교육 계획 수립과 실행
- 학급 수가 적을 때 학급 담임의 역할 등

(3) 교사

교사의 역할은 「유아교육법」 제21조 제4항에 "교사는 법령에서 정하는 바에 따라 해당 유치원의 유아를 교육한다."라고 명시되어 있다. 교사의 역할에 대해 데커와 데커(Decker & Decker, 1992)는 유아를 보호하는 일과 교육하는 일의 이중적인 것이라고 주장한 반면에, 스포덱(Spodek, 1995)은 보호 역할, 교수 역할, 인격함양 역할, 의사결정 역할의 4가지로 요약하고 있다. 일반적인 교사의 역할을 살펴보면 다음과 같다.

- 유아의 신체적 · 심리적 안전관리
- 교육목표 달성을 위해 적절한 교육과정의 계획 및 운영
- 비품, 교구, 교수–학습 자료의 구입 · 제작 · 활용
- 실내 · 외 교육환경의 조성과 활용
- 각 학급의 운영 및 관리
- 유아관찰 및 평가
- 부모면담 및 상담, 부모교육 실시

유치원에서 하루일과가 진행되는 동안 유아는 교사와 끊임없이 상호작용을 하면서 교사로부터 보다 많은 영향을 받게 되므로 교사의 개인적 자질은 매우 중요하다. 유치원 교사가 갖추어야 할 개인적 자질을 구체적으로 살펴보면 다음과 같다.

첫째, 신체적 · 정신적으로 건강해야 한다. 하루일과가 진행되는 동안 교사가 유아를 지속적으로 관찰하고 유아의 요구에 반응하도록 한다. 풍부한 교육활동을 제공하기 위해서는 많은 신체적 에너지가 필요하므로 무엇보다도 신체적 · 정신적으로 건강한 사람이어야 한다. 신체적으로 건강한 교사라야 유아에게 도움이 필요할 때 순간순간의 요구에 민감하고 민첩하게 움직일 수 있고 정신적으로 안정감이 있어야 교사로서의 기본역할을 통합적으로 수행하고 다른 사람들도 편안하게 해 줄 수 있다.

둘째, 온정적 성품을 지닌 사람이어야 한다. 가정환경과는 다른 유치원의 새로운 환경은 유아에게 불안감을 주므로 교사는 유아가 정서적 안정감을 가질 수 있도록 온화하고 친절한 태도로 대해야 한다.

셋째, 유아를 이해하고 수용하며 존중하는 사람이어야 한다. 유아를 개성이 있는 인간으로, 즉 고유한 가치와 권리를 지닌 인간으로 존중한다고 함에는 유아를 이

해하고 현재 있는 그대로를 받아들인다는 의미가 내포되어 있다. 교사가 유아의 생각, 감정, 반응 등을 이해하고 수용해 줄 때에 유아는 자아 존중감을 가지게 된다.

넷째, 매사에 열성적인 태도로 일하는 사람이어야 한다. 교사가 열성적일 때에 유아는 즐겁고 행복하게 배운다. 또 교사의 열성적인 모습은 유아에게 좋은 본보기가 될 수 있다.

다섯째, 건전한 사회적 태도를 지녀야 한다. 교사가 기본적인 윤리를 지키고 유아에게 좋은 본보기가 되기 위해서 도덕적 · 사회적으로 건전한 품성을 지녀야 한다.

교사가 갖추어야 할 기본적인 자질은 무엇보다도 전문성이라 할 수 있으며, 전문성의 핵심은 가르치는 활동에 있다. 유치원 교사는 유아를 가르치는 전문적인 교사로서 어떤 내용과 방법으로 유아를 교육할 것인가에 대하여 확고한 신념을 가지고 교육에 임하는 것은 교사로서의 당연한 의무이자 책임이다. 이러한 책임을 수행하려면 유아교육에 대한 기초 이론들을 알아야 하므로 전문적 교육을 통해 전문적인 자질을 함양해야 한다. 유치원 교사가 갖추어야 할 전문적 자질을 구체적으로 살펴보면 다음과 같다.

첫째, 유아교육에 대한 전문적 이론을 배움으로써 지적 전문성을 갖추어야 한다. 교육은 본질적으로 인간을 보다 더 나은 방향으로 변화시키려는 의도성을 가지고 있으므로 교사는 유아교육에 대한 이론적 탐구 및 실습을 함으로써 유아의 전인적 발달을 도울 수 있어야 한다.

둘째, 이론적으로 배우고 습득한 내용을 교육현장에서 효과적으로 활용할 수 있는 프로그램 계획 및 수행 능력이 있어야 한다. 아무리 좋은 교육을 받고 또 많은 지식을 가지고 있다 하더라도 이를 유아교육현장에서 수행할 수 있는 능력이 부족하다면 바람직한 교사가 될 수 없다.

셋째, 인간관계가 원만하고 교육적 활동에 부모, 전문가 및 여러 관계자들을 적극적으로 참여시키고 필요한 도움을 줄 수 있는 능력이 있어야 한다. 훌륭한 교사는 좋은 성품에 유아교육에 대한 이론과 실제를 겸비한 능력의 소유자여야 한다.

2. 어린이집 인사관리

1) 보육교직원의 종별 및 자격

(1) 보육교직원의 자격검정

어린이집 원장 및 보육교사의 자격검정과 자격증 발급 · 재발급에 관한 업무는 한국보육진흥원에서 수행하고 있으며, 보육교직원의 자격검증 기준은 다음과 같다.

❶ 어린이집 원장 자격 기준

어린이집은 설립 주체 및 규모에 따라 종류가 다양하며, 원장의 자격 기준 또한 다소 차이가 있다. 어린이집 원장 자격 취득을 위한 일반적 자격 기준, 가정 어린이집, 영아전담 어린이집, 장애아전문 어린이집 자격 기준에 해당하는 사람은 보건복지부령으로 정하는 사전직무교육을 반드시 받아야 한다. 어린이집 원장의 자격 기준을 자세히 살펴보면 다음과 같다.

〈표 5-2〉 어린이집 원장의 자격 기준

기준	자격 기준
일반 기준	• 보육교사 1급 자격을 취득한 후 3년 이상의 보육 등 아동복지업무 경력이 있는 사람 • 「유아교육법」에 따른 유치원 정교사 1급 자격 또는 같은 법에 따른 특수학교(유치원 과정을 말한다)의 정교사 자격을 취득한 후 3년 이상의 보육 등 아동복지업무 경력이 있는 사람 • 유치원 원장의 자격을 가진 사람 • 「초 · 중등교육법」에 따른 초등학교 정교사 자격 또는 같은 법에 따른 특수학교(유치원 과정을 말한다)의 정교사 자격을 취득한 후 5년 이상의 보육 등 아동복지업무 경력이 있는 사람 • 「사회복지사업법」에 따른 사회복지사 1급 자격을 취득한 후 5년 이상의 보육 등 아동복지업무 경력이 있는 사람 • 「의료법」에 따른 간호사 면허를 취득한 후 7년 이상의 보육 등 아동복지업무 경력이 있는 사람 • 국가 또는 지방자치단체에서 7급 이상의 공무원으로 보육 등 아동복지업무에 5년 이상 근무한 경력이 있는 사람

기준	자격 기준
가정 어린이집	• 일반 기준에서 정한 자격을 갖춘 사람 • 보육교사 1급 이상 자격을 취득한 후 1년 이상의 보육업무 경력이 있는 사람
영아전담 어린이집	• 일반 기준에서 정한 자격을 갖춘 사람 • 간호사 면허를 취득한 후 5년 이상의 아동간호업무 경력이 있는 사람
장애아전문 어린이집	• 일반 기준에서 정한 자격을 갖춘 사람으로서 다음의 어느 하나에 해당하는 사람 – 대학(전문대학을 포함)에서 장애인 복지 및 재활 관련 학과를 전공한 사람 – 장애영유아 어린이집에서 2년 이상의 보육업무 경력이 있는 사람
위탁 또는 부설 어린이집	「고등교육법」에 따른 대학(전문대학을 포함한다) 또는 법 제21조 제2항 제2호에 따른 규정에 의한 교육훈련시설이 운영(위탁 또는 부설 운영을 말한다)하는 어린이집 • 일반 기준에서 정한 자격을 갖춘 사람 • 어린이집을 운영하는 대학의 조교수 또는 교육훈련시설의 전임교수 이상으로서 보육 관련 교과목에 대하여 3년 이상의 교육경력이 있는 사람 ※ 조건부 어린이집 원장 자격을 부여받을 수 있으나, 겸임제한 규정에 따라 어린이집 원장을 겸임할 수 없음

출처: 보건복지부(2020). 보육사업안내.

❷ 보육교사 자격 기준

보육교사 자격 기준은 등급에 따라 보육교사 1급, 2급, 3급으로 구분되며, 자세한 자격 기준은 다음과 같다.

〈표 5-3〉 보육교사의 자격 기준

등급	자격 기준
보육교사 1급	1. 보육교사 2급 자격을 취득한 후 3년 이상의 보육업무 경력이 있는 사람으로서 보건복지부 장관이 정하는 승급교육을 받은 사람
	2. 보육교사 2급 자격을 취득한 후 보육 관련 대학원에서 석사학위 이상을 취득하고 1년 이상의 보육업무 경력이 있는 사람으로서 보건복지부 장관이 정하는 승급교육을 받은 사람
보육교사 2급	1. 전문대학 또는 이와 같은 수준 이상의 학교에서 보건복지부령으로 정하는 보육 관련 교과목 및 학점을 이수하고 졸업한 사람
	2. 보육교사 3급 자격을 취득한 후 2년 이상의 보육업무 경력이 있는 사람으로서 보건복지부 장관이 정하는 승급교육을 받은 사람
보육교사 3급	고등학교 또는 이와 같은 수준 이상의 학교를 졸업한 사람으로서 보건복지부령으로 정하는 교육훈련시설에서 정해진 교육과정을 수료한 사람

출처: 보건복지부(2020). 보육사업안내.

2) 보육교직원의 채용 및 보수 규정

(1) 채용조건

❶ 어린이집 원장

어린이집 원장은 「영유아보육법 시행령」 제21조에 따라 어린이집 원장 자격 기준을 갖춘 자로서 어린이집 원장 국가자격증을 발급받은 자를 채용하여야 한다. 다만, 자격증 발급을 신청하고 자격검정이 완료되어 자격증 발급이 예정된 자(자격번호가 부여된 자)는 자격증 발급 조건부로 채용이 가능하다. 어린이집 원장은 전임하여야 하므로 상근이 어려운 경우 채용 대상에서 제외된다.

❷ 보육교사

보육교사 채용은 「영유아보육법 시행령」 제21조의 보육교사 자격 기준에 해당하는 자로서 보육교사 국가 자격증을 발급받은 자를 채용하여야 한다. 다만, 자격증 발급을 신청하고 자격검정이 완료되어 자격증 발급이 예정된 자(자격번호가 부여된 자)는 자격증을 발급받은 것으로 볼 수 있으므로 채용이 가능하다. 보육교사의 출산휴가, 육아휴직, 장기 병가 등의 사유 발생 시 채용하는 대체교사(임시교사)도 보육교사 자격 기준을 갖춘 자이어야 하며, 장애영유아를 위한 보육교사, 특수학교 교사, 치료사, 간호사, 영양사도 자격증 또는 면허증을 소지한 자를 채용해야 한다. 상시 1회 50인 이상에게 제공되는 어린이집의 조리원 중 1인 이상은 「식품위생법」에 따라 반드시 조리사 자격을 갖추어야 한다.

(2) 채용 방법

어린이집 보육교직원 채용은 국가 또는 지방자치단체로부터 보육교직원의 인건비를 보조받는 어린이집의 경우 공개경쟁을 원칙으로 하며, 국·공립 어린이집의 경우 국가 또는 지방자치단체의 장이 선발고사 등을 통해 별도로 보육교사를 채용·배치할 수 있다. 어린이집 원장은 교직원 채용 시 임금, 근로시간 및 그 밖의 근로조건 등을 명시한 근로계약을 체결하여야 하며, 근로계약과 관련하여 결혼, 출산, 육아휴직 등으로 인한 퇴직요구 등 부당한 내용이 포함되지 않아야 한다. 근로계약은 가능한 한 계약 기간을 명시하지 않는 계약을 체결함을 원칙으로 하고 관할 행정기관은 이를 적극 지도 · 감독하여야 한다.

(3) 채용 시 구비 서류

보육교직원 채용 시 반드시 임면권자는 채용 시 필요한 구비 서류를 제출받아 자격의 적격 여부를 판단하고 관련 서류를 보관하여야 한다. 임면권자는 보육교직원 결원 시 1월 이내에 신규 교직원을 채용하여야 한다. 보육교직원 채용 시 모든 보육교직원은 인사기록카드, 주민등록등본, 채용 신체검사서(공무원 채용 신체검사서 준용 가능)를 제출하여야 하고 원장 및 보육교사, 간호사, 영양사는 국가자격증 또는 면허증 사본을 제출하여야 하며, 장애영유아를 위한 보육교사, 특수학교 교사 자격증, 치료사는 자격을 증명하는 서류를 제출하여야 한다.

(4) 보수 규정

어린이집에서는 보육교직원의 보수 규정을 마련하여야 한다. 보수 규정은 자체 보수 기준 작성 시 교직원의 이해를 돕기 위한 자료로 사용되며, 보육교직원의 보수 관련 일반적인 사항은 「근로기준법」, 「근로자퇴직급여 보장법」 등 관계 법령을 기본으로 하여야 한다.

보육교직원 보수 규정은 정부인건비 지원어린이집, 직장 어린이집 등 국고보조 어린이집에 적용함을 원칙으로 하고 있으며, 보육교사 등의 호봉, 근무 성적과 시설의 운영 여건 및 당해 보육교직원 인건비 지급 기준을 참고한다. 또한, 원장, 보육교사, 취사부로 교직원을 구분하여 보수를 지급하되, 사무원, 사회복무요원, 도우미 등 보육교직원 자격 기준 이외의 직원은 별도의 기준을 정하여 적용하고 있다. 인건비 국고보조 어린이집은 당해 보육교직원 인건비 지급 기준에 따라 인건비를 정하여야 한다. 다만, 지방자치단체의 장 또는 어린이집을 설치 · 운영하려는 자는 이 기준에도 불구하고 어린이집의 재정 형편에 따라 설치자와 협의하여 기준을 초과하여 보수를 보조 또는 지급할 수 있다.

어린이집을 설치 · 운영하는 자는 퇴직하는 근로자에게 퇴직급여 · 퇴직적립금을 지급하기 위하여 「근로자퇴직급여 보장법」의 퇴직급여제도 중 하나 이상의 제도를 설정하여야 하며, 퇴직급여제도와 관련한 상세한 사항은 「근로자퇴직급여 보장법」 및 관계 법령에 따라야 한다. 또한, 시장 · 군수 · 구청장에게 매 회계연도의 결산 보고 시(매년 5월 31일) 퇴직급여제도 관련 통장 사본, 예금잔액증명서 등 증빙서류와 함께 적립금 퇴직급여제도 운영 관련 현황을 보고하여야 한다.

3) 보육교직원의 역할 및 자질

보육교직원은 영유아의 전인적인 성장과 발달에 가장 직접적으로 영향을 미치므로 영유아에 대한 사랑뿐만 아니라 영유아에 대한 이해가 있어야 하며, 영유아의 가능성 그리고 능력에 대한 믿음을 가져야 한다. 또한, 영유다를 가르치는 일에 대한 열정이 있어야 하며, 교육자로서 자신을 믿고 사랑하는 마음을 가져야 한다.

보육교직원의 자질은 개인적인 자질과 전문적인 자질로 나눌 수 있으며, 이를 구체적으로 살펴보면 다음과 같다.

(1) 개인적 자질

개인적 자질은 교사 개개인의 사람됨과 관계되는 특성으로, 주로 인성적인 측면을 뜻한다. 먼저, 신체적 · 정신적으로 건강하고 자기 자신에 대한 신뢰와 긍정적인 자아 개념을 가지고 있어야 하며, 기본적으로 인간에 대한 애정과 관심이 있어야 한다. 어린이집에서 하루를 계획함에 있어 일과계획과 일정을 상황에 따라 조절할 수 있는 융통성이 있어야 하며, 사람을 대함에 있어서는 원만하고 조화로운 대인관계 능력과 인내심이 있어야 한다. 또한, 바람직한 언어행동과 효율적인 의사소통 능력이 있어야 하고 즐겁게 영유아를 돌보며 따뜻한 정서적 관계를 형성할 수 있어야 한다.

(2) 전문적 자질

보육교직원의 전문적인 자질이란 영유아에 관련된 전문적인 지식, 보육과정 및 교수에 대한 전문적인 지식과 운영기술, 교직에 대한 건전한 태도 및 윤리의식과 관련된 자질을 뜻한다. 보육교직원은 영유아의 발달 단계에 대한 체계적이고 전문적인 지식을 갖추어야 하며, 새로운 지식과 교수방법을 연구하여 영유아의 연령에 맞는 프로그램을 계획 · 조직하는 능력을 갖추어야 한다. 또한, 자신의 업무를 유능하고 효과적으로 완수하면서 영유아에게 양질의 프로그램을 제공하는 데 만족감과 기쁨을 느껴야 하며, 영유아에 대한 책임을 부모와 공유하며 부모에게 양육에 대한 정보를 제공할 수 있어야 한다. 또한, 보육교직원은 윤리의식을 가지고 영유아의 개인차를 인정하며 모든 영유아를 인격적으로 대우하고 편애하지 않아야 하며, 교직에 대한 자부심과 긍지를 가지고 전문직 보육교직원으로서의 부단한 노력을 해야 한다.

보육교직원 관리 시 필요한 문서는 다음과 같다.

보육교직원 교육 연간계획 및 실시

■ 보육교직원 교육 연간계획

분기	교육구분	교육명	대상	비고
1분기	안전사고예방교육			
	아동학대예방교육			
	직무교육			
2분기	보수교육			
3분기				
4분기				

■ 교육 실행 기록

교육구분	교육명 (주최기관)	일시/장소	참석자	내용(강사)	비고 (수료증 및 교육 자료 수령 여부 등)

출처: 중앙보육지원센터(2017). 어린이집 문서 서식.

교수법 관찰 및 지도 ※교사 개별로 마련

		대상	
일시		관찰자	
주제			
보육활동			
관찰 내용			
평가 및 지도			

근무평가 ※교사 개별로 마련

대상	

일시		평가자	

평가내용 (※원 상황에 맞게 작성 가능)		매우 좋음	약간 좋음	보통	약간 미흡	미흡
업무 태도		⑤	④	③	②	①
		⑤	④	③	②	①
		⑤	④	③	②	①
전문성		⑤	④	③	②	①
		⑤	④	③	②	①
		⑤	④	③	②	①
원아 관리		⑤	④	③	②	①
		⑤	④	③	②	①
		⑤	④	③	②	①
부모와의 관계		⑤	④	③	②	①
		⑤	④	③	②	①
		⑤	④	③	②	①
동료 관계		⑤	④	③	②	①
		⑤	④	③	②	①
		⑤	④	③	②	①

※ 본 서식의 내용은 어린이집의 작성편의를 위한 예시이며, 어린이집의 상황을 고려하여 변경 사용 가능

Tip	• 개별 보육교사의 교수법 관찰 및 지도, 업무 수행 평가를 정기적이고 체계적으로 실시하도록 하는 보육교직원 평가 관리 내용 포함 • 원장, 경력교사, 외부전문가 등이 보육교사의 보육활동 및 놀이 진행, 영유아와의 상호작용 등을 관찰하고 지도한 후 기록 • 근무평가는 원장이 평가한 후 기록 • 근무평가의 내용은 업무태도, 전문성, 동료관계 등 원 상황에 맞는 내용을 포함

출처: 보건복지부(2017). 보육사업안내.

보육교직원 평가 관리(예시)

- 근무평가 내용(참고자료) -

1. 업무태도
- 계획된 보육활동의 실행을 위해 성실히 수업자료를 준비하는가?
- 담당영역의 교구 등록 · 관리 및 공동구역의 청결유지를 위해 노력하는가?
- 맡은 일에 대해 책임을 전가하지 않고 의욕적으로 해내려고 하는가?

2. 전문성
- 보육지식의 함양을 위해 보육 관련 재교육 및 세미나 등에 자발적으로 참여하는가?
- 전문성 있는 보육계획 및 실행을 위해 다양한 보육프로그램의 자료를 참고하며 연구하는가?
- 연구수업 등 장학수업 과정에 충실히 임하며, 장학수업 평가사항을 보육활동에 반영하기 위해 노력하는가?

3. 원아관리
- 영유아를 존중하며 요구에 민감하고 적절히 반응해 주는가?
- 영유아의 문제행동을 영유아의 입장에서 이해하려고 노력하며, 적절한 개입을 하는가?
- 매일 아침 등원하는 영유아의 건강상태 및 정서상태 등을 파악하기 위해 노력하는가?

4. 부모와의 관계
- 아동의 어린이집 생활에 관하여 부모와 공유하거나 개인별 아동의 발달과업이 잘 이루어질 수 있도록 가정연계를 위해 노력하는가?
- 부모와 신뢰감 형성을 위해 노력하는가?
- 부모면담, 부모참여수업 등 참여활동에 적극적으로 참여를 유도하는가?

5. 동료 관계
- 보육교사로서 상하 간, 동료 간의 인간관계를 원활히 유지하기 위해 노력하는가?
- 동료교사의 도움과 요청이 있을 때, 적극적으로 도와주려고 노력하는가?
- 동료교사의 고충을 듣고 진심으로 이해하려고 노력하며 격려해 주는가?

출처 : 보건복지부 · 한국보육진흥원(2017). 어린이집 문서 서식 양식.

3. 실습생 관리

실습생은 외부인이면서 유아를 직접 대하고 지도하는 교사의 입장을 동시에 가지고 있다. 유치원에서는 본격적인 실습이 시작되기 전에 실습생 오리엔테이션을 실시함으로써 실습생이 알아야 할 유치원 내 규칙과 유아를 대하는 태도 및 자세 등을 먼저 숙지할 수 있도록 지도해야 하며, 실습생 관리 대장과 서약서 등을 통해 지속적인 실습생 관리 · 지도가 이루어져야 한다.

보육실습은 반드시 정원 15인 이상으로 평가인증을 유지(또는 평가제 평가결과 A, B등급)하는 어린이집 또는 교육과정과 방과후 과정을 운영하는 유치원(교육청에 방과후 과정 운영 유치원으로 등록되어야 함)에서 실시하여야 한다. 실습 기간은 6주, 240시간 이상을 원칙으로 하되, 2회에 나누어 실시할 수 있다. 다만, 종전 기준에 따라 4주, 160시간을 실시하는 경우 야간대학, 한국방송통신대학, 원격대학에 한해 2회에 나누어 보육실습을 실시할 수 있다. 보육실습은 한 회에 연속하여 평일 오전 9시부터 오후 7시 사이에 한 경우에만 인정하며, 보육실습 시간은 하루 8시간을 초과할 수 없고 보육실습 교과목이 개설된 학기(직전 후 방학 포함)에 실시하여야 한다. 실습지도교사는 실습지도 이전에 보육교사 1급 또는 유치원 정교사 1급 자격증을 소지한 사람이어야 하며, 동일한 실습 기간 내에 1명당 보육실습생을 3명 이내로 지도하여야 한다. 보육교사 자격증을 발급받고자 하는 사람은 보육교사 자격증 발급 신청 시 보육 실습 내용의 적절성을 증명하는 보육실습확인서를 반드시 제출하여야 한다.

4. 교직윤리

윤리란 사람으로서 마땅히 지켜야 할 도리를 말하며, 교직윤리는 교사로서 교직생활에서 지켜야 할 실천의 규범이라고 할 수 있다. 이는 교사가 딜레마에 직면했을 때 가장 올바른 의사결정을 이끌어 주는 지침이 된다.

1) 유아교사를 위한 윤리강령(미국: NAEYC)

NAEYC의 윤리강령은 1989년에 처음으로 채택되었고, 1997년에 수정되었다. 다음은 NAEYC에서 제정, 채택한 윤리강령의 일부이다.

① 서문(Preamble)

NAEYC는 유아교육 종사자에게 매일 요구되는 수많은 의사결정들이 도덕적 · 윤리적 특성을 지닌다는 사실을 인식한다. NAEYC의 '윤리강령'은 책임 있는 행동에 대한 지침들을 제시하고, 유아를 교육하고 보육하는 과정에서 직면하는 중대한 윤리적 딜레마들을 해결하기 위한 보편적인 기준을 제공한다. 출생에서 8세에 이르는 유아를 위한 프로그램의 최우선적인 핵심 가치는 영유아와 그 부모에 관련된 일상생활에서의 실제에 초점을 맞춘다. 그러한 프로그램으로는 영아 프로그램, 취학 전 교육기관, 보육기관, 가정보육, 유치원, 초등학교 저학년 학급 등이 있다. 이 윤리강령은 유아를 직접 상대하지 않는 전문가 –행정가, 부모, 교육 이론가, 대학교수– 에게도 적용될 수 있다.

② 핵심 가치

영유아를 보육하고 교육하는 과정에서 윤리적 행동의 기준은 우리 분야의 역사 속에 깊이 뿌리 박혀 있는 핵심 가치들에 근거한 것이다. 우리는 다음과 같은 가치에 동의한다.

- 유아기를 인생 주기에서 독특하고 가치 있는 한 단계로 이해한다.
- 유아발달에 관한 지식에 근거하여 직무를 수행한다.
- 유아와 가정 간의 밀접한 유대관계를 이해하고 지원한다.

- 가족, 문화, 집단, 사회의 맥락 속에서만이 유아를 가장 잘 이해할 수 있고 지원할 수 있다는 사실을 인식한다.
- 각 개인(유아, 가족 구성원, 동료)의 존엄성, 가치, 개성을 존중한다.
- 유아와 성인이 신뢰, 존경, 긍정적인 인식 등을 기초로 한 관계 속에서 유아의 모든 잠재력을 발휘하도록 도와준다.

③ 개념적 체계

이 윤리강령은 (1) 유아, (2) 가족, (3) 동료, (4) 지역사회와 공동체의 4장으로 구분하여 교사의 전문적 책임에 관한 개념을 나타낸다. 각 장은 과제를 수행하는 활동 영역을 나타내며, ① 각 영역에서 유아를 담당한 교사의 중대한 책임에 대한 개념 도입, ② 모범적인 직업적 실천을 지향하는 일련의 이상들, ③ 어떤 실천이 요구되고, 금지되고, 허용되는지 정의 내리는 일련의 원칙들을 포함하고 있다.

제1장 유아에 대한 윤리적 책임

유아기는 인생 주기에 있어서 독특하고 중요한 하나의 단계이다. 유아에게 안전하고 건전하고 반응적인 환경을 제공하는 것은 우리의 중대한 책임이다. 우리는 첫째, 유아의 발달을 지원하고, 둘째, 개인 간의 차이를 존중하며, 셋째, 협동적으로 생활하고 일하는 방법을 배울 수 있도록 도와주고, 넷째, 건강, 자기인식, 능력, 자기 존중감, 쾌활성을 증진시켜 주는 데 전념해야 한다.

제2장 가정에 대한 윤리적 책임

가정은 유아의 발달에 있어서 커다란 의미를 지닌다. 가정이라는 용어는 부모뿐만 아니라 유아에 관하여 책임을 담당하는 모든 사람들을 포함하는 개념이다. 가정과 유아를 담당하는 전문가들은 유아의 복지에 관하여 공통적인 이해관계를 가지고 있기 때문에 우리는 가정과 기관이 유아의 발달을 강화하는 방향으로 서로 협조해야 할 책임이 있음을 인정해야 한다.

제3장 동료에 대한 윤리적 책임

유아교육기관이라는 직무환경에서 인간의 존엄성은 존중되고, 직업에 관한 만족도는 향상되어야 하며, 긍정적인 관계가 형성되어야 한다. 우리의 핵심 가치에 근거해 볼 때, 이 활동 영역에서의 우리의 중요한 책임은 생산적인 직무수행을 지원하고 직업적 요구사항들을 충족시킬 수 있는 환경과 관계를 형성하고 유지하는 것이다. 유아에게 적용되는 것과 같은 이상들이 성인에 대한 우리의 책임에도 내재되어 있다.

제4장 지역사회와 공동체에 대한 윤리적 책임

유아에 관한 프로그램들은 가정과 유아의 복지를 담당하는 기타 기관들로 구성된 근접 지역 내에서 운영된다. 지역사회에 대한 우리의 책임은 지역사회의 요구조건을 만족시키는 프로그램을 제공하고, 유아에 대한 책임을 나누는 기관 및 전문가와 협조하며, 현재 실시되고 있지는 않지만 필요한 프로그램들을 개발하는 것이다. 더 큰 사회는 유아의 복지와 보호에 관해 그만큼의 책임을 요구한다. 유아의 발달에 관한 우리의 전문화된 지식 때문에 우리는 어떠한 경우에든지 유아를 위한 대변인으로서의 역할을 수행할 의무를 받아들여야 한다.

④ 선언문(Statement of Commitment)

유아를 담당하는 교사로서 나는 NAEYC의 윤리강령에 반영되어 있는 대로 유아의 교육에 대한 가치를 향상시키는 데 전념하겠습니다. 내 능력을 최대한 발휘해서 나는,

선언문

- 유아교육 프로그램이 유아발달과 유아교육의 최신 이론에 기초하도록 하겠습니다.
- 유아를 양육하는 가정의 임무를 존중하고 지원하겠습니다.
- 유아를 교육하는 동료들을 존중하고 그들이 NAEYC의 윤리강령을 준수할 수 있도록 지원하겠습니다.
- 지역사회와 공동체 내에서 유아, 가정, 교사의 대변자로서 역할을 다하겠습니다.
- 직업적 행동의 높은 기준을 유지하겠습니다.
- 개인의 가치, 의견, 편견이 전문적 판단에 얼마나 영향을 미칠 수 있는지 인식하겠습니다.
- 새로운 사상에 개방적인 자세를 취하고 다른 사람들의 주장으로부터 배울 것은 기꺼이 배우겠습니다.
- 전문가로서 끊임없이 배우고, 성장하며, 기여하겠습니다.
- NAEYC 윤리강령의 이상들과 원칙들을 존중하겠습니다.

출처: 박은혜(2017). 유아교사론.

2) 보육인 윤리선언

❖ 보육인 윤리선언

나는 영유아의 건강한 성장과 발달을 지원하는 보육교사(어린이집 원장)로서, 직무상의 윤리적 책임을 다하여 다음 사항들을 지킬 것을 다짐합니다.

1. 나는 내가 영유아에게 지대한 영향을 미치는 존재임을 잊지 않으며, 항상 스스로의 말과 행동에 신중을 기한다.
1. 나는 영유아의 인격과 권리를 존중하며, 어떠한 경우에도 영유아에게 해가 되는 일을 하지 않는다.
1. 나는 영유아 가정의 다양성을 이해하고 존중하며, 상호 신뢰하는 동반자적 관계를 유지한다.
1. 나는 동료를 존중하고 지지하며, 서로 협력하여 최상의 보육서비스를 제공하기 위해 노력한다.
1. 나는 보육의 사회적 책임과 역할을 인식하고, 영유아의 권익과 복지를 위한 활동에 앞장선다.
1. 나는 「어린이집 원장 · 교사 윤리강령」을 직무수행의 도덕적 규준으로 삼아 진심을 다하여 충실히 이행한다.

출처: 중앙육아종합지원센터(2016). 어린이집 원장 및 보육교사 윤리강령.

3) 어린이집 원장 및 보육교사 윤리강령

보육은 영유아를 건강하게 양육하고 안전하게 보호하며 발달 특성에 적합한 교육을 제공하는 복지서비스이며, 보육인은 사랑과 존중과 전문지식을 바탕으로 영유아의 전인적 성장에 영향을 미치는 전문직업인이다. 그러므로 보육인은 윤리적 의식과 태도를 가지고 사회적 본분에 임해야 한다. 이에 어린이집 원장과 보육교사는 스스로 책무성을 발현하여 윤리강령을 직무수행의 규준으로 삼아, 보육현장에서 발생하는 윤리적 갈등을 해결하고 생존권, 보호권, 발달권, 참여권 등 영유아의 권리를 보장함으로써, 직무상의 윤리적 책임을 다하여 전문직업인으로서의 위상을 공고히 해야 한다. 더불어 영유아와 그 가정, 동료와 사회의 존엄성을 존중하는 보육의 실천으로 다각적인 신뢰를 구축하고 영유아의 잠재력을 최대한 발휘시킴으로써 영유아가 긍정적인 자아 개념을 형성하고 유능한 사회인으로 성장할 수 있도록 도와, 궁극적으로는 영유아와 그 가정, 동료와 사회의 통합적 · 이상적 복지 실현에 기여하고자 다음과 같이 윤리강령을 재정하였다.

(1) 영유아에 대한 윤리

① 영유아에게 고른 영양과 충분한 휴식을 제공하여, 몸과 마음이 건강한 사람으로 자라도록 돕는다.
② 성별, 지역, 종교, 인종, 장애 등 어떤 이유에서도 영유아를 차별하지 않고, 공평한 기회를 제공한다.
③ 영유아는 다치기 쉬운 존재임을 인식하여 항상 안전하게 보호한다.
④ 영유아에 대한 정서적 · 언어적 · 신체적 학대를 행하지 않는다.
⑤ 어린이집 내외에서의 영유아 학대나 방임을 민감하게 관찰하며, 필요한 경우 관련 기관('아동보호전문기관' 등)에 보고하고 조치를 취한다.
⑥ 영유아의 인격을 존중하고, 개인의 잠재력과 개성을 인정한다.
⑦ 개별적 상호작용 속에서 영유아의 요구를 수용하기 위해 노력한다.
⑧ 영유아의 사회 · 정서 · 인지 · 신체 발달을 통합적으로 지원하는 보육 프로그램을 실시한다.
⑨ 특별한 도움을 필요로 하는 경우, 전문가와 협력하여 영유아의 입장에서 최선의 대안을 찾는다.
⑩ 보육활동을 계획 · 실행 · 평가하는 모든 과정에 영유아의 흥미와 의사를 반영한다.
⑪ 영유아의 개인적 기록과 정보에 대해 비밀을 보장한다.

(2) 가정에 대한 윤리

① 상호 신뢰를 바탕으로 영유아의 가정과 동반자적인 관계를 유지한다.

② 각 가정의 양육가치와 의사결정을 존중한다.

③ 경제적 수준, 가족 형태, 지역, 문화, 관습, 종교, 언어 등 어떤 것에 의해서도 영유아의 가정을 차별 대우하지 않는다.

④ 보육활동 및 발달 상황에 관한 정보를 정확하게 제공하여 영유아에 대한 가정의 이해를 돕는다. 다문화, 심신장애 등으로 의사소통에 도움이 필요한 경우 문제를 해결할 최선의 방법을 도모한다.

⑤ 어린이집 운영 전반에 관한 정보를 공개하여 영유아 가정의 알 권리에 응한다.

⑥ 보육 프로그램과 주요 의사결정에 영유아의 가정이 참여하도록 안내한다.

⑦ 필요한 사회적 지원, 전문서비스 등 관련 정보를 제공하여 영유아 가정의 복리 증진을 돕는다.

⑧ 영유아 가정의 사생활을 보호하고 익명성을 보장한다.

(3) 동료에 대한 윤리

[어린이집 원장]

① 최상의 보육서비스 제공에 필요한 인적 · 물적 환경의 조성 및 유지를 위해 노력한다.

② 보육교사를 신뢰하고 존중하며 전문성과 자율성을 인정한다.

③ 성별, 학연, 지연, 인종, 종교 등에 따라 보육교사를 차별하지 않는다.

④ 업무 관련 의사결정이 필요한 경우, 보육교사의 의견 개진 기회를 보장한다.

⑤ 보육교사에게 지속적 재교육 등 전문적 역량 제고의 기회를 부여한다.

⑥ 보육교사에게 적정 수준의 보상(보험, 급여 등)을 안정적으로 제공하며, 복지 증진에 힘쓴다.

⑦ 보육교사 개인의 기록과 정보에 대한 비밀을 보장한다.

[보육교사]

① 존중과 신뢰를 바탕으로 협력하며, 서로의 전문성과 자율성을 인정한다.

② 상호 간 역량계발과 복지증진에 부합하는 근무환경이 되도록 힘쓴다.

③ 어린이집 원장 및 동료와 영유아 보육에 대한 신념을 공유한다.

④ 보육교사로서의 전문성 향상을 위해 스스로 노력한다.

⑤ 어린이집 내에서 영유아 및 보육교사의 인권과 복지를 위협하는 비윤리적 사태가 발생한 경우, 법률 규정이나 윤리 기준('한국보육시설연합회 윤리강령위원회' 참조)에 따라 조치를 취한다.

(4) 사회에 대한 윤리

① 공보육에 대한 책임을 인식하고, 항상 질 좋은 보육서비스를 제공한다.

② 영유아의 안전을 위협하는 환경이나 정책이 발견될 시, 관계기관과 협의하여 개선한다.

③ 공적 책임이 있는 어린이집으로서 재정의 투명성을 유지하고, 부정한 방법으로 사적 이익을 취하지 않는다.

④ 영유아의 권익 보호를 위해 관련 정책 결정 및 법률 제정에 적극적으로 참여하며, 사회적으로 이를 널리 알리는 데 앞장선다.

⑤ 지역사회 실정에 맞는 어린이집의 책임과 역할을 인지하고, 실천하고자 노력한다.

CHAPTER 06

시설 . 설비관리

영유아 교육기관의 실내 · 외 환경, 시설 · 설비, 교재 · 교구 등을 포함하는 물리적 환경은 영유아와 교사 모두에게 영향을 끼친다. 특히, 영유아는 사물을 이해하기 위하여 보고 듣고 만지고 냄새를 맡는 등의 감각을 통해서 주변 환경에 대해 많은 것을 배우게 되므로 영유아 교육기관의 물리적 환경의 영향은 교사보다 영유아에게 더 크게 작용한다. 즉, 물리적 환경 구성은 영유아의 발달 특성상 놀이에 대한 영유아의 자연스러운 요구를 충족시켜 주는 동시에 영유아의 흥미를 유발할 수 있고 영유아의 발달 특성에 적합한 놀이 환경을 제공해 준다. 따라서 질 높은 교육과 보육을 제공하기 위해서는 영유아의 교육과 보육에 적합한 물리적 환경과 시설 · 설비가 갖추어져 있어야 한다. 본 장에서는 영유아 교육기관에서의 실내 · 외 시설 · 설비의 개념과 중요성, 시설 · 설비 기준에 대해 구체적으로 살펴보고자 한다.

1. 영유아 교육기관의 시설 · 설비

1) 시설 · 설비의 개념 및 중요성

영유아기는 모든 발달의 결정적 시기로서 성장과 발달 속도가 빠를 뿐만 아니라 환경과 긴밀한 상호작용을 통해 발달하게 되므로 영유아 교육기관에서 영유아를 위한 교육환경을 어떻게 구성하고 제공하느냐에 따라 영유아의 균형 있는 성장과 발달에 많은 영향을 준다. 영유아를 위한 교육환경은 영유아 교육기관에 들어서면서 영유아가 접하는 모든 것이 교육환경이 되며, 발달에 적합한 환경이 제공될 때 질 높은 교육이 가능하다(신화식 · 김명희, 2006).

영유아 교육기관의 시설 · 설비란 영유아의 교육을 위해 일정한 장소에서 활용할 수 있도록 설비되어 있는 물리적 환경을 의미한다. 영유아 교육시설은 시설과 설비로 구분되는데, 시설은 건물, 정원, 운동장, 교문 등으로 토지에 고착된 것을 말하고, 설비는 교육을 하기 위한 시설과 관련되어 부속된 모든 물리적 요소를 지칭한다. 또한, 교육시설은 시설의 유형에 따라서 외곽시설과 건물시설로 구분되며, 형태에 따라 지적시설과 건물시설, 기능에 따라서 학습시설, 교육시설, 행정시설, 편의시설 등으로 구분할 수 있다.

〈표 6-1〉 유아교육기관의 시설 · 설비 구분

구분			내용
시설	외부시설		대지, 현관, 실외놀이터, 창고, 정원, 동물 사육장, 실외 화장실 등
	건물 시설	실내 공간	활동실, 사무실, 양호실, 조리실, 화장실, 교사실, 상담실, 식당, 유희실 등
		내부 시설	급수, 위생, 냉난방 시설, 소방시설
설비	교재 · 교구		각 영역별 교재 · 교구, 실외놀이기구, 시청각 기자재
	비품		책상, 의자, 선반, 위생기구, 소방기구, 사무가구 및 비품 등

출처: 신화식 외(2010). 유아교육기관의 운영관리.

영유아를 위한 환경은 크게 인적 환경과 물리적 환경으로 구분할 수 있다. 인적 환경은 사람에 의해 이루어지는 환경, 즉 영유아, 교사, 원장과 원감, 직원, 학부모, 지역사회 인사 등의 환경을 말하며, 물리적 환경은 건축적 요소, 실외 놀이시설, 실내 · 실외 공간, 시설 · 설비 및 교재 · 교구 등의 물리적 요소로 구성된 환경이다. 영유아는 질 높은 물리적 환경이 제공되는 영유아 교육기관에서 안정감을 느끼고 놀이와 활동에 집중할 수 있으며, 다양한 놀이와 학습을 통해 신체, 언어 및 인지, 사회성, 정서 발달을 도모할 수 있다. 특히, 영유아의 생활환경과 교육적 경험에 적절한 시설 · 설비의 구성은 영유아의 발달을 촉진시키고 안전하고 즐거운 생활을 할 수 있도록 돕는다. 따라서 영유아 교육기관의 시설 · 설비는 영유아 교육기관에서 생활하는 영유아의 집단 크기, 성별, 연령과 발달적 특성, 흥미, 영유아 교육기관 프로그램의 특성, 공간적 특성 등을 고려한 시설 · 설비를 구비해야 한다. 영유아 교육기관의 시설 · 설비가 영유아에게 맞지 않다면 영유아가 생활하는데 어려움이 있을 뿐만 아니라 영유아의 안전도 지켜지지 않을 수 있다. 그러므로 영유아 교육기관의 실내·외 환경은 집단 활동과 개별 활동이 균형적으로 이루어지도록 구성되어야 하며, 영유아의 발달에 적합한 구체적인 경험을 제공할 수 있는 안전한 시설·설비를 갖추어야 한다. 더불어 영유아의 교육과정 운영에 적합하고 심미적인 부분을 고려하여 영유아의 안전과 건강에 맞도록 시설·설비를 관리해야 한다.

〈표 6-2〉 인적 환경과 물리적 환경

구분	내용
인적 환경	영유아, 교사, 원장, 원감, 직원, 학부모, 지역사회 인사 등
물리적 환경	건축적 요소: 대지 규모, 건물, 층, 담장, 외부 출입문, 현관 출입구
	실외 공간: 실외놀이터, 사육장, 정원시설, 실외창고, 화장실 등
	실내 공간: 교실·보육실, 사무실, 조리실, 화장실, 교사실, 양호실
	설비: 급수, 위생, 조명, 냉난방 설비, 배수

출처: 신화식 외(2010). 유아교육기관의 운영관리.

2) 시설·설비의 특성

영유아기는 주위 환경에 민감하고 절대적인 영향을 받는 시기이므로 영유아 교육기관의 시설·설비는 영유아가 신체적·정서적으로 안정감을 느낄 수 있도록 안락한 분위기로 구성하고 편안하게 생활할 수 있도록 해야 한다. 또한, 다양한 활동과 경험을 할 수 있도록 창의적이고 개방적인 놀이 환경을 구성해야 하며, 영유아가 안전하게 이용할 수 있는 시설·설비를 갖추어야 한다. 실내 공간은 밝고 아늑하며 다양한 놀이 활동을 할 수 있도록 흥미영역으로 교실을 구성하고 깨끗하고 청결한 주방, 영유아에게 맞는 화장실, 세면장, 개인 보관장 등의 가구나 비품을 갖추고 있어야 한다. 또한, 실외 공간은 자연물을 관찰할 수 있는 정원과 동물 사육장, 실외 고정놀이시설이 있는 실외놀이터와 넓은 공간 등이 적절하게 마련되어야 한다. 이처럼 영유아 교육기관은 유아교육의 방향과 목적에 따라 알맞게 계획·운영되어야 한다.

3) 시설 · 설비 시 고려사항

영유아 교육기관은 초 · 중 · 고등학교와는 그 특성이 다르기 때문에 각 기관의 철학적 방향과 교육목표, 교사의 능력, 교육활동의 유형과 편의성, 영유아의 안전 등을 고려하여 계획되고 운영되어야 한다. 또한, 데커와 데커(Decker & Decker, 2001)는 시설 · 설비를 계획할 때 건물의 위치 선정, 유아 중심, 안전, 변화, 융통성, 비용 등을 고려할 것을 제시하였다. 따라서 영유아 교육기관의 시설을 설치할 때에는 기관의 교육목표, 용이성, 안전성, 심미성, 연계성, 관리성, 경제성 등을 고려하여야 한다. 영유아 교육기관 시설 · 설비 계획 시 고려해야 할 사항을 구체적으로 살펴보면 다음과 같다.

첫째, 영유아 교육기관의 시설 · 설비는 영유아 중심으로 계획되어야 한다. 영유아가 시설 · 설비를 주로 사용하므로 영유아의 발달 수준, 흥미, 생리적 욕구를 비롯한 제반 요구 등을 고려해야 한다.

둘째, 영유아 교육기관의 시설 · 설비는 영유아 교육기관에서 생활하는 구성원 모두의 안전이 보장될 수 있는 시설 · 설비로 구성되어야 한다. 영유아를 비롯한 교직원이 안전하게 활동할 수 있도록 시설 · 설비가 준비되고 안전을 위해 건물의 건축 재료들이 건강에 해로운 것이 없어야 한다. 또한, 환기, 조도, 방염, 벽과 천장의 재료 등은 친환경 소재로 하고 화재나 재난 등 비상시에 안전하게 대비할 수 있는 비상구, 비상등, 소화기, 대피로가 확보되어야 한다.

셋째, 영유아 교육기관의 시설 · 설비는 경제성이 있어야 한다. 영유아 교육기관 운영관리를 위한 전체 소요경비에서 시설 · 설비 부분에 대한 경비가 정해져 있으므로 정해진 경비로 최대의 효과를 내기 위해서는 공간 및 재료에 대한 다각적인 모색을 하여야 한다. 앞으로 계속 지출되는 난방비 등 기본 시설 사용료가 과다하게 소요되지 않도록 친환경 요소를 고려해 보는 것도 바람직하다. 난방비나 전기료를 낮추기 위해 태양열을 이용한 발전 시설을 부분적으로 준비하는 것도 필요하다.

넷째, 영유아 교육기관의 시설 · 설비는 공간과 교구의 배치에 변화를 줌으로써 공간 사용의 효율성을 높일 수 있도록 해야 한다. 정해진 공간 내에서 영유아 활동의 효율성을 높이기 위해서는 흥미영역을 연결시키거나 소요 면적을 다르게 배치할 수 있으며, 활동의 소음 수준을 고려하여 영역을 분리하기도 하고, 조명과 색감도 공간 영역의 특성에 따라 다르게 설비한다.

다섯째, 영유아 교육기관의 시설 · 설비는 융통성 있게 계획해야 한다. 영유아 교육기관에서는 교육활동의 성격에 따라 좁은 공간과 넓은 공간이 요구되기도 하고 비품이나 교구의 사용도 달라진다. 따라서 영유아를 위한 교육시설은 영역과 공간을 필요에 따라 더 늘리거나 좁히거나 다른 공간으로 이동하여 사용할 수 있으므로 여러 가지 목적에 부합하는 활동이 가능하도록 세심한 주의를 기울여 계획한다.

여섯째, 영유아 교육기관의 시설 · 설비는 비용을 고려해야 한다. 최소의 경비로 최대의 교육효과를 낼 수 있는 좋은 영유아 교육시설을 갖추기 위해서는 시설 · 설비 시 많은 검토와 연구가 있어야 한다. 좁은 공간을 효율적으로 사용하는 방법, 비품을 저렴하게 구입하거나 배치하는 등 여러 가지로 활용할 수 있는 방안을 고려하여 계획한다.

2. 영유아 교육기관의 시설 · 설비 기준

1) 유치원 시설 · 설비 기준

유치원의 시설이란 교육환경 조성을 위해 시설에 기본적으로 설치되어 있거나 비치되어 있어 교육활동을 간접적으로 도와주는 역할을 하는 보조물을 의미한다. 설비는 시설의 부속된 모든 부분을 의미하며, 교육과정 운영 시 필수적으로 갖추어야 할 설비가 있고 그 밖에 교육과정 운영상 필요할 때 갖춰야 할 권장설비로 나눌 수 있다. 또한, 유치원의 설비는 기본실과 특별실로 나눌 수 있다. 기본실은 체육장, 교실, 교사실, 자료실, 조리실, 화장실 등이 있으며, 특별실은 원장실을 비롯하여, 행정실, 강당, 보건실, 식당, 회의실 등이 있다. 이처럼 설비는 교육과정 운영 시 필요한 모든 물리적 요소의 집합체라고 할 수 있다. 유치원 시설 · 설비의 기준은 기본실과 특별실에 따라 다르며 필수설비와 권장설비로 나눌 수 있다. 유치원의 각 시설에 따른 설비 기준 및 각 실별 시설 · 설비 기준과 기본실 설비 기준을 제시하면 다음과 같다.

〈표 6-3〉 유치원 시설 · 설비 기준

구분	시설명	규격	소요 기준	구분		비고
				필수	권장	
기본실	① 체육장		원당 1	○		
	② 보통 교실	실당 최소 기준: 50m² 실당 권장 기준: 66m²	학급당 1	○		
	③ 연수실(교사실)		원당 1	○		
	④ 자료실	연수실 겸용 가능	원당 1	○		
	⑤ 조리실(주방)		원당 1	○		
	⑥ 화장실		원당 1	○		
계	6			6		
특별실	① 원장실		원당 1		○	
	② 행정실		원당 1		○	
	③ 강당(유희실)		원당 1		○	
	④ 방과후과정 교실	보통 교실 겸용 가능	원당 1		○	
	⑤ 문서보관실		원당 1		○	
	⑥ 보건실		원당 1		○	
	⑦ 자료제작실		원당 1		○	
	⑧ 식당		원당 1		○	
	⑨ 회의실		원당 1		○	
	⑩ 방송실		원당 1		○	
	⑪ 관리실		원당 1		○	
	⑫ 통학차량 주차시설		원당 1		○	
	⑬ 창고		원당 1		○	
계	13				13	

출처: 인천광역시교육청 고시 제2014-114호.

〈표 6-4〉 유치원의 실외 시설 · 설비 기준

시설명	영역	설비 종목	규격	소요 기준	구분		비고
					필수	권장	
체육장	놀이시설	① 종합놀이기구	유아용 (종합놀이기구는 설치된 설비 종목 수)	원당 3종	○		고정된 놀이시설로 설치
		② 미끄럼틀					
		③ 정글짐					
		④ 터널					
		⑤ 구름다리					
		⑥ 오름대					
		⑦ 암벽타기					
		⑧ 철봉					
		⑨ 놀이집					
	기타	① 수도시설		원당 1	○		
	모래놀이장	① 모래놀이장(대)	깊이 5~20cm	원당 1	○		
		② 모래놀이도구세트	삽류, 그릇류, 기타	원당 1	○		
		③ 도구정리장		원당 1	○		
	물놀이장	① 물놀이장	높이 50~60cm	원당 1		○	
		② 물놀이도구세트	그릇류, 호스류, 기타	원당 1		○	
		③ 도구정리장		원당 1		○	
	목공놀이장	① 목공놀이대	높이 50~60cm	원당 1		○	
		② 목공놀이도구세트	연장류, 기타	원당 1		○	
		③ 도구정리장		원당 1		○	
	자연체험 학습장	① 식물재배장		원당 1		○	
		② 동물사육장		원당 1		○	
		③ 연못 또는 수족관		원당 1		○	
	기타시설	① 휴식공간(그늘집)		원당 1		○	
		② 교통놀이시설		원당 1		○	

출처: 인천광역시교육청 고시 제2014-114호.

〈표 6-5〉 유치원의 기본실 설비 기준

구분	설비 종목	규격	소요 기준	구분		비고
				필수	권장	
교실 및 방과 후 과정 교실	① 냉방시설		학급당 1	○		
	② 바닥 난방시설		학급당 1	○		
	③ 수도시설		학급당 1		○	
	④ 유아용 책상	10인 1조	학급당 3	○		
	⑤ 유아용 의자		유아당 1	○		
	⑥ 교구장		학급당 6	○		
	⑦ 책꽂이		학급당 1	○		
	⑧ 유아용 사물함		유아당 1	○		
	⑨ 깔개(카펫)		학급당 1	○		
	⑩ 칠판		학급당 1	○		
	⑪ 게시판		학급당 1	○		
	⑫ 교육용 컴퓨터		학급당 1	○		
	⑬ 교육용 프린터		2 학급당 1		○	
	⑭ TV		학급당 1	○		
	⑮ 피아노 (또는 오르간, 전자키보드)		학급당 1	○		
	⑯ 카메라		학급당 1	○		
	⑰ CD플레이어(헤드폰 포함)		학급당 1	○		
	⑱ 시계		학급당 1	○		
	⑲ 거울		학급당 1	○		
	⑳ 공기청정기		학급당 1		○	
	㉑ 가습기		학급당 1		○	
	㉒ 체온계		학급당 1		○	
	㉓ 전화기		학급당 1		○	
	㉔ 방충망		학급당 1		○	
	㉕ 침구류		방과후과정 유아당 1		○	
	㉖ 태극기	9호 규격 45×30cm	학급당 1		○	

구분	설비 종목	규격	소요 기준	구분		비고
				필수	권장	
연수실 (교사실)	① 냉난방시설		원당 1	○		
	② 교사용 책상, 의자		교사당 1	○		
	③ 교사용 사물함(옷장 겸용)		교사당 1		○	
	④ 교사용 책장		2 교사당 1	○		
	⑤ 서류보관함		원당 1	○		
	⑥ 게시판(또는 현황판)		원당 1	○		
	⑦ 전화기		원당 1	○		
	⑧ 스캐너		원당 1	○		
	⑨ 컴퓨터	교육용 대체 가능	교사당 1	○		
	⑩ 프린터		원당 1	○		
	⑪ 구급상자		원당 1	○		
	⑫ 복사기		원당 1	○		
	⑬ 교사용 도서		교사당 3권		○	
	⑭ 문서 파쇄기		원당 1		○	
	⑮ 냉장고		원당 1		○	
자료실	① 교사용 교수 자료	생활주제 전 세트	연령별 1	○		
	② 교사용 지도서	생활주제 전 세트	연령별 1	○		
	③ 교사용 동화 자료	생활주제 전 세트	연령별 1	○		
	④ 캠코더		원당 1	○		
	⑤ 기자재 보관함		원당 1	○		
	⑥ 교수 자료 및 자료장		원당 1	○		
	⑦ 도서 책장		원당 1	○		
	⑧ 실물화상기		원당 1		○	
조리실 (주방)	① 가열대		원당 1	○		
	② 작업대		원당 1	○		
	③ 식품저장실		원당 1	○		
	④ 개수대		원당 1	○		
	⑤ 냉온수 싱크대		원당 1	○		
	⑥ 배식대		원당 1		○	
	⑦ 식기구 보관장		원당 1	○		
	⑧ 환기 시설		원당 1	○		

구분	설비 종목	규격	소요 기준	구분		비고
				필수	권장	
조리실 (주방)	⑨ 방충망		원당 1	○		
	⑩ 가스누출 탐지기		원당 1	○		
	⑪ 식기세척 및 건조기		원당 1		○	
	⑫ 냉장고		원당 1	○		
	⑬ 에어커튼		원당 1		○	
	⑭ 급 · 간식 운반대		원당 1	○		
	⑮ 주방용 도구		원당 1	○		
	⑯ 전자레인지(또는 오븐)		원당 1		○	
	⑰ 정수기		원당 1		○	
	⑱ 온도계		원당 1	○		
	⑲ 살균소독기		원당 1	○		
	⑳ 청소도구 및 보관함		원당 1	○		
	㉑ 보존식 냉장고		원당 1	○		
화장실	① 대변기(수세식)		학급당 1	○		
	② 소변기(수세식)		학급당 1	○		
	③ 세면대		학급당 1	○		
	④ 샤워기		원당 1		○	
	⑤ 손 소독기		실당 1		○	
	⑥ 핸드타월		실당 1		○	
기타	① 신발장		유아당 1	○		
	② 정수기		원당 1	○		
	③ 컵 살균 소독기		원당 1	○		
	④ 칫솔 살균기		학급당 1	○		
	⑤ 세탁기		원당 1	○		
	⑥ CCTV		원당 1	○		
	⑦ 건조대		원당 1		○	
	⑧ 청소도구 및 보관함		원당 1		○	
	⑨ 비상벨		원당 1	○		
	⑩ 비디오폰(또는 인터폰)		원당 1	○		
	⑪ 문닫힘 방지시설	손가락 끼임 방지 시설 등	실당 1	○		

출처 : 인천광역시교육청 고시 제2014-114호.

〈표 6-6〉 유치원의 특별실 설비 권장 기준

구분	설비 종목	규격	소요 기준	구분		비고
				필수	권장	
원장실	① 냉방시설		원당 1		○	
	② 수도시설		원당 1		○	
	③ 사무용 책상, 의자		원당 1		○	
	④ 책장		원당 1		○	
	⑤ 옷장		원당 1		○	
	⑥ 응접세트	1조	원당 1		○	
	⑦ 서류보관함		원당 1		○	
	⑧ 현황판		원당 1		○	
	⑨ 냉장고		원당 1		○	
	⑩ 전화기		원당 1		○	
	⑪ 컴퓨터		원당 1		○	
	⑫ 프린터		원당 1		○	
	⑬ TV		원당 1		○	
행정실	① 냉난방시설		원당 1		○	
	② 수도시설		원당 1		○	
	③ 사무용 책상, 의자		원당 1		○	
	④ 책장		원당 1		○	
	⑤ 개인용 사물함		원당 1		○	
	⑥ 팩스		원당 1		○	
	⑦ 서류보관함		원당 1		○	
	⑧ 냉장고		원당 1		○	
	⑨ 전화기		원당 1		○	
	⑩ 컴퓨터		원당 1		○	
	⑪ 프린터		원당 1		○	
강당 또는 유희실 (교사실)	① 냉난방시설		원당 1		○	
	② 빔 프로젝트		원당 1		○	
	③ 스크린		원당 1		○	
	④ 방송시설	방송실 겸용	원당 1		○	
	⑤ 태극기	국가표준규격 5~8호 (7호 규격 135×90cm)	원당 1		○	

구분	설비 종목	규격	소요 기준	구분		비고
				필수	권장	
강당 또는 유희실 (교사실)	⑥ 의자		원당 1		○	
	⑦ 교탁		원당 1		○	
	⑧ DVD 플레이어(또는 VCR)		원당 1		○	
	⑨ 피아노		원당 1		○	
문서보관실	① 환기시설		원당 1		○	
	② 문서 보관장		원당 1		○	
자료 제작실	① 환기시설		원당 1		○	
	② 냉난방시설		원당 1		○	
	③ 자료제작용 책상 및 의자		원당 1		○	
	④ 보관장		원당 1		○	
	⑤ 코팅기		원당 1		○	
	⑥ 종이 재단기		원당 1		○	
	⑦ 제본기		원당 1		○	
보건실	① 냉난방시설		원당 1		○	
	② 바닥 난방시설		원당 1		○	
	③ 수도시설		원당 1		○	
	④ 구급상자		원당 1		○	
	⑤ 신장계		원당 1		○	
	⑥ 체중계		원당 1		○	
	⑦ 유아용 침대		원당 1		○	
	⑧ 유아용 침구		원당 1		○	
	⑨ 이불장		원당 1		○	
	⑩ 가습기		원당 1		○	
	⑪ 치아, 칫솔 모형		원당 [illegible]		○	
	⑫ 기초식품군 자료		원당 1		○	
식당	① 환기시설		원당 1		○	
	② 냉난방시설		원당 1		○	
	③ 방충망		원당 1		○	
	④ 정수기		원당 1		○	
	⑤ 온도계		원당 1		○	

구분	설비 종목	규격	소요 기준	구분		비고
				필수	권장	
식당	⑥ 식탁, 의자		원당 1		○	
	⑦ 퇴식대		원당 1		○	
	⑧ 손 소독시설		원당 1		○	
	⑨ 손 세척시설		원당 1		○	
회의실	① 회의용 책상		원당 1		○	
	② 의자	책상 수 비례	원당 1		○	
	③ 게시판		원당 1		○	
	④ 서류보관함		원당 1		○	
	⑤ 전화기		원당 1		○	
	⑥ 의결봉		원당 1		○	
방송실	① 방송시설		원당 1		○	
	② 영상 촬영기		원당 1		○	
	③ 유선 · 무선 마이크		원당 1		○	
	④ DVD플레이어(또는 VCR)		원당 1		○	
관리실	① 바닥 난방		원당 1		○	
	② 냉방시설		원당 1		○	
	③ CCTV 감지기		원당 1		○	
	④ TV		원당 1		○	
	⑤ 전화기		원당 1		○	
	⑥ 이불장 및 침구 세트		원당 1		○	
통학차량 주차시설	① 안전대		원당 1		○	
	② CCTV		원당 1		○	
	③ 방지턱		원당 1		○	
창고	① 환기시설		원당 1		○	
	② 보관장		원당 1		○	

출처: 인천광역시교육청 고시 제2014-114호.

2) 어린이집 시설 · 설비 기준

어린이집의 시설 및 설비는 「영유아보육법 시행규칙」 제9조 별표 1에서 제시하고 있는 기준에 따라야 하며, 어린이집을 설치하거나 설비를 변경하기 위해서는 「건축관련법」과 「소방관련법」에 따라 안전에 따른 규정을 준수해야 한다. 어린이집의 구조 및 설비는 그 시설을 이용하는 영유아의 특성에 맞도록 하여야 하며, 어린이집은 하나의 건물에 설치하여야 한다. 「영유아보육법 시행규칙」 제9조의 별표 1의 어린이집의 시설 · 설비 기준에 따른 시설별 기준은 다음과 같다.

(1) 보육실

보육실은 건축법령상의 층수와 관계없이 해당 층 4면의 100분의 80 이상이 지상에 노출되어 있고 해당 층 주 출입구의 하단이 지표면부터 1m 이내인 층(이하 '1층'이라 한다)에 설치하여야 한다. 또한, 영유아 1명당 2.64m^2 이상의 공간을 확보하여야 하며, 전체 정원 및 면적 산정 시에는 보육실, 거실, 공동놀이실을 포함하여 산정한다. 보육실에는 침구, 놀이기구 및 쌓기놀이, 소꿉놀이, 미술, 언어, 수학 · 과학, 음률 활동 등에 필요한 교재 · 교구를 갖추어야 한다. 어린이집은 환기 · 채광 · 조명 · 온도 및 습도가 적절히 유지 · 관리되도록 하여야 하며, 보육실은 바닥 난방시설을 갖추어야 한다.

(2) 조리실

조리실은 채광이 잘 되도록 하고, 기계 환기시설을 하여 청정한 실내 환경을 유지하도록 하며, 창문에는 방충망을 설치하여야 한다. 또한, 식기를 소독하고 위생적으로 취사 및 조리할 수 있는 설비를 갖추어야 한다. 공공기관이나 사회복지관 안에 설치된 어린이집의 경우에는 같은 건물에 있는 조리실을 함께 사용할 수 있으며, 유치원과 같은 건물에 설치된 어린이집은 유치원의 조리실을 함께 사용할 수 있다.

(3) 목욕실 및 화장실

목욕실은 난방을 하여야 하며, 바닥은 미끄럼 방지장치를 하여 영유아가 넘어지지 않도록 주의해야 한다. 또한, 샤워 설비, 세면 설비 및 냉·온수 공급을 위한 설비를 갖추어야 하며, 수도꼭지는 온수 사용 시 화상을 입지 않도록 온도를 조정 및 고정할 수 있어야 한다. 목욕실은 보육실과 인접한 공간에 위치하여 편리하게 이용할 수 있도록 한다. 화장실은 수세식 영유아용 변기를 설치하고 보육실과 같은 층의 인접한 공간에 설치하여야 한다. 다만, 가정 어린이집의 경우 성인용 변기에 디딤판과 탈부착식 영유아용 변기를 설치하고 이동식 영유아용 변기를 갖춘 경우에는 영유아용 변기를 설치하지 않아도 된다.

(4) 놀이터

보육 정원 50명 이상인 어린이집(12개월 미만의 영아만을 보육하는 어린이집은 제외)은 영유아 1명당 3.5m² 이상의 규모로 옥외놀이터를 설치하는 것을 원칙으로 한다. 다만, 보건복지부 장관이 어린이집 규모(정원)에 따라 같은 시간대에 놀이 활동에 참여하는 최대 영유아 수 및 면적의 기준을 정하는 경우에는 그 기준에 따라 놀이터를 설치할 수 있다. 옥외놀이터에는 모래밭(천연 및 인공 잔디, 고무매트, 폐타이어 블록 또는 「어린이놀이시설 안전관리법」에서 정하는 기준에 적합한 것을 포함)에 6세 미만의 영유아가 이용할 수 있는 대근육활동을 위한 놀이기구 1종 이상을 포함하여 놀이기구 3종 이상이 설치된 옥외놀이터를 설치하여야 한다. 어린이집의 놀이터, 놀이기구 및 어린이용품은 「전기용품 및 생활용품 안전관리법」, 「어린이놀이시설 안전관리법」 및 「환경보건법」에서 정한 기준을 준수하여야 한다.

(5) 폐쇄회로 텔레비전(CCTV)

폐쇄회로 텔레비전은 「개인정보 보호법 시행령」 제3조 제1호에 따른 장치로서 보육실 등을 촬영하고 모니터를 통하여 그 영상을 구현할 수 있으며, 그 영상정보를 녹화·저장할 수 있는 기능을 갖추어야 한다. 폐쇄회로 텔레비전은 각 보육실, 공동놀이실, 놀이터 및 식당, 강당에 1대 이상씩 설치하되 사각지대의 발생을 최소화할 수 있도록 설치되어야 한다.

〈표 6-7〉 보육시설의 시설 · 설비 기준(「영유아보육법 시행규칙」 제9조 관련)

구분		시설 기준
입지조건		• 보육수요 · 보건 · 위생 · 급수 · 안전 · 교통 · 환경 및 교통편의 등을 충분히 고려하여 쾌적한 환경의 부지를 선정하여야 한다. • 위험시설로부터 50m 이상 떨어진 곳에 위치하여야 한다. • 「건축법 시행령」 별표 1에 따라 각 보육시설을 설치할 수 있는 곳에 설치한다. 다만, 영유아 20명 이하를 보육하는 직장 보육시설과 부모협동 보육시설 및 국 · 공립 보육시설은 가정 보육시설을 설치할 수 있는 장소에도 설치할 수 있다.
시설 규모		• 국 · 공립 보육시설: 상시 영유아 11명 이상 • 직장 보육시설: 상시 영유아 5명 이상 • 법인 및 민간 보육시설: 상시 영유아 21명 이상 • 가정 보육시설: 상시 영유아 5명 이상 20명 이하 • 부모협동 보육시설: 상시 영유아 11명 이상
어린이집 구조 및 설비 기준	시설면적	• 보육실을 포함한 시설면적(놀이터 면적을 제외함): 영유아 1명당 4.29m^2 이상
	보육실	• 해당 층 4면의 80/100 이상이 지상에 노출되어 있고, 해당 층 주 출입구의 하단이 지표면으로부터 1m 이내인 층에 설치 • 보육실, 거실, 공동놀이실을 포함하여 영유아 1명당 2.64m^2 이상 • 침구, 놀이기구 및 각 영역별 교재 · 교구를 갖춤 • 환기, 채광, 조명, 온도 및 습도가 적절히 유지 · 관리 • 바닥 난방시설 갖춤
	조리실	• 채광이 잘 되도록 하고, 기계 환기시설을 하여 청정한 실내 환경 유지 • 창문에 방충망 설치 • 식기를 소독하고 위생적으로 취사 및 조리할 수 있는 설비 • 공공기관이나 사회복지관 안에 설치된 어린이집의 경우에는 같은 건물에 있는 조리실을 함께 사용 가능 • 유치원과 같은 건물에 설치된 어린이집도 유치원의 조리시설 이용 가능
	목욕실	• 난방, 바닥의 미끄럼 방지 장치 • 샤워 설비, 세면 설비 및 냉 · 온수 공급을 위한 설비를 갖춤 • 수도꼭지의 온도를 조정 및 고정할 수 있도록 설치 • 보육실과 인접한 공간에 위치
	화장실	• 바닥의 미끄럼 방지 장치, 수세식 유아용 변기 설치 • 보육실과 같은 층의 인접한 공간에 설치

구분		시설 기준
어린이집 구조 및 설비 기준	급 · 배수 시설	• 상수도 또는 간이 상수도에 의하여 먹는 물을 공급하는 경우 직접 수도꼭지에 연결하여 공급함 • 음용수로 지하수를 사용할 경우 저수조 등의 시설을 경유함 • 더러운 물, 빗물 등이 잘 처리되도록 배수설비
	놀이터	• 영유아 50인 이상을 보육하는 시설에 한한다. • 영유아 1인당: 3.5m² 이상 • 모래밭에 놀이시설물 3종 이상이 설치된 옥외놀이터 설치 • 지역 특성에 따라 옥내놀이터 설치 및 인근 놀이터 활용 가능
	비상재해 대비시설	• 소화용 기구를 갖춰 두고 비상구를 설치하는 등 비상재해에 대비한 시설을 갖춤 • 비상구는 상단에 비상구 유도등을 달고 잠금장치를 문 안쪽에 설치

출처: 국가법령정보센터[보건복지부령 제698호, 2019. 12. 31., 일부개정].

3. 영유아 교육기관의 실내 시설 · 설비

영유아 교육기관의 실내 시설 · 설비는 기본 시설 · 설비와 환경 시설 · 설비로 나눌 수 있다. 기본 시설 · 설비는 유아의 활동을 돕기 위한 책상, 의자, 교구장을 비롯한 실내 전체 공간의 시설 · 설비를 말하며, 환경 시설 · 설비는 환경적인 조건을 통제하고 관리할 수 있는 것으로서, 조명, 채광, 난방, 통풍, 방음 등의 환경 시설 · 설비를 뜻한다.

1) 실내 기본 시설 · 설비

(1) 책상

영유아 교육기관에서의 책상은 영유아가 여러 가지 활동을 하기 위해 사용되며, 사용법도 다양하다. 책상은 높거나 낮은 형태, 직사각형, 정사각형, 반원형, 사다리꼴 등의 다양한 모양이 있으며, 사용 목적과 공간에 따라 적절한 것을 선택하여 사용한다. 책상은 목재를 사용하는 것이 좋으며, 플라스틱 책상도 활동 영역에 따라 비치하는 것이 좋다. 책상의 높이는 유아의 신체 크기에 적합하여야 하며, 연령에 따라 적절한 책상을 선택하는 것이 좋다.

[그림 6-1] 영유아의 발달 특성에 맞는 책상

(2) 의자

의자는 보관하기 좋은 형태가 좋고 책상에서 활동할 때 사용하므로 팔걸이가 없고 영유아가 들 수 있는 무게의 등받이가 있는 의자가 좋다. 의자의 재질은 나무, 플라스틱, 철제 등으로 다양하나 영유아가 혼자 들고 나를 수 있는 무게의 의자가 좋으며, 움직일 때 소음이 발생하지 않는 것이 좋다. 또한, 의자도 영아용과 유아용으로 구분하여 사용하는 것이 좋다.

[그림 6-2] 영유아의 발달 특성에 맞는 의자

(3) 사물함

사물함은 영유아가 개인의 소지품을 일정한 장소에 보관함으로써 영유아 스스로 자신의 물건을 정리하는 습관을 기르는 데 필요하다. 실내화, 외투, 여벌 옷, 자신의 작품 등 영유아의 개인 소지품을 보관하고 관리하는 공간은 실내 공간의 면적 및 주요 가구 배치와 실내 · 외 출입 등을 고려하여 적절히 배치되어야 한다. 또한, 공간의 효율적 사용을 위하여 개인사물함은 이동이 가능한 것이 좋다. 사물함의 형태는 다양한 유형으로 제작할 수 있으나 문은 영유아의 손이 끼어 다칠 위험이 있으므로 개방형이 좋다.

[그림 6-3] 사물함의 종류

(4) 교구정리장

실내 교구와 각종 자료를 적절히 보관하기 위해서는 교구정리장을 사용하는 것이 좋다. 교구정리장은 놓여 있는 교구나 자료를 영유아가 한 번에 볼 수 있고 쉽게 꺼내고 넣을 수 있도록 개방되어 있어야 한다. 따라서 교구정리장은 영유아의 눈높이를 고려하여 영유아의 손이 닿을 수 있는 곳에 위치하여야 하며, 영유아의 호기심을 유발할 수 있도록 배치하여야 한다. 일반적으로 사용되는 영유아용 교구정리장은 칸막이가 없는 것과 칸막이가 1개 이상 있는 것 등을 사용하므로 교재 · 교구의 특성에 알맞은 것을 선택하여 사용하여야 한다.

[그림 6-4] 교구정리함의 종류

(5) 싱크대

싱크대는 각 교실마다 설치되어 영유아가 손을 씻거나 각종 활동을 하는 데 사용할 도구나 재료 등을 씻고 활동에 필요한 작업을 하기 위해 필요하다.

2) 실내 환경 시설 · 설비

(1) 조명 및 채광

조명과 채광은 영유아의 시력에 영향을 주고 물체를 보고 개념을 알아 나가는 영유아의 특성상 매우 중요하다. 먼저, 채광이란 창이나 문을 통해 실내로 유입되는 자연광을 말하는 것으로, 창문의 넓이, 높이, 채광문의 유무, 태양의 고도 등에 의해 좌우된다. 낮 시간에는 자연 채광만으로도 교실이 밝아야 하며, 벽면의 색채를 조절함으로써 자연 채광의 효율을 높일 수 있다. 조명은 교실의 실내 환경에 적절해야 하며, 날씨가 흐리거나 비가 오는 날에는 조도를 조절할 수 있도록 설비하는 것이 좋다. 조명을 설치할 때에는 직접조명과 간접조명을 적절하게 배치하여 설비하여야 하며, 조명의 효과를 높이기 위해 천장은 빛의 70%를 반사하고 벽면은 빛의 50%를 반사할 수 있는 광택이 없는 밝은색으로 처리하는 것이 좋다.

[그림 6-5] 활동실의 조명 및 채광

(2) 창문

창문은 채광, 환기, 방음, 온도 조절 등과 같은 기능을 하며, 영유아의 안전에도 영향을 주므로 기능과 안전에 유의하여 설비하여야 한다. 창문은 유리가 파손되어 영유아가 다치지 않도록 특수유리를 사용하여야 하며, 영유아가 바닥에 서서 밖을 내다보기에 편한 높이로 설비되어야 한다. 영아반의 경우에는 50~60cm, 유아반의 경우에는 60~70cm 정도가 적절하다고 할 수 있다. 또한, 영유아의 안전을 위하여 넓은 창문을 낮게 설치하고 투명한 창문은 부딪힐 위험이 있으므로 이를 고려하여야 한다.

(3) 바닥

바닥재는 탄성, 안정성, 관리, 방음 등을 고려하여 선택하고 발디딤성이 좋고 견고한 것으로 선택하는 것이 좋다. 또한, 바닥에 카펫이나 고무 재질은 부분적으로 설비하는 것이 좋다. 나무 바닥은 갈라질 위험성이 있으므로 관리에 유의해야 한다. 카펫 바닥은 안정되고 소음이 적은 장점이 있으며, 책보기, 음악 듣기 등에서 사용하게 되면 영유아에게 안정적인 활동을 이끌어내는 효과가 있다. 물감이나 물 등을 사용하는 영역은 쉽게 닦아낼 수 있는 바닥 소재를 사용하는 것이 좋으며, 영역의 특성에 맞게 부분적으로 다른 재질의 재료를 사용하여 설비하는 것도 좋은 방법이다.

[그림 6-6] 활동실과 유희실의 바닥

(4) 벽면

벽은 게시판이나 자료를 붙일 수 있는 재료를 사용하여 설비하는 것이 좋고 벽의 일부에 게시판을 만들면 전시 목적으로 활용되기도 한다(Decker & Decker, 2001). 게시판은 영유아의 키 높이에 맞춰 설비하여 영유아가 직접 전시물을 붙이고 뗄 수 있도록 하는 것이 좋다. 또한, 컴퓨터나 CD플레이어를 사용할 수 있는 전원이 교실 벽에 있어야 하며, 영유아의 안전을 위해 콘센트는 덮개를 이용해 막을 수 있어야 한다.

(5) 냉난방시설

영유아 교육기관의 실내는 영유아가 활동하기에 적절한 온도로 유지하는 것이 중요하므로 냉난방시설은 영유아 교육기관에 필수적이다. 난방은 중앙 집중식 난방이 바람직하며, 적절한 실내온도는 20~22℃, 습도는 50~60%가 적당하다. 또한, 따뜻한 바닥 온도를 유지할 수 있도록 바닥에 난방용 파이프를 묻는 패널 히팅(panel heating)으로 하는 것이 적절하다(Decker & Decker, 2001). 냉방을 위해서 에어컨이나 선풍기를 설치하고 적정습도를 유지하기 위해 온도계 및 습도계, 가습기 등을 갖추어야 한다. 영유아 교육기관의 실내 공간은 영유아가 매일 생활하는 공간이므로 항상 적정 온도와 적정 습도를 유지하는 것이 좋다.

4. 영유아 교육기관에서의 환경 구성

1) 실내 환경 구성

영유아 교유기관의 실내 공간은 영유아가 가장 많은 시간을 보내는 중요한 공간이므로 위험성을 수시로 점검하여 영유아에게 안전한 환경을 제공해야 한다. 또한, 실내 공간 구성은 영유아의 연령에 적합하고 영유아의 흥미와 활동을 촉진시킬 수 있게 구성되어야 하며, 영유아의 안전과 건강을 고려하여 편안하게 생활할 수 있도록 설계되어야 한다. 또한, 영유아가 다양한 학습경험을 할 수 있도록 열린 환경 구성이 필요하다. 영유아 교육기관의 실내 공간으로는 출입구 및 현관, 보육실(교실), 휴식 및 낮잠을 위한 방, 화장실, 교사실, 행정실, 조리실, 식당, 교재 · 교구실, 부모대기실, 관찰실, 창고 등이 있다. 영유아 교육기관의 실내 공간 구성 시 고려해야 할 사항을 살펴보면 다음과 같다.

(1) 출입구 및 현관

출입구와 현관은 영유아 교육기관을 방문하는 사람들을 맞이하는 곳으로 기관의 첫인상을 결정하는 데 영향을 준다. 또한, 영유아가 교사와 친구, 부모와 만나고 헤어지는 장소이므로 따뜻하고 부드러운 인상을 줄 수 있어야 하며, 교사와 보호자가 유아에 대한 정보를 교환할 수 있는 환경으로 구성하여야 한다. 즉, 출입구와 현관에는 생활주제나 계절에 따른 그림이나 장식물 등으로 환경을 구성할 수 있으며, 기관의 배치도나 정보를 알리는 게시판도 함께 구비하여 기관의 행사, 교사 등을 소개할 수도 있다. 영유아의 안전한 생활을 위하여 출입구와 현관에 안전잠금장치를 설치하고 외부의 방문객을 확인할 수 있는 인터폰 혹은 비디오폰을 설치해야 하며, 영유아가 신발을 신고 벗을 수 있는 충분한 공간과 함께 날씨에 따라 필요한 물건을 비치할 수 있는 공간도 마련하여야 한다.

오스몬(Osmon, 1971)은 출입구 및 현관이 갖추어야 할 조건을 다음과 같이 제시하였다.

첫째, 활동실과 가까우며, 현관에서 실내놀이 공간과 실외놀이 공간도 볼 수 있어야 한다.

둘째, 출입문 입구에서 헤어지기 어려운 경우 보호자가 현관 앞에 잠시 머물면서 자녀를 살펴주고 영유아가 스스로 놀이영역에 흡수되는 과정을 지켜볼 수 있는 공간이 있어야 한다.

셋째, 규모가 작은 기관일수록 실내에 상담실을 따로 마련하기보다는 현관 부분에 그 기능을 포함시키는 것이 좋다.

넷째, 현관의 문과 바닥은 사고를 예방할 수 있도록 해야 한다. 현관문은 2/3 이상이 투명하거나 투시가 가능하도록 제작되는 것이 좋으나 얇은 유리가 아랫부분까지 연결되어 있을 경우 위험하다.

다섯째, 출입구와 현관은 신체장애아도 출입이 용이하도록 계단이 없는 경사로로 만들어져야 한다.

[그림 6-7] 출입구 및 현관

(2) 활동실(교실 및 보육실)

활동실은 영유아가 하루 중 가장 많은 시간을 보내는 곳으로 영유아 교육기관에서 가장 핵심이 되는 중요한 실내 공간이다. 그러므로 영유아가 안전하고 편리하게 활동할 수 있도록 밝고 따뜻하고 청결한 공간으로 구성되어야 한다.

[그림 6-8] 교실(보육실) 내부 모습

활동실의 공간 구성에 가장 중요한 것이 공간의 크기이며, 반일반과 종일반의 특성을 고려하여 설계하여야 한다. 유치원 교실의 기준 면적은 최소 66m²(19.97평) 이상이며, 원아 1인당 2.2m² 이상으로 하도록 명시하고 있으며(서울특별시교육청, 2005), 어린이집 보육실의 면적은 2.64m² 이상으로 하도록 되어 있다(「영유아보육법」, 2020). 또한, 영유아가 장시간 머무는 활동실은 영유아가 휴식을 취하거나 낮잠을 잘 수 있는 공간으로 구성되어야 한다. 일반적으로 활동실에서 낮잠을 자는 경우 유아당 2.7m²가 더 필요하고(Decker & Decker, 2001), 반일반 면적인 2.7~4.5m²에 유아당 0.5~2.7m²이 추가되어야 한다(Osmon, 1971). 즉, 낮잠 자는 공간을 고려할 때 활동실의 크기는 유아당 최소 3.2m² 이상이 되어야 한다.

또한, 활동실 천장의 높이를 부분적으로 다르게 할 경우 소음을 통제할 수 있다. 천장이 너무 높은 경우에는 영유아에게 교사가 지배적인 느낌을 줄 수 있고 천장이 너무 낮은 경우에는 공기 순환이 어려워 비위생적일 수 있다. 활동실의 출입문은 영유아가 쉽게 여닫을 수 있도록 가벼우면서도 안전해야 하며, 문틈에 손을 다치지 않도록 안전장치를 해야 한다. 이처럼 영유아가 오랜 시간 머무르는 활동실은 편의성과 안전, 위생, 청결을 고려하여야 한다.

(3) 복도 및 문

복도는 영유아의 이동 동선으로 위험한 재료를 벽에 부착하면 안 된다. 복도 바닥에서 1.3m 높이까지는 벽체 파손 시에도 위험하지 않은 재료로 되어 있어야 하며, 복도에서 노출되는 벽 모서리나 기둥 모서리는 코너 가드 등을 사용하거나 모따기하여 둥글게 처리되어야 한다. 또한, 복도는 자연 채광을 확보할 수 있는 창문과 조명설비가 되어 있어야 하며, 1m 이상의 유효면적을 갖는 창문이 설치되어 있어야 한다. 교실과 복도 사이에 설치된 문 등 실내 공간 내 설치되어 있는 문에는 문턱이 없어야 하며, 복도의 폭은 90cm 이상의 충분한 유효 폭으로 설치되어 원활한 보행이 가능하여야 한다. 실내 공간 내 모든 문의 가장자리에는 영유아의 손이 끼지 않도록 손 끼임 방지장치나 완충장치(여닫이문의 경우 도어클로저 설치)가 설치되어 있어야 한다.

(4) 유희실

유희실은 주로 동적인 놀이나 대집단 활동, 여러 학급이 참여하는 행사, 실내놀이 등의 다양한 목적으로 활용되는 공간으로 대근육활동이 주로 이루어지는 곳이다. 따라서, 영유아가 뛰고 구르며 놀 수 있도록 바닥은 탄력 있고 청결을 유지하기 쉬운 재질을 선택하여야 하며, 여러 행사에 다양하게 사용되므로 활용 목적을 고려하여 설비하여야 한다. 유희실에 공기청정기, 교구 수납장 등을 비치하면 보다 쾌적하고 깨끗한 공간으로 유지할 수 있으며, 체육 설비와 놀이집, 소형 볼풀장, 완구 등으로 구성할 수도 있다(김혜경, 2005). 또한, 유희실 내부 혹은 가까운 곳에 화장실, 물 마시는 곳, 세면실 등을 갖추어 동적인 놀이나 대집단 활동 등 다양한 목적으로 활용 시 편리하게 사용할 수 있도록 해야 한다.

[그림 6-9] 유희실

(5) 낮잠 또는 휴식을 위한 방

영유아는 편안한 휴식과 낮잠 시간이 필요하며, 영유아 교육기관에 머무르는 시간이 많으므로 휴식을 위한 공간을 따로 마련하는 것이 좋다. 영유아의 편안한 휴식을 위해 가정에서와 같은 안락감을 느낄 수 있도록 개별 간이침대를 제공할 수 있는 공간을 마련하는 것이 좋다. 또한, 영아를 보육하는 어린이집이나 놀이방에서는 영아를 위한 수유실도 마련하는 것이 좋다.

(6) 사무실 및 교사실

사무실은 시설 운영에 필요한 행정 업무를 처리하는 곳이며, 교사실은 교사가 교육 · 보육활동을 준비하거나 활동 자료를 제작하고 회의를 하고 휴식을 취하는 공간으로서 교사를 위한 중요한 부분이다. 교사실은 활동실과 자료실의 접근이 용이한 곳에 위치하며, 영유아로부터 적절한 분리가 이루어져 교사가 충분히 휴식을 취하고 업무에 집중할 수 있도록 구성되어야 한다. 교사실은 책상, 사물함, 복사기, 전화기 등의 기기와 서류를 두는 장, 교사의 개인 물품을 보관할 수 있는 사물함,

옷장 등이 비치되어야 한다. 이처럼 교사실은 교사의 피로 회복 및 업무의 효율성을 높임으로써 교사의 교육 · 보육활동 및 영유아와의 상호작용을 바람직한 방향으로 지원할 수 있다.

[그림 6-10] 사무실 및 교사실

(7) 양호실

영유아가 활동하면서 다치거나 아픈 경우에 간단한 치료와 안정을 위해 양호실을 갖추어야 한다. 양호실은 조용하고 격리된 공간이어야 하며, 침대, 구급약품, 놀이 도구를 비치하고 옆에 화장실을 마련하는 것이 좋다.

(8) 화장실

화장실은 영유아가 생리적 욕구를 해결하고 건강과 청결에 대한 기본생활습관을 배우는 곳으로 활동실과 인접한 공간에 위치하여야 한다. 또한, 영유아가 편리하게 대소변을 해결하고 씻을 수 있도록 환경을 조성하는 것이 필요하다. 창문은 통풍과 채광이 잘되도록 하며, 바닥은 미끄러지지 않게 하고 배변에 대해 긍정적인 감정을 가질 수 있도록 밝게 꾸민다. 세면대와 거울은 영유아의 키에 맞추어 설치하고 비누와 수건 또는 종이수건도 유아의 키, 손바닥의 넓이 등을 고려하여 설치한다. 화장실에는 세면대 외에도 영유아가 몸을 씻을 수 있는 시설을 구비하여야 한다. 화장실의 문은 안에서 밖이 보이고 유아 스스로 열고 닫기 편해야 하며, 수도꼭지는 온수 사용 시 화상을 입지 않도록 온도를 조정 및 고정할 수 있도록 한다. 또한, 교사와 방문객을 위해 성인용 화장실도 구비하고 장애 영유아를 위한 화장실도 준비한다. 이처럼 화장실에는 샤워 설비, 세면 설비 및 냉·온수 공급을 위한 기본적인 설비를 갖추어야 한다(「영유아보육법 시행규칙」 별표 1 2020 개정).

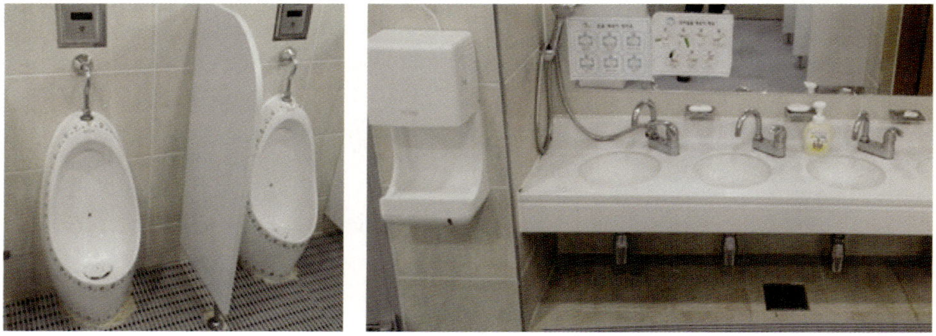

[그림 6-11] 화장실 내부 모습

(9) 조리실

조리실은 영유아의 간식과 점심을 준비하는 곳으로 밝고 청결하여 환기가 잘 되어야 하고 적당한 공간으로 구성되어야 하며, 싱크대, 조리대, 조리기구, 식기류, 냉장고, 전열기 소독기, 환기장치, 식품 보관실 등을 갖추어야 한다. 또한, 조리실에서는 조리 작업의 효율성이 중시되는 반면 위험한 시설과 설비가 많고 불을 사용하는 만큼 영유아의 놀이 공간과는 확실하게 구분하여 영유아가 쉽게 접근하지 못하도록 공간을 배치하는 것이 좋다. 조리실은 내부의 청결한 사용을 위해 내부가 보이도록 계획하며, 벽면과 바닥은 방수와 청소가 용이한 특수처리를 한다. 특히, 벽은 1시간 방화 지속 가능한 벽체를 사용하여 설비하며, 모든 문은 화재 시 자동으로 닫힐 수 있는 장치를 하고 자동 스프링클러를 장치한다. 조리실은 위생상 밀폐된 구조보다는 개방된 구조가 적합하며, 조리사는 위생복, 앞치마, 모자 등을 착용하여 조리 과정의 위생에 유의하여야 한다.

[그림 6-12] 조리실

(10) 자료실

자료실은 교육활동에 필요한 교재 · 교구의 보관과 함께 평소에 이용하는 물품, 계절용품, 소모품, 기타 자료 등을 보관하는 공간이다. 자료는 교육주제, 영역, 연령, 사용 빈도 등의 특성에 따라 기능적으로 잘 분류하여 보관 · 관리한다. 수납을 위한 장들은 크기나 모양이 다양한 학습 자료나 보조 기구를 체계적으로 정리할 수 있도록 폭과 높이를 조절할 수 있는 것으로 하며, 다양한 크기의 종이 박스나 바구니를 활용하여 주제 및 영역에 따라 정리한다. 또한, 교사가 필요로 하는 활동 자료를 쉽게 찾아서 활용할 수 있도록 교재 · 교구 대장과 목록표를 만들어 관리하는 것이 효과적이다.

(11) 부모 및 방문객을 위한 공간

영유아 교육기관을 방문하는 부모와 방문객이 영유아 및 교사와 만나기 위해 기다릴 수 있는 공간이 마련되어 있어야 한다. 이러한 공간은 영유아의 활동실이나 놀이 공간으로 들어가는 통로에 위치하고 현관이나 교사실과 인접하여 모든 학부모가 쉽게 이용할 수 있도록 한다. 또한, 방문객이 차나 음료를 마실 수 있는 개수대와 소파 및 전화를 설치하고 기관 홍보용 자료나 영유아 관련 책 등을 비치하거나 영유아의 사진 등을 게시하는 것도 좋다.

(12) 기타 시설

영유아 교육기관에서 영유아가 교실에서의 활동 이외에 다양한 활동을 할 수 있는 공간을 구비하는 것도 좋다. 영유아가 다양한 독서 활동을 할 수 있는 도서실, 실외 수영장 시설, 시청각실 등의 공간을 마련하여 영유아의 활동을 돕는 것도 좋다.

2) 실외 환경 구성

영유아는 실외에서 여러 가지 신체활동을 자유롭게 하고 다양하고 풍부한 감각적 경험을 하며, 자연학습과 구성놀이 등을 통해 또래들 간의 사회적 관계를 형성해 나간다. 영유아 교육기관의 실외 환경은 영유아에게 휴식과 즐거움을 제공해 주고 아동의 발달 수준에 맞는 놀이 욕구를 충족시킬 수 있는 최고의 환경이다. 즉, 영유아 교육기관의 실외 환경은 통합적 교육과정의 한 영역으로 영유아의 사회적 관계를 발달시키고 다양한 활동 참여 및 놀이 활동을 통해 즐거움을 얻는 기회 등을 제공한다.

따라서 영유아 교육기관의 실외 공간은 실내 공간보다 영유아의 지도 관리가 어렵기 때문에 건물로 가려지는 공간보다는 한눈에 드러나도록 공간 구성을 하는 것이 좋으며, 실내와 연결하여 영유아가 자유롭게 드나들 수 있도록 하고 화장실, 식수대 등 영유아에게 필요한 시설과 설비를 갖추어야 한다. 또한, 실외 환경 구성은 아름답게 설비하여 영유아에게 심미감을 심어줄 수 있어야 하며, 공간이나 재산의 낭비가 없도록 하여 경제적 측면에서도 만족할 수 있는 설비가 이루어져야 한다.

영유아 교육기관의 실외 공간 구성 시 고려해야 할 사항을 살펴보면 다음과 같다(신동주, 1999).

첫째, 접근의 용이성 및 비용이성을 고려하여야 한다. 실외 공간은 실내 활동의 연장 공간으로서 심미적 즐거움을 주고 유아의 안전을 고려하여 영유아가 안전하게 출입할 수 있고 실내 · 외 활동이 통합되어 이루어질 수 있어야 한다. 따라서 영유아가 쉽게 드나들 수 있고 안전하게 공간을 구성하는 것이 좋다.

둘째, 안전한 도전과 점진적 도전을 고려하여야 한다. 실외 공간은 영유아의 발달 단계에 따른 놀이를 제공받을 수 있는 도전적인 환경이어야 하며, 영유아가 실외 공간에서 발달 단계에 따라 점진적으로 발달할 수 있는 공간으로 구성하여야 한다. 놀이시설을 다양한 크기로 제공하여 영유아가 자신에게 적합한 놀이를 선택하여 도전하고 점진적으로 발달할 수 있도록 돕도록 한다.

셋째, 다양성과 복합성을 고려하여야 한다. 실외 공간에서 제공되는 놀이 활동은 영유아의 놀이를 다양하게 이끌어냄으로써 영유아가 다양한 놀이를 할 수 있도록 제공되어야 한다. 즉, 영유아의 실외 환경은 색깔, 모양, 형태 등의 모든 면에서 다양하게 구성되어야 하며, 영유아의 개인적 요구를 충족시키고 놀이를 통한 학습을 촉진시키기 위해서는 단순하고 복합적인 놀이 환경을 함께 제공하는 것이 필요하다.

넷째, 융통성과 통합성을 고려하여야 한다. 융통성은 영유아가 놀이를 함에 있어 흥미를 유지시키는 데 매우 중요한 역할을 하므로 실외에서 영유아에게 제공되는 물놀이시설과 모래놀이시설 및 놀잇감은 조작, 연합 및 변화가 가능해야 한다. 또한, 물놀이와 모래놀이 영역이 서로 통합적으로 제공될 때 영유아의 놀이 활동이 더욱 다양하고 통합적으로 나타날 수 있으므로 실외 공간의 시설 및 설비는 실외 활동 간의 연계를 고려하여 영유아의 협동놀이를 촉진시킬 수 있도록 통합성을 고려하는 것이 좋다.

다섯째, 관리 및 감독의 용이성을 고려하여야 한다. 실외 공간은 영유아의 관리 및 감독이 용이하도록 설계되어야 한다. 영유아의 안전을 위한 성인의 감독은 필수이므로 영유아의 활동을 한눈에 관찰할 수 있도록 공간 영역을 배치한다.

영유아 교육기관의 실외 공간 구성 시 고려해야 할 사항은 다음과 같다.

(1) 울타리

영유아는 실내 공간보다 실외 공간에서 더욱 활발한 움직임을 보이므로 영유아의 안전을 위해 관목이나 나무로 울타리를 설치하면 영유아의 안전을 지키는 데 도움을 줄 수 있으며, 영유아가 외부의 방해를 받지 않고 자유롭게 활동할 수 있다.

(2) 지면

지면은 영유아의 다양한 놀이와 경험, 안전에 직접적으로 영향을 준다. 실외 공간의 지면 구성은 모래, 시멘트, 보도블록, 잔디밭 등 다양하게 꾸미는 것이 좋다. 또한, 실외 공간의 전체 면적 중 1/2~1/3 정도에는 잔디를 심어 영유아가 안전하게 뛰어놀도록 하는 것이 좋으며, 놀이기구를 배치할 부분은 20~30cm 정도의 두께로 모래를 까는 것이 좋다. 또한, 영유아가 자전거 타기, 공굴리기 등과 같은 활동을 할 수 있도록 시멘트나 보도블록으로 딱딱한 지면을 꾸미는 것도 좋다.

(3) 실외놀이시설

❶ 복합놀이기구

복합놀이기구는 기어오르기, 매달리기, 미끄럼타기 등 여러 가지 다양한 운동을 할 수 있도록 제작된 놀이시설이다. 복합놀이기구의 규모와 형태는 체육장의 면적과 주변 시설물과의 거리, 유아의 연령 등을 고려하여 설비한다. 영아용 복합놀이기구는 낮은 미끄럼틀, 기어오르기, 터널, 놀이집 등으로 구성될 수 있으며, 영아의 신체 발달에 맞게 구성하여야 한다. 복합놀이기구는 특징이나 용도에 따라 적절한 위치에 배치하며, 영유아가 놀이기구 간의 이동이 편리할 수 있도록 효율적으로 연결하여 설비한다. 복합놀이기구의 높이는 최대 2.5m가 넘지 않도록 한다.

[그림 6-13] 실외놀이시설(놀이터)

❷ 그네

그네는 영유아의 연령에 따라 그네 높이와 그넷줄의 길이가 조절되어야 하며, 움직이는 놀이기구이므로 그네의 앞, 뒤, 좌, 우로 충분한 간격을 두고 설치하여야 한다. 또한, 그네 밑의 바닥은 모래나 탄력성이 있는 재질로 설비하여 영유아가 떨어졌을 때 다치는 것을 예방할 수 있는 것이 좋다. 그네의 좌석도 나무처럼 단단한 재질의 재료보다는 탄력이 있는 재료로 만들어져 있는 제품을 선택하는 것이 좋다. 그네가 서로 부딪치는 것을 방지하기 위해 그네 틀에 2개 이상의 그네를 매달아서는 안 되며, 그네와 그네 틀, 그네와 그네 사이의 간격을 70cm 이상으로 유지되도록 한다. 또한, 그넷줄의 쇠사슬 구멍에 영유아의 손가락이 끼지 않도록 8mm 이하로 설비하며, 그넷줄에 고무호스를 끼워 영유아의 손이 다치지 않도록 한다.

[그림 6-14] 그네

❸ 시소

시소는 양쪽에 영유아가 앉아서 움직임을 반복하는 놀이기구로서 2인용 시소와 다인용 시소가 있다. 시소를 설치할 때에는 시소가 땅에 닿는 부분에 타이어나 모래를 설비하여 영유아가 다치지 않도록 예방하는 것이 필요하다. 또한, 손잡이를 부착하여 영유아가 안전하게 탈 수 있도록 하며, 시소의 기울기는 30° 이내로 한다 (Frost, 1992).

[그림 6-15] 시소

❹ 미끄럼틀

미끄럼틀은 영유아의 이동이 많은 중앙부보다는 실외 공간의 가장자리에 설치하는 것이 좋다. 미끄럼틀은 경사진 판을 미끄러져 내려오는 놀이를 할 수 있도록 제작된 놀이기구로서 재료에 따라 장단점이 있으므로, 이를 고려하여 설비해야 한다. 미끄럼틀의 재료에는 스테인리스, 목재, 플라스틱 등 여러 가지가 있다. 스테인리스는 견고하고 매끄러우나 온도 변화에 민감하여 여름에는 뜨겁고 겨울에는 차가운 단점이 있는 반면 목재는 부드럽고 온도에 덜 민감하나 내구성이 약하고 플라스틱은 다양한 모양과 색깔로 현재 많이 사용되고 있다. 미끄럼틀의 경사도는 30~40°가 적당하며, 높이는 보통 2.5m 이하가 적당하다. 미끄럼틀도 영유아의 연령에 적합한 높이와 경사도 및 형태를 조정해서 설비하여야 하며, 미끄럼틀 아래에는 모래나 우레탄 고무 바닥을 깔아 충격을 완화시킬 수 있도록 설비한다.

(4) 모래놀이터

모래놀이터는 밑부분은 자갈을 깔고 그 위에 벽돌을 놓고 벽돌 위에 45~60cm 정도의 모래를 덮어서 만든다. 모래놀이터는 영유아가 모래를 사용하여 다양한 표현을 할 수 있는 공간이다. 모래밭의 형태는 직사각형, 정사각형, 타원형 등 다양하며, 모래밭의 테두리도 타이어, 통나무, 콘크리트 등의 여러 가지 재료로 구성할 수 있다. 모래밭은 배수가 잘 되고 습기가 차지 않는 곳에 위치하는 것이 좋으나 적당한 그늘이 생기도록 하는 것이 좋다. 또한, 모래밭의 모래는 1년에 한 번씩은 갈아 주거나 소독하여 더러움이 쌓이지 않도록 위생적인 관리가 필요하다. 이영자 외(1993)는 모래를 소독하는 방법을 다음과 같이 제시하였다.

- 염소제(예: 락스) 10ml에 물 3L 정도의 비율로 희석시킨다. 모래의 양에 따라 희석액의 양을 조절한다.
- 희석한 염소제를 물뿌리개에 넣고 모래 위에 고르게 뿌린다.
- 희석액이 모래 밑으로 충분히 스며들도록 한다.
- 삽으로 모래를 파서 뒤집어 준다.
- 물을 물뿌리개에 담아 모래 위에 여러 번 뿌려 아래로 스며들어 가게 한다.

영아용 모래놀이터는 위생상 유의해야 하므로 뚜껑을 설치하는 것도 좋은 방법이다. 이 밖에도 모래놀이터에서 영유아는 여러 가지 놀이에 집중하므로 동적 놀이 영역과 조금 떨어진 위치에 설치하는 것이 좋으며, 다양한 도구나 놀잇감을 제공해 주는 것도 좋다.

[그림 6-16] 모래놀이터

(5) 물놀이 영역

물놀이 영역은 실외에서 영유아가 활동적인 놀이를 할 수 있는 장소로서 물놀이대 장치를 연결하여 설치한다. 물놀이대 맨 위에 수도관을 연결하여 물이 위에서 아래로 채워지도록 하며, 물놀이대의 깊이는 15cm가 적당하다.

[그림 6-17] 물놀이 영역

(6) 식물 기르기 영역

식물 기르기 영역은 영유아가 계절에 맞는 식물과 꽃을 심고 채소도 가꿀 수 있는 영역으로서 직접 식물 기르기를 체험할 수 있다. 영유아가 꽃, 채소, 나무 등의 식물을 키워 보며 자연도 생명이 있음을 알고 자연을 사랑하는 마음을 가지게 된다.

[그림 6-18] 식물 기르기 영역

(7) 사육장

영유아 교육기관에서 동물을 키움으로써 영유아가 직접 먹이를 주고 동물들의 생활을 관찰할 수 있다. 이는 영유아에게 자연학습을 하는 좋은 계기가 되며, 자연 생태를 이해하는 데 도움을 준다.

[그림 6-19] 동물 키우기

(8) 창고

실외에는 고정된 놀이시설물 이외에도 이동이 가능한 놀이기구가 많으므로 놀이기구를 정리 · 보관할 수 있는 창고가 필요하다. 창고는 놀이기구를 바람, 비, 눈, 먼지 등의 피해로부터 보호할 수 있으며, 영유아가 정리하는 습관을 기르는 데 도움을 준다. 또한, 창고는 실외 놀이장과 인접한 곳에 설치하여 영유아가 놀이기구를 효과적으로 운반하고 정돈할 수 있도록 한다.

CHAPTER 07

비품 및 교재 . 교구관리

비품 및 교재 · 교구는 영유아 교육기관에서 이루어지는 교수-학습활동을 하는 데 있어 영유아의 교육활동을 직 · 간접적으로 돕는 역할을 하므로 반드시 필요하다. 그러므로 교사가 의도하는 활동이 원활하게 진행되도록 하기 위해서 영유아 교육기관에서는 비품 및 교재 · 교구를 충분히 갖추고 있어야 한다. 따라서 본 장에서는 비품 및 교재 · 교구의 개념과 종류, 비품 및 교재 · 교구의 선정 기준과 보관 및 관리에 대해 살펴보고자 한다.

1. 비품 및 교재 · 교구의 개념과 종류

1) 비품 및 교재 · 교구의 개념

비품은 책상, 의자, 선반, 컴퓨터, 칠판, 시청각 기기 등과 같이 교육내용을 직접 담고 있지는 않지만 교수-학습활동 시 효과적으로 교육내용을 전달하기 위한 것으로서 영유아 교육기관의 영유아나 교사가 직 · 간접적이고 보조적으로 사용하는 자료를 의미한다. 교재 · 교구는 교수-학습 장면에서 교수와 학습을 성공적으로 실현시키기 위해서 쓰이는 영유아의 학습 자료와 교사용 교육 자료를 모두 포함한다. 교재 · 교구에는 영유아를 위한 학습 자료에는 모형 자료나 그림 자료, 인쇄 자료, 녹음 자료, 영상 자료 등 교육목표를 달성하기 위해 가르쳐야 할 내용을 학습 대상의 수준에 알맞게 체계화한 자료들이 있다. 또한, 영유아의 놀이를 효율적으로 진행시키는 교재 · 교구로서 교사가 제작한 것, 자연물을 이용한 것, 일상생활용품이나 재활용품을 이용한 것, 유아용으로 제작된 것 등이 있다. 그러므로 교재 · 교구란 교육활동에서 매체를 활용하여 영유아의 학습내용과 활동을 연결시켜 학습 목표를 달성하기 위한 여러 가지 형태로 쓰이는 물품이라고 할 수 있으며(김정규 · 이광자 · 조성숙, 2003), 영유아의 놀이 활동의 도구가 되고 교육적 효과를 증진시키기 위해 제작한 매체를 통틀어 지칭할 수 있다(박란규, 2005, 재인용).

이대균과 송정원(2002)은 교재 · 교구를 “영유아 교육현장에서 심신의 발달을 도모하기 위해 사용되는 모든 자료로서 교사의 집단 활동뿐만 아니라, 자유선택활동 시간의 개별 활동과 실외 활동 등에서 사용되고 필요로 하는 것"으로 정의하였다. 이경숙(1982)은 "교육활동에 있어서 구체적인 교구뿐만 아니라 놀이 수단이면서 동시에 학습의 통로가 되는 각종 놀이 매체(piay media)로 자연물이나 일상적인 교재를 포함하여 아동에게 자극 작용을 주는 각종 소재"라고 하였다.

이상에서 살펴본 바와 같이, 교재 · 교구란 영유아 교육기관에서 교육활동에 활용되는 교재 · 교구를 통칭하는 것으로, 영유아의 교수-학습활동을 위해 자유선택활동시간과 대 · 소집단 활동 시간에 교사와 유아가 활용하는 놀잇감을 모두 교재 · 교구라 할 수 있다. 반면, 영유아 교육에서의 교재 · 교구는 다른 상위학교 교육에서 사용되는 교재 · 교구와는 상당한 차이가 있다. 대체로 책을 비롯한 다양한 추상적 상징을 통해 이루어지는 초 · 중등학교 이후의 교육과는 달리 영유아 교육은 교사가 영유아 스스로 학습하도록 그들의 발달에 적합한 환경을 구성해 주고, 이러한 환경에서 영유아가 주변의 것들을 능동적으로 탐색함으로써 학습이 이루어지게 된다. 따라서 영유아가 교육내용을 효과적으로 습득하도록 도와주는 주변의 모든 것들을 교재 · 교구라 통칭할 수 있다. 즉, 교재 · 교구란 교육이 이루어지는 전 과정에서 그 효과를 높이기 위하여 활용되는 모든 학습 자료라 할 수 있다(김유정 · 김정원, 2011).

2) 비품 및 교재 · 교구의 종류

(1) 대상자에 따른 비품

영유아 교육기관에서 갖추어야 할 기본적인 비품의 종류는 영아반 비품, 유아반 비품, 기타 활동 지원 비품 등으로 구분할 수 있다(보건복지부 · 중앙보육정보센터, 2013b).

❶ 영아반 비품

용도	품목
보육활동 비품	영아용 탁자, 낮은 교구장, 사물함, 게시판, 시계, CD플레이어 등
낮잠 및 수유, 청결 관련 비품	휴지통, 기저귀용품 보관장, 기저귀갈이대(매트), 이동형 변기, 이불장, 칫솔 소독기, 양치컵, 수유용품 등
기타 비품	교사용 책상, 사물함, 피아노, 냉방기, 공기청정기 등

❷ 유아반 비품

용도	품목
보육활동 비품	유아용 탁자, 유아용 교구장, 책꽂이, 사물함, 게시판, CD플레이어 등
낮잠 및 수유, 청결 관련 비품	휴지통, 이불장, 개별 침구, 칫솔 양치컵, 음수 관련 용품(정수기나 물병, 컵) 등
기타 비품	교사용 책상, 사물함, 피아노, 냉방기, 공기청정기 등 (기타 교구 설비 기준에 제시된 것을 준비)

❸ 기타 활동 지원 비품

용도	품목
사무용 비품	책상, 의자, 선반, 회의용 테이블과 의자, 서류보관함, 책장, 게시판, 컴퓨터, 프린터, 스캐너, 복사기, 전화기 등
화장실 비품	휴지통, 비누, 수건, 수건걸이, 실내화 등
조리실 비품	싱크대, 식기건조기, 식기세척기, 전자레인지, 냉장고, 위생모, 위생화, 환풍기 등
실내 유희실 비품	피아노, 공기청정기, 매트, 냉방기 등
실외 공간 비품	청소 비품, 뚜껑이 있는 휴지통, 보관장 등
청소 및 세탁 관련 비품	청소기, 세탁기, 바구니 등
현관 비품	신발장, 우산꽂이, 실내화 등
기타 비품	구급상자, 탁자, 소파, 교사용 휴게 공간 비품 등

이외에도 영유아 교육기관에서는 학부모를 위한 비품 및 교재 · 교구도 구비되어야 한다. 학부모 대기실의 경우 소파, 탁자, 부모용 책꽂이, 커피포트, 홍보용 게시판 등을 준비한다.

또한, 영유아 교육기관에서는 슬라이드 프로젝터와 필름, 전축과 음반, 오버헤드 프로젝터(OHP), 카세트, 비디오, TV, 사진기 등 다양한 시청각 자료를 구비해야 한다.

(2) 영역별 교재 · 교구의 종류

교재 · 교구는 영유아의 연령에 적합하게 제공되어야 한다. 연령별로 영유아에게 제공될 수 있는 교재 · 교구의 종류를 살펴보면 다음과 같다.

❶ 언어·책 보기 영역

언어영역은 영유아의 언어발달을 돕기 위한 영역으로 어휘와 문장을 익히고 의사소통을 하며, 창의적 표현을 할 수 있는 능력을 기르는 데 그 목적이 있다. 그리고 언어영역은 책 보기 영역과 언어의 네 가지 요소인 듣기 · 달하기 · 읽기 · 쓰기 영역으로 세분화할 수 있다. 각 영역별 교재 · 교구는 다음과 같다.

가. 듣기 · 말하기 활동 자료

– 손인형, 그림카드, 전화기, 카세트, 노래테이프, 그림 자료, 사진 자료 등

헝겊 전화기(언어–역할영역)

동화(토끼전)

나. 읽기 활동 자료

- 그림책(헝겊책, 촉감책, 비닐책, 소리 나는 책 등)
- 다양한 그림이나 사진 자료, 책 등

헝겊책(읽기 자료)

입체활동(동화)

이야기 꾸미기

책 만들기

다. 쓰기 활동 자료

- 크레파스나 부드러운 색연필, 사인펜 등의 여러 가지 쓰기 도구와 쓰기판 등

쓰기판

편지 쓰기

낱자 쓰기

자음 만들기

❷ 탐색 및 조작놀이 영역

탐색 및 조작놀이 영역은 눈과 손의 협응력을 키우고 소근육을 조절할 수 있도록 도우며, 형태와 색을 변별하는 것에 그 목적이 있다. 탐색 및 조작놀이 영역의 교재 · 교구로는 소리 나는 상자, 고무나 플라스틱으로 된 고리 끼우기, 모양 찾아 맞추기, 색깔 맞추기 등이 있다.

소리 나는 신발

모양 찾아 맞추기

탬버린

숫자 낚시놀이

❸ 역할놀이 영역

영유아가 일상생활에서 보고 느끼는 여러 인물들과 그 생활을 모방하여 재창조할 수 있는 영역이다. 역할놀이를 통해 영유아의 사회정서발달, 언어발달이 이루어지며, 영유아의 감정 표출 및 해소, 감정이입, 역할에 대한 사회적 지식, 문제해결 능력 등을 기를 수 있다. 놀이 주제에 따라 소품을 바꾸어 줌으로써 시장놀이, 병원놀이 등으로 확장하여 활동할 수 있게 한다. 역할놀이 영역의 교재 · 교구로서는 시장놀이, 엄마아빠놀이, 소방서놀이, 가게놀이 등의 교재 · 교구가 있다.

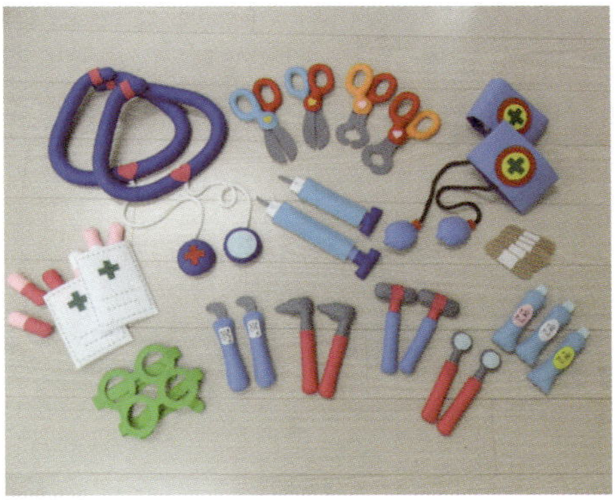

병원놀이

엄마아빠놀이

주방놀이

요리사 놀이

❹ 논리·수학영역

논리 · 수학영역은 영유아의 논리 · 수학적 사고 능력과 소근육 및 눈과 손의 협응력의 발달을 돕기 위한 영역이다. 영유아는 논리 · 수학영역에서 기초적 수 개념을 습득하고 사고력과 사회성 및 언어발달이 이루어지며, 감각발달도 촉진시킨다. 논리 · 수학영역의 교재 · 교구로는 수 세기 카드, 실물 자료, 도미노카드, 수 막대, 수 블록 등이 있다.

숫자카드

수의 덧셈 알기

수의 개념 알기

수의 뺄셈 알기

❺ 쌓기놀이 영역

쌓기놀이 영역은 긍정적 자아 개념을 형성하고 대 · 소근육, 협응력을 키워 주고 창의적 표현력을 길러 준다. 영유아에게 있어 쌓기놀이는 성취감을 맛보게 하여 자신감을 가지게 하고 협동심과 사회성도 길러 준다. 쌓기놀이 영역의 교재 · 교구로는 다양한 블록, 적목, 나사 끼우기, 레고블록, 다양한 소품 등이 있다.

여러 가지 블록

❻ 미술활동 영역

미술활동 영역은 영유아가 창의적 의사표현과 감각활동을 체험하고 문제해결력을 증진시키는 데 목적이 있으며, 영유아의 정서적 긴장감을 해소하는 데도 도움을 준다. 미술활동 영역의 교재 · 교구로는 크레파스, 그림물감, 점토, 색종이, 가위, 스펀지, 사인펜 등이 있다.

여러 가지 미술활동

❼ 과학탐구 영역

과학탐구 영역은 영유아가 성취감을 느끼며 협동심을 기르고, 과학적 개념 및 사고력을 증진, 측정 능력을 향상시키는 데 그 목적이 있다. 과학탐구 영역의 교재·교구로는 화분, 어항, 온도계, 자석, 슬라이드 사진, 저울, 각종 표본 시계, 확대경, 자석 등이 있다.

여러 가지 씨앗 관찰하기

여러 가지 곡식

❽ 음률 영역

음률 영역은 영유아의 기초적 청음 능력을 발달시키고, 영유아의 감상 능력과 표현 능력을 발달시키는 데 그 목적이 있다. 음률 영역의 교재·교구로는 리듬악기(탬버린, 트라이앵글, 큰북, 작은북 등), 녹음기, 박자카드 등이 있다.

빨래판 악기

피아노 모형

(3) 감각과 종류에 따른 교재 · 교구 분류

❶ 감각에 따른 분류

시각	청각	시청각
그림, 사진, 융판, 자석판, 게시판, 투시화 모형, 실물, 괘도, 인형, 디오라마, 지구의 포스터, 그림책, 동화책	녹음 자료, 라디오, 악기, 동화 듣기 자료	슬라이드와 녹음테이프 소리동화집, 비디오 영화, TV영화(Flim), 인형극, 관람극

❷ 종류에 따른 분류

간이 매체	그림사진, 융판, 자석판, 게시판, 포스터, 그림책, 동화책, 괘도
입체 매체	디오라마, 입체동화, 모형, 표본, 실물, 인형
영상 매체	슬라이드, 투시화, 필름, 실물환등
전자 매체	비디오, 영화, TV, 컴퓨터, 라디오, 음반, 녹음테이프, 콤팩트디스크(CD), 언어 녹음 카드, 소리동화

2. 비품 및 교재 · 교구의 선정 기준

영유아의 교수-학습방법은 영유아 교육기관에서 구비한 비픔 및 교재 · 교구의 양과 질에 따라 교육의 질이 달라지므로, 비품 및 교재 · 교구의 선정과 구입은 영유아 교육기관의 목표달성, 교육내용 및 학습방법이 결정될 만큼 매우 중요하다. 따라서 비품 및 교재 · 교구는 교육적인 효과와 가치를 고려하여 선정하고 구입하여야 한다.

1) 비품의 선정 기준

(1) 기능적 요건

❶ 안전성(safety)

유독성이 없고 깨끗한 것, 위생적이고 물세탁이 가능한 것, 모서리가 날카롭지 않고 돌출부가 없는 것 등 영유아의 건강과 위생 및 안전 보호를 위한 안전성을 고려해야 한다.

❷ 내구성(durability)

잘 부서지지 않고 눌려도 손상되지 않는 것, 껍질이나 칠이 벗겨지지 않는 것 등의 관리나 보관이 용이해야 한다.

❸ 적합성(adaptability)

연령에 알맞고 다용도로 활용 가능하며 발달 수준에 맞는 것, 미적 만족감을 주는 것 등의 비품을 선택해야 한다.

❹ 경제성(accountability)

가격이 적절하고 오랫동안 사용할 수 있으며 융통성 있게 사용할 수 있는 것 등의 비품을 선택해야 한다.

(2) 교육적 요건

❶ 지적 요인(intellectual factor)

영유아의 지적 성장을 자극할 수 있는 것이어야 한다. 즉, 지각, 기억, 이해, 사고, 문제해결을 촉진할 수 있어야 하며, 물리적 개념과 추상적 개념까지 획득할 수 있어야 한다.

❷ 신체적 요인(physical factor)

영유아의 신체적 성장에 도움이 되어야 한다. 민첩성, 대 · 소근육, 협응력 등의 발달을 촉진해야 한다.

❸ 사회·정서 요인(social-emotional factor)

다른 사람과 어울릴 수 있는 능력을 길러 주고 감정 조절에 도움을 주어야 한다.

2) 교재 · 교구의 유형 및 특징

교재 · 교구의 유형은 학자에 따라 다양하게 분류되고 있으나, 대체로 영유아의 연령, 생활주제, 놀이 형태 등에 따라서 분류할 수 있다. 영유아 교육기관에서 활용하는 교재 · 교구를 분류할 때는 활용되는 활동, 활용주제, 교재가 활용되는 학습경험의 구체성과 추상성의 정도, 교재 · 교구의 영구성 여부, 제작자, 교재 · 교구의 움직임 정도 등 다양한 분류 기준을 설정할 수 있다. 현재 영유아 교육기관에서 하는 가장 보편적인 분류는 교재 · 교구의 활용 목적에 따른 것으로서 그중 한 가지 분류 기준은 활동 영역별로 나누는 것이라 할 수 있다(이대균 · 송정원, 2000). 교재 · 교구를 분류하는 이유는 교재를 적절히 활용하거나 활용한 후 보관을 용이하게 하기 위한 것으로 몇 가지 분류 기준을 선택하여 교재 · 교구를 분류할 필요가 있다.

교재 · 교구가 활용되는 흥미영역별 공간 배치는 영유아가 자발적으로 놀이 활동에 참여하여 적극적으로 놀이를 할 수 있도록 배려해 줌으로써 다양한 사고를 발달시켜 줄 뿐만 아니라 영유아의 전인적 성장과 발달을 돕는다. 그러므로 각 흥미영역에는 영유아의 연령에 맞는 교재 · 교구를 비치해 줌으로써 창의적인 놀이를 할 수 있도록 돕고, 영유아가 독립적으로 놀이에 열중할 수 있는 환경을 만들어 주어 규칙적인 사고를 할 수 있도록 해야 한다.

연령별 교재 · 교구의 특징을 살펴보면 다음과 같다.

첫째, 0~2세 영아를 위한 교재 · 교구는 사물을 탐색할 수 있는 교구가 좋다. 듣기, 말하기, 읽기 활동으로 전화기, 헝겊책, 촉감책 등 다양한 그림이나 사진 자료 등을 제공한다. 또한, 쓰기 활동을 할 수 있도록 영아가 입으로 빨아도 안전한 종류의 짧고 굵은 크레파스나 부드럽게 써지는 색연필, 쓰기판 등을 준비해 준다. 영아가 감각 및 탐색을 할 수 있는 소리 나는 상자, 고무나 플라스틱으로 된 고리 끼우기, 모양 찾아 맞추기, 색깔 맞추기 등의 교구를 준비하며, 마라카스, 딸랑이나 안전한 방울, 밀가루 점토, 여러 가지 모양의 도장, 자동차, 종이 벽돌 블록 등으로 창의적 활동을 할 수 있는 교구를 준비해 주는 것이 좋다.

둘째, 3세 유아를 위한 교재 · 교구는 말하기 활동을 자연스럽게 촉진할 수 있고 읽기, 쓰기의 기초 활동으로 같은 모양 짝짓기, 모양 변별하기와 일상생활, 동물, 촉감 등을 경험할 수 있는 다양한 종류의 책을 제공하는 것이 좋다. 그리고 퍼즐 맞추기에서 퍼즐 조각은 5~10개 정도가 알맞으며, 손잡이가 있거나 배경판에 조각의 윤곽이 그려져 있어서 맞추기가 쉬워야 한다. 또한, 물건의 다양한 감촉을 느낄 수 있도록 손으로 옮겨 담을 수 있는 교구와 옷을 입고 벗을 수 있는 조작 능력을 발달을 위해 벨크로 붙이기, 단추 끼우기, 지퍼 올리기 등 일상생활 훈련을 위한 교구 위주로 구성하여야 한다. 또한, 교재 · 교구의 양은 너무 많은 것보다 적정량을 제공하는 것이 좋고 가정생활과 관련된 역할놀이를 할 수 있도록 놀이용 집, 엄마 아빠의 옷, 인형 등을 준비해 주는 것이 좋다(교육부, 2000).

셋째, 4세 유아를 위한 교재 · 교구는 언어활동을 장려할 수 있는 수수께끼 카드, 자석판 자료 등과 쓰기 활동을 자연스럽게 시도해 볼 수 있는 모래 상자와 같은 교구가 좋다. 퍼즐 맞추기의 퍼즐 조각은 10~20개 정도가 알맞으며, 작은 물건을 핀셋이나 나무젓가락으로 옮겨 담을 수 있는 난이도가 높은 교구, 색깔이나 모양에 따른 분류 활동을 할 수 있는 교구를 활용하면 좋다. 또한, 일상생활에서 다양하게 접할 수 있는 생활용품과 정리정돈에 도움이 되도록 각 교재 · 교구의 위치를 그림이나 글자로 표시하는 것이 좋다.

넷째, 5세 유아를 위한 교재 · 교구는 창의적으로 이야기를 꾸미고 발표할 수 있도록 동시 감상, 동시 짓기 등의 쓰기 활동을 자극할 수 있어야 하고 다양한 장르의 동화책을 활용하여 읽기 활동을 하는 것이 좋다. 또한, 끈 꿰기 자료로 바느질을 할 수 있는 교구와 일상생활 속의 리본 묶기와 허리띠 채우기 등을 경험할 수 있는 교구가 필요하다. 더불어 다양한 직업과 사회 구성원의 역할뿐만 아니라 상상적 놀이 활동에 적합한 교재 · 교구를 준비하는 것이 좋다.

3) 교재 · 교구의 선정 기준

영유아에게 어떤 교재 · 교구를 준비해 줄 것인지는 아주 중요한 문제이며, 충분히 고려하여 적절히 선택해야 한다. 허드(Hurd, 1965)와 패터슨(Patterson, 1971)은 "교사가 영유아에게 제공하는 환경은 매우 중요하며, 교사가 영유아를 위한 교재 · 교구를 선택할 때 갖는 배려가 어떠한 학습이 일어나게 될지를 결정한다."라고 하였다(이숙재, 1990). 이처럼 교재 · 교구의 선택은 매우 중요하므로 교재 · 교구를 선택하고 제작할 때, 먼저 적절한 선택 기준을 마련한 다음 그 기준에 따라 적합한 것을 선택하는 것이 좋다. 또한, 영유아가 교재 · 교구에 흥미를 느낄 수 있도록 바람직한 상호작용이 이루어진다면 교재 · 교구의 교육적 의도보다 더 큰 효과를 얻을 수 있다(이대균 · 송정원, 2002).

영유아 교육기관에서의 교재 · 교구 선정 시 기준 고려해야 할 점을 제시하면 다음과 같다(권옥자 · 유혜숙, 1993).

첫째, '교육내용에 적합한 것인가'이다. 외형적인 화려함이나 신기함으로 영유아의 일시적인 흥미를 유도하기보다는 그것을 활용하는 과정이나 결과에서 영유아에게 유익하여야 교육적으로 가치가 있는 교재 · 교구라고 할 수 있다. 그러므로 전달하고자 하는 교육내용에 적합한 것을 선정하는 것이 매우 중요하다.

둘째, '영유아의 발달 수준에 적합한가'이다. 아무리 훌륭한 교육목표를 포함한 교재 · 교구라 하더라도 영유아가 이해하지 못하고 흥미를 보이지 않는다면 적합한 교재 · 교구라고 할 수 없다. 그러므로 영유아의 연령을 고려하여 교재 · 교구의 크기와 무게도 스스로 조작하거나 이동이 가능한 교재 · 교구를 선택한다.

셋째, '튼튼하고 내구성이 있는가'이다. 영유아는 교재 · 교구를 반복하여 사용하므로 튼튼한 재료로 견고하게 제작하여 반복 사용이 가능할 뿐만 아니라 보관도 용이해야 한다.

넷째, '교육적 효과가 높은가'이다. 교재 · 교구는 값비싼 제품을 구입하는 것보다 교육적 효과도 크고 주변에서 쉽게 구입할 수 있는 자연물이나 폐품을 적극적으로 활용하는 것이 좋다.

다섯째, '안전하고 위생적인가'이다. 교육적 가치가 풍부한 교재 · 교구라 하더라도 영유아의 안전과 위생에 유해한 것은 곤란하므로 위생과 안전성 여부와 청결 여부에도 세심한 주의를 기울여야 한다.

여섯째, '창의적이고 다양한 놀이가 가능한가'이다. 정해진 방법으로 결과만을 보여 주는 교재 · 교구보다는 포괄적이고 다양한 방법으로 활용할 수 있는 창의적인 교재 · 교구를 선택하는 것이 중요하다.

일곱째, '영유아의 호기심을 끌 수 있는가'이다. 교육적 가치나 활용 방법이 동일한 것이라 하더라도 영유아는 심미적인 즐거움을 주는 것을 선호한다. 그러므로 교재 · 교구는 색깔, 크기, 질감, 형태, 소리, 냄새 등 지각적인 요인을 충분히 고려하여 영유아의 호기심을 끌 수 있도록 하는 것이 좋다.

3. 비품 및 교재 · 교구의 배치

영유아 교육기관에서는 질적으로 우수하고 다양한 교구와 비품을 우선적으로 확보하고 자료들을 적절하게 배치하여 교사나 영유아가 잘 활용하도록 해야 한다. 즉, 영유아 교육기관의 실내 · 외 공간을 활동 영역으로 구성하여 전개되는 주제, 계절, 유아의 흥미와 요구에 따라 적절한 용도와 양의 교재 · 교구를 마련해 주어야 한다. 그러나 교재 · 교구를 전시하는 과정에서 너무 시각적인 전시 위주로 환경을 구성한다면 교육을 위한 바람직한 환경이라고 할 수 없다. 또한, 영유아가 활동하는 공간에 너무 많은 교구로 구성된 환경은 영유아의 놀이를 자극하기는 하나 부정적인 영향을 끼칠 수 있으므로 세심한 계획을 세워 구성해야 한다. 교재 · 교구들이 무질서하게 배치된다면 교재 · 교구로 인한 교육적 효과도 감소하므로 교실 환경 속에서 기능적 · 미적인 부분까지 고려하여 배치해야 한다.

또한, '영유아가 교재 · 교구를 얼마나 쉽게 꺼내어 활용하는가' 하는 것은 교재 ·

교구의 다양성이나 질보다 더 중요하다. 아무리 좋은 교재라 하더라도 활용하지 않는다면 하나의 전시품에 지나지 않고 영유아의 눈에 보이지 않는다면 활용 빈도가 낮아진다. 따라서 교사는 영유아가 교재 · 교구를 어떻게 활용하는지 수시로 관찰하여 영유아의 흥미를 유발하는 교재 · 교구의 배치가 어떤 것인지 알고, 영유아의 흥미가 떨어지거나 활용하지 않는 교재 · 교구의 배치 형태를 바꾸고자 노력하여야 한다(이대균 · 송정원, 2002). 교재 · 교구는 교육목표나 교육내용과의 관련성, 교구의 사용 빈도, 교구나 자료의 난이도와 복잡성 정도, 교구와 자료의 무게 및 형태, 점유 공간, 보관장이나 선반 등의 요인들을 고려하여 배열해야 한다. 데커와 데커(Decker & Decker, 1992)는 교구나 비품의 배열 시 고려해야 할 사항을 다음과 같이 제시하였다.

첫째, 실내 환경이 활동 영역으로 되어 있다면 매일 사용하는 교구나 비품은 항상 배열해 두어야 한다.

둘째, 가벼운 교구는 낮은 선반이나 캐비닛에 진열하여 영유아가 꺼내고 정리하기 쉽게 해 주고 개방된 선반을 사용하여 영유아가 스스로 정리할 수 있도록 도와주어야 한다.

셋째, 무겁고 이동하기 힘든 교구는 교구를 옮기지 않고도 사용할 수 있는 선반이나 탁자에 두어 영유아가 다치거나 교구가 파손되는 것을 방지해야 한다.

넷째, 교구장은 배치하는 교구에 따라 다양하게 만들고 어떤 한 가지 기준에 따라 색, 크기, 모양, 질감이 대조적인 교구들을 번갈아 배열한다.

다섯째, 매일 사용하지는 않으면서 정규적으로 사용하는 교구는 적절한 곳에 보관해야 한다. 공간이 허락된다면 그 교구가 사용되는 활동 영역 내 또는 가까이에 보관한다.

더불어 시청각 자료, 소모품, 과학기구, 악기류 또는 깨지기 쉬운 것 등 특별한 보관이 필요한 것은 안전한 장소에 보관해 두며, 이외에도 비품이나 교구는 유아가 보고 선택하여 잡을 수 있도록 눈높이 정도에 배열하여 활용하기 좋도록 한다. 교구나 자료 중에는 교사의 허락이나 도움을 받고 사용해야 하는 것도 있으므로 교재 · 교구의 배치나 보관에도 세심한 배려를 해야 하며, 한꺼번에 너무 많은 자료를 배열해 두면 오히려 교육효과를 감소시킬 수 있으므로 주의해야 한다.

4. 비품 및 교재 · 교구의 보관 및 관리

1) 비품 및 교재 · 교구의 보관

현재 사용하는 교구나 비품은 교실에 있는 영역별 선반이나 보관장을 사용해야 하지만 사용하지 않는 다른 교재 · 교구들은 자료 보관실을 이용한다. 자료 보관실에는 적절한 높이와 넓이의 선반과 보관장을 마련한다. 교재 · 교구 및 비품은 양도 많고 그대로 보관하면 파손될 우려가 있는 것이 있으므로 보관함을 준비하는 것이 좋다. 보관함은 두꺼운 종이로 만든 상자나 속이 보이는 뚜껑이 있는 플라스틱 상자를 이용하는 것이 좋다. 보관함 표면에는 고유번호와 보관하고 있는 자료의 이름을 적은 라벨을 붙여서 교구 목록 카드만 보아도 어느 곳에 보관되어 있는지 쉽게 알 수 있도록 하면 편리하다. 이에 대해 데커와 데커(Decker & Decker, 1992)는 다음과 같은 사항을 제안하고 있다.

첫째, 비품과 교구의 배치 시에는 사고율을 최소화하고 효율성을 극대화할 수 있도록 배열해야 한다. 비품과 교구는 작업 공간 가까운 선반에 비치하고 파손되기 쉬운 비품과 교구는 영유아의 통행이 빈번한 통로와 떨어진 곳에 비치해야 한다. 깨지거나 엎질러지기 쉬운 교구는 영유아가 쉽게 닿을 수 없는 곳에 두도록 한다. 만약, 같은 교구에서 사고가 자주 일어나면 다른 장소에 옮겨 두는 것이 좋으며, 사고 예방을 위해 개방 공간을 충분히 두어야 한다.

둘째, 영유아에게 비품이나 교구의 관리법을 지도해야 한다. 교사는 비품이나 교구를 사용하고 정돈하는 것을 정해진 일과 활동으로 설정하여 지도하고 모든 물건은 정해진 곳에 두어야 함을 인식시키고 스스로 정리정돈할 수 있도록 한다.

셋째, 사용한 교재 · 교구나 자료는 깨끗하게 유지 · 보관하도록 한다. 교사는 교재 · 교구의 정리정돈뿐만 아니라 청결하게 유지 · 보관하는 방법을 익히도록 하고 필요한 경우 교재 · 교구의 세척법도 지도해야 한다(예 : 과학기구, 악기류 등).

넷째, 교사는 비품이나 교구를 관리하는 좋은 본보기를 제시한다.

다섯째, 교사는 영유아의 활동 장소에 있어야 한다. 즉, 충분한 지도 감독이 이루어질 수 있는 적당한 위치에 있어야 한다.

여섯째, 영유아가 비품이나 교구를 고의적으로 부수거나 손상시키지 않도록 지도한다. 훼손된 비품과 교구는 사용하지 않고 따로 두며, 가능한 한 빨리 수리해야 한다.

일곱째, 비품이나 교구를 정기적으로 청결하게 하고 도색하고 점검하며 비품이나 교구 관리 시 열, 빛, 습도, 보관법 등을 고려해야 한다.

여덟째, 비품이나 교구를 충분히 확보하고 있어야 한다. 영유아가 교구 부족으로 인해 제대로 활동에 참여하지 못하면 서로 싸우거나 교구를 파손하게 되므로 충분한 양을 확보해야 한다.

이처럼 교재 · 교구나 비품을 잘 관리하는 일은 영유아에게 좋은 습관을 형성하게 해 줄 뿐만 아니라 재구입을 하기 위해 필요한 재원을 절약하는 일이 되기도 한다. 영유아 교육기관에서 교재 · 교구를 체계적으로 관리 · 보관하기 위해 점검해야 할 사항은 다음과 같다.

첫째, 교재 · 교구의 내용물을 점검한다. 교사는 교재 · 교구의 내용물 중 조각이 분실된 것이나 파손된 것이 있는지 확인하여 수시로 보충해 두어야 한다.

둘째, 교재 봉투를 준비한다. 융판 자료, 동화, 보드게임판 등의 평면 자료는 봉투에 넣어서 정리하여 보관한다. 교재 봉투는 소포지와 비닐을 이용할 수 있으며, 내용물을 볼 수 있도록 제작하는 것이 효과적이다.

셋째, 교재 · 교구의 분류 기준을 정하고 그 기준에 따라서 보관한다. 예를 들어,

단원명, 영역명, 교재 형태, 활동 종류 등 분류 기준을 먼저 정한 후 기준에 맞게 보관한다.

넷째, 교재 봉투와 바구니(상자)의 겉면에는 제목을 붙이고 봉투 귀퉁이에는 라벨을 붙여 분류번호를 기재한다.

다섯째, 보관할 준비가 다 된 자료는 일정한 장소에 보관한다. 보관 장소는 교재 · 교구 보관실을 설치하고 공간이 협소하면 교사실 또는 원장실, 복도 등을 활용할 수 있다.

2) 비품 및 교재 · 교구의 관리

비품 및 교구의 관리를 위해서는 비품 및 교구의 현황을 파악할 수 있도록 목록을 작성해 두고 비품 및 교구가 제대로의 상태를 유지하면서 필요시 활용할 수 있도록 보관 또는 배치를 적절히 하여야 한다.

교재 · 교구나 비품의 목록 작성은 교재 · 교구나 비품을 구입, 제작한 후 일정한 분류 기준에 입각하여 품목 카드나 일정한 양식에 그 특성을 작성하고 작성된 목록을 철해 놓으면 전체적인 현황을 파악할 수 있다. 구체적인 비품관리 방법 및 교재 · 교구 보관 양식의 예는 다음과 같다.

〈표 7-1〉 비품관리 방법

문서명	내용	비고
비품 대장	• 용도별 비품 대장 준비 후 목록을 정리한다.	영유아 교육기관의 규모나 관리 방법에 따라 용도별 비품 대장을 각각 준비
비품 관리 대장	• 비품실에 비치된 비품을 사용하는 경우 비품명과 일시, 담당자 등을 기록하며, 반납 시에도 같은 방법으로 기록한다.	동일한 비품을 함께 사용하는 경우에는 교사 간의 사전적 합의로 사용하면 편리
교사 회의록	• 교사회의를 통해 매월 1회는 교육활동에 필요한 비품을 구입하거나 비품관리의 안전성에 대해 의논하며, 건의사항 등을 기록한다.	
예산서	• 비품 구입비를 수립하여 매월 혹은 분기별, 반기별로 교사와 함께 의논하여 구입한다.	
비품 관리	• 현재 사용하지 않는 비품은 영유아 활동공간이 아닌 별도 공간에 안전하게 보관하여 관리한다. • 상자 등에 보관하여 정리하는 경우, 겉면에 내용물의 이름을 표시하여 관리한다. • 자료실은 영유아의 출입을 금하며, 항상 문을 잠가 두어 안전에 유의한다. • 상시적으로 사용하는 비품은 교사가 위생 및 안전 상태를 매일 점검하여 관리한다. • 기타 공간에서 사용하는 비품은 업무분장을 통해 담당 교사가 위생 및 안전 상태를 매월 점검하여 관리한다.	비품실을 설치하지 못하는 경우, 영유아가 사용하지 않는 안전한 공간에 보관하도록 유의
재물 조사	• 연 1회 정기적으로 재물조사를 실시하며, 필요시 정기 또는 수시로 재물조사를 실시한다.	
비품 관리 유의 사항	• 파손되기 쉬운 비품은 영유아의 통행이 빈번한 통로와 떨어진 곳에 비치한다. • 깨지거나 엎질러지기 쉬운 비품은 영유아가 쉽게 닿을 수 없는 곳에 두어야 한다. • 영유아에게 비품을 고의적으로 부수거나 손상시키지 않도록 안내한다. • 비품을 정기적으로 청결하게 관리한다. • 비품을 관리할 때 보관법을 고려하여 관리한다.	

출처: 최미희 · 이명순 · 구원옥(2017). 어린이집 운영관리.

〈표 7-2〉 교구 대장 양식(예시)

일련 번호	구입 일자	품명	사진	규격	수량	단가	구입 가격	수입별		폐기 일자
								구입	기증	
1	2017. 6. 5.	과일과 야채 썰기			2	28,800	57,600	○		
2	2017. 6. 5.	A형 병원 놀이 세트			1	59,200	59,200	○		
3	2017. 6. 5.	에코 마이크	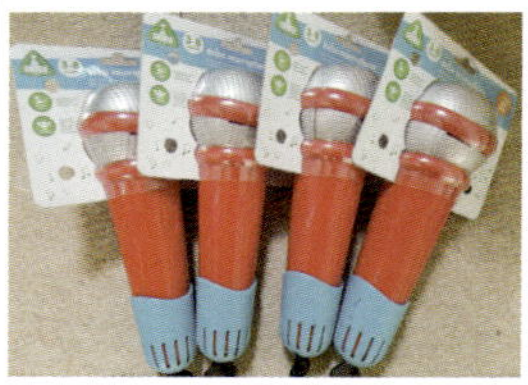		4	8,800	35,200	○		
4	2017. 6. 5.	아이 스크림 모형			1	42,400	42,400	○		
5	2017. 6. 5.	관찰 현미경			2	29,700	59,400	○		

일련번호	구입일자	품명	사진	규격	수량	단가	구입가격	수입별		폐기일자
								구입	기증	
6	2017. 6. 5.	의복 소근육 놀이 7종	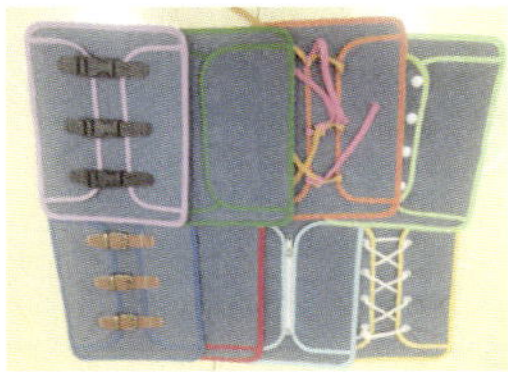		1	55,920	55,920	○		
7	2017. 6. 5.	도형 테트리스			2	21,000	42,000	○		
8	2017. 6. 5.	더블 칠교 놀이			3	18,750	56,250	○		
9	2017. 6. 5.	교통 수단 세트			1	27,200	27,200			
10	2017. 6. 5.	미니 교통 기관 세트			1	27,200	27,200	○		

〈표 7-3〉 영역별 교재 · 교구 목록표(예시)

주제	유치원과 친구	반명	ㅇㅇ반
영역 구성	교구 목록		
언어영역	얼굴표정카드, 다양하게 걷기, 바르게 인사하기, 옷 입히기, 겨울잠 자는 동물, 그림자 글자		
도서영역	매일매일 유치원 갈래요, 곰돌이는 내 친구, 한 계단 한 계단, 아기 구름의 여행, 마음씨 좋은 곰돌이, 모두 같이 놀아요		
수 · 조작영역	무당벌레, 실 꿰기, 칠교놀이, 바이소시에이션2, 원형분수, 친구를 도와줘요 꼭지겹퍼즐(2개), 이렇게 지내요 액자 짝퍼즐, 옷 구분하기, 수퍼즐, 친구를 도와줘요 꼭지겹퍼즐		
과학영역	나비꼭지퍼즐, 현미경, 돋보기		
음률영역	리듬악기 세트, 탬버린, 소고, 캐스터네츠, 핸드벨, 차임벨, 실로폰, 놀이영역 꼭지겹퍼즐, 동물악기 꼭지퍼즐		
조형영역	도장 찍기, 따라 그리기		
쌓기 · 역할영역	와플블록, 레고블록, 우레탄블록, 카프라 블록, 눈꽃블록, 끈블록, 생일케이크 퍼즐, 병원놀이, 전화기, 아기인형, 손인형, 동물 가면		

〈표 7-4〉 영역별 교구사진(예시)

<table>
<tr><th>주제</th><td>유치원과 친구</td><th>반명</th><td>창의새싹반</td></tr>
<tr><th colspan="2">언어 · 도서영역</th><th colspan="2">수 · 조작영역</th></tr>
<tr><td colspan="2">

</td><td colspan="2">
</td></tr>
<tr><th colspan="2">과학영역</th><th colspan="2">음률영역</th></tr>
<tr><td colspan="2">
</td><td colspan="2"></td></tr>
</table>

<table>
<tr><th>주제</th><td>유치원과 친구</td><th>반명</th><td>창의새싹반</td></tr>
<tr><th colspan="2">조형영역</th><th colspan="2">쌓기 · 역할영역</th></tr>
<tr><td colspan="2"></td><td colspan="2">
</td></tr>
</table>

CHAPTER 08

재정관리

영유아 교육기관에서 교육 프로그램을 효율적으로 운영하기 위해서는 먼저, 영유아 교육기관의 안정적인 재정 확보가 필요하다. 그러나 영유아 교육기관의 재정 확보가 이루어진다고 하더라도 올바른 재정관리가 이루어지지 않는다면 교육목적에 맞는 기관의 안정된 운영을 기대하기는 어렵다. 따라서 영유아 교육기관의 체계적인 예산편성과 투명한 예산집행이 요구되며, 사무 처리의 간소화와 표준화를 통해 행정 업무의 능률을 도모하여 영유아 교육의 효과를 극대화시켜야 한다. 본 장에서는 유아교육기관을 유치원과 어린이집으로 구분하여 예산편성, 예산집행, 결산에 대해 알아보고, 효율적인 문서관리 방법에 대해 알아보고자 한다.

1. 재정관리의 개념 및 특징

영유아 교육기관의 재정관리란 영유아 교육기관의 교육목적과 교육목표를 달성하기 위해 재화를 조달하고 지출하고 관리하는 활동을 총칭하는 것으로 예산편성, 예산집행, 결산으로 나눌 수 있다(황윤세 · 임미혜 · 이혜원, 2011). 최근 국가적 차원에서 유아교육에 대한 지원의 증가로 영유아 교육기관의 재정 운영의 체계화와 투명한 예산집행이 요구되며, 영유아 교육기관의 특성상 소규모의 개인 자산 경영이 대부분을 차지하며, 이는 교육비(보육료)와 수익자부담금으로 운영되므로 더욱 투명한 재정관리가 필요하다. 따라서 영유아 교육기관에서는 재정의 확보, 효율적이고 체계적인 예산의 편성과 운영 및 투명한 예산집행이 이루어져야 한다.

영유아 교육기관의 재정은 다음과 같은 성격을 지니고 있다(김수향 외, 2013). 첫째, 교육비의 확보 및 지출이라는 공경제적 성격을 지니며, 수입 · 보관 · 지출은 합법적인 절차를 통해 운영되어야 한다. 둘째, 교육목표 달성을 위한 영유아 교육기관의 경영관리 활동으로, 수단적인 성격을 가지고 있다. 셋째, 교육비에 대한 산출효과는 장기적이다. 영유아기에 투입되는 장기적이고 계속적인 교육비의 효과는 미래의 더 큰 생산에 기여할 수 있는 인력의 개발을 목표로 한다.

일반적으로 영유아 교육기관에서의 예산 운용은 다음과 같이 이루어진다.

첫째, 예산은 세입 · 세출의 균형이 유지되도록 편성한다. 예산은 세입과 세출로 나누어서 운용되고 예산안의 편성은 세입과 세출이 균형을 유지하도록 편성한다.

둘째, 영유아 교육기관 회계연도는 독립적으로 운영된다. 우리나라의 일반적인 회계연도는 1월 1일부터 12월 31일이지만 영유아 교육기관의 회계연도는 3월 1일부터 다음 해 2월 말일까지이다. 영유아 교육기관의 예산 수립 및 예산의 집행과 결산도 이 회계연도를 기준으로 이루어진다.

셋째, 영유아 교육기관에서는 예산편성 시 교수–학습활동비를 우선적으로 확보한다. 교육목적에 맞는 영유아 교육기관의 운영이 이루어져야 하므로 교수–학습활동에 필요한 예산을 우선적으로 확보하고, 간접교육비도 적정 수준으로 편성한다.

넷째, 영유아 교육기관의 모든 수입은 각각 세입 · 세출예산에 편입해야 하며, 이를 직접적으로 사용할 수 없다.

다섯째, 영유아 교육기관의 예산은 목적 외 사용을 금지한다. 영유아 교육기관 회계의 세출예산은 운영 목적 외에는 사용할 수 없으며, 교비회계 또한 다른 회계로의 전출이 허용되지 않는다.

2. 유치원 재정관리

1) 유치원의 재정관리

유치원에서 교육계획을 실천하기 위한 필수사항 중의 하나는 안정적인 재정 확보이다. 유치원에서는 교육목적을 달성하기 위해 적정 수준의 재정을 확보하고 목적에 맞는 예산집행을 하여야 한다. 또한, 유치원의 재정관리는 투명하게 이루어져야 하며, 합법적인 절차를 통해 운영되어야 한다. 유치원 재정관리에 대한 절차 및 법적 조항을 살펴보면, 국 · 공립 유치원의 재정관리는 「유아교육법」 제19조의 7

(유치원회계의 설치)과 제19조의 8(유치원회계의 운영), 「국립 유치원 및 초 · 중등 학교 회계규칙」 규정에 명시되어 있으며, 이에 따라 운영되고 있다.

〈표 8-1〉 「유아교육법」 제19조의 7, 제19조의 8의 내용

제19조의 7 (유치원회계의 설치)	제19조의 8 (유치원회계의 운영)
① 국립 · 공립 유치원에 유치원회계를 설치한다. ② 유치원회계는 다음 각호의 수입을 세입으로 한다. 1. 국가의 일반회계 또는 지방자치단체의 교육비특별회계로부터의 전입금 2. 제25조에 따른 수업료 등 교육비용과 그 밖의 납부금 3. 국가 또는 지방자치단체의 보조금 및 지원금 4. 사용료 및 수수료 5. 이월금 6. 물품매각대금 7. 그 밖의 수입 ③ 유치원회계는 유치원의 운영 및 시설 설치 등을 위하여 필요한 일체의 경비를 세출로 한다. ④ 유치원회계는 예측할 수 없는 예산 외의 지출 또는 예산초과지출에 충당하기 위하여 예비비로서 상당한 금액을 세출예산에 계상할 수 있다. ⑤ 제9조에 따라 병설된 유치원의 경우에는 필요하면 유치원회계를 해당 유치원을 병설한 학교의 학교회계와 통합하여 운영할 수 있다. ⑥ 유치원회계의 설치에 필요한 사항은 국립 유치원의 경우에는 교육부령으로, 공립 유치원의 경우에는 시 · 도의 교육규칙으로 정한다.	① 유치원회계의 회계연도는 매년 3월 1일에 시작하여 다음 연도 2월 말일에 종료한다. ② 원장은 회계연도마다 유치원회계 세입 · 세출예산안을 편성하여 회계연도 개시 30일 전까지 제19조의 3에 따른 유치원운영위원회에 제출하여야 한다. ③ 유치원운영위원회는 유치원회계 세입 · 세출예산안을 회계연도 개시 5일 전까지 심의하여야 한다. ④ 원장은 제3항에 따른 예산안이 새로운 회계연도가 개시될 때까지 확정되지 아니한 때에는 다음 각호의 경비를 전년도 예산에 준하여 집행할 수 있다. 이 경우 전년도 예산에 준하여 집행된 예산은 해당 연도의 예산이 확정되면 그 확정된 예산에 의하여 집행된 것으로 본다. 1. 교직원 등의 인건비 2. 교육에 직접 사용되는 교육비 3. 유치원 시설의 유지관리비 4. 법령상 지급의무가 있는 경비 5. 이미 예산으로 확정된 경비 ⑤ 원장은 회계연도마다 결산서를 작성하여 회계연도 종료 후 2개월 이내에 유치원운영위원회에 제출하여야 한다. ⑥ 유치원회계의 운영에 필요한 사항은 국립 유치원의 경우에는 교육부령으로, 공립 유치원의 경우에는 시 · 도의 교육규칙으로 정한다.

출처: 국가법령정보센터[법률 제16875호, 2020. 1. 29., 일부개정].

그러나 우리나라 대부분의 유치원은 사립 유치원으로 사립 유치원의 재정관리는 학부모가 부담하는 수업료나 입학금 및 기타 비용으로 거의 충당되고 있다. 사립 유치원의 재정관리는 「사립학교법」, 「사립학교법 시행령」 및 「사학기관 재무회계 규칙」 제10조에서 제24조에 명시된 규정에 의거하여 운영되고 있다.

〈표 8-2〉「사립학교법 시행령」 제13조(일부), 제14조의 내용

제13조 교비회계와 부속병원회계의 세입세출	제14조 예산과 결산의 보고 및 공시
① 교비회계의 세입은 다음 각호의 수입으로 한다. 1. 법령 또는 학칙에 의하여 학교가 학생으로부터 징수하는 입학금 · 수업료 및 입학수험료 2. 학사관계제증명수수료 3. 학교시설의 사용료 및 이용료 4. 다른 회계로부터 전입되는 전입금 5. 학생의 실험실습에서 생기는 생산품 등의 판매대금 6. 교비회계의 운용과정에서 생기는 이자수입 7. 교육용 기자재 등의 불용품 매각수입 8. 교비회계의 세출에 충당하기 위한 차입금 8의 2. 학교가 학교교육에 사용할 목적으로 받은 기부금 9. 기타 학교법인의 수입으로서 다른 회계에 속하지 아니하는 수입 ② 교비회계의 세출은 다음 각 호의 경비로 한다. 1. 학교운영에 필요한 인건비 및 물건비 2. 학교교육에 직접 필요한 시설 · 설비를 위한 경비 3. 교원의 연구비, 학생의 장학금, 교육지도비 및 보건체육비 4. 제1항 제8호의 차입금의 상환원리금 5. 기타 학교교육에 직접 필요한 경비	① 법 제31조 제1항의 규정에 의하여 학교법인이 예산 및 결산을 관할청에 보고하고 공시함에 있어서는 예산의 경우에는 매 회계연도 개시 5일 이전에, 결산의 경우에는 매 회계연도 종료 후 3월 이내에 하여야 한다. ② 학교법인은 회계연도 중에 예산을 추가하거나 경정(更正)할 때에는 법 제29조 제4항에 따른 절차를 통하여 예산이 확정된 날(유치원의 경우에는 편성된 날을 말한다)부터 15일 이내에 해당 예산을 관할청에 보고하여야 한다. ③ 학교법인은 학교법인의 업무에 속하는 회계와 학교에 속하는 회계의 예산서(「사학기관 재무 · 회계 규칙」 및 「사학기관 재무 · 회계 규칙에 대한 특례규칙」에 따른 부속명세서를 포함한다)를 매 회계연도 개시 5일 전까지 당해 학교의 인터넷 홈페이지에 게재하여 1년간 공개하여야 한다. ④ 학교법인은 학교법인의 업무에 속하는 회계와 학교에 속하는 회계의 결산서(「사학기관 재무 · 회계 규칙」 및 「사학기관 재무 · 회계 규칙에 대한 특례규칙」에 따른 부속명세서와 감사보고서를 포함한다)를 매 회계연도 종료 후 3월 안에 당해 학교의 인터넷 홈페이지에 게재하여 1년간 공개하여야 한다.

출처: 국가법령정보센터[대통령령 제30514호, 2020. 3. 10. 일부개정].

〈표 8-3〉 「사학기관 재무 · 회계 규칙」의 내용

조항	내용
제4조 재무와 회계운영의 기본 원칙	법인과 학교의 재무와 회계는 건전하게 운영하여야 하며, 국가의 정책과 사회의 공공기관으로서의 의무와 그 설립 목적에 반하여서는 아니 된다.
제6조 수입의 직접 사용금지	법인과 학교의 모든 수입은 각각 세입 · 세출예산에 편입하여야 하며, 이를 직접 사용하지 못한다. 다만, 입찰보증금 · 계약보증금 등 보관금과 잡종금의 경우에는 그러하지 아니하다.
제7조 자금의 관리	법인과 학교는 자금집행계획을 수립하고 그 수입된 세입금을 수 개로 분할하여 사업의 진도에 따르는 자금집행시기에 만기가 되도록 법률에 따라 금융을 업으로 하는 은행 등에 예치하여야 한다.
제10조 세입 세출의 정의	1회계연도의 모든 수입을 세입으로 하고 모든 지출을 세출로 한다.
제11조 예산총계주의 원칙	수입과 지출은 모두 예산에 편입하여야 한다.
제32조 지출의 원칙	지출은 지출명령이 있는 것에 한하여 지출원이 행한다. 제1항의 지출명령은 예산의 범위 안에서 하여야 한다.
제55조 채무보증 금지	학교는 채무에 대한 보증을 하지 못한다.

출처: 국가법률정보센터[교육부령 제212호, 2020. 6. 10., 일부개정].

2) 유치원 예산편성 및 운영

(1) 예산의 의미와 종류

예산이란 한 회계연도 동안 유치원이 교육활동을 실천해 나가는 데 사용되는 세입과 세출의 내용이 담긴 체계적인 계획서를 말한다. 예산운영 과정(budgeting)은 프로그램을 실행하며 전략과 관리통제를 확립하기 위한 결정 과정이라 할 수 있다. 따라서 유치원 예산에는 한 회계연도 동안의 유치원의 제반 활동 및 이에 따른 재정 소요액이 나타나야 하며, 유치원 예산을 통하여 유치원의 전반적 계획을 파악할 수 있어야 한다. 예산편성은 원아에게 징수하는 입학금, 수업료, 전년도 불용액, 수혜성 경비(수익자부담교육비) 등을 1년간 유치원 운영에 필요한 경비(활동사업과목별)를 추정하여 편성하는 것으로, 전년도 예산 현황을 파악하여 현실성 있고 구체적으로 편성하여 과부족이 발생하지 않도록 편성하여야 한다. 유치원에서는 매 회계연도 개시 5일 전에 유치원 홈페이지 및 관련 홈페이지에 예산서를 공개해야 하며, 매년 5월 유치원 알리미(e-childschoolinfo.nest.go.kr)를 통해 예산서를 공시해야 한다. 예산은 본예산과 추가경정예산으로 나눌 수 있는데, 본예산은 유치원에서 예산(안)을 편성하여 확정한 예산을 말하며, 추가경정예산은 확정된 예산을 집행하는 과정에서 이미 성립된 예산을 변경해야 할 필요가 있을 때 추가로 결정한 예산을 의미한다. 또한, 유치원의 예산은 세입예산과 세출예산으로 구성되어 있으며, 세입 및 세출예산은 예산의 기능이나 성질을 고려하여 관 · 항 · 목으로 구분하도록 되어 있다. 예산은 1년 단위로 매년 예산서를 작성하며, 결산도 1년 단위로 매년 시행한다. 예산은 본예산, 추가경정예산, 성립 전 예산으로 구분되며, 예산의 종류에 대해 구체적으로 살펴보면 다음의 〈표 8-4〉와 같다.

〈표 8-4〉 예산의 종류

예산의 종류	내용
본예산	유치원운영위원회 자문(이사회 의결)을 거쳐 확정 고시된 매 회계연도 최초의 예산
추가경정예산	예산안이 확정된 이후에 성립된 본예산상의 내용에 추가하거나 예산에 변경(예산액의 과부족, 예산목적 변경, 비목 간 조정 등)을 가할 필요가 있을 때 유치원의 장이 다시 예산을 편성, 유치원운영위원회의 자문을 거쳐 성립된 예산
성립 전 예산	사용 용도가 지정되고 소요경비 전액이 교부된 경비(목적사업비)와 수익자부담 경비에 대하여 유치원운영위원회의 예산 승인 전에 예산을 집행한 후 차기 추경예산에 반영하여(성립 전 예산임을 명시) 승인 절차를 거치는 것

출처: 이기숙 외(2015). 우아교육기관의 운영관리.

(2) 예산편성 절차

유치원 예산편성은 관련 법규 「사학기관 재무 · 회계 규칙」 제16조, 「유아교육법」 제19조의 8에 따라 편성하여야 한다. 유치원의 이사장은 관할 시 · 도 교육청의 사학기관 예산편성 기본 지침과 법인의 자율결정사항 등을 고려하여 예산편성을 결정하고 이를 회계연도 개시 2월 전까지 유치원에 시달해야 한다. 유치원의 원장은 소속 교직원에게 유치원 예산편성 방향 및 계획에 따라 교직원의 예산요구서를 제출받는다. 이를 종합하여 유치원 원장은 당해 연도 예산안을 편성하고, 이를 회계연도 개시 1월 전까지 유치원 운영위원회와 이사장에게 제출해야 한다. 그리고 이사장은 유치원 운영위원회의 자문과 이사회의 심의를 거쳐 예산안을 확정한다. 이사장은 확정된 예산서를 유치원 원장에게 회계연도 개시 10일 전까지 송부해 주어야 하며, 관할 교육청장에게는 회계연도 개시 5일 전까지 제출해야 한다. 이때 예산안에 첨부되어야 할 서류는 예산총칙, 세입 · 세출예산서, 교직원의 보수일람표, 수업료 징수결정현황, 수익자부담교육비 징수액 산출근거, 업무추진비 편성현황, 차량 보유현황, 유치원 현황(학급 편성표, 교원 및 직원현황) 등이다(교육부, 2013). 유치원 예산편성 절차를 구체적으로 살펴보면 다음과 같다.

사학기관 예산편성 기본 지침 시달(시 · 도 교육청)

⬇

예산편성 요령 결정 및 유치원 시달(이사장)
(회계연도 개시 2월 전까지)

⬇

당해 연도 예산안 작성(유치원 원장)

⬇

직원 사전교육 및 예산 요구서 접수(유치원 원장)

⬇

유치원 운영위원회 및 법인 이사장에게 예산안 제출(유치원 원장)
(회계연도 개시 1월 전까지)

⬇

예산 의결 및 예산안 유치원 송부(이사장)
(회계연도 개시 10일 전까지)

⬇

예산서 교육청 보고 및 공시(이사장)
(회계연도 개시 5일 전까지)

[그림 8-1] 예산편성 절차

출처: 이경희 · 정정옥(2014). 영유아 교육기관 운영관리.

(3) 예산편성 내용

유치원의 예산편성은 「사학기관 재무 · 회계규칙」에 명시되어 있는 세입예산과 세출예산으로 구분된다. 예산의 세입 부분은 크게 사용료 및 수수료, 전입금, 원조보조금, 이월금, 전년도 수입, 기부금, 차입금, 적립금, 학교운영지원비, 잡수입으로 구분하여 추정 · 편성한다. 세출예산은 인건비, 관리운영비, 연구장학비, 보건체육비, 전년도 지출, 재산조성비, 학교운영지원비, 적립금, 예비비로 나누어 편성한다. 이를 기초로 교육부(2013)에서 제시한 세입예산과 세출예산의 편성 내용을 살펴보면 다음과 같다.

〈표 8-5〉 유치원의 세입예산과 내용

과목			내용
관	항	목	
사용료 및 수수료	납교금	입학금	원아 입학금
		수업료	학부모 부담 교육과정(반일반) 수업료(국고지원액 제외) 학부모 부담 방과후과정 수업료(국고지원액 제외)
		수험료	입학 원아 수험 수수료
		증명료	졸업증명, 그 밖의 각종 증명 수수료
		기타 납입금	입학요강 교부료 등
전입금	법인 부담금	연금부담금	법인의 연금부담금
		건강보험부담금	법인의 건강보험부담금
		재해보상부담금	법인의 재해보상부담금
		고용보험부담금	법인의 고용보험부담금
		산재보험부담금	법인의 산재보험부담금
		기타 부담금	그 밖의 부담금(운영비, 시설비 부담금 등)
원조 보조금	국내 보조금	국고보조금	유아학비지원금, 장애유아무상교육비 독서환경개선비, 신용카드 수수료 지구별장학협의회 운영비, 단기대체교사 인건비 교육환경개선비(CCTV 설치비), 종일반 운영비 등 기타 국가에서 보조하는 수입
		시 · 도보조금	광역자치단체의 기타 지원금
		특정보조금	그 외의 보조수입

과목			내용
관	항	목	
이월금	전년도 이월금	전년도 이월금	전년도 불용액(추계)으로서 올해에 이월되는 순세계 잉여금 ※ 수익자부담경비 이월금은 해당 과목에 계상
		이월사업비	전년도 세출예산 중 불가피한 사유로 그 회계연도 안에 지출하지 못한 경비(명시이월, 사고이월)
전년도 수입	전년도 수입	전년도 수입	납교금, 설립자부담금, 국내보조금, 외국원조금의 미수입 금액
기부금	기부금	특정 및 일반 기부금	기부금
학교운영 지원비	수익자 부담 교육비	특성화 활동비	특성화활동비, 기타 교육비(다문화교육)
		현장학습비	현장체험활동비, 견학비, 소풍비 ※ 산출기초에 활동내용을 구분하여 1인 경비를 산출하여 작성
		급 · 간식비	교육과정 급식비 및 간식비, 방과후과정반 급식비 및 간식비, 우유대금, 교직원 급식비
		졸업앨범비	졸업앨범비
		차량운영비	차량운영비
		교재비 및 재료비	교육과정반 교재비 및 재료비 방과후과정반 교재비 및 재료비
		기타	원복비 및 활동복 구입비 입학준비물(가방, 도시락) 구입비
잡수입	매각수입	매각수입	비품, 집기, 기구 등의 불용품 매각 수입
	예금이자	예금이자	금융기관에 예치한 예금의 이자 수입 정기예금, 신탁예금 등의 이자
	잡수입	교내 재산 임대료	교내 재산의 사용료 수입
		잡수입	타 과목에 속하지 아니하는 수업 · 교육시설 사용료 등

출처: 교육부(2013). 유치원 정보공시 항목 및 지침.

〈표 8-6〉 유치원의 세출예산과 내용

과목			내용
관	항	목	
인건비	봉급	교원 봉급	교원 기본급, 교원 정근수당, 교원 상여금
		사무직원 봉급	사무직원 기본급, 사무직원 정근수당, 사무직원 상여금
		고용원 봉급	고용원 봉급, 고용원 정근수당, 고용원 상여금
	정액수당	교원 수당	교원에게 매월 정액으로 지급하는 각종 직무수당 – 학비보조수당 – 정근수당가산금 – 가족수당 – 관리업무수당 – 보직교사수당 – 담임수당 – 교원보전수당 – 교직수당 – 기타수당
		사무직원 수당	사무직원에게 매월 정액으로 지급하는 각종 직무수당 – 학비보조수당 – 정근수당가산금 – 가족수당 – 대우수당 – 안전관리수당 – 기타수당
		고용원 수당	고용원에게 매월 정액으로 지급하는 각종 직무수당
		직급보조비	봉급 직급 시 지급하는 직급보조비
	임시직	임시직급료	임시로 고용하고 있는 직원의 보수 – 급여, 정근수당, 복리후생비, 퇴직금, 기타수당 등으로 구분하여 계상
		일용잡금	일용임부 삯
	퇴직금	퇴직부담금	퇴직자에게 지급하는 퇴직금
	부담금	연금부담금	교직원 연금(사학)보험료
		건강보험부담금	기관부담 건강보험료
		재해보상부담금	기관부담 재해보상부담금
		고용보험부담금	기관부담 고용보험료
		산재보험부담금	기관부담 산재보험료
	기타 제 수당	강사료	시간강사 강사료, 명예교사 강사료 – 방과후특성화교육 강사료는 수익자부담경비로 편성
		복리후생비	교원, 사무직원에게 지급하는 복리후생비 – 정액급식비 – 가계지원비 – 명절휴가비 – 교통보조비 – 연가보상비 – 하계휴가비
		기타 수당	시간외근무수당
관리 운영비	학교 운영비	공통 운영비	일반소모품 구입, 공공요금 및 제세공과금 구독료, 사무용품 구입, 원아모집 광고료, 환경개선부담금, 회계업무관리비 등 유치원 운영에 필요한 제 경비

<table>
<tr><th colspan="3">과목</th><th rowspan="2">내용</th></tr>
<tr><th>관</th><th>항</th><th>목</th></tr>
<tr><td rowspan="5">관리
운영비</td><td rowspan="3">학교
운영비</td><td>교수-학습활동비</td><td>교재·교구 구입비, 입학 및 졸업 행사비, 종일반 운영비, 학습준비물 구입, 도서 구입비, 실험실습재료 구입비 등</td></tr>
<tr><td>학생복리비</td><td>원아상해보험료, 안전공제회비, 구급약품 구입
치료비, 급식·간식비</td></tr>
<tr><td>업무추진비</td><td>원장업무추진비, 교직원협의회경비</td></tr>
<tr><td rowspan="2">재산
관리비</td><td>건물유지비</td><td>건물 및 고정시설 수선비</td></tr>
<tr><td>공과보험료</td><td>공과보험료</td></tr>
<tr><td rowspan="2">연구
장학비</td><td rowspan="2">연구비</td><td>장학금</td><td>원아에게 지급하는 장학금</td></tr>
<tr><td>연구비</td><td>학술연구에 대한 경비</td></tr>
<tr><td rowspan="3">보건
체육비</td><td>유아 보건비</td><td>의료비</td><td>상비약 등</td></tr>
<tr><td rowspan="2">체력
관리비</td><td>체육행사비</td><td>체육부 보조, 체육대회 경비 등</td></tr>
<tr><td>체력검사비</td><td>유아체력검사비</td></tr>
<tr><td>전년도 지출</td><td>전년도 지출</td><td>전년도 지출</td><td></td></tr>
<tr><td rowspan="2">재산
조성비</td><td>시설비</td><td>시설비</td><td>건물의 증축 및 교실 증축, 개·보수비용</td></tr>
<tr><td>자산취득비</td><td>토지건물 매입비</td><td>토지건물 매입비</td></tr>
<tr><td>예비비</td><td>예비비</td><td>예비비</td><td>예측할 수 없는 경비</td></tr>
<tr><td rowspan="5">학교운영
지원비</td><td rowspan="5">수익자
부담
교육비</td><td>특성화활동비</td><td>특성화교육 강사료, 특성화활동 교재비 및 재료비
다문화교육비</td></tr>
<tr><td>현장학습비</td><td>입장료 및 관람료, 차량임차료, 간식 및 식비, 체험비</td></tr>
<tr><td>급식비</td><td>교육과정반 급식·간식비
– 식재료 구입 – 급식소모품 구입
– 우유대금 – 인건비
방과후과정반 급식·간식비
– 식재료 구입 – 급식소모품 구입
– 간식비 – 인건비</td></tr>
<tr><td>졸업앨범비</td><td>졸업앨범 구입</td></tr>
<tr><td>차량운영비</td><td>차량운영을 위한 경비</td></tr>
<tr><td rowspan="2">학교운영
지원비</td><td rowspan="2">수익자
부담
교육비</td><td>교재비 및 재료비</td><td>교육과정반 교재 및 재료 구입
방과후과정반 교재 및 재료 구입</td></tr>
<tr><td>기타</td><td>원복비 및 활동비 구입, 입학준비물품 구입</td></tr>
</table>

출처 : 교육부(2013). 유치원 정보공시 항목 및 지침.

유치원의 예산은 세입과 세출로 나누어 편성하여 운용하고 관 · 항 · 목에 맞는 적정한 금액을 편성하여 운용하여야 하며, 다음과 같은 절차를 통해 예산을 집행하여야 한다.

첫째, 회계집행은 사전에 품의가 있어야 한다.

둘째, 자금은 금융기관에 예치하여 사용되어야 한다.

셋째, 자금 수납을 판단한 후 분기별 집행 계획을 수립하여야 한다.

넷째, 회계연도 말의 사용 잔액은 다음 연도로 이월하여 사용한다.

다섯째, 재산 물품의 취득 시 재산 대장, 물품 대장, 비품 대장 등에 등재 후 관리한다.

여섯째, 지출증빙서는 과목별로 구분하여 보관하여야 한다.

(4) 유치원 결산

유치원의 세입 · 세출 결산은 매 회계연도가 종료하는 시점을 기준으로 당해 연도에 들어온 실질적인 세입과 세출의 결과를 계수로 표시한다. 결산은 비효율적인 예산집행을 분석하고 다음 연도 예산편성 · 집행의 효율성을 도모함에 있다.

유치원의 세입 · 세출 결산방법은 다음과 같다.

첫째, 유치원의 세입 · 세출 결산서는 예산과목과 동일하게 작성하되 수입과 지출에 있어서의 예산액, 결산액, 비교 증감을 정확히 기재하여야 한다.

둘째, 각종 보조금(유아학비 보조금, 교육역량 제고사업비 등)은 전액 계상하여 목적별로 구분하여 명기한다.

셋째, 전년도 사용 잔액과 이월금의 계산액은 반드시 일치하여야 한다.

넷째, 세입 · 세출 결산액은 장부와 반드시 일치하여야 하며, 임의 수정 또는 변경하여서는 안 된다.

다섯째, 산출기초는 반드시 집행사업과 지출내역을 상세하게 명기하고 사용 잔액은 잔고증명과 일치하여야 한다.

여섯째, 결산결과 발생된 불용액, 과년도 수입은 익년도 추가경정예산에 반영하여야 한다.

유치원의 세입·세출 결산은 관련 법규 「유아교육법」 제19조의 8, 「사학기관 재무회계 규칙」 제23조에 따라야 하며, 결산 절차는 다음과 같다.

세입·세출 결산서 작성
(회계연도 종료 후 20일 3/20일 출납 폐쇄)

↓

법인의 이사장에게 결산서 제출
(회계연도 종료 후 40일 이내)

↓

이사회의 결산보고서 심의·확정
(회계연도 종료 후 55일 이내)

↓

관할 시·도 교육청에 결산보고서 제출
(회계연도 종료 후 3개월 이내)

↓

유치원 결산 공개
(회계연도 종료 후 3개월 안에 1년간)

[그림 8-2] 결산 절차

출처: 교육부(2013). 유치원 정보공시 항목 및 지침.

3. 어린이집 재정관리

1) 어린이집의 재정관리

어린이집을 효율적으로 운영하기 위해서는 무엇보다도 충분한 재정이 확보되어야 한다. 원장의 보육계획이 아무리 뛰어나더라도 그것을 실행할 수 있는 재정이 확보되지 않는다면 실효를 거두기 어렵기 때문에, 재무관리에 대한 이해가 선행되어야 한다. 따라서 어린이집의 원활한 운영을 위한 투명하고 합리적인 재정관리가 필요하다.

어린이집의 수입 · 지출에 대한 기본 원칙으로 보육료 수납 및 지출 관리 요령을 제시하면 다음과 같다(보건복지부, 2016).

첫째, 어린이집의 재무회계는 「사회복지법인 및 사회복지시설 재무 · 회계 규칙」에 따라 실시하여야 하며, 주요 항목별 기준 등을 준수하여야 한다.

둘째, 어린이집의 모든 수입 및 지출 관리는 통장을 통해서 이루어져야 한다.

셋째, 수입과 지출 시에는 수입 · 지출 결의를 한 후 현금출납부, 총계정원장에 기록하고 청구서, 영수증 지급내역서 등의 관련 근거 서류를 반드시 첨부하여야 한다.

넷째, 어린이집을 운영하면서 생기는 보육료 수입의 잉여금은 보육교직원의 보수 상향 지급, 보육교직원의 성과급 지급, 교재 · 교구 구입, 어린이집 환경 개선에 균형 있게 배분하여 사용하여야 한다.

다섯째, 어린이집 재무회계 규칙에 의한 회계보고를 의무적으로 실시하여야 한다.

여섯째, 어린이집의 원장은 보육교직원의 근로소득을 관할 세무서에 신고하여야 한다.

어린이집 재정은 이전에는 보건복지부의 「어린이집의 재무 · 회계규칙」을 적용하였으나 2012년 8월 7일에 「사회복지법인 및 사회복지시설 재무 · 회계 규칙」의 법적 근거가 마련됨에 따라 「사회복지법인 및 사회복지시설 재무 · 회계규칙」에 의거하여 예산을 편성하고 집행한 후 결산해야 한다. 어린이집의 재무 · 회계 절차는 다음과 같다.

구분	예산편성	예산집행		결산
원칙	• 모든 세입과 세출은 예산에 포함	• 예산의 목적 외 사용 금지/예산의 전용 • 수입 · 지출의 관리는 예금통장에 의해 행한다.		• 세출예산의 이월
관련 서류	• 사업계획서 • 세입 · 세출 예산서 • 준예산 • 추가경정예산	〈장부〉 • 현금출납부 • 총계정원장 • 봉급대장 • 보육료대장 • 비품관리대장	〈증빙서류〉 • 계좌입금증빙서류 • 수입 · 지출결의서 • 반납결의서 • 과목전용조서 • 예비비 사용조서 • 정부보조금 명세서	• 세입 · 세출 결산 총괄 설명 • 세입 · 세출 결산서 • 연도말 잔액증명 • 퇴직적립금 통장 사본&잔액증명서
과정	• 예산편성지침 (2개월 전) • 예산안 제출 (개시 5일 전)	• 수입 · 지출 사무의 관리책임자 선정		• 제출(다음 연도 5월 31일까지)

[그림 8-3] 어린이집 재무 · 회계 절차

출처: 보건복지부(2017). 보육사업안내.

2) 어린이집 예산편성 및 운영

(1) 예산의 의미와 종류

예산이란 보통 1년을 단위로 하여 수입과 지출의 세세한 항목을 정하고 어느 곳에 어느 정도의 경비가 필요한지 그리고 그 경비를 어디서 충당할 것인지에 대해 계획하는 것을 말한다. 어린이집 예산은 예산총계주의의 원칙에 따르며, 1회계연도의 모든 수입은 세입으로 하고 모든 지출은 세출로 하되 세금과 세출은 모두 예산에 계정되어야 한다. 예산편성은 「영유아보육법 시행규칙」 제23조의 어린이집 운영

기준과 「사회복지법인 및 사회복지시설 재무 · 회계규칙」에 근거하여 세입 · 세출예산 과목 구분에 따라 편성하여야 한다. 어린이집 예산의 종류는 〈표 8-7〉과 같다.

〈표 8-7〉 예산의 종류

예산의 종류	내용
준예산	회계연도 개시 전까지 어린이집의 예산이 성립하지 아니한 때는 시 · 군 · 구에 준예산편성 사유를 보고하고, 예산 시까지 일부 경비(보육교직원 보수, 어린이집 운영에 직접 사용되는 필수 경비, 법령상 지급되는 경비)에 대해 전년도 예산에 준하여 집행이 가능하다.
추가경정예산	예산 성립 후 입소아동 수의 변동, 보육아동 수의 증감에 따른 보육교직원 입사 · 퇴사, 연초 세입예산에 포함되지 않은 시설 개 · 보수비 등의 사유로 인하여 이미 성립된 예산에 변경을 가할 필요가 있을 경우 추가경정예산 수립이 가능하다. 추가경정예산이 필요한 경우 예산편성 절차에 준하여 추가경정예산을 편성 · 확정하여 7일 이내에 시 · 군 · 구에 제출한다.
예비비	어린이집 원장은 예측할 수 없는 예산 외의 지출 또는 예산의 초과지출에 충당하기 위하여 예비비를 계상할 수 있다. 예비비는 본 세출예산의 2% 범위 내에서 편성할 수 있으나 편성하지 않아도 무방하다.
세출예산의 이월	당해 회계연도 안에 지출을 마치지 못할 것으로 예측되는 경비 또한 불가피한 사유로 인하여 연도 내에 지출하지 못할 것으로 예측되는 경비가 있을 경우 연도 내에 지출원인 행위를 하고 다음 연도에 이월하여 사용한다.

출처: 보건복지부(2017). 보육사업안내.

(2) 예산편성 절차

어린이집은 재무회계규칙에 따라 예산을 편성한다. 예산편성의 원칙은 회계연도 및 회계연도 소속 구분을 정부의 회계연도와 같이 매년 1월 1일에 시작하여 그해 12월 31일에 종료하여야 하고 회계연도의 모든 수입은 세입으로 하고 모든 지출은 세출로 하되, 세입과 세출은 모두 예산에 계정되어 있어야 한다. 어린이집의 예산편성 절차를 살펴보면, 첫째, 시장 · 군수 · 구청장은 회계연도 개시 2월 전에 예산편성 요령을 보육시설에 통보한다. 둘째, 보육 시설장은 회계연도 개시 1월 전에 당해 연도 예산을 편성한다. 셋째, 회계연도 개시 10일 전에 시장 · 군수 · 구청장에게 예산안을 제출한다. 넷째, 보육 시설장은 세입 · 세출예산 개요를 시설의 게시판이나 홈페이지에 20일 이상 공고한다. 다섯째, 예산 성립 후에 생긴 사유로 인하여 이미 성립된 예산에 대해 변경을 해야 할 경우, 예산편성 절차에 준하여 추가경정 예산을 편성하여 시 · 군 · 구에 제출한다.

예산편성지침을 어린이집에 통보	시장 · 군수 · 구청장	회계연도 개시 2개월 전
당해 연도 예산편성	어린이집 원장	시 · 군 · 구 예산편성지침 참고
어린이집 운영위원회 보고 (인건비지원 어린이집 및 40인 이상 모든 어린이집)	어린이집 원장	해당 어린이집만
이사회의 예산의결	사회복지법인	해당 어린이집만
시장 · 군수 · 구청장에게 예산안 지출	어린이집 원장	회계연도 개시 5일 전
어린이집 원장은 세입 · 세출예산 개요를 어린이집의 게시판이나 홈페이지에 20일 이상 공고	어린이집 원장	시 · 군 · 구에 예산안 제출 후

[그림 8-4] 어린이집의 예산편성 절차

출처: 교육부(2013). 유치원 정보공시 항목 및 지침.

(3) 예산편성 내용

예산의 세입은 보육료 수입, 수익자부담금, 과년도 수입, 전입금, 차입금, 전년도 이월금 등으로 구분하여 추정 편성하고 세출 부분은 인건비, 업무추진비, 관리운영비, 시설비, 전출금 등으로 나누어 집행된다.

어린이집 예산편성 시에는 다음과 같은 사항에 유의해야 한다.

첫째, 예산총계주의 원칙을 엄수해야 하며, 국가 및 지방자치단체로부터 지원받는 기타 보조금, 예측 외로 지원받은 기타 보조금, 어린이집 운영상 예상되는 수입금에 대해서는 세입예산편성 시 반드시 계상하고 예산 성립 후, 수익금 발생 시에는 추가경정예산을 편성하여 자치구에 제출하여야 한다.

둘째, 회계과목 지정 오류를 최소화하도록 노력해야 한다. 필요경비 수입(세입)과 필요경비 지출(세출) 간 연계 관계 등 편성관리를 철저히 해야 한다. 인건비 등 산출기초를 일원화하고 사업 명에 대해 세분화하여 명시한다.

셋째, 경상보조금의 변화, 인건비 지급 기준의 변화를 확인하고 반영해야 한다. 전년도 또는 수년간의 예산 · 결산분석 결과를 참조하여 익년도 예산을 편성한다.

편성된 예산은 수입과 지출의 원칙에 따라 집행한다. 수입과 지출은 현금출납부, 총계정원장에 기록하고 청구서, 영수증, 지급내역서 등 관련 서류를 반드시 첨부한다. 또한, 어린이집을 운영하면서 생기는 잉여금은 다른 용도로 사용하지 못하고 종사자 보수 상향 지급, 종사자 성과급 지급, 교재 · 교구 구입, 시설 환경 개선 등에 사용하여야 한다. 표준보육행정시스템으로 매월 보조금 신청 시 수입 · 지출 항목별 총계금액을 표준보육행정시스템에 전송하거나 별도로 입력하여 예산과 결산이 일치하도록 하여야 한다. 「영유아보육법」 일부 개정법률안(2020. 6. 23.)에서는 어린이집 재산 · 수입을 보육목적 외로 부정하게 사용해서는 안 된다는 원칙을 명확히 규정하였다. 어린이집의 세입 · 세출의 세부 내역을 살펴보면 다음과 같다.

〈표 8-8〉 어린이집의 세입 세부 내역

구분	내용
보육료 수입	보육아동 보호자로부터 받은 보육료와 보육료지원금
수익자부담금	입소료, 현장학습비, 상해보험료 등 수익자가 부담하는 기타 필요 경비
과년도 수입	전년도에 세입 조정된 수입으로 금년도에 수입으로 확정된 수입
이자 수입	기본재산예금 외의 예금이자 수입
후원금 수입	개인 · 단체로부터 받은 기부금, 후원금, 찬조금
기타 잡수입	보육교사 실습비, 물품의 매각수입, 변상금 및 위약금 수입 등
인건비보조금	국가 및 지방자치단체로부터 받은 인건비(시설로 지원되는 처우개선비 등 포함)
기타지원금	국가 및 지방자치단체로부터 받은 급 · 간식비, 냉난방비 등
자본보조금	국가 및 지방자치단체로부터 받은 신 · 증축비, 개 · 보수비, 장비비 등
전입금	법인, 단체, 운영자로부터의 운영지원금
차입금	일시 운영 차입금
전년도 이월금	전년도 불용액으로 이월된 금액
이월사업비	전년도에 종료되지 못한 이월사업비

출처: 보건복지가족부(2010). 보육사업안내.

〈표 8-9〉 어린이집의 세출 세부 내역

구분	항목	내용
인건비	급여	시설종사자에 대한 기본봉급(상여금 포함)
	일용잡금	일급 또는 단기간 채용하는 임시직에 대한 급여
	제 수당	종사자에 대한 제 수당(직급수당, 시간외수당, 야간수당, 휴일수당, 연구수당, 급식비 및 기타 수당)
	퇴직금 및 퇴직적립금	종사자 퇴직급여제도에 따른 퇴직급여 및 퇴직적립금
	사회보험 부담비용	종사자의 사회보험(국민연금, 국민건강보험, 고용보험, 산업재해보상보험 등)부담
	기타후생경비	종사자의 건강진단비 · 급량비 · 연구연수비 등 복리후생에 소요되는 비용

업무 추진비	기관 운영비	기관 운영 및 유관기관과의 업무협의 등에 소요되는 제 경비
	직책금	시설장의 직책수행을 위하여 정기적으로 지급하는 경비
	회의비	운영위원회, 부모회의 등 각종 회의에 소요되는 경비
관리 운영비	여비	종사자의 국내 · 외 출장 여비
	수용비 및 수수료	사무용품비 · 인쇄비 · 집기구입비 · 도서구입비 · 수수료 · 등기료 · 운송비 · 통행료 및 주차료 · 포장비 · 의료비 등
	공공요금	우편료, 전화료, 전기료, 상하수도료, 도시가스 등
	제세공과금	법령에 의하여 시설에서 지급하는 제세, 화재 · 자동차보험료
	차량비	차량유류대 · 차량정비 및 유지비, 차량 소모품
	연료비	보일러 및 난방시설 연료비, 취사에 필요한 연료비
	기타운영비	그 밖의 운영경비(시설임대료 · 감가상각비, 건물융자금의 이자 등)
사업 운영비	급 · 간식비	보육아동을 위한 주식과 부식 구입비 및 간식비 등
	교재 · 교구비	교재 · 교구의 구입 및 제작비
	행사비	보육과정에서 아동과 직접 관련되어 발생되는 행사 경비
	수익자부담금 지출	상해보험료, 체육복, 가방, 현장학습비 등에 지출하는 비용
시설비	시설비	시설의 신 · 증축비 및 부대경비, 그 밖에 자산취득비
	자산취득비	시설운영에 필요한 부품구입비 토지 · 건물 · 그 밖의 자산취득비
	시설장비 유지비	건물 및 건축설비, 비품수선비, 시설물의 유지관리비
전출금	전출금	법인, 단체, 운영지원금
	차입금 상환	일시운영차입금 상환
	반환금	정부보조금 반환금
과년도 지출		과년도미불금 및 과년도사업비의 지출
잡지출		시설이 지출하는 보상금 · 사례금 · 소송경비 및 원 단위 절사금 등
예비비		예측할 수 없는 불가피한 지출 소요

출처 : 보건복지가족부(2010). 보육사업안내.

(4) 어린이집 결산

어린이집 결산은 2012년 8월 7일에 「사회복지법인 및 사회복지시설 재무 · 회계 규칙」의 법적 근거가 마련됨에 따라 「사회복지법인 및 사회복지시설 재무 · 회계규칙」에 의거하여 예산을 편성하고 집행한 후 결산하고 있다. 어린이집의 결산은 매년 12월 31일이 당해 회계연도의 징수 행위 및 지출 원인 행위 종료일이므로 모든 결산처리는 이날까지 마무리하고 결산 보고한다. 결산 보고 시에는 세입 · 세출 결산에 대한 총괄 설명, 세입 · 세출 결산서, 연도 말 잔액증명서, 결산서 보조서류, 퇴직적립금 통장 사본, 퇴직적립금 예금 잔액증명서 등을 첨부한다.

또한, 어린이집 원장은 당해 연도의 예산에 맞춰 집행하고 출납 완료 시 예산의 과목전용 조서, 예비비 사용조서를 첨부하여 세입 · 세출결산서를 작성하고 작성된 결산안에 대하여 운영위원회에 보고한 후, 확정된 결산안을 회계연도 종료 후 3월 말까지 관할 시장 · 군수 · 구청장에게 제출하고, 당해 시설의 게시판이나 홈페이지에 20일 이상 공고한다. 모든 어린이집은 매 회계연도 말에 결산을 의무적으로 실시하여야 하며, 예산의 편성과 집행 못지않게 투명하게 결산보고 해야 한다.

4. 문서관리

1) 문서의 종류 및 작성

문서는 작성 주체에 따라 공문서와 사문서로 구분할 수 있다. 공문서는 행정기관이나 공무원이 직무상 작성 · 접수한 문서이며, 사문서는 개인이 사적인 목적으로 작성한 문서를 말한다. 또한, 문서는 유통 대상에 따라 내부결재문서, 대내문서, 대외문서, 전자문서로 구분할 수 있다. 내부결재문서는 기관의 내부에 배포하는 문서를 의미하며, 기관의 운영에 대한 계획보고나 처리방침검토 등을 위해 결재받는 문서로서 외부로 발신하지 않는다. 대내문서는 당해 기관 내부에서 보조기관과 상호

간 협조를 하거나 보고 통지를 위해 수발하는 문서이며, 대외문서는 다른 행정기관, 국민들에게 수발하는 문서이다. 영유아 교육기관에서 비치해야 할 대장과 문서는 다음과 같다.

〈표 8-10〉 영유아 교육기관의 대장과 문서

구분	대장 · 문서	
기관	유치원	어린이집
원 관련	유치원 내부 규정집, 유치원 연혁 등	연혁에 관한 기록부, 재산목록과 증명서류, 소속법인의 정관 및 관련 서류 등
아동관리	생활기록부, 유아발달상황 기록 자료, 유아 건강기록부, 아동비상연락망	생활기록부, 관찰기록, 건강진단카드, 아동비상연락망, 입소신청서, 아동퇴소 처리 대장 등
교육과정	유치원 교육운영계획서, 연간 · 월간 · 주간 · 일일 교육계획안, 학급일지, 방과후 과정 교육계획안 등	연간 · 월간 보육계획안, 보육일지, 부모 동의서 등
인사관리	인사발령 대장, 직원명부 임용 대장, 출장복명서, 교직원 협의회 자료 등	근로계약서, 인사기록카드, 당직일지, 대체교사출근부, 교사회의기록
운영관리	문서 접수 및 발송 대장, 유치원 방문자 및 자원봉사자 명부, 부모교육계획 및 자료, 지역사회 연계 자료 등	어린이집 운영계획서, 문서접수 및 발송 대장, 교재 · 교구관리 대장, 위생점검표, 지역사회 연계 자료 등
재정관리	재산 대장, 비품 대장, 징수 대장, 예결산서, 수입지출부와 금전출납부, 계약서철, 각종 보험 가입 증서	현금출납부, 총계정원장, 봉급 대장, 보육료 대장, 계좌입금증빙서류, 예산서 및 결산서, 정부보조금명세서 등

출처: 이경희 외(2014). 영유아 교육기관 운영관리.

영유아 교육기관에서의 문서작성 방법은 다음과 같다.

① 문서는 한글로 쓰고 표준말을 사용한다.

② 문서는 아라비아 숫자로 기록한다(예 1, 3, 5).

③ 문서의 날짜는 숫자로 표기하며, 년, 월, 일의 글자는 생략하고 온점(.)을 찍어 표시한다(예 2014. 2. 26.).

④ 문서에 쓰는 시간은 24시간제에 의하여 시 · 분의 문자를 생략하고 쌍점(:)을 찍어 표시한다(예 11 : 30).

⑤ 문서의 금액은 아라비아 숫자로 기재한다(예 금 223,500원).

⑥ 문서에 기입하는 문자의 색채는 검은색 또는 파란색을 사용하고(도표는 제외). 수정 또는 특별 표시가 필요할 때는 빨간색을 사용할 수 있다.

⑦ 용지의 규격은 특별한 경우를 제외하고 A4 용지를 사용한다.

⑧ 문서의 일부분을 삭제, 수정할 경우에는 글자의 중앙에 두 선을 그어 원본의 글자를 볼 수 있도록 수정하며, 그 부분에 서명 또는 날인한다.

⑨ 문서가 두 장 이상일 때 문서의 하부 중앙에 전면 수와 그 면의 일련번호를 적는다.

❖ 기안문 작성 방법

① 기관명: 그 문서를 작성한 기관의 명칭을 기재

② 우편번호, 주소: 기관의 주소를 간략히 기재

③ 전화번호: 기관의 연락처를 기재하며, ( )로 지역번호 기재

④ 전송: FAX번호를 기재하고, 없으면 생략

⑤ 원장, 담당: 원장과 담당자를 기재

⑥ 문서번호: 기관, 기호, 분류번호, 등록번호를 기재

⑦ 기관번호: 기관의 약칭을 기재

⑧ 분류번호: 문서의 분류 및 검색의 효율을 높이기 위해 분류번호 기재

⑨ 일련번호: 문서 등록 대장의 연도별 일련번호 기재

⑩ 시행일자: 당해 문서를 시행한 날짜, 외부에 발신하는 문서는 발송일자와 시행일자를 동일하게 설정. 시행일자는 기안문을 작성하여 결재가 이루어진 후에 날짜를 기재

⑪ 경유: 문서를 직접 처리할 수신기관에 보내기 전, 관계기관의 의견을 표시할 수 있도록 그 기관을 거치도록 할 때 사용. 어린이집의 문서는 경유란을 공란 처리

⑫ 수신: 문서를 받는 기관의 장을 기재한다. 받는 곳이 여러 곳인 경우에는 '수신처 참조'라고 기재, 수신처란에 받는 곳을 모두 기재

⑬ 참조: 문서를 받는 기관에서 직접 처리할 최하 보조기관(사회복지과장)을 기재

⑭ 보존 기간: 기안 문서의 보존 기간을 기재(영구, 10, 5, 3, 1년)

⑮ 공개 여부: 공개, 비공개를 구분하여 기재

⑯ 보조기관: 보조기관의 직명을 기재하고 서명

⑰ 기안자: 문서를 작성한 자의 성명을 기재

⑱ 기관장의 최종 결재: 기관의 장이 최종 결재하는 난으로 서명 후 반드시 결재 일자를 기재

⑲ 심사자, 심사일: 기관장의 최종 결재가 완료된 후 시행문을 발송할 때 심사자명과 심사일자를 기재

⑳ 제목: 문서의 내용을 함축하여 나타내는 문구로서 내용을 쉽게 알 수 있도록 간단하고 명확하게 표시. 제목의 끝은 문서의 성격이 드러나도록 개최, 계획, 의뢰, 신청, 보고, 회신 등의 용어를 사용

㉑ 내용: 내용은 간결하며 누구나 쉽게 이해할 수 있도록 작성하고 중요한 내용이 누락되지 않도록 하며, 기관의 의사가 명확하게 표현되도록 기재

㉒ 따로 붙임: 기안문 내용 외에 참고사항, 내용을 보완할 구체적 사항이 있을 시 기재

㉓ 발신 명의: 당해 기관의 장의 명의로 발신

㉔ 수신처: 당해 문서를 받을 자, 상대방이 2곳 이상일 때 수신란에 표기가 어려울 시 기재. 능률적인 처리를 위해 기호나 숫자를 사용하기도 함

출처: 이경화 · 김정원(2014). 영유아 교육기관 운영관리.

2) 문서의 관리

(1) 문서의 접수

- 문서의 접수는 문서에 관한 사무를 분장하는 문서과에서 한다.
- 수령한 문서는 문서 배부 대장에 기록하여 문서 처리 접수일시를 기재하여 처리과에서 배부한다.
- 문서과에서 접수되거나 처리된 문서 외의 전신이나 전화를 받아서 작성한 문서는 문서과에 인계하여 접수할 수 있도록 한다.
- 결재권자에게 문서 처리의 지시를 받은 자는 지시 내용에 따라 기일 내에 문서를 처리한다.

(2) 문서의 결재

- 기안한 문서는 결재권자의 결재를 받도록 한다.
- 기관의 장은 사무 내용에 따라 해당 기관장의 승인을 미리 받아서 행정권한의 위임, 위탁에 관한 규정에 의거하여 소속 직원에게 위임하거나 전결할 수 있다.
- 결재권자가 출장, 휴가, 기타 사유로 부재중일 때는 그 직무를 대행하는 자가 대결할 수 있으며, 내용이 중요한 문서는 결재권자의 후결을 받는다.
- 긴급한 문서나 결재권자의 사정에 의해 결재를 받을 수 없을 때는 직무를 대행하는 자의 대결로 우선 시행한 후 결재권자의 후결을 받도록 한다.

(3) 문서의 발송

- 문서를 우편이나 인편에 의해 발송할 때는 문서의 하단에 발송인을 찍어서 발송한다.
- 기관에서는 접수 대장과 발송 대장을 비치하고 문서의 접수 상황과 발송 상황을 기록하고 정리한다.

- 접수 대장, 발송 대장, 문서 대장, 송신부와 수신부의 서식은 총리령으로 정한 것을 사용한다.
- 기관, 보조기관 간의 사무 수행상 필요한 때에는 문서 열람을 할 수 있다.

(4) 문서의 보관

문서의 보관은 문서가 처리 · 완결한 날이 속하는 연도의 말일까지 문서를 관리하여 보관한다. 문서를 보관할 때에는 문서보관함에 보관하도록 하고 서류함 외부에는 서류함 번호와 문서철의 분류번호를 기재하며, 서류함은 분류번호 순으로 잘 보이도록 배열하도록 한다. 서류함 앞쪽에는 문서철 색인표를 비치하도록 한다.

(5) 문서의 폐기

- 기관의 문서 중 보존 기간이 3년 이하인 문서는 보존 기간 경과 후 자체 폐기하고 보존 기간이 5~30년 이하의 문서는 보존 기간 경과 후 처리과의 장의 의견을 들어 폐기하도록 한다.
- 보존 기간이 경과된 문서는 매년 1회 정기적으로 폐기하거나 폐기 전에 문서 보존 여부를 재검토 후 폐기한다.
- 문서의 폐기 시 원장은 보존문서 기록 대장을 확인하여 서명하고, 중요한 내용이 담긴 문서는 세단기 등으로 폐기한다.
- 보존문서 기록 대장 또는 특수규격문서 관리 대장에 폐기 여부를 기입하고 폐기자가 서명 후 당해 문서에는 폐기일을 날인한 후 폐기한다.

예산과목

〈세입〉

<table>
<tr><th colspan="3">과목</th><th rowspan="2">편성 방법(과목해소)</th></tr>
<tr><th>관</th><th>항</th><th>목</th></tr>
<tr><td rowspan="2">입학금 및 수업료</td><td rowspan="2">입학금 및 수업료</td><td>입학금</td><td></td></tr>
<tr><td>수업료</td><td></td></tr>
<tr><td>전입금</td><td>법인 및 설립자 부담금</td><td>법인 및 설립자 부담금</td><td></td></tr>
<tr><td rowspan="4">보조금</td><td rowspan="4">정부 보조금</td><td>인건비 보조금</td><td></td></tr>
<tr><td>학비 보조금</td><td></td></tr>
<tr><td>기타 보조금</td><td></td></tr>
<tr><td>시 · 도 보조금</td><td></td></tr>
<tr><td rowspan="2">이월금</td><td rowspan="2">전년도 이월금</td><td>순세계 잉여금</td><td></td></tr>
<tr><td>이월 사업비</td><td></td></tr>
<tr><td>과년도 수입</td><td>과년도 수입</td><td>과년도 수입</td><td></td></tr>
<tr><td>적립금</td><td>적립금</td><td>적립금</td><td></td></tr>
<tr><td>차입금</td><td>차입금</td><td>차입금</td><td></td></tr>
<tr><td>기부금</td><td>기부금</td><td>기부금</td><td></td></tr>
<tr><td rowspan="6">수익자 부담</td><td rowspan="6">수익자 부담 교육비</td><td>방과후과정비</td><td></td></tr>
<tr><td>특성화 활동비</td><td></td></tr>
<tr><td>현장학습비</td><td></td></tr>
<tr><td>급식비</td><td></td></tr>
<tr><td>졸업앨범비</td><td></td></tr>
<tr><td>기타</td><td></td></tr>
<tr><td rowspan="3">잡수입</td><td>예금이자</td><td>예금이자</td><td></td></tr>
<tr><td>기타 납입금</td><td>기타 납입금</td><td></td></tr>
<tr><td>잡수입</td><td>잡수입</td><td></td></tr>
</table>

예산과목

〈세출〉

과목			편성 방법(과목해소)
관	항	목	
인건비	인건비	교원 급여	
		사무직원 급여	
		교원 수당	
		사무직원 수당	
		퇴직금	
		보험료	
		임시직 급여	
관리	유치원 운영비	교수–학습활동비	
		공통 운영비	
		업무추진비	
연구 장학비	연구 장학비	장학금	
		연구비	
상환 · 반환금	상환 · 반환금	상환 · 반환금	
과년도 지출	과년도 지출	과년도 지출	
재산 조성비	시설비	시설비	
	자산 취득비	토지 및 건물 매입비	
적립금	적립금	적립금	
수익자 부담 교육비	수익자 부담 교육비	종일반 운영비	
		특성화 활동비	
		현장학습비	
		급식비	
		졸업앨범비	
		기타	
예비비	예비비	예비비	

수입결의서

<table>
<tr><td>증빙서 번호</td><td colspan="2" rowspan="2">20 년도 수입
아래와 같이 수입함.</td><td rowspan="2">결재</td><td>담당</td><td>어린이집 원장</td></tr>
<tr><td></td><td></td><td></td></tr>
<tr><td>관</td><td></td><td colspan="2">발의</td><td colspan="2">20 . . .</td></tr>
<tr><td>항</td><td></td><td colspan="2">현금출납부 등재</td><td colspan="2">20 . . .</td></tr>
<tr><td>목</td><td></td><td colspan="2">총계정원장 등재</td><td colspan="2">20 . . .</td></tr>
<tr><td colspan="6">금 원정
(₩)</td></tr>
<tr><td>적요</td><td colspan="5"></td></tr>
<tr><td>비고</td><td colspan="5"></td></tr>
</table>

반납결의서

<table>
<tr><td>증빙서 번호</td><td colspan="2" rowspan="2">20 년도 지출
아래와 같이 지출함.</td><td rowspan="2">결재</td><td>담당</td><td>어린이집 원장</td></tr>
<tr><td></td><td></td><td></td></tr>
<tr><td>관</td><td></td><td colspan="2">발의</td><td colspan="2">20 . . .</td></tr>
<tr><td>항</td><td></td><td colspan="2">현금출납부 등재</td><td colspan="2">20 . . .</td></tr>
<tr><td rowspan="2">목</td><td rowspan="2"></td><td colspan="2">총계정원장 등재</td><td colspan="2">20 . . .</td></tr>
<tr><td colspan="2">물품 대장 등재
(공사 대장, 봉급 대장)</td><td colspan="2">20 . . .</td></tr>
<tr><td colspan="6">금 원정
(₩)</td></tr>
<tr><td>적요</td><td colspan="5"></td></tr>
<tr><td>비고</td><td colspan="5"></td></tr>
</table>

세입 · 세출 추가경정예산서

(단위: 천 원)

과목			추가경정 예산액 ①	기정 예산액 ②	증감 ①-②	산출기초
관	항	목				

결산총괄표

(단위: 천 원)

세입				세출				잔액 ②-④
관별	최종 예산액 ①	결산액 ②	비교 증감 ①-②	관별	최종 예산액 ③	결산액 ④	비교 증감 ③-④	

CHAPTER 09

건강 · 영양 · 안전관리

최근 영유아가 교육기관에 머무르는 시간이 늘어나면서 영유아기 건강 · 영양 · 안전교육에 대한 필요성 인식이 더욱 증가하고 있다. 영유아기 건강 및 영양교육은 한 인간의 평생 삶에 영향을 미치는 식습관, 규칙적인 운동, 건전한 몸가짐 등 바람직한 생활습관의 기초를 형성하는 데 중요하므로 영유아 교육기관에서는 안전한 환경에서 영유아가 건강하게 성장할 수 있도록 지원해야 한다. 또한, 영유아의 일상생활과 관련된 건강 · 영양 · 안전관리는 원활한 교육활동을 위한 기초가 되므로 모든 교육에 앞서 우선적으로 이루어져야 한다. 따라서 본 장에서는 영유아를 위한 건강 · 영양 · 안전관리의 중요성 및 목적 및 내용, 효율적인 관리 방법 등에 대해 살펴보고자 한다.

1. 영유아의 건강관리

1) 영유아 건강교육의 중요성

세계보건기구(WHO : World Health Organization, 1986)에 의하면, 건강하다는 것은 성장 · 발육이 저해되지 않고 순조롭게 진행되는 상태로 단순히 질병에 감염되지 않았거나 허약하지 않다는 것만을 의미하는 것이 아니라 신체적 · 정신적 · 사회적 모든 인간발달 측면에서 아무런 문제가 없는 상태를 의미한다(정미라 · 배소연 · 이영미, 2008). 건강교육은 건강과 교육의 합성어로 새로운 지식을 얻거나 이미 알고 있는 지식을 새롭게 이해하여 새로운 태도를 개발하거나 기존에 가지고 있는 태도를 강화 · 수정하여 새로운 건강 행위를 하도록 노력하는 것이다.

영유아기는 전 생애 중 신체적 성장과 발달이 가장 급속하게 이루어지는 결정적 시기이므로 영유아기 동안 환경적 경험에 의해 형성된 건강에 대한 긍정적인 태도는 자신의 건강을 지키기 위한 행동을 이끄는 요인이 되며, 이러한 행동은 전 생애에 걸쳐 영향을 미친다. 따라서 영유아의 바람직한 건강 개념 형성 및 유지를 위해 보다 풍부한 환경적 경험이 제공되어야 한다. 또한, 영유아 교육기관에서는 영유아 스스로 건강을 유지 · 증진할 수 있도록 지도함으로써 자신을 튼튼한 개인으로 가치 있게 생각하고 스스로 신체를 보호할 수 있는 능력을 기를 수 있도록 도와주어야 한다.

영유아기 건강교육이 중요시되고 있는 이유는 다음과 같다(Kolbe, 2005).

첫째, 영유아기는 건강한 생활습관이 형성되는 시기이다. 최근 잘못된 생활습관으로 인해 발생하는 신체활동 감소, 불규칙한 식생활, 스트레스 등의 만성질환이 갈수록 증가하고 있다. 이를 예방하기 위해 영유아기부터 건강한 생활습관을 형성하는 것이 필요하다.

둘째, 건강은 학업성취도에 영향을 준다. 세계보건기구(WHO)에서는 학습이 효과적으로 이루어지기 위해서는 건강이 필수이며, 영양 결핍, 감염성 질환, 신체적 · 정신적 문제들이 학업성취도에 영향을 준다고 하였다. 즉, 영유아기 건강 상태는 이후의 학업성취 정도에도 영향을 줄 수 있으므로 건강교육이 중요하다.

셋째, 영유아기는 건강교육의 결정적 시기이다. 건강발달을 위한 최적의 시기인 영유아기에 바람직한 건강교육이 제대로 이루어지지 않는다면, 이후 이에 대한 교정을 하는 것에 어려움이 따른다. 영유아기에 형성된 생활습관을 이후에 건강하게 변화시키는 것은 생활습관이 형성되기 이전에 건강교육을 실시하여 올바른 습관의 형성을 돕는 것보다 더 많은 시간과 노력, 비용이 요구되므로 영유아기 건강교육이 중요하다.

2) 건강교육의 목적 및 내용

과학기술의 발달과 함께 의학 정보가 급증하고 있으며, 이러한 건강 정보를 바탕으로 건강문제를 해결할 수 있는 능력이 강조되고 있다(유은영, 2011). NAEYC(2002)에서도 건강에 대한 기초적 정보를 이해하는 인식의 지식 측면을 강조하고, 이를 실천할 수 있는 능력을 기르도록 해야 함을 제시하였다.

전문가들은 영유아기에 중요하게 다루어져야 할 건강교육 내용으로 적당한 영양

섭취 및 비만 예방, 안전교육, 치아 위생, 전염병 관리, 예방접종, 휴식과 수면, 운동 등을 들고 있으며(Urbano, 1992), 이외에도 청결 관리, 위생 개념에 대한 교육이 다루어야 한다고 한다. 표준보육과정과 누리과정에 제시되어 있는 건강교육의 목적 및 내용을 살펴보면 다음과 같다.

(1) 표준보육과정

제4차 표준보육과정의 건강교육 관련 내용은 기본생활 영역과 신체운동 영역이 포함되어 있으며, 건강교육의 범주와 관련된 목표는 다음과 같다.

〈표 9-1〉 표준보육과정 기본생활, 신체운동 영역의 목표

영역	0~1세 보육과정 목표	2세 보육과정 목표
기본 생활 영역	건강하고 안전한 일상생활을 경험한다.	건강하고 안전한 생활습관의 기초를 형성한다.
	1. 건강한 일상생활을 경험한다. 2. 안전한 일상생활을 경험한다.	1. 건강한 생활습관의 기초를 형성한다. 2. 안전한 생활습관의 기초를 형성한다.
신체 운동 영역	감각 및 기본 신체운동 능력을 기른다.	감각을 활용하고, 신체를 인식하며 신체활동을 즐긴다.
	1. 감각 탐색을 즐긴다. 2. 신체활동을 즐겁게 경험한다.	1. 감각을 활용하고 신체를 인식한다. 2. 신체활동을 즐긴다.

출처: 보건복지부(2020). 어린이집 표준보육과정의 이해.

〈표 9-2〉 표준보육과정 기본생활, 신체운동 영역의 내용 범주

영역	내용 범주	0~1세 보육과정 내용	2세 보육과정 내용
기본 생활 영역	건강하게 생활하기	도움을 받아 몸을 깨끗이 한다.	자신의 몸을 깨끗이 해 본다.
		음식을 즐겁게 먹는다.	음식에 관심을 가지고 즐겁게 먹는다.
		하루 일과를 편안하게 경험한다.	하루 일과를 즐겁게 경험한다.
		배변 의사를 표현한다.	건강한 배변 습관을 갖는다.
	안전하게 생활하기	안전한 상황에서 놀이하고 생활한다.	일상에서 안전하게 놀이하고 생활한다.
		안전한 상황에서 교통수단을 이용해 본다.	교통수단을 안전하게 이용해 본다.
		위험하다는 말에 주의한다.	위험한 상황에 대처하는 방법을 경험한다.

영역	내용 범주	0~1세 보육과정 내용	2세 보육과정 내용
신체운동 영역	감각과 신체 인식하기	감각적 자극에 반응한다.	감각 능력을 활용한다.
		감각으로 주변을 탐색한다.	신체를 인식하고 움직인다.
		신체를 탐색한다.	
	신체활동 즐기기	대소근육을 조절한다.	대소근육을 조절한다.
		기본 운동을 시도한다.	기본 운동을 즐긴다.
		실내외 신체활동을 즐긴다.	실내외 신체활동을 즐긴다.

출처: 보건복지부(2020). 어린이집 표준보육과정의 이해.

표준보육과정의 기본생활 영역의 목표는 건강하고 안전한 일상생활을 경험하고 감각 및 건강하고 안전한 생활습관의 기초를 형성하는 데 있으며, 신체운동 영역의 목표는 감각 및 기본 신체운동 능력 기르기 및 감각을 활용하고 신체를 인식하며 신체활동을 즐기는 데 있다.

표준보육과정의 기본생활 영역에서는 건강 · 영양 · 위생적인 생활을 강조하며, 신체의 청결과 영양, 수면과 휴식, 건강한 일상생활을 위한 올바른 습관의 기초를 경험하도록 한다. 또한, 안전한 생활을 강조하며 안전하게 놀이하고 교통안전과 위험한 상황을 알고 반응하는 등 안전한 생활의 기초를 경험하도록 구성되어 있다.

(2) 누리교육과정

2019 개정 누리과정의 건강교육 관련 내용은 신체운동 · 건강 영역에 포함되어 있으며, 건강교육의 범주와 관련된 목표는 다음과 같다.

〈표 9-3〉 만 3~5세 누리과정 기본생활, 신체운동 영역의 목표

영역	3~5세 교육과정 목표
신체운동 · 건강 영역	실내외에서 신체활동을 즐기고, 건강하고 안전한 생활을 한다.
	1. 신체활동에 즐겁게 참여한다. 2. 건강한 생활습관을 기른다. 3. 안전한 생활습관을 기른다.

출처: 보건복지부 · 교육과학기술부 (2020). 3-5세 연령별 누리과정 해설서.

누리과정의 신체운동 · 건강 영역 목표 및 내용은 유아가 다양한 신체활동에 즐겁게 참여하고, 청결과 위생, 즐거운 식사, 적당한 휴식을 통해 건강한 생활습관을 기르며, 일상에서 안전하게 생활하는 방법을 배우고 실천하는 내용으로 구성되어 있다.

〈표 9-4〉 누리과정 신체운동 · 건강 영역의 내용 범주

영역	내용범주	3~5세 교육과정 내용
신체운동 · 건강 영역	신체활동 즐기기	신체를 인식하고 움직인다.
		신체 움직임을 조절한다.
		기초적인 이동운동, 제자리 운동, 도구를 이용한 운동을 한다.
		실내외 신체활동에 자발적으로 참여한다.
	건강하게 생활하기	자신의 몸과 주변을 깨끗이 한다.
		몸에 좋은 음식에 관심을 가지고 바른 태도로 즐겁게 먹는다.
		하루 일과에서 적당한 휴식을 취한다.
		질병을 예방하는 방법을 알고 실천한다.
	안전하게 생활하기	일상에서 안전하게 놀이하고 생활한다.
		TV, 컴퓨터, 스마트폰 등을 바르게 사용한다.
		교통안전 규칙을 지킨다.
		안전사고, 화재, 재난, 학대, 유괴 등에 대처하는 방법을 경험한다.

출처 : 보건복지부 · 교육과학기술부(2020). 3-5세 연령별 누리과정 해설서.

3) 영유아 교육기관에서의 건강관리 방법

영유아의 건강관리를 위해 건강 관련 정보를 수집하고 기록하며, 전문기관과 협력하여 영유아가 건강하게 생활할 수 있도록 해야 한다. 사회구조적 변화로 인하여 영유아가 가정에서 보내는 시간보다 영유아 교육기관에서 보내는 시간이 많아지고 있으므로 영유아 교육기관에서는 영유아 건강교육에 대해 관심을 가지고 지도하며, 치료를 요하는 영유아에 대해서는 보호자와 협의하여 필요한 조치를 취해야 한다.

「유아교육법」 제17조에서는 유치원에서 이루어져야 할 건강검진, 급식, 응급조치에 관한 내용을 구체적으로 제시되어 있고, 「영유아보육법」 3장에는 보육교직원과

관련된 내용으로 영유아 건강검진에 대한 보육시설장은 연 1회 이상 건강검진을 실시하여야 한다는 규정을 제시하였다(보건복지부, 2010). 또한, '건강검진 실시 기준' 제6조에 따르면 검진 항목은 문진 및 진찰, 신체계측, 발달과 평가 및 상담, 건강교육, 구강검진으로 총 7차에 걸쳐 검진을 진행하고, 교직원의 건강 또한 영유아의 건강에 영향을 미치기 때문에 1년에 한 번 이상 필수로 실시하여야 한다.

영유아 건강증진을 위해 영유아 교육기관에서 기본적으로 해야 할 정책은 다음과 같다.

〈표 9-5〉 영유아 건강증진을 위해 영유아 교육기관에서 기본적으로 해야 할 정책

내용	세부 내용
건강기록	• 건강검진을 1년에 한 번 이상 실시 • 영유아가 유아교육기관 입학 전, 입학할 당시 건강 상태에 대한 기록물을 구비 • 「유아교육법」의 유치원 생활기록(제14조) 및 건강검진에 관한 자료(제17조)를 해당 유아의 보호자 동의 없이 제3자에게 제공해서는 안 된다. • 「건강검진기본법」에서는 국민건강보험공단 주관하에 4개월~만 6세 미만(71개월)까지의 아동에 대해 총 10회(일반검진 7회, 구강검진 3회)에 걸쳐 건강걷진을 지원하도록 규정 • 검진 항목은 일반검진은 문진 및 진찰, 신체계측, 건강교육, 발달평가로 이루어지며, 구강검진은 구강문진 및 진찰, 구강보건교육으로 이루어짐
교직원 건강	• 교직원의 건강은 영유아의 건강에 영향을 미치기 때문에 필수로 실시 • 유치원 교사는 공무원 채용 신체검사가 필요 • 2년마다 정기적으로 국민건강보험공단에서 실시하는 건강검진에 참여
정신적 건강	• 정신건강을 위한 적극적 · 개입적 환경 마련 • 지속적인 스트레스는 정신적으로 유아에게 좋지 않은 영향을 주기 때문에 스트레스 해소 방법을 지속적으로 모색

출처: 김혜경(2016), 이경희 외(2014), 이기숙 외(2014), 재구성.

〈표 9-6〉 영유아 교육기관 건강관리 및 점검(예시)

시기 구분	내용	비고
영유아 건강관리 제출 서류	• 생활기록부: 과거, 현재 병력, 특이체질 등을 상세하게 기록하여 제출(보육사업 지침서 양식) • 응급처치동의서 제출 / 건강검진 결과서 제출 / 예방접종 확인서 제출 • 해열제 투약의뢰서 제출	반별 관리
투약 및 처치	• 투약의뢰서 작성 관리 • 등원 시 영유아 시진 관리(시진 관리 후 의문사항이 있는 경우 원장에게 즉시 보고함) • 구급약품, 약품냉장고 매일 관리 / 환아 관리(반별)	매일/매주/상시 관리 원장 주임교사 담임교사
건강검진	• 영유아 건강검진 관리 / 감염성 질환 영유아 소견서 관리 • 교직원 정기검진 관리 / 건강정보 게시 관리	원장 주임교사 담임교사
외부의료기관 연계	• ○○구 ○○한의원 • 인근 협력병원 연락, ○○구 보건소	연 2회 응급 발생 시
체격검사	• 영유아 체격검사(신장, 체중, 흉위) 실시, 개인발달 자료로 활용 – 영아: 연 6회 실시 – 유아: 연 2회 실시	담임교사
전염성 질환 관리	• 원내 전염성 질환 관리방침에 따라 조치 – 법정 전염병 및 일반 전염병 발병 시 격리 및 귀가 조치 – 완치를 확인할 수 있는 의사의 소견서나 유선 확인 후 등원 가능	상시
건강 부모교육	• 가정통신문을 통한 정기적인 건강교육 실시	수시로 계절성 건강 자료
아프거나 다친 영유아의 처리 절차	• 일일보고: 어린이집 양호교사 미임용으로 일일 보고서에 어린이 건강 상황을 파악하고 전체 상황을 보고함 • 투약일지: 어린이 아이사랑 수첩 및 현관 앞 투약의뢰서에 기록하여 반별로 관리함	매일 상시

• 휴원을 요하는 질병에 걸렸을 경우
– 의사의 검진 결과 감염성이 없고 완쾌되었다는 의사의 소견서를 제출, 혹은 의사와 통화 확인 후 가능

출처: 경찰청 어린이집.

(1) 영유아 건강검진

영유아 교육기관에서는 부모, 전문가, 교사의 노력을 통해 영유아의 발육 · 성장 과정, 질병 이상의 유무, 영양 상태, 예방접종 실시 상황, 심신의 발달 상태 측정, 기생충 검사, 치아 검사, 가정에서의 생활 상태, 원에서의 생활 상태 등에 관한 여러 가지 정보를 수집 · 분석하고 이를 영유아의 교육과 지도에 활용함은 물론 질병을 예방하고 치료하는 데 사용해야 한다(임재택, 1999).

우리나라는 「건강검진기본법」에 따라 국가적 차원에서 생후 4개월부터 60개월까지 영유아 대상으로 건강검진을 실시하고 있다. 건강진단은 「영유아보육법」 제31조 및 같은 법 시행규칙 제33조에 의하면 매년 1회 이상 실시해야 하는데 「국민건강보험법」 제52조, 같은 법 시행령 제25조 및 「의료급여법」 제14조의 규정에 의한 영유아 건강검진이나 보호자가 별도로 건강검진을 실시하여 그 검진 결과 통보서를 제출한 영유아에 대해서는 당해 연도 건강진단을 실시한 것으로 갈음할 수 있다. 건강검진은 국민건강보험공단에서 배부한 검진표를 소지하고 문진표를 미리 작성하여 검진기관에 제출한다. 건강검진 실시 결과 치료를 요하는 영유아에 대해서는 원장이 보호자와 협의하여 필요한 조치를 취해야 하며, 영유아가 감염병에 감염된 것으로 밝혀지거나 의심되는 경우 영유아 교육기관으로부터 격리시키고 치료를 받도록 문서화해야 한다. 보호자가 건강검진 거부 시 원장은 3회 이상 건강검진에 대한 안내를 고지하고 보호자가 이를 거부할 시 생활기록부에 기록해야 한다(박찬옥 외, 2016).

〈표 9-7〉 영유아 건강검진 실시기준(건강검진실시기준 제6조 제4항 및 별표 4)

- 검사항목: ① 문진과 진찰 ② 신체계측 ③ 발달평가 및 상담 ④ 건강교육 ⑤ 구강검진
- 검진주기: 총 7차에 걸쳐 검진
  ① 생후 4~6개월 ② 생후 9~12개월 ③ 생후 18~24개월 ④ 생후 30~36개월
  ⑤ 생후 42~48개월 ⑥ 생후 54~60개월 ⑦ 생후 66~71개월

※ 구강검진의 경우 3차, 5차, 6차에 포함되어 있으나, 검진기간은 12개월로 연장됨(3차는 18개월~29개월, 5차는 42개월~53개월, 6차는 54개월~65개월까지 검진 가능)
※ 건강검진실시기준(보건복지부 고시 제2016-252호, 2016. 12. 26. 일부개정 시행)
※ 원장은 보호자가 영유아 건강검진을 받을 수 있도록 안내 · 협조(검진비: 무료)
- 영유아 검진결과 발달장애가 의심되어 정밀평가가 필요하다고 판정받은 의료급여수급권자, 건강보험료 부과금액 하위 30% 이하인 자에 대하여 평균 20만 원의 정밀 검사비 지원(주소지 관할 보건소에 문의)
※ 기타 자세한 사항은 국민건강보험공단(www.nhic.or.kr 또는 ☎ 1577-1000)으로 문의

검사항목은 신체계측, 시력검사, 청력검사, 구강검사 등 영유아의 발달단계에 따라 필요한 항목을 검사하며, 영유아 건강검진 검사항목(건강검진실시기준 제6조 제4항)에 준한다. 치료를 요하는 영유아는 보호자와 협의하여 필요한 조치를 해야 하고, 전염성 질환에 감염된 것으로 밝혀지거나 의심되는 영유아는 어린이집으로부터 격리 치료하도록 조치해야 한다. 특히, 감염병 확산 방지를 위한 조치사항은 어린이집에서 보육교사 등이 영유아의 감염병 의심 등 이상 징후가 발견 시 즉시 보호자에게 알려 의료기관의 진료를 받도록 안내해야 한다. 또한, 의사의 진단 결과 전염성 질환에 감염된 것으로 밝혀지거나 의심되는 영유아는 어린이집으로부터 격리 치료하도록 조치를 취하여야 한다(가정 내 격리 치료 시 불가피한 사유로 보호자가 직접 해당 영유아를 돌보기 곤란한 경우에는 여성가족부의 아이돌봄지원사업 중 질병 감염 아동 특별지원서비스를 적극 이용토록 안내한다(이용문의: 1577-2514 또는 http://idolbom.go.kr).

건강검진은 시기별로 건강검진과 구강검진이 이루어지고 시기별 검진 항목이 있어 발달에 맞게 시기별 검진이 이루어져야 하는데 영유아 검진시기별 검진항목을 살펴보면 다음과 같다.

〈표 9-8〉 영유아 건강검진 실시 기준

영유아 건강검진의 검진 시기별 검사항목, 검진비용 및 검사방법

1. 1차 검진(생후 4~6개월[1])

검진항목	목표질환	분류번호(코드)	검사방법
1. 영유아 건강검진 상담 및 행정비용		가－1(AA154)×80%[2]	
ㅇ 문진 및 진찰 – 시각문진 – 손전등 검사 – 청각문진	– 시각이상(사시) – 청각이상		ㅇ 진찰 및 상담은 반드시 의사가 실시하여야 한다. – 시각검사 문진표로 검사한다. – 보호자가 작성한 시각문진표의 증상 등에 대한 상담을 한다. – 손전등 빛을 눈에 비추어 눈 표면의 혼탁, 이상물질, 백색동공, 눈의 크기 이상, 홍채이상 등 이상소견의 유무를 검사한다. – 청각검사 문진표로 검사한다. – 보호자가 작성한 청각문진표의 증상 등에 대한 상담을 한다.
ㅇ 신체계측 – 키 – 몸무게 – 머리둘레	– 성장이상		ㅇ 신장계: 0.1cm 단위까지 측정이 가능한 기계를 사용한다. ㅇ 체중계: 100g 단위까지 측정이 가능한 기계를 사용한다. ㅇ 머리둘레는 줄자를 이용하여 귀의 위쪽에서 이마의 눈이 움푹 들어간 부위의 바로 윗부분으로 줄자를 수평이 되도록 돌려서 머리카락을 가볍게 누른 상태로 0.1cm까지 측정한다.
2. 건강교육 및 상담 ㅇ 안전사고 예방 ㅇ 영양 ㅇ 영아돌연사증후군 예방	– 안전사고 – 영양결핍(과잉) – 영아돌연사증후군	3종 10,800원 (1종 기본 6,600원 1종 추가 시 2,100원 가산)	ㅇ 건강교육 및 상담은 반드시 의사가 실시하여야 한다. – 보호자가 작성한 문진표의 안전사고 예방, 영양관리, 영아돌연사증후군 예방 등에 대한 교육을 한다.

1) 생후 4개월이 되는 날로부터 6개월이 끝나는 날까지 검진이 가능하다(이하 차수에 대해서도 동일하게 적용한다).
2) 영유아 건강검진은 종별가산율을 적용하지 않는다. 다만, 환산지수는 병원 또는 의원 유형별 분류 점수 중 높은 단가로 적용한다(이하 차수에 대해서도 동일하게 적용한다).

2. 2차 검진(생후 9~12개월)

검진항목	목표질환	분류번호(코드)	검사방법
1. 영유아 건강검진 상담 및 행정비용		가-1(AA154)×80%	
ㅇ 문진 및 진찰 – 시각문진 – 손전등 검사 – 청각문진	– 시각이상(사시) – 청각이상		ㅇ 진찰 및 상담은 반드시 의사가 실시하여야 한다. – 시각검사 문진표로 검사한다. – 보호자가 작성한 시각문진표의 증상 등에 대한 상담을 한다. – 손전등 빛을 눈에 비추어 눈 표면의 혼탁, 이상물질, 백색동공, 눈의 크기 이상, 홍채이상 등 이상소견의 유무를 검사한다. – 청각검사 문진표로 검사한다. – 보호자가 작성한 청각문진표의 증상 등에 대한 상담을 한다.
ㅇ 신체계측 – 키 – 몸무게 – 머리둘레	– 성장이상		ㅇ 신장계: 0.1cm 단위까지 측정이 가능한 기계를 사용한다. ㅇ 체중계: 100g 단위까지 측정이 가능한 기계를 사용한다. ㅇ 머리둘레는 줄자를 이용하여 귀의 위쪽에서 이마의 눈이 움푹 들어간 부위의 바로 윗부분으로 줄자를 수평이 되도록 돌려서 머리카락을 가볍게 누른 상태로 0.1cm까지 측정한다.
2. 발달평가 및 상담	– 발달이상	7,920원	ㅇ K-DST: 보호자 설문조사 후 의사가 판정하고 상담한다. – 9개월: K-DST 세트 3 사용[3) 4)] – 10~11개월: K-DST 세트 4 사용 – 12개월: K-DST 세트 5 사용
3. 건강교육 및 상담 ㅇ 안전사고 예방 ㅇ 영양 ㅇ 구강	– 안전사고 – 영양결핍(과잉) – 치아발육상태	3종 10,800원 (1종 기본 6,600원 1종 추가 시 2,100원 가산)	ㅇ 건강교육 및 상담은 반드시 의사가 실시하여야 한다. – 보호자가 작성한 문진표의 안전사고 예방, 영양관리 등에 대한 교육을 한다. – 보호자에게 구강 건강교육을 실시한다. ※ 9~12개월에 시행하는 구강 건강교육은 안전사고 예방, 영양과 함께 영유아 건강검진기관에서 시행한다.

3) 검사 월령 계산하기 예시

	4　30
검　사　일:	2014년 5월 15일
출생(예정)일:	2012년 4월 19일
연령 :	2년 0월 26일
월령 :	24개월 26일 ⇒ 세트 11(24~26개월용)

4) 임신기간 37주 미만 조산아의 경우 생후 24개월까지 실제 출생일 대신 출산 예정일을 기준으로 조정연령을 계산하여 질문지 사용

영유아 건강검진 연령별 · 성별 성장도표

1. 4개월용(4~5개월)

○ 남아용

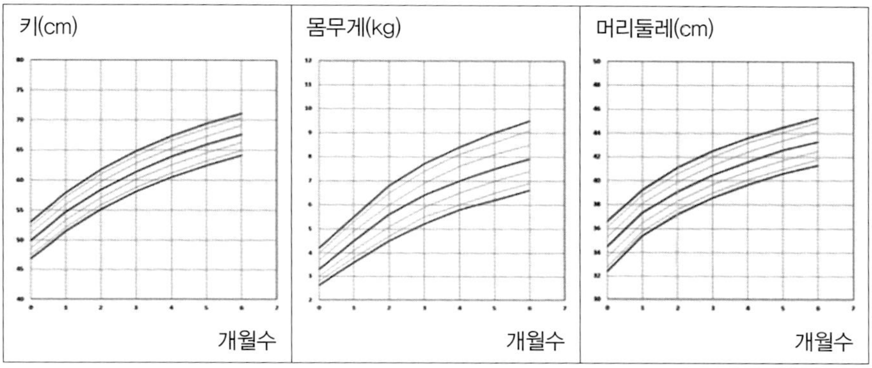

○ 여아용

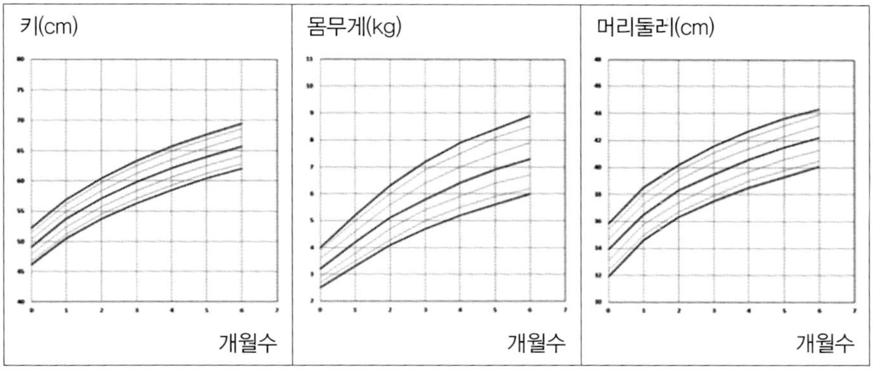

출처: 「건강검진 실시기준」 보건복지부고시 제2019-262호, 2019. 12. 10., 일부개정.

〈표 9-9〉 영유아 입소 전 작성해야 할 생활기록부

생활기록부(영아)

1. 인적사항

<table>
<tr><td colspan="2">어린이집명</td><td colspan="3"></td></tr>
<tr><td rowspan="4">아동</td><td>이름</td><td>(한글)
(한자)</td><td>성별</td><td>남 · 여</td><td rowspan="4">사진
(3X4cm)</td></tr>
<tr><td>생년월일</td><td></td><td>입 · 퇴소일</td><td>입소
퇴소</td></tr>
<tr><td>주소</td><td colspan="3"></td></tr>
<tr><td>전화번호</td><td></td><td>혈액형</td><td></td></tr>
</table>

<table>
<tr><td rowspan="7">보호자</td><td colspan="2">아동과의 관계</td><td>부</td><td>모</td><td>형제(자매)</td><td>기타</td></tr>
<tr><td colspan="2">이름</td><td></td><td></td><td></td><td></td></tr>
<tr><td colspan="2">직업</td><td></td><td></td><td></td><td></td></tr>
<tr><td colspan="2">근무지(전화번호)</td><td></td><td></td><td></td><td></td></tr>
<tr><td rowspan="3">근무
시간</td><td>평일</td><td></td><td></td><td></td><td></td></tr>
<tr><td>토요일</td><td></td><td></td><td></td><td></td></tr>
<tr><td>일요일</td><td></td><td></td><td></td><td></td></tr>
<tr><td colspan="3">등 · 하원 시 보호자</td><td colspan="4">(성명: 관계:) (성명: 관계:)</td></tr>
</table>

2. 기본생활습관 및 발달상황

<table>
<tr><td colspan="2">영역 / 연령</td><td>0세</td><td>1세</td><td>2세</td></tr>
<tr><td rowspan="3">기본
생활
습관</td><td>수면</td><td></td><td></td><td></td></tr>
<tr><td>배변</td><td></td><td></td><td></td></tr>
<tr><td>식사</td><td></td><td></td><td></td></tr>
<tr><td rowspan="5">활동
발달</td><td>신체운동</td><td></td><td></td><td></td></tr>
<tr><td>사회관계</td><td></td><td></td><td></td></tr>
<tr><td>의사소통</td><td></td><td></td><td></td></tr>
<tr><td>자연탐구</td><td></td><td></td><td></td></tr>
<tr><td>예술경험</td><td></td><td></td><td></td></tr>
</table>

3. 출결상황

구분 / 연령	0세	1세	2세
보육일수			
결석일수			
의견			

4. 영유아 표준예방접종[1)]

대상전염병	백신종류 및 방법	접종차수	접종일자	접종기관
결핵	BCG(피내용)	1회		
B형간염	HepB	1차		
		2차		
		3차		
디프테리아 파상풍 백일해	DTaP	1차		
		2차		
		3차		
		4차(추가)		
폴리오	IPV	1차		
		2차		
		3차		
b형헤모필루스 인플루엔자	PRP-T / HbOC	1차		
		2차		
		3차		
		4차(추가)		
	PRP-OMP	1차		
		2차		
		3차(추가)		
홍역 유행성 이하선염풍진	MMR	1차		
수두	Var	1회		
일본뇌염	JEV(사백신)	1차		
		2차		
		3차		
	JEV(생백신)	1차		
		2차		
인플루엔자	Flu	매년 접종		
장티푸스(24개월 이상부터)	주사용	고위험군에 한함		
A형간염	HepA	1차		
		2차		
폐렴구균	PCV(단백결합)	1차		
		2차		
		3차		
		4차		
	PPSV(다당질)	고위험군에 한함		
기타 임시예방접종 등		명칭 기재		
		명칭 기재		

1) 예방접종 도우미 사이트 참조

5. 건강진단

연령	실시여부	실시일자	실시기관	비 고
0세				□ 영유아 건강검진(차수: ______ 차) □ 영유아 건강검진 외 □ 미실시(사유: ______, 고지 횟수 · 일자: ______)
1세				□ 영유아 건강검진(차수: ______ 차) □ 영유아 건강검진 외 □ 미실시(사유: ______, 고지 횟수 · 일자: ______)
2세				□ 영유아 건강검진(차수: ______ 차) □ 영유아 건강검진 외 □ 미실시(사유: ______, 고지 횟수 · 일자: ______)

※ 실시여부 표시: 실시의 경우 ○, 미실시의 경우 ×

※ 비고: 해당항목 체크 및 내역기재

6. 병력기록

병명	질병 발생 연월일 및 질병의 정도	
	입소 전	입소 후

6. 신체발달상황

구분 \ 측정 시기								
신장(cm)								
몸무게(kg)								
측정자								

비고: 18개월 미만의 영아는 2개월마다, 그 이상의 영아는 6개월마다 측정 · 기록한다.

기록관리자 (인)

생활기록부(유아)

1. 인적사항

<table>
<tr><td colspan="2">어린이집명</td><td colspan="3"></td></tr>
<tr><td rowspan="3">아동</td><td>이름</td><td>(한글)
(한자)</td><td>성별</td><td>남 · 여</td><td rowspan="3">사진
(3X4cm)</td></tr>
<tr><td>생년월일</td><td></td><td>입 · 퇴소일</td><td>입소
퇴소</td></tr>
<tr><td>주소</td><td></td><td>혈액형</td><td></td></tr>
<tr><td rowspan="3">보호자</td><td>아동과의 관계</td><td>부</td><td>모</td><td>형제(자매)</td><td>기타</td></tr>
<tr><td>이름</td><td></td><td></td><td></td><td></td></tr>
<tr><td>전화번호</td><td></td><td></td><td></td><td></td></tr>
</table>

※ 비고: 보호자란 중 부 · 모가 있을 경우 양자 모두 기재

2. 출결상황

구분 \ 연령	3세	4세	5세
보육일수			
결석일수			
의견			

3. 신체발달상황

구분 \ 측정 시기	3세	4세	5세
신장(cm)			
몸무게(kg)			
측정자			

기록관리자 (인)

4. 영유아 표준예방접종

대상전염병	백신종류 및 방법	접종차수	접종일자	접종기관
디프테리아 파상풍 백일해	DTaP	5차(추가)		
폴리오	IPV	4차(추가)		
홍역 유행성 이하선염풍진	MMR	2차		
일본뇌염	JEV(사백신)	3차		
		4차(추가)		
인플루엔자	Flu	매년 접종		
장티푸스	주사용	고위험군에 한함		
기타 임시예방접종 등		명칭 기재		
		명칭 기재		

5. 건강진단

연령	실시여부	실시일자	실시기관	비 고
0세				□ 영유아 건강검진(차수: _________ 차) □ 영유아 건강검진 외 □ 미실시(사유: ______________, 고지 횟수 · 일자: ____________)
1세				□ 영유아 건강검진(차수: _________ 차) □ 영유아 건강검진 외 □ 미실시(사유: ______________, 고지 횟수 · 일자: ____________)
2세				□ 영유아 건강검진(차수: _________ 차) □ 영유아 건강검진 외 □ 미실시(사유: ______________, 고지 횟수 · 일자: ____________)

※ 실시여부 표시: 실시의 경우 ○, 미실시의 경우 ×

※ 비고: 해당항목 체크 및 내역기재

6. 활동발달상황

성명			
영역별 \ 연령	3세	4세	5세
기본생활습관			
신체운동 · 건강			
의사소통			
사회관계			
예술경험			
자연탐구			○
종합의견			

출처: 부산시 육아종합지원센터, '2020년 보육사업안내 부록'.

(2) 교직원 건강관리

영유아 교육기관에서는 교직원을 신규 채용할 시 건강진단을 반드시 실시해야 하며, 매년 1회 이상 건강진단(공무원 채용신체검사서 준용 가능)을 실시하고, 이를 증빙하는 서류를 비치하여 보관해야 한다. 영양사, 조리사, 조리원은 「식품위생법」 제40조 제1항과 동법 「식품위생법 시행규칙」 제49조에 의해 건강진단 내용에 장티푸스, 폐결핵, 전염성 피부질환에 대한 내용이 포함되어 있어야 한다. 검사항목은 어린이집 보육교직원 및 어린이집에 함께 거주하는 자의 건강진단 시 일반건강검진 검사항목(건강검진실시기준 제6조 제1항)에 준한다.

❖ 일반건강검진 검사항목(건강검진실시기준 제6조 제1항)

- 검사항목: ① 문진과 진찰 ② 신체계측, 혈압측정, 시력 · 청력 측정 ③ 흉부방사선 촬영, 요검사, 혈액검사 ④ 구강검진 ⑤ 건강위험평가 ⑥ 인지기능장애 검사 ⑦ 1차 검진 결과 상담

※ 위 항목은 직장건강검진 기준과 같으나 연령에 따라 일부항목이 달라질 수 있음

또한, 어린이집 보육교직원에 대한 결핵 및 잠복결핵감염 검진이 의무화(「결핵예방법」 제11조 제1항, 제2항, 「결핵예방법 시행규칙」 제4조)로 되어 있고, 건강진단 결과 감염병에 감염된 것으로 의심되거나 판명된 자는 증상 및 감염력이 소멸되는 날까지 휴직시키거나 면직시키는 등의 조치를 해야 한다. 그리고 원장은 교직원 및 영유아에 대한 건강진단 실시 관련 증빙서류 등을 비치하여 건강관리에 철저히 해야 한다.

❖ 결핵검진 등의 주기 및 실시방법(「결핵예방법 시행규칙」 제4조)

- 결핵검진: 매년 실시(임상적 · 방사선학적 또는 조직학적 검사, 객담(喀痰)의 결핵균 검사 등)하되, 신규채용(휴직 · 파견 등의 사유로 6개월 이상 업무에 종사하지 아니하다가 다시 그 업무에 종사하게 된 경우를 포함)된 보육교직원은 신규채용을 한 날부터 1개월 이내에 실시
  ※ 일반건강검진 실시로 갈음 가능
- 잠복결핵검진: 어린이집에 소속된 기간(다른 기관 · 학교 등으로 그 소속을 변경하여 근무한 기간을 포함) 중 1회 실시(면역학적 검사)

감염병이 의심되는 교사는 업무를 하지 않도록 하며, 영유아에게 적용되는 격리 기준이 교사에게도 동일하게 적용된다. 교사 스스로 몸이 좋지 않지만 일을 할 수 있다고 여겨지면 손을 자주 씻고 가능한 한 영유아와의 접촉을 줄인다. 감염과 관련된 지침이 영유아 교육기관에 문서화되어 있어야 하며, 임신 중인 교사는 수두, 풍진, 제5병, 거대세포바이러스 감염증을 조심해야 한다(보건복지부, 2011).

4) 영유아 교육기관에서의 위생관리

영유아 교육기관에서는 쓰레기 및 하수, 급수, 시설, 기구 위생, 손 씻기, 호흡기 예절, 환기, 소독 등 위생관리를 철저하게 진행하여야 하며, 영유아와 교사는 수시로 청결 유지를 해야 한다. 배변지도 후, 식사와 간식 전, 투약하기 전, 영유아의 콧물을 닦아 준 후, 실외활동 후 등 필요할 때마다 수시로 손을 씻으며, 일회용 위생 장갑을 사용해야 하는 경우는 피부에 상처가 난 경우나 설사가 심하여 기저귀를 아주 빈번하게 갈아 줄 경우, 피, 구토물, 대소변으로 더럽혀진 곳을 청소할 경우, 장갑을 벗은 후 반드시 손을 씻어야 한다.

환기는 1시간에 몇 번 이루어져야 하는지에 대한 지침은 마련되어 있지 않으나 공간이 협소하고 영유아가 많을수록 자주 환기가 이루어지는 것이 좋다. 환기는 자

연적 또는 기계적으로 충분히 이루어져야 하며, 환기를 위한 창문이나 문에는 안전 시설이 설치되어야 한다.

어린이집에서는 영유아가 개별 침구를 사용하고 영유아의 땀, 침 등의 분비물이나 대소변 등으로 침구가 더러워지기 쉬우므로 주 1회 이상 세탁하여 청결을 유지해야 한다. 영아의 경우 돌연사를 방지하기 위하여 베개는 너무 푹신하지 않은 것으로 사용하는 것이 좋다.

5) 전염병 예방과 질환 대책

우리나라 영유아의 주요 사망 원인 중의 하나가 전염병이다. 영유아는 전염병에 대한 면역력이 발달하고 있는 단계로 성인에 비해 상대적으로 면역력이 매우 약하므로 많은 영유아가 함께 생활하는 영유아 교육기관에서는 전염병에 취약한 영유아의 전염병 예방을 위한 관리가 매우 중요하다.

영유아는 타액, 대변, 콧물, 피부 등이 쉽게 노출되어 전염병에 걸리며, 전염성이 있는 질병과 관련된 발진은 가슴, 등, 목, 팔, 손 등 부위에서 시작하므로 전염병 예방과 확산을 방지하기 위해서는 영유아의 건강 상태를 잘 살펴보아야 한다. 전염병 관리는 영유아 교육기관 내 감염 전파를 감소시키는 것이 목적이며, 전염병 예방을 위한 조치로 가장 중요한 것은 기본 예방접종과 추가접종을 접종 시기에 따라 반드시 실시하여 영유아가 면역성을 유지함으로써 전염병을 예방하는 것이다. 영유아 교육기관은 영유아가 입학하기 전 스케줄을 참고하여 예방접종 상태를 확인해야 한다.

- 기초접종: 단기간 내에 방어면역 형성을 위해 시행하는 접종
- 추가접종: 기초접종 후 형성된 방어면역을 장기간 유지하기 위해 기초접종 후 일정 기간이 지난 다음 추가로 시행하는 접종
- 기타 예방접종: 국가예방접종 이외 민간 의료기관에서 접종 가능한 예방접종

우리나라는 「감염병의 예방 및 관리에 관한 법률」을 통해 예방접종 대상 감염병과 예방접종의 실시 기준 및 방법을 정하고 국민과 의료제공자에게 이를 준수하도록 하고 있다. 국가예방접종은 국가가 권장하는 예방접종과 국가예방접종 이외 민간 의료기관에서 접종 가능한 기타 예방접종으로 나누어져 있다(질병관리본부 예방접종 도우미). 생후 4주 이내에 접종해야 하는 BCG, B형간염, DTaP(디프테리아, 파상풍, 백일해), Td/Tdap, 폴리오, b형 헤모필루스 인플루엔자, 폐렴구균 등 연령과 접종 간격을 살펴보며 예방접종을 진행해야 한다. 보건복지부가 정한 질병관리본부에 제시되어 있는 영유아의 예방접종 계획을 살펴보면 다음과 같다.

〈표 9-10〉 표준 예방접종 일정표(소아용)

	대상 감염병	백신종류 및 방법	횟수	출생~1개월 이내	1개월	2개월	4개월	6개월	12개월	15개월	18개월	19~23개월	24~35개월	만 4세	만 6세	만 11세	만 12세
국가 예방 접종	결핵	BCG (피내용)	1	1회													
	B형간염	HepB	3	1차	2차			3차									
	디프테리아 파상풍 백일해	DTaP	5			1차	2차	3차		4차				5차			
		Tdap	1													6차	
	폴리오	IPV	4			1차	2차	3차						4차			
	b형헤모필루스 인플루엔자	Hib	4			1차	2차	3차	4차								
	폐렴구균	PCV	4			1차	2차	3차	4차								
		PPSV	–										고위험군에 한하여 접종				
	홍역 유행성이하선염 풍진	MMR	2						1차					2차			
	수두	VAR	1						1회								
	A형간염	HepA	2						1~2차								
	일본뇌염	IJEV	5						1~2차				3차		4차		5차
		LJEV	2						1차				2차				
	사람유두종 바이러스감염증	HPV	2													1~2차	
	인플루엔자	IIV	–					매년 접종									
기타 예방 접종	로타바이러스 감염증	RV1	2			1차	2차										
		RV2	3			1차	2차	3차									

출처: 질병관리본부 예방접종도우미(http://nip.cdc.go.kr).

영유아는 전염성 질환이나 감염에 취약하기 때문에 영유아 전염병 예방과 질환 대책이 필요하다. 영유아가 질병에 걸렸을 때는 조기에 발견하고 치료하는 것이 중요하며, 전염병의 잠복 기간 및 격리 기간을 고려해야 한다. 감염성 질병 완치 후 등원 시에는 완치되었음을 입증하는 의사 소견서를 제출하여야 한다. 감염병 환자 발생 시 조치사항 및 관리수칙은 다음과 같다.

〈표 9-11〉 영유아 및 보육교직원 감염병 관리 수칙

〈영유아 감염병 관리 수칙〉

1. 감염병 의심 영유아가 발견되면 즉시 원장이나 주임교사, 사업체, 재단, 시군구에 보고한다.
2. 응급상황일 경우 즉시 119에 신고하고, 절차에 따라 응급처치를 한다.
3. 긴급하게 대처해야 하는 상황(고열 등)에서는 보호자와 유선으로 연락 후 필요한 조치를 취할 수 있다. 이미 등원한 경우 영유아들과 격리하여 별도의 공간에서 원장 등이 보살피며 쉬도록 한다.
4. 병원에서 감염병 진단일 경우 감염병의 종류에 따른 잠복기간을 고려하여 격리기간동안 집단 유행을 막기 위해 등원하지 않고 가정에서 보육한다.
5. 완치 후 등원 시 병원에서 발급받은 완치확인서를 원에 반드시 제출 후, 등원한다.
6. 원아가 사용하는 모든 공간 및 물건을 소독하며 방역한다.

〈보육교직원 감염병 관리 수칙〉

1. 감염병 의심 증상이 발생할 경우 다른 사람과 접촉하지 않도록 하며 곧바로 가까운 의료기관에 방문하여 진료를 받는다.
2. 감염병 예방을 위해 비누를 사용하여 30초 이상 손을 자주 씻고 기침이나 재채기를 할 때는 손이 아닌 휴지나 옷소매로 입과 코를 가리는 기침예절을 지킨다.
3. 집단유행을 막기 위해 감염 시 전염기간 동안에는 출근을 하지 않는다.
4. 완치 후 출근 시는 미리 출근 1일 전에 원장에게 보고하고, 병원에서 완치 확인서를 발급받아 원에 제출한다.

병명	증상	예방대책			
		예방 접종	환자 격리	격리기간	유의점
세균성 이질 –제1군–	– 고열과 구역질, 때로는 구토, 경련성 복통, 후중기(*변이 남은 느낌)를 동반한 설사가 주요 증상이며, 전형적인 경우는 대변에 혈액이나 고름이 섞여 나옴 – 경련, 두통, 기면, 경부강직, 환각 등 중추신경계 증상이 나타날 수 있음	×	○	– 항생제 치료 종료 48시간 후부터 24시간 간격으로 2회 대변배양검사가 음성일 때까지	– 배변 후 손씻기의 중요성을 충분히 교육·홍보 – 환자, 보균자의 배설물에 오염된 물품 소독 (크레졸 3%)

병명	증상	여방대책			
		예방 접종	환자 격리	격리기간	유의점
디프테리아 –제2군–	– 발열과 함께 코, 인두, 편도, 후두 등의 상기도 침범부위에 염증과 위막을 형성하고, 드물게 피부, 결막 등을 침범함	○	○	– 항생제 치료 후 24시간 이상 경과한 다음, 24시간 이상의 간격으로 채취한 비강 및 인두 부위의 검체에서 모두 균이 음성일 때까지	– 환자가 사용하였거나 분비물에 오염된 물품 소독
백일해 –제2군–	– 전구기: 콧물, 눈물, 경한 기침 등의 상기도 감염 증상이 1~2주간 나타남 – 경해기: 이후 2~4주간 발작적인 기침이 나타나고 기침 후에 구토를 보임 – 회복기: 1~2주에 거쳐 회복기에 이르는데 이때 상기도 감염에 이환되어 다시 발작성 기침이 재발되는 경우도 있음	○	○	– 치료를 받지 않는 경우: 기침이 멈출 때까지 최소한 3주 – 항생제 치료 중인 경우: 치료 5일 후까지	– 환자의 비인두, 분비물에 오염된 물품 소독
홍역 –제2군–	– 전구기(3~5일): 감염력이 강한 시기로 발열(38℃ 이상), 기침, 콧물, 결막염, 특징적인 구강 내 병변 등이 나타남 – 발진기: 홍반성 구진성 발진(비수포성)이 목 뒤, 귀 아래에서 시작하여 몸통, 팔다리 순서로 퍼지고, 손바닥과 발바닥에도 발생하며 서로 융합됨. 발진은 3일 이상 지속되고, 발진이 나타난 후 2~3일간 38℃ 이상의 고열을 보임 – 회복기: 발진이 사라지면서 색소 침착을 남김	○	○	– 전구증상이 나타난 후부터 발진 후 5일까지	
일본 뇌염 –제2군–	– 전구기(2~3일), 급성기(3~4일), 아급성기(7~10일), 회복기(4~7주)의 임상증상을 보임 – 현성감염의 경우 급성으로 진행하여, 고열(39~40℃), 두통, 현기증, 구토, 복통, 지각 이상 등을 보임	○	×		– 모기를 매개로 하는 질환으로 모기 박멸이 중요
유행성 이하선염 (볼거리) –제2군–	– 전구기(1~2일): 발열, 두통, 근육통, 구토 등을 보임 – 이하선을 침범하는 경우가 대부분이고 (85%), 악하선도 흔히 침범하나 설하선은 드물게 침범함 – 발병 초기에는 한쪽 이하선에서 시작하여 2~3일 후에는 양측을 다 침범함 – 약 10~15%는 한쪽만 침범 – 통상 1~3일째 최고조에 도달하였다가 3~7일 이내에 점차 호전	○	○	– 이하선염이나 다른 증상 발현 후 9일까지	– 환자의 코나 목의 분비물로 오염된 물품 소독

병명	증상	예방대책			
		예방 접종	환자 격리	격리기간	유의점
풍진 -제2군-	- 귀 뒤, 목 뒤, 후두부의 림프절이 통증을 동반하며 종대됨 - 발진: 얼굴에서 시작하여 신체의 하부로 퍼지는 홍반성 구진으로 서로 융합되지 않으며 색소침착도 없음. 첫날에는 홍역의 발진과 비슷하며, 둘째날에는 성홍열의 발진과 비슷하고, 셋째날에는 사라지는 경우가 많음 - 발열, 피로, 결막염, 비카타르 등	○	○	- 발진 후 7일까지	
수두 -제2군-	- 전구기: 전구기는 발진이 발생한지 1일 내지 2일 전에 발생할 수 있으며 권태감과 미열이 나타남. 전구기 증상이 없는 경우도 있음 - 발진기: 발진은 주로 몸통, 두피, 얼굴에 발생하며 24시간 내에 반점, 구진, 수포, 농포, 가피의 순으로 빠르게 진행되며 동시에 여러 모양의 발진이 관찰됨. 수포는 매우 가려움	○	○ (격리 권장)	- 모든 피부 병변에 가피가 생길 때까지 - 예방접종을 시행한 사람에게서 가피가 생기지 않을 수 있으므로 이 경우 24시간 동안 새로운 피부 병변이 생기지 않을 때까지	
인플루엔자 -제3군-	- 38℃ 이상의 갑작스러운 발열, 두통, 근육통, 피로감 등의 전신증상과 기침, 인후통, 객담 등의 호흡기 증상을 보임	○	×		
수족구병	- 발열, 식욕부진, 인후통 등으로 시작됨 - 일반적으로 열이 나기 시작한 1~2일 후 구강 내 통증성 피부병변이 혀, 잇몸, 뺨의 안쪽에 발생하며, 작고 붉은 반점으로 시작하여 물집이 되고, 종종 궤양으로 발전하기도 함 - 가려움이 없는 피부발진이 주로 손바닥과 발바닥에 나타나며 엉덩이와 외음부에 나타날 수도 있음 - 대개 증상이 경미하여 대부분 의학적 치료없이 7~10일 안에 회복	×	○ (격리 권장)	- 발병 후 1주일까지	- 특별한 예방법은 없으나, 손씻기를 통해 개인 위생을 철저히 하고, 장난감이나 놀이기구 등 청결유지와 환자와 접촉을 피하는 등 감염의 위험을 감소시키기 위해 활동이 중요

출처: 부산광역시 부산광역시육아종합지원센터(2020). 2020년 어린이집 평가 길라잡이.

〈표 9-12〉 영유아 및 보육교직원 감염병 관리 수칙

병명	초기 증상	잠복 기간	격리 기간
농가진	• 얼굴이나 수족에 쌀알 크기의 발진, 수포가 생김	2~5일	딱지가 떨어질 때까지
뇌막염	• 고열, 두통, 구토, 전신에 보라색 반점, 의식의 혼동이 옴	14~21일	증상이 사라질 때까지
백일해	• 열이 없고 밤에 기침이 심함	7~14일	특유의 기침이 사라질 때까지
수두	• 발열, 발진, 물집이 생김	10~21일	딱지가 떨어질 때까지
수족구병	• 38℃ 정도의 고열, 1~2일간에 입속, 손바닥, 발바닥에 수포가 생김	3~6일	주요 증상이 없어질 때까지
유행성 결막염	• 눈이 붓고 흰자위가 충혈되며, 눈곱이 많이 생김	7일	급성기염 증상이 없어질 때까지
볼거리	• 발열, 귀밑이 부어오름	7~21일	귀밑 부기가 다 빠질 때까지
장티푸스	• 두통, 헛소리, 혀의 백태, 혈변, 장출혈이 발생	1~3주	완치될 때까지
전염성 설사	• 설사의 횟수가 많고, 변이 물 같고 열과 감기 증상을 동반함	2~4일	주요 증상이 없어질 때까지
전염성 홍반	• 열은 별로 없으나 때로 37℃의 열이 남 • 얼굴과 뺨에 발진이 생김	7~14일	급성 증상이 없어질 때까지
콜레라	• 열, 구토, 허연 물 설사, 탈수 증세 있음	6시간~5일	완치될 때까지
풍진	• 가벼운 감기 같고 발열과 발진이 일어남	10~21일	증상이 없어질 때까지
홍역	• 발열, 재채기, 결막염, 발진이 일어남	9~13일	발진이 없어질 때까지

출처: 보건복지부(2011). 어린이집 건강관리 매뉴얼.

영유아 교육기관은 단체로 영유아들이 생활하는 곳으로 영유아기에 자주 발생하는 질병 원인과 유형을 잘 파악하고 예방하고 관리하기 위한 기초적 지식과 기술을 지니고 있어야 한다. 보건복지부 장관, 시 · 도지사 또는 시장 · 군수 · 구청장은 천재지변, 감염병 발생 등의 긴급한 사유로 정상적인 보육이 어렵다고 인정될 경우 어린이집 원장에게 휴원을 명할 수 있는데 이 경우 어린이집의 원장은 지체 없이 어린이집을 휴원해야 하며, 휴원 시 보호자가 영유아를 가정에서 양육할 수 없는 경우 등 긴급보육수요에 대비하여 휴원 계획과 당번교사 배치를 통한 긴급보육계획을 가정통신문 등을 통해 보호자에게 미리 안내하는 등 어린이집 운영에 필요

한 조치를 해야 한다(보건복지부, 2020).

영유아와 가정에 상시로 감염성 예방 및 질환 대책에 대하여 안내하고 지속적인 교사교육을 진행하는 등 철저하게 관리해야 한다. 영유아 교육기관에서의 감염병 발생 시 보고서 양식은 다음과 같다.

〈표 9-13〉 영유아 교육기관 감염병 발생 보고서 예시

보육통합정보시스템 감염병 발생 보고서 양식

〈작성 방법〉
- ▶ 보고 질환: 수족구병 등 12가지 감염병 외 기타 감염병
  ※ 질병종류는 유행정도에 따라 변경될 수 있음
- ▶ 보고대상자: 해당질병으로 **'의사진단을 받은 아동'에 한하여 연령별 아동 수 기재**
- ▶ 보고시기: 매주 월요일에 보고(지난주 월~토에 발생한 현황을 집계하여 보고)

보고대상기간	년 월 주(전주 월~토까지)					
질병명 \ 연령별	0세	1세	2세	3세	4세	5세 이상
수족구병	명	명	명	명	명	명
풍진	명	명	명	명	명	명
유행성 결막염	명	명	명	명	명	명
인플루엔자(유행성 독감)	명	명	명	명	명	명
장염	명	명	명	명	명	명
홍역	명	명	명	명	명	명
유행성이하선염(볼거리)	명	명	명	명	명	명
전염성농가진	명	명	명	명	명	명
수두	명	명	명	명	명	명
무균성수막염	명	명	명	명	명	명
결핵	명	명	명	명	명	명
성홍열	명	명	명	명	명	명
기타 감염병	명	명	명	명	명	명

보고대상기간	년 월 주(전주 월~토까지)
아동상태	□ 자택격리 중: ㅇ명 □ 등원중: ㅇ명 □ 사망: ㅇ명 □ 기타 ( ) 직접입력
조치사항	(해당사항을 모두 체크) □ 어린이집 소독실시 □ 타 아동의 감염여부 확인(검진실시 등) ※ 의심 증상 아동은 즉시 병원내원 조치 □ 각 가정에 감염병 발생사실 공지 □ 기타 ( ) 직접입력
조치계획	(해당사항을 모두 체크) □ 어린이집 소독실시 □ 타 아동의 감염여부 확인 □ 각 가정에 감염병 발생사실 공지 □ 기타 ( ) 직접입력

출처: 보건복지부(2020). 2020년 보육사업안내 부록.

영유아 교육기관에서는 영유아의 안전사고 예방을 위한 유아교사의 노력에도 불구하고 예기치 못한 안전사고가 발생하는 경우 정확하고 신속한 판단을 통해 대처할 필요가 있다. 특히, 1차 사고 후 적절한 대응조치는 추가적 2차 피해를 방지하고, 신속한 회복을 도와줄 수 있다. 아픈 영유아일 경우 전염성 질환의 위험이 있는 경우 격리되어 휴식을 취하도록 하고 빠른 시간 내에 보호자와 연락을 취해 귀가 조치를 해야 한다. 다친 영유아 또한 정도에 따라 영유아 교육기관 내 응급처치를 하거나 부모님이 작성한 응급처치 동의서에 희망 병원을 내원하도록 한다.

영유아 교육기관에서는 비상시 사고 발생에 대비하여 응급처치동의서를 작성해 두어야 하며, 긴급을 요하는 응급상황 발생에 대비하여 119 연락, 구급차를 부를 수 있는 번호, 가까운 병원 응급실, 영유아 관련된 서류 및 부모의 연락처 등은 손쉽게 찾을 수 있도록 전화기 가까운 곳에 비치해야 한다. 사고가 발생하였을 경우에는 24시간 내에 사고보고서를 작성하고 사고를 평가한 후 원인을 수정하여 안전사고가 발생하지 않도록 대비하여야 한다. 아프거나 다친 영유아에 대한 안전사고 처리 절차는 다음과 같다.

〈표 9-14〉 안전사고 대처법

대상	세부내용
응급상황 시 대처방안	• 당황하지 않고 사고의 원인을 파악하여 필요한 조치를 취함 – 안전사고 발생 시 교사가 당황하지 않는 것이 무엇보다 중요함. 교사가 당황하게 되면 사고를 당한 영유아나 나머지 영유아들이 함께 당황해 하거나 더 불안해 할 수 있음 – 사고를 파악할 때에는 누가 어떻게 다쳤는지, 그 현장에 남아 있는 위험이나 또 다른 사고의 위험은 없는지 판단 • 다친 영유아의 부상 정도를 파악하여 적절한 대처법 실시 • 119나 응급실에 구조 요청 • 부모에게 연락 • 남은 영유아들을 안심시킴 • 사고보고서 작성 – 유아교육기관의 장은 영유아에게 질병 · 사고 또는 재해 등으로 인하여 위급상태가 발생한 경우 즉시 응급의료기관에 이송 (어린이집의 장이 법 제31조에 따른 건강검진을 실시하지 않거나 응급조치를 하지 않은 경우 법 제56조에 따라 과태료 부과)
응급상황에 대처하는 교사의 자세	• 모든 교직원은 기도 확보와 심폐소생술 등의 응급처치법에 관한 교육을 받도록 함 – 응급처치 관련 심폐소생술은 실습을 통해 습관적으로 훈련되도록 별도 수료 권장 – 보육교직원은 응급의료포털(www.e-gen.or.kr) 및 모바일 앱(응급의료정보제공, E-GEN)을 통해 유아교육기관 인근 AED 위치 확인 필요 • 보육교직원의 손이 쉽게 닿는 곳에 필요한 물품이 갖추어진 구급상자를 준비함 – 구급상자에는 응급전화번호, 약품의 사용방법 등을 부착함 • 영유아의 비상연락망, 응급 시 도움을 요청할 수 있는 기관의 전화번호와 응급절차 과정 목록 등 전화기 옆에 비치 • 야외활동을 나갈 때 교사는 휴대용 구급상자와 비상연락망을 준비함 • 응급상황 발생 시 조치에 대한 부모동의서를 받도록 함
응급처치의 기본원칙	• 응급처치를 하는 사람 자신부터 안전 확보 / 구조자가 위험한 상태에서 환자에게 달려드는 것은 양쪽 다 해로운 일임 • 언제나 신속, 침착, 질서 있게 대처해야 함 • 여러 환자가 있는 경우 긴급한 환자부터 처치해야 함 • 이송이 필요한 상태라면 지체 없이 119에 신고하여 도움을 받아야 함 • 치료가 끝날 때까지 가급적 음식물을 주지 말아야 함. 특히, 무의식 환자에게 음식물을 제공하는 것은 기도를 막아 숨을 못 쉬게 할 수 있으므로 절대 금지해야 하며, 심각한 손상, 심한 출혈 등 수술이 필요한 환자에게 음식물 제공은 수술 시작 시간을 지연시킬 수 있음 • 부상자 운반 시 제대로 고정하지 않고 이송하는 행동은 상태를 악화시킬 수 있음

출처: 2020년 보육교직원 안전교육 교재.

6) 투약관리

영유아 교육기관에서는 영유아에게 투약을 실시해야 할 경우, 부모에게 반드시 투약의뢰서를 작성하도록 하고 교사는 투약 후 투약보고서를 작성한다. 투약의뢰서 필수기재 사항에는 투약하는 약의 종류, 용량, 횟수 및 시간, 의뢰자 등을 기록한다. 또한, 투약 약물은 1회분으로 각각 통에 담아서 보관하고 가루약과 물약을 미리 섞어 둘 경우에는 약의 변질 우려가 있으므로 미리 섞지 않고 1회분씩 보관한다. 냉장보관이 필요한 경우에는 약품냉장고에 반드시 보관하고 투약의뢰서에 냉장보관이라고 표시하도록 한다.

〈표 9-15〉 투약의뢰서 및 투약보고서 예시

투약의뢰서	투약확인서
금일 투약을 의뢰합니다. 원 아 명: 원아증상: 약의종류: □ 물약 □ 가루약 □ 연고 보관방법: □ 상온 □ 냉장 투약시간: 시 분 투약횟수: 회 투약용량: 20 년 월 일 요일 투약으로 인한 책임은 보호자(의뢰자)가 집니다. 의뢰자 (사인)	자녀의 투약을 보호자의 의뢰에 따라 아래와 같이 투약하였음을 알려드립니다. 원 아 명: 원아증상: 약의종류: □ 물약 □ 가루약 □ 연고 보관방법: □ 상온 □ 냉장 투약시간: 시 분 투약횟수: 회 투약용량: 20 년 월 일 요일 담당자 (사인) ○○ 어린이집

투약의뢰서

금일 자녀의 투약에 대해 어린이집 선생님께 의뢰합니다.

반 명	
원아 이름	
증 상	
약의 종류	
약의 용량	
투약 시간	

년 월 일 요일

의뢰자 (사인)

* 투약에 대한 책임은 의뢰자가 집니다.

투약확인서

금일 본원의 ○○○어린이에 대해 의뢰하신 내용대로 투약하였음을 알려 드립니다.

년 월 일 요일

담당교사 (사인)

기타 특이사항	

○○ 어린이집

출처: 보건복지부(2020). 2020년 보육사업안내 부록.

2. 영유아의 급식 및 영양관리

1) 영유아 영양교육의 중요성

영유아기는 성장 · 발육이 급속히 진행되는 시기이며, 이 시기의 충분한 영양 공급은 영유아의 신체적 · 정신적 건강에 영향을 주기 때문에 매우 중요하다. 영유아기에 영양 부족이나 영양 불균형이 있을 경우, 최적의 성장과 발달을 이룰 수 없으며, 이는 개인이나 사회에 장기적 손실을 줄 수 있다. 따라서 영유아의 발달시기별 특징을 이해하고 적절한 영양 공급을 함으로써 정상적인 성장과 발달을 유도할 필요가 있다.

최근 사회구조적 변화로 인하여 영유아가 가정에서 보내는 시간보다 영유아 교육기관에서 보내는 시간이 더 많아지고 있다. 영유아 교육기관에서 충분한 영양 공급이 이루어지지 않을 경우, 영유아의 신체적 · 정신적 성장 발달에 영향을 미칠 수 있으므로 영유아 교육기관에서는 급 · 간식 제공 시 영유아에게 필요한 균형 있는 영양식을 제공하여야 한다. 영유아 교육기관에서 제공되는 급 · 간식을 통해 영유아의 균형 있는 성장 발달을 도모하고 올바른 식습관과 생활습관을 형성하는 중요한 기회를 가진다.

2) 영양교육의 목적 및 내용

영유아 영양교육은 충분하고 균형 있는 영양 공급 및 바른 식습관 지도를 목적으로(「영유아보육법」, 제33조) 영유아가 자신의 신체를 인식하고 기초체력을 기르며, 건강하고 안전한 생활습관을 가져 자신과 타인을 보호하는 능력을 기르는 데 목표를 두고 있다. 영유아기는 음식에 대한 욕구가 분명해지고 편식에 대한 기호가 형성되며 식습관의 기초가 만들어지는 시기이므로 부모, 교사, 영유아 교육기관에서는 영유아에게 필요한 영양 상식을 인식하고 올바른 식습관을 지도하며, 적절한 영양관리에 유의할 점 등을 인지하고 영양교육을 실시하여야 한다.

영유아 교육기관에서 영양교육 프로그램을 계획할 때 포함해야 할 주요 내용은 개념과 지식의 습득 측면과 식생활습관 측면으로 나누어 볼 수 있다. 개념과 지식의 습득 측면에서는 성장과 영양, 음식과 영양, 음식과 문화, 음식의 안전에 대해 살펴보고 식생활습관 측면에서는 음식에 대한 태도, 식사예절, 위생에 대한 내용이 포함된다.

영양교육(나트륨 교육)을 하고 있는 유아의 모습

영양교육은 교육내용에 따라 견학, 현장학습, 동식물 및 재배, 요리활동, 이야기 나누기, 노래 및 신체활동, 자유선택활동 등 여러 가지 활동 방법을 적절하게 활용할 수 있다. 효율적인 영양교육을 위해서는 부모와 교육기관이 개방적이고 상호 협조적으로 의사소통을 해야 하므로 영양교육 시 부모참여가 중요하다. 부모를 위한 영양교육 프로그램은 강의 및 토론, 현장 견학, 요리 실습, 급식 참여 등 다양한 방법으로 진행할 수 있다.

3) 급식관리

(1) 영유아 교육기관에서의 급식관리

영유아 교육기관에서 생활하는 시간이 증가하면서 영유아의 급식관리, 급식지도는 중요한 교육활동이 되고 있다. 영유아 교육기관에서 급식관리는 영양사에 의해 영양 균형이 맞추어진 식단이 작성되고, 이를 바탕으로 음식이 만들어지며 급식을 통해 영유아의 영양과 건강 상태를 부모와 공유하는 것이 중요하다. 「영유아보육법」 제33조와 「영유아보육법 시행규칙」 제34조에 의해 영유아 100인 이상 보육하는 시설에는 영양사 1인을 두고 어린이집 경우 100명 이하의 경우 육아지원센터, 보건소에 근무하는 영양사의 지도를 받을 수 있다.

급식시설은 위생적으로 음식을 조리하고 보관할 수 있는 곳으로 유치원 급식에 관한 규정은 「유아교육법」, 「식품위생법」, 「어린이 식생활안전관리 특별법」 등에 제시되어 있다. 「유아교육법」 제17조에 의하면 원장은 교육하고 있는 해당 유치원의 유아에게 적합한 급식을 할 수 있고 동법 제17조 제3항에는 급식을 실시하는 유치원에서 규모별 갖추어야 할 최소한의 시설 · 설비 기준이 제시되어 있다. 유치원 급식은 규모와 대상 등 학교 급식과 크게 달라 「학교급식법」의 시설 · 설비 기준을 적용하기 어려움이 있으므로 유치원의 규모, 성격에 적합한 세부 시설 · 설비 기준 필요성이 대두되고 있다. 어린이집 급식에 관한 규정은 「영유아보육법」 제33조에 제시되어 있으며, 어린이집 원장은 영유아에게 보건복지부령으로 정하는 바에 따라 균형 있고 위생적이며 안전한 급식을 해야 한다.

〈표 9-16〉 유치원 급식규모별 급식 시설 · 설비 기준(「유아교육법 시행규칙」 제3조 제1항 관련)

1. 조리실

가. 조리실은 교실과 떨어지거나 차단되어 유아의 학습에 지장을 주지 않도록 하되 식품의 운반과 배식이 편리한 곳에 두어야 한다.

나. 조리실은 작업과정에서 교차오염이 발생하지 않도록 벽과 문을 설치하여 전처리실, 조리실 및 식기구세척실로구획한다. 다만, 100명 이상에게 급식을 제공하는 경우로서 이러한 구획이 불가능한 경우와 100명 이하에게 급식을 제공하는 경우에는 교차오염을 방지할 수 있는 다른 조치를 하여야 한다.

다. 조리실의 내부벽, 바닥 및 천장은 내화성, 내수성 및 내구성이 있는 재질로 하여, 청소와 소독이 쉽고 화재를 예방할 수 있도록 하여야 한다.

라. 출입구와 창문에는 해충 및 쥐의 침입을 막을 수 있는 방충망 등 적절한 설비를 갖추어야 한다.

마. 조리실 내의 증기와 불쾌한 냄새 등을 빨리 배출할 수 있도록 환기시설을 설치하여야 한다.

바. 조리실의 조명은 220럭스(lx) 이상이 되도록 하여야 한다.

사. 조리실에는 필요한 곳에 손 세척시설이나 손 소독시설을 설치하여 손에 의한 오염을 막아야 한다. 다만, 100명 이상에게 급식을 제공하는 경우에는 손 세척시설과 손 소독시설을 모두 설치하여야 한다.

아. 조리실에는 온도 및 습도 관리를 위하여 적정 용량의 급배기시설 또는 냉 · 난방시설 등 적절한 시설을 갖추거나 적절한 조치를 취하여야 한다.

2. 설비 · 기구

가. 냉장실 또는 냉장고와 냉동고는 식재료의 보관, 냉동 식재료의 해동, 가열조리된 식품의 냉각 등에 충분한 용량과 온도(냉장고 5℃ 이하, 냉동고 −18℃ 이하)를 유지하여야 한다.

나. 조리, 배식 등의 작업을 위생적으로 하기 위하여 식품 세척시설, 조리시설, 식기구 세척시설, 식기구 보관장, 덮개가 있는 폐기물 용기 등을 갖추어야 하며, 식품과 접촉하는 부분은 내수성 및 내부식성 재질로 하여 씻기 쉽고 소독 · 살균이 가능하도록 하여야 한다.

다. 식기구를 소독하기 위하여 전기살균소독기 또는 열탕소독시설을 갖추거나 충분히 세척 · 소독할 수 있는 세정대를 설치하여야 한다.

라. 냉장식품을 검수하거나 가열조리 식품의 중심온도를 잴 때 사용할 수 있는 전자식 탐침온도계를 갖추어야 한다.

마. 조리 작업을 하는 곳에 두는 쓰레기통은 뚜껑이 있는 페달식으로 하여 파리와 같은 해충의 접근을 막아야 한다.

3. 식품 보관실

가. 식품 보관실은 환기와 방습이 잘 되어 식품과 식재료를 위생적으로 보관하기에 적합한 곳에 두되, 해충 및 쥐의 침입을 막을 수 있는 방충망 등 적절한 설비를 갖추어야 한다.

나. 식품과 소모품은 별도로 구분된 장소에서 보관하도록 하되, 부득이하게 함께 보관할 경우 서로 섞이지 않도록 분리하여 보관하여야 한다.

다. 환기시설이나 환기창 등 통풍을 위한 적절한 시설을 갖추거나 적절한 조치를 하여야 한다.

4. 이 기준에서 정하지 않은 사항에 대하여는 「식품위생법 시행규칙」 제96조 및 별표 25에 따른 집단급식소 시설기준에 따른다.

출처 : 「유아교육법 시행규칙」 별표 2.

〈표 9-17〉 급식 분야 일별 점검표

일별 점검표

① 급식 분야

(점검상태: 양호○, 보통△, 불량×)

구분	점검항목	점검결과						조치사항
		/	/	/	/	/	/	
		월	화	수	목	금	토	
위생관리 및 식재료 관리	작업 전 건강상태를 확인한다(감기, 설사, 손 상처자 등 조리금지).							
	위생복, 위생화, 앞치마, 위생모를 착용하고, 배식시에는 배식 전용기구, 마스크, 위생장갑을 사용하고 있다.							
	유통기간 확인 및 선입선출을 준수하고 있다.							
	식재료 보관실은 항상 청결을 유지하고 있다.							
	보존식 보존 및 관리기준을 준수하고 있다(배식 직전 소독된 전용용기에 100g이상 채취하여 144시간 냉동 보관).**							

<table>
<tr><th rowspan="3">구분</th><th rowspan="3">점검항목</th><th colspan="6">점검결과</th><th rowspan="3">조치
사항</th></tr>
<tr><th>/</th><th>/</th><th>/</th><th>/</th><th>/</th><th>/</th></tr>
<tr><th>월</th><th>화</th><th>수</th><th>목</th><th>금</th><th>토</th></tr>
<tr><td rowspan="5">위생관리
및
식재료
관리</td><td>어류 · 육류 · 채소류를 취급하는 칼 · 도마는 각각 구분하여 사용하고 있다.</td><td></td><td></td><td></td><td></td><td></td><td></td><td></td></tr>
<tr><td>식기류 및 조리기구의 세척, 소독을 철저히 하고 있다.</td><td></td><td></td><td></td><td></td><td></td><td></td><td></td></tr>
<tr><td>세제, 소독제, 살충제에 라벨을 부착하여 분리보관하고 방충, 방서 등을 위한 정기적인 방역 소독필증을 보관하고 있다.</td><td></td><td></td><td></td><td></td><td></td><td></td><td></td></tr>
<tr><td>식재료의 입고날짜를 기록한 라벨을 부착하여 관리하고 있다.</td><td></td><td></td><td></td><td></td><td></td><td></td><td></td></tr>
<tr><td>식재료 검수일지를 작성하고 보관하고 있다.**</td><td></td><td></td><td></td><td></td><td></td><td></td><td></td></tr>
<tr><td rowspan="4">작업
관리</td><td>조리 후 2시간 이내 배식하고 있다.</td><td></td><td></td><td></td><td></td><td></td><td></td><td></td></tr>
<tr><td>영양사가 작성한 식단을 사용하고 있다.</td><td></td><td></td><td></td><td></td><td></td><td></td><td></td></tr>
<tr><td>농수산물 및 그 가공품(쇠고기 등 16종)을 조리하여 제공하는 경우 식단표에 그 원산지를 기재하여 공개하고 있다.**</td><td></td><td></td><td></td><td></td><td></td><td></td><td></td></tr>
<tr><td>영양사나 교사는 검식 후 검식일지 작성 및 배식 점검을 하고 있다.</td><td></td><td></td><td></td><td></td><td></td><td></td><td></td></tr>
<tr><td rowspan="2">시설
설비</td><td>조리장 바닥과 배수로에 물고임 및 냄새역류가 없도록 관리하고 있다.</td><td></td><td></td><td></td><td></td><td></td><td></td><td></td></tr>
<tr><td>후드, 환풍기를 청결하게 관리하고 있다.</td><td></td><td></td><td></td><td></td><td></td><td></td><td></td></tr>
</table>

※ **가 표시된 점검사항은 집단급식소 미신고 대상시설에서 반드시 준수할 사항은 아님

출처: 보건복지부(2020). 2020년 보육사업안내 부록.

또한, 영유아 교육기관에서는 사전에 수립된 간식 식단표에 따라 신선하고 다양한 과일(예: 딸기, 참외, 수박, 사과, 배, 감, 밤 등)이나 채소(예: 오이, 옥수수, 감자, 고구마 등) 등의 간식이 제공되어야 하며, 제공된 간식에 대한 기록을 구체적으로 유지하는 것이 바람직하다. 연령별 1일 권장 나트륨 섭취량을 고려하여 식단을 계획하고 조리해야 한다. 연령별 1일 권장 나트륨 섭취량은 다음과 같다.

〈표 9-18〉 연령별 1일 권장 나트륨 섭취량

연령	1일 권장 나트륨 섭취량
0~만 1세	400mg 미만(소금양 1g 미만)
만 1~3세	1,000mg(소금양 2.5g)
만 3~8세	1,200mg(소금양 3g)
만 8~19세	1,500mg(소금양 3.75g)
성인	2,300mg(소금양 5.75g)

출처: 어린이급식관리지원센터(ccfsm.foodnara.go.kr).

간식은 영유아의 신체적 요구와 연령별 특성을 고려하여 오전과 오후로 나누어 2회 제공해야 한다. 간식은 비타민과 무기질이 풍부한 과일이나 채소가 바람직하며, 영양소 파괴를 최소화하는 간식(예: 생과일, 샐러드, 찐 감자, 군고구마 등)을 주 3회 이상 제공하는 것이 바람직하다.

식단표에는 오전 및 오후 간식, 점심 식사, 계획된 식단의 변동사항 등 필수 내용이 누락되지 않도록 하고 과일 및 채소 등 제공된 간식 명은 구체적으로 기록한다.

〈표 9-19〉 이유식 및 영유아 식단의 예

기간	분류	식사	월(Mon)	화(Tue)	수(Wed)	목(Thu)	금(Fri)	토(Sat)
1주	초기 (4~6개월)	정오	쌀미음	쌀미음	쌀미음	찹쌀미음	찹쌀미음	찹쌀미음
	중기 (7~9개월)	오전	쌀죽	감자죽	양배추죽	청경채죽	닭죽	브로콜리죽
		오후	두부달걀노른 자찜	쇠고기죽	당근두부죽	명태죽	닭죽	감자야채달걀 노른자찜
		간식	단호박메시	배퓨레	사과퓨레	사과배푸딩	배퓨레	사과배푸딩
	후기 (10~12개월)	아침	고구마두부죽	쇠고기아욱죽	들깨죽	달걀노른자 비트죽	양송이버섯 감자수프	애호박죽
		점심	닭타락죽	감자애호박무 른밥	가지닭살무른밥	도미살무른밥	미역무른밥	쇠고기양송이 무른밥
		저녁	들깨야채무른밥	김노른자무른밥	연두부파무른밥	흑미버섯무른밥	가지닭살무른밥	콩나물표고 버섯무른밥
		간식	사과퓨레	배퓨레	사과배푸딩	오렌지퓨레	바나나퓨레	고구마사과메시

기간	분류	월(Mon)	화(Tue)	수(Wed)	목(Thu)	금(Fri)	토(Sat)
1주	아침 식단	찹쌀밥 건새우아욱국 묵은지김치찜 애호박볶음 깍두기	수수밥 김치국 돼지고기장조림 숙주맛살무침 깍두기	기장밥 우거지된장국 가자미구이 깻잎찜 깍두기	흑미밥 두부찌개 소시지야채볶음 아몬드멸치조림 배추김치	수수밥 근대국 돈육피망볶음 무미역생채 깍두기	백미밥 두부된장찌개 조기구이 오이무침 배추김치
	오전 간식	배 우유	야채죽	사과 우유	누룽지죽	우유 바나나	절편 우유
	점심 식단	백미밥 순두부찌개 떡갈비조림 청경채볶음 깍두기	차조밥 북어국 닭야채조림 깻잎나물무침 배추김치	고구마밥 아욱된장국 오징어볶음 도라지나물 배추김치	수수밥 미역국 돼지불고기 시금치나물 배추김치	팥밥 쇠고기탕국 어묵감자조림 삼색나물 배추김치	카레라이스 콩나물국 과일요구르트 샐러드 배추김치
	오후 간식	주먹밥 보리차	옥수수감자전 우유	떡볶이	꿀호떡 우유	약식 수정과	
	저녁 식단	차조밥 냉이된장국 메추리알어묵조림 파래무침 배추김치	찹쌀밥 대구지리 감자채볶음 미나리무침 배추김치	기장밥 돈육김치찌개 애호박버섯볶음 상추겉절이 배추김치	잡곡밥 팽이버섯계란탕 닭강정 야채샐러드 배추김치	잡곡밥 건새우맑은국 두부칠리조림 미나리무침 배추김치	

출처: 어린이급식관리지원센터(ccfsm.foodnara.go.kr).

(2) 영유아 교육기관에서의 식사지도

영유아기는 기본생활습관을 형성하는 중요한 시기이므로 올바른 식습관 형성을 위하여 영유아 교육기관에서는 가정과 연계를 통한 식사지도가 이루어져야 한다. 특히, 유아기에는 영아기에 비해 섭취량과 식욕이 안정되어 다양한 식품을 먹을 수 있기 때문에 유아가 폭넓은 식습관을 형성할 수 있도록 가정과 연계한 올바른 식습관 지도가 필요하다. 특히, 영유아는 성인에 비해 활동량이 많고, 소화기관의 용량이 제한되어 있어 1일 3회의 식사만으로 일일 영양 요구량을 채우기 힘들기 때문에 하루 1회 식사 이외 1~2회 간식을 제공하고 있다(김연진 외, 2015).

간식은 식사와 식사 사이의 부족한 영양소, 식사로 섭취하지 못한 영양을 섭취하도록 돕기 위한 것으로, 영유아의 바람직한 성장 발달을 위해 영유아 교육기관에서 간식을 제공하는 것은 영양학적으로 반드시 필요하다. 또한, 간식은 식사 간의 시간 간격이 길기 때문에 생기는 공복감에서 오는 정신적 불안을 없애고(김연진 외, 2015) 사회성을 기르고 대화를 즐길 수 있도록 해 주므로 영유아 교육기관에서의 간식 시간은 필수이다. 영유아에게 제공되는 간식의 양은 하루 에너지 필요량의 10~20%가 적당하며, 소화가 용이하고 정규 식사에 영향을 주지 않는 식품을 선택하는 것이 좋다. 또한, 간식의 종류, 맛, 색깔, 모양에 변화를 줌으로써 시각 · 미각적 감각을 만족시킬 수 있는 신선한 계절식품을 선택하는 것이 좋다.

3. 영유아의 안전관리

1) 영유아 안전교육의 중요성

안전(安全)이란 "위험이 생기거나 사고가 날 염려가 없음 또는 그런 상태"(네이버, 국어사전)로 인간의 행동 수정에 의해 만들어진 조건이나 상태, 위험 가능성을 줄일 수 있도록 물리적 환경을 고안함으로써 사고를 감소시키는 것이라고 정의할 수 있다(Marland, 1973). 영유아 교육기관에서의 안전관리는 잠재적 위험요인을 조기에 발견하고 제거하여 사고나 재해를 미연에 방지하는 것이 목적이다. 그러므로, 영유아 스스로 자신을 보호하고 안전한 생활을 할 수 있도록 해야 하며, 영유아 교육기관에서는 위험요인을 점검하고 관리함으로써 안전사고를 미연에 방지하는 것이 중요하다. 즉, 영유아가 스스로 본인의 안전을 돌볼 수 있도록 안전교육 계획을 수립하여 실행하고 영유아 교육기관의 실내 · 외 환경에서 안전을 위협하는 요인을 점검하고 관리하여 안전사고를 예방해야 한다. 따라서 영유아 교육기관에서는 영유아가 안전하고 건강하게 성장하고 발달할 수 있도록 안전한 환경을 제공하고 감독하며, 영유아에게 사고 발생의 잠재적 가능성을 인식시키고 자신을 보호하기 위한 행동양식과 태도를 형성시키기 위한 안전교육을 실시해야 한다.

안전교육과 관련된 법적 기준은 「아동복지법」 제31조, 「아동복지법 시행령」 제28조, 「학교보건법」 제12조에 제시되어 있으며, 자세한 내용은 다음과 같다.

〈표 9-20〉 안전과 관련된 영유아 법적 기준

법	법적 내용
「아동복지법」 제31조	아동의 안전에 대한 교육 아동복지시설의 장, 「영유아보육법」에 따른 어린이집의 원장, 「유아교육법」에 따른 유치원의 원장 및 「초 · 중등교육법」에 따른 학교의 장은 교육대상 아동의 연령을 고려하여 대통령령으로 정하는 바에 따라 매년 다음 각호의 사항에 관한 교육계획을 수립하여 교육을 실시하여야 한다.
「아동복지법 시행령」 제28조	아동의 안전에 대한 교육 아동복지시설의 장, 「영유아보육법」에 따른 어린이집의 원장, 「유아교육법」에 따른 유치원의 원장 및 「초 · 중등교육법」에 따른 학교의 장은 법 제31조 제1항에 따라 교육계획을 수립하여 교육을 실시할 때에는 교육 기준에 따라야 한다.
「학교보건법」 제12조	학생의 안전관리 학교의 장은 학생의 안전사고를 예방하기 위하여 학교의 시설 · 장비의 점검 및 개선, 학생에 대한 안전교육, 그밖에 필요한 조치를 하여야 한다.

출처: 국가법령정보센터(www.law.go.kr).

〈표 9-21〉 안전 분야 일별 점검표

일별 점검표

② 안전 분야

(점검상태: 양호○, 보통△, 불량×)

구분	점검항목	점검결과						조치사항
		/	/	/	/	/	/	
		월	화	수	목	금	토	
실외 환경	어린이집 보호벽 및 주변의 관리 상태는 양호한가?							
	실외놀이 공간 주변의 돌, 유리조각, 요철, 녹이 슨 부분, 벗겨진 페인트, 돌출된 모서리가 방치되어 있지는 않은가?							
	놀이터 바닥에 오물, 방치된 물웅덩이가 없는가?							
실내 환경	문과 창문 등의 추락 위험은 없는가?							
	바닥에는 다칠 수 있거나 미끄러운 곳이 없는가?							
	복도, 계단, 비상계단, 미끄럼대 등에 방치된 물건이 없어 피난계단, 미끄럼대 등을 사용하기에 양호한가?							
	보육용품이나 비품 유리창 등에 날카로운 모서리 등이 없는가?							
놀잇감 및 놀이기구	망가져 날카롭고 위험한 것 또는 부품이 빠지거나 작은 볼트 등이 빠진 것은 없는가?							
	유해 색소가 칠해진 놀잇감은 없는가?							
	영유아가 삼킬만한 작은 놀잇감이나 부품은 없는가?							
	놀잇감 및 놀이기구의 수납 상태가 양호한가?							
화장실 · 세면대	화장실 내 세제나 락스 등 위험한 물건이 영유아의 손이 닿는 곳에 방치되어 있지 않는가?							
전기 · 화기 · 위험물	콘센트는 안전덮개로 보호되어 있는가?							
	화기에 의한 안전사고 위험은 없는가?							
	위험물에 의한 안전사고 위험은 없는가?							
	가스밸브와 가스중간밸브 잠금은 양호한가?							

출처: 보건복지부(2020). 2020년 보육사업안내 부록.

2) 안전교육의 목적 및 내용

안전관리는 주변의 모든 인적 · 물적 환경 요인이 그 대상이 되어야 하며, 영유아 교육기관에서의 안전관리는 우선 교직원이 안전관리의 중요성을 인식하고 실천하여 실내 · 외 환경과 시설을 점검하고 보완하며, 위험 요소를 제거하는 것뿐만 아니라 영유아에게 안전교육에 대한 생활습관을 형성해 주는 것이 중요하다.

영유아 교육기관은 소방서, 경찰서, 가스, 유류 등 안전 상태를 점검하는 기관 등과 비상연락체계를 구축하고 일일점검제를 철저히 이행해야 한다. 유괴 등 범죄의 위험으로부터 영유아를 보호하기 위하여 필요하다고 인정되는 때에는 영유아를 보호하기 위하여 영유아 교육기관 주변을 아동보호구역으로 지정하여 CCTV를 설치하거나 그 밖의 필요한 조치를 할 수 있다.

영유아에 대한 안전교육은 영유아가 안전에 대한 기본적인 지식을 형성하고 체험활동을 통하여 위험한 상황에 대해 대처하는 방법과 기술을 습득함으로써 안전의식을 기르도록 해야 한다. 즉, 다양한 체험활동을 통해 안전사고에 대한 지식과 기술 및 태도를 형성함으로써 영유아 스스로 위험한 상황을 예측하고 이에 대비할 수 있는 능력을 기를 수 있도록 도와주어야 한다.

아동복지시설의 장 및 어린이집 원장은 교육대상 아동의 연령을 고려하여 아동복지법령의 안전교육 기준에 따라 매년 안전교육계획을 수립하여 교육을 실시하고 계획 및 교육실시 결과를 관할 시장, 군수, 구청장에게 매년 1회 보고하여야 한다. 또한, 어린이집의 장은 보육대상 아동에게 「국가정보화기본법」 제30조의 8 제2항 및 같은 법 시행령 제30조의 2 제2항에 따라 인터넷중독 예방 및 해소 관련 교육을 연1회 실시하고, 매년 4월 30일까지 전년도 교육의 실시 결과를 과학기술정보통신부 장관에게 제출해야 한다(NIA한국정보화진흥원 스마트쉼센터 홈페이지에 실시 결과 등록). 영유아 교육기관에서는 「아동복지법」에서 규정한 안전교육 기준으로 연간안전교육계획을 수립하고 안전교육 결과보고서, 보육일지 등 안전교육 실행에 대한 기록을 반드시 문서화해야 한다. 안전교육의 실시 주기 및 교육내용을 구체적으로 살펴보면 다음과 같다.

〈표 9-22〉 안전교육 법적 근거

구분	성폭력 및 아동학대 예방 교육	실종 · 유괴의 예방 · 방지 교육	감염병 및 약물의 오용 · 남용 예방 등 보건위생 관리 교육	재난대비 안전 교육	교통안전 교육
실시 주기 (총시간)	6개월에 1회 이상 (연간 8시간 이상)	3개월에 1회 이상 (연간 10시간 이상)	3개월에 1회 이상 (연간 10시간 이상)	6개월에 1회 이상 (연간 6시간 이상)	2개월에 1회 이상 (연간 10시간 이상)
교육 내용	1. 내 몸의 소중함 2. 내 몸의 정확한 명칭 3. 좋은 느낌과 싫은 느낌 4. 성폭력 예방법과 대처법	1. 길을 잃을 수 있는 상황 이해하기 2. 미아 및 유괴 발생 시 대처방법 3. 유괴범에 대한 개념 4. 유인 · 유괴 행동에 대한 이해 및 유괴 예방법	1. 감염병 예방을 위한 개인위생 실천 습관 2. 예방접종의 이해 3. 몸에 해로운 약물 위험성 알기 4. 생활 주변의 해로운 약물 · 화학제품 그림으로 구별하기 5. 모르면 먼저 어른에게 물어보기 6. 가정용 화학제품 만지거나 먹지 않기 7. 어린이 약도 함부로 많이 먹지 않기	1. 화재의 원인과 예방법 2. 뜨거운 물건 이해하기 3. 옷에 불이 붙었을 때 대처법 4. 화재 시 대처법 5. 자연재난의 개념과 안전한 행동 알기	1. 차도, 보도, 및 신호등의 의미 알기 2. 안전한 도로 횡단법 3. 안전한 통학버스 이용법 4. 날씨와 보행 안전 5. 어른과 손잡고 걷기
교육 방법	1. 전문가 또는 담당자 강의 2. 장소 · 상황별 역할극 실시 3. 시청각 교육 4. 사례 분석	1. 전문가 또는 담당자 강의 2. 장소 · 상황별 역할극 실시 3. 시청각 교육 4. 사례 분석	1. 전문가 또는 담당자 강의 2. 시청각 교육 3. 사례 분석	1. 전문가 또는 담당자 강의 2. 시청각 교육 3. 실습교육 또는 현장학습 4. 사례 분석	1. 전문가 또는 담당자 강의 2. 시청각 교육 3. 실습교육 또는 현장학습 4. 일상생활을 통한 반복 지도 및 부모교육

출처: 「아동복지법 시행령」 제28조 제1항.

(1) 안전교육

영유아 안전교육 내용은 일상생활과 밀접한 관련을 가진 내용을 중심으로 영유아가 스스로 생각하여 가장 안전한 방법으로 대처할 수 있는 능력을 기를 수 있도록 하는 것을 목적으로 하고 있다. 성폭력 및 아동학대, 실종 · 유괴 예방교육, 감염병 및 약물 오남용 교육, 재난대비 안전교육, 교통안전교육뿐만 아니라 인터넷중독 및 해소 관련 교육 등을 포함한다. 표준보육과정과 누리과정에 제시되어 있는 안전교육목표 및 내용, 연간안전교육계획안을 살펴보면 다음과 같다.

〈표 9-23〉 표준보육과정의 기본생활 영역 목표

영역	0~1세 보육과정 목표	2세 보육과정의 목표
기본생활 영역	건강하고 안전한 일상생활을 경험한다.	건강하고 안전한 생활습관의 기초를 마련한다.
	1. 건강한 일상생활을 경험한다. 2. 안전한 일상생활을 경험한다.	3. 건강한 생활습관의 기초를 형성한다. 4. 안전한 생활습관의 기초를 형성한다.

출처: 보건복지부(2020). 어린이집 표준보육과정의 이해.

〈표 9-24〉 표준보육과정의 기본생활 영역의 내용 범주

영역	내용 범주	0~1세 보육과정 내용	2세 보육과정의 내용
기본생활 영역	안전하게 생활하기	안전한 상황에서 놀이하고 생활한다.	일상에서 안전하게 놀이하고 생활한다.
		안전한 상황에서 교통수단을 이용해 본다.	교통수단을 안전하게 이용해 본다.
		위험하다는 말에 주의한다.	위험한 상황에 대처하는 방법을 경험한다.

출처: 보건복지부(2020). 어린이집 표준보육과정의 이해.

〈표 9-25〉 만 3~5세 누리과정 신체운동 영역의 목표

영역	3~5세 교육과정 목표
신체운동 · 건강 영역	실내외에서 신체활동을 즐기고, 건강하고 안전한 생활을 한다.
	1. 신체활동에 즐겁게 참여한다. 2. 건강한 생활습관을 기른다. 3. 안전한 생활습관을 기른다.

출처: 보건복지부 · 교육과학기술부 (2020). 3-5세 연령별 누리과정 해설서.

〈표 9-26〉 누리과정 신체운동 · 건강 영역의 내용 범주

영역	내용 범주	3~5세 보육과정의 내용
신체운동 · 건강 영역	안전하게 생활하기	일상에서 안전하게 놀이하고 생활한다.
		TV, 컴퓨터, 스마트폰 등을 바르게 사용한다.
		교통안전 규칙을 지킨다.
		안전사고, 화재, 재난, 학대, 유괴 등에 대처하는 방법을 경험한다.

출처: 보건복지부 · 교육과학기술부 (2020). 3-5세 연령별 누리과정 해설서.

연령별 표준보육과정과 누리과정의 기초로 하여 안전교육 연간교육계획안 예시를 살펴보면 다음과 같다.

〈표 9-27〉 안전교육 연간교육계획안 예시

만 5세 유치원 안전교육 연간교육계획안						
월/주	안전영역	중분류	소분류	교육내용(활동명)	유형	활동자료
3/1	교통안전	자동차안전	유치원 버스 이용방법	어린이 버스를 안전하게 기다려요	이야기 나누기	유치원 실물 버스 자료 이용
3/2	생활안전	시설 및 제품이용안전	시설안전	교실에서 안전하게 활동해요	이야기 나누기	키드키즈 – 약속이 있어요
3/3	교통안전	자동차 안전	자동차 사고예방법	안전띠를 매요	이야기 나누기	누리놀이 – 안전띠를 매요
3/4	폭력 예방 및 신변보호	학교폭력	집단 따돌림	친구를 놀리지 말아요	이야기 나누기	누리노트 – 친구가 싫어해요
4/1	교통안전	보행자안전	보행안전	횡단보도에 대해 알아 보아요	이야기 나누기	도로교통공단 – 횡단보도 활용하기

만 5세 유치원 안전교육 연간교육계획안						
월/주	안전영역	중분류	소분류	교육내용(활동명)	유형	활동자료
4/2	생활안전	신체활동 안전	체육 및 여가활동안전	놀이기구를 안전하게 이용해요	이야기 나누기	ebs 번개맨 – 놀이터 안전
4/3	교통안전	자동차안전	자동차 사고 예방법	어린이 통학버스를 이용해요	이야기 나누기	누리놀이 – 통학버스를 안전하게 이용해요
4/4	감염병, 약물 및 사이버중독	약물중독	약물 종류	약물의 종류에 대해 알아보아요	이야기 나누기	키드키즈 – 여러가지 약물 이야기
5/1	재난안전	화재	화재발생 시 안전수칙	119로 신고해요	이야기 나누기	경북 교육넷 – 119에 신고해요
5/2	직업안전	직업안전의식	직업안전문화	일터의 안전시설에 대해 알아보아요	이야기 나누기	동화 – 아빠가 다쳤어요
5/3	응급처치	응급처치	지혈 및 상처처치	상처의 종류와 응급처치에 대해 알아보아요	이야기 나누기	유튜브 – 넘어졌을 때 응급처치법
5/4	폭력 예방 및 신변보호	학교폭력	집단 따돌림	친구는 소중해요	동화	유튜브 – 친구가 싫어해요
5/5	감염병,약물 및 사이버중독	약물중독	흡연피해 및 예방	나는야 건강모델이에요	이야기 나누기	보건복지부 금연길잡이 – 곰의 눈물
6/1	재난안전	화재	소화기사용 및 대처방법	소화기를 사용할 수 있어요	이야기 나누기	서울여자대학교 – 소화기 사용법
6/2	생활안전	신체활동안전	체육 및 여가활동안전	도구를 사용하여 안전하게 놀이해요	게임	게임판 – 안전한 게임 이야기
6/3	교통안전	보행자안전	보행안전	비 오는 날 길을 안전하게 걸어요	이야기 나누기	아동안전 사이버센터 – 비 오는 날에는
6/4	폭력 예방 및 신변보호	학교폭력	물리적 폭력	친구의 물건은 소중해요	미술	뽀로로 – 장난감 비행기
7/1	생활안전	유괴미아 사고예방	유아 미아 사고 예방	유괴, 미아상황에서 도움을 요청해요	이야기 나누기	부산유아교육진흥원 꿈이와 떠나는 안전여행 – 이렇게 대처해요
7/2	약물 및 사이버중독	사이버중독	인터넷 게임중독	인터넷 예절을 알아보아요	이야기 나누기	언어문화교육개발원 – 인터넷 예절
7/3	생활안전	신체활동안전	체육 및 여가활동안전	안전하게 숲 체험을 활동해요	신체	광양 숲 해설가회 카페
7/4	재난안전	화재	화재발생 시 안전수칙	안전하게 대피해요	이야기 나누기	부산유아교육진흥원 꿈이와 떠나는 안전여행 – 통학버스를 안전하게 타요
8/1	생활안전	신체활동안전	체육 및 여가활동안전	물놀이 안전수칙을 지켜요	이야기 나누기	경북 교육넷 – 풍덩풍덩 물놀이

만 5세 유치원 안전교육 연간교육계획안						
월/주	안전영역	중분류	소분류	교육내용(활동명)	유형	활동자료
8/2	감염병, 약물	감염병	감염병 예방	내 몸은 내가 지켜요	이야기 나누기	건강관리공단 감염병을 예방하자
8/3	생활안전	시설 및 제품이용안전	시설안전	화장실을 안전하게 이용해요	이야기 나누기	우당탕탕 아이쿠 – 욕실안전
8/4	폭력 예방 및 신변보호	학교폭력	언어폭력	바르고 고운말을 사용해요	이야기 나누기	유튜브 – 지켜요 작은 예절
8/5	약물 및 사이버중독	사이버중독	인터넷 게임중독	인터넷을 건전하게 사용할 수 있는 방안을 찾아 보아요	음악	한국정보화진흥원 – VDT증후군 예방 체조송

출처: 키드키즈.

교사에 대한 안전교육

- 어린이집 보육교직원은 안전교육지침 등을 숙지해야 하며, 시 · 도 및 시 · 군 · 구 등에서 안전관련 교육을 시행할 때 적극 참여 및 이수해야 함(신규 교육대상자 우선 참여 유도)
- 화재 등 긴급사태에 대비한 계획수립 및 정기적인 점검 · 훈련을 실시해야 함
- 아동학대예방 · 안전관리교육 – 보수교육 연계
  - 보육교직원 보수교육 대상자가 육아종합지원센터와 어린이집안전 공제회가 주관하는 아동학대예방 및 안전관리교육을 수료한 경우, 동일년도 내 보수교육 건강 · 안전 영역 중 해당 과목을 이수한 것으로 인정하여 면제

  ※ 〈서식 Ⅱ-13〉 보수교육 교과목 수강면제 신청서에 명시된 교과목 면제 가능

  ※ 안전사고 예방, 아동학대 · 성폭력 · 실종 예방 및 사후처리 중 해당 과목 인정

분 야	과목	시간	인정교육
아동학대예방 · 안전관리	• 안전사고 예방교육 – 어린이집 안전관리, 어린이집 안전사고 실태 및 대처법 등	3시간	안전사고 예방교육
	• 아동학대 예방교육 – 아동학대, 성폭력, 실종 예방 및 사후관리, 영유아기 정신건강(정상 및 비정상 심리, 성 발달 포함) 관련 교육 등	3시간	아동학대, 성폭력, 실종예방 및 사후관리

※ 절차: ① 아동학대예방 · 안전관리 교육 후 즉시 수료자 명단 통보(안전공제회 →시 · 도→교육기관)→② 보수교육 대상자의 교과목 면제 신청(보수교육 대상자, 서식 Ⅱ-12)→③ 명단 확인 및 교육면제(교육기관)

부모에 대한 안전교육

- 어린이집의 장은 영유아의 건강 · 위생, 아동학대, 안전, CCTV 열람 등과 관련된 내용을 포함하여 부모와 충분히 협의 · 고지해야 하며 안전, 아동학대예방 등 관련교육에 부모가 참여할 수 있도록 해야 함

〈안전사고 예방대책〉

1) 비상연락체계 구축

- 어린이집의 원장은 안전사고에 대응하기 위하여 인근 소방서, 경찰서 및 가스, 유류 등의 안전상태를 점검하는 유관기관 등과 비상연락체계를 구축해야 함

〈안전사고 예방대책〉

1) 비상연락체계 구축

- 어린이집의 원장은 안전사고에 대응하기 위하여 인근 소방서, 경찰서 및 가스, 유류 등의 안전상태를 점검하는 유관기관 등과 비상연락체계를 구축해야 함

2) 사고보고체계의 확립

- 어린이집의 원장은 사고에 대비하여 부모와의 비상연락망을 확보해야 하며 〈서식 Ⅱ-6〉에 의한 부모 동의 및 조사서를 비치
- 원장은 사고발생 24시간 이내에 〈서식 Ⅱ-11〉에 의한 사고보고서를 작성하여 시장 · 군수 · 구청장에게 보고해야 하며, 중대사고(중상 이상의 안전사고, 감염병 및 식중독 등 집단 질병, 화재 · 침수 · 붕괴 등 재난사고 등)는 사고발생 즉시 보고(즉시 유선보고 후 24시간 이내 서식에 의한 보고)
  - 어린이집 영유아의 안전사고 및 감염병 발생 보고는 보육통합정보시스템에 입력 보고를 원칙으로 함
    ※ 2011. 1. 1.부터 감염병 보고는 〈서식 Ⅱ-12〉에 의해 매주 월요일마다 지난주의 발생현황 보고
- 시 · 군 · 구에서는 어린이집에서 발생한 중대사고, 아동학대, 사망사고 및 언론취재 사항 등 중요사항의 경우 시 · 도와 보건복지부에 즉시 보고해야 하며 사고통계를 관리

출처: 보건복지부(2020). 2020년도 보육사업안내.

(2) 소방안전교육

소방안전교육은 화재 발생 시 그 피해를 최소화할 수 있도록 일상생활 중 반복적으로 교육하고 훈련하기 위한 교육이다. 영유아 교육기관에서는 화상이나 화재의 원인, 예방 방법, 대피 방법 등 소방안전교육을 실시함으로써 화재로부터 영유아 스스로 자신을 보호할 수 있는 능력을 기르도록 적극적으로 교육시켜야 한다. 또한, 소화기, 비상구, 화재경보기 등을 설치하고 정기적으로 점검하며 화재 시 대피 방법을 도표화하여 각 출구마다 눈에 잘 띄는 곳에 게시해야 한다.

소방안전교육은 영유아 스스로 대피하는 방법을 익히고 대처하는 능력을 기르는 데 목적이 있으므로 월 1회 이상 정기적으로 소방훈련을 실시하여 실제 화재 발생 시 평소 훈련대로 대피할 수 있도록 해야 하며, 화재 예방을 위한 철저한 안전의식을 심어 주는 이론교육도 함께 이루어져야 한다. 특히, 영유아기 소방안전교육은 장기적 · 반복적으로 실시할 때 화재 발생 시 적절한 대처 능력을 길러 주는 효과가 있으며, 장기적으로 그들이 성장하여 성인이 되었을 때 안전에 대한 바른 의식을 가지고 우리 사회에 자리 잡은 안전 불감증을 사라지게 할 수 있을 것이다.

소방안전교육은 연령에 관계없이 모든 영유아와 교직원을 대상으로 훈련을 실시해야 한다. 예고된 훈련과 불시에 실시하는 훈련을 혼합하고 매월 상황 설정과 시간을 달리하여 소방안전훈련을 실시해야 한다. 특히, 교사는 소화기, 소화전 등 소방 관련 시설 및 설비의 사용법을 숙지하고 있어야 하며, 비상시 교직원의 대처방안과 업무분장이 체계적으로 수립되어 있고 자신의 역할을 숙지하고 있는지 살펴보아야 한다.

〈표 9-28〉 비상대응훈련 계획서

비상대응훈련 계획서	결재	담당자	안전관리책임관

훈련명	어린이집 화재 발생 시 비상 대응	훈련일시	2017년 3월 17일
참가자	어린이집 보육교직원 24명, 영유아 100명	훈련 진행책임자	안전관리책임관 및 안전관리자
훈련 종류	실제훈련		
훈련 목적	어린이집 화재 발생 시 즉각적인 대피를 위해 비상계획에 명시된 대피에 관련된 내용을 훈련함(대피 시간 줄이기에 중점)		
비상대응상황 시나리오	조리실 누수로 인해 전기 배선으로 물이 침투하여 약 11시경에 조리실에서 화재가 발생되어 화재경보기가 울림		

훈련 내용

상황	대응 활동	평가 중점 내용
조리실에서 화재 발생하여 화재 경보 발생	소화기를 사용한 초기 진화 시도	소화기 사용
	각 반의 영유아 대피 실시	질서를 유지하며 대피
	119 연락	위치, 상황 설명
초기 진화에 실패하여 화세 확장	조리실 앞의 방화문을 내리고 계속 영유아를 정해진 장소로 대피시킴 (방화문이 없는 경우, 조리실 문을 닫고 대피함)	대피 시간/ 대피한 영유아 수
	대피 후 부상자 · 사상자 확인	부상자 · 사상자 응급처치
119 출동 후 화세 진압 후 사태 종료	안전한 곳에서 대피 지속, 인근 병원 연락, 영유아 부모에게 연락	연락 시간/ 응대 태도

출처: 부산육아종합지원센터(2017). 2017년 보육사업안내 부록.

〈표 9-29〉 비상대응훈련 평가서

비상대응훈련 평가서

결재	담당자	안전관리책임관

훈련명	어린이집 화재 발생 시 비상 대응	훈련일시	2017년 3월 17일
참가자	어린이집 보육교직원 24명, 영유아 100명	훈련 진행책임자	안전관리책임관 및 안전관리자
훈련 목적	어린이집 화재 발생 시 즉각적인 대피를 위해 비상계획에 명시된 대피에 관련된 내용을 훈련함(대피 시간 줄이기에 중점)		
비상대응상황 시나리오	조리실 누수로 인해 전기 배선으로 물이 침투하여 약 11시경에 조리실에서 화재가 발생되어 화재경보기가 울림		

훈련 내용		평가	
대응 활동	평가중점 내용	평가항목	평가(기술)
소화기를 사용한 초기 진화 시도	소화기 사용	소화기 위치를 빠르게 파악했는가?	
		소화기 사용법을 숙지하였는가?	
각 반의 영유아 대피 실시	질서를 유지하며 대피	남아 있는 원아 없이 안전히 대피를 하였는가?	
		영유아는 질서를 지켜 대피를 하였는가?	
119 연락	위치, 상황 설명	정확한 위치와 상황을 119에 연락하여 전달하였는가?	
조리실 앞의 방화문을 내리고 계속 영유아를 정해진 장소로 대피시킴	대피 시간/ 대피한 영유아 수	방화문의 위치를 파악하여 작동을 실시하였는가?	
		대피 소요 시간은 어떻게 되는가?	
		대피한 영유아의 인원 파악을 하였는가?	
대피 후 부상자 · 사상자 확인	부상자 · 사상자 응급처치	부상 상태 파악 후 적절한 조치를 취하였는가?	
		사상자 응급처치를 진행하였는가?	
안전한 곳에서 대피 지속, 인근 병원 연락, 영유아 부모에게 연락	연락 시간/ 응대 태도	병원에 방문 여부를 확인(기록)하였는가?	
		부모에게 연락을 취하였는가?	

출처: 부산육아종합지원센터(2017). 2017년 보육사업안내 부록.

〈표 9-30〉 화재 · 대피훈련 시간 평가서(예시)

화재 · 대피훈련 시간 평가서

- 어린이집 이름: ____________________
- 대피훈련 실시일: 년 월 일
- 대피 인원: __________명
- 화재 발생 장소:
- 대피 장소:
- 목표 대피 시간: 시 분 ~ 시 분
- 실제 대피 시간: 시 분 ~ 시 분
- 개선해야 할 사항:

안전관리책임관 확인: (인)

– 1층에 위치한 가정형 어린이집과 영아전담 어린이집(원아 20인 이하)의 경우는 약 4분 이내에 대피할 수 있도록 권고함

– 다층 건물에 위치한 어린이집은 (20인 이상) 약 8분 내에 대피할 수 있도록 권고함

출처: 부산육아종합지원센터(2017). 2017년 보육사업안내 부록.

소방안전교육은 화재 발생을 알린 후 4분 내 대피 완료가 이루어질 수 있고, 이를 위해 비상대피 시 경로를 최단거리로 계획하고, 매번 대피 소요 시간을 확인하여 평가를 반영하도록 한다.

안전교육(물놀이안전교육)을 하고 있는 유아의 모습

〈표 9-31〉 안전교육 평가서(예시)

11월 안전교육 평가서

결재	담당	주임	원장

연번	약물오남용교육 – 1회	교육날짜	2016년 1*월 26일 (수)
주제	우리 주변에 있는 약의 종류에 대해 알아본다.		
목표	1. 우리 주변에 있는 약의 종류에 대해 알아본다. 2. 약의 양면성(이로움과 해로움)을 알고, 올바르게 약을 복용하는 방법에 대해 안다.		
장소	파란하늘반 교실	교육시간	10:00 ~10:30 (30분)
반(대상 연령)	파란하늘반(만 4세)	준비 자료	동영상, PPT, 관련 활동지
교육내용	[약은 언제 필요할까요?] ① 약이 필요한 여러 상황을 보면서, 유아들이 약과 관련된 경험에 대해 이야기 나눈다. 1) 상황 1 – 기침을 콜록콜록 하고 있는 장면 2) 상황 2 – 넘어져서 무릎이 다치는 장면 3) 상황 3 – 병원에 가서 주사를 맞는 장면(예방접종) ② 위의 3가지 상황을 보면서 약의 종류(경구약, 외용제, 주사제)에 대해 알아본다. [활동 1: 잘 쓰면 약! – 약의 이로운 점] ③ 약이 우리에게 주는 좋은 점에 대해 알아보고, 유아들이 경험한 약에 대한 긍정적인 경험에 대해 이야기 나눈다. [활동 2: 못 쓰면 독! – 약의 해로운 점] ④ 약을 잘못 먹으면 위험할 수 있음에 대해 알아보고, 유아들이 경험한 약에 대한 부정적인 경험에 대해 이야기 나눈다. 1) 상황 1: 열이 조금만 나도 해열제를 먹는 장면(조금만 아파도 약을 먹는 경우) 2) 상황 2: 유효기간이 지난 약을 먹는 장면 3) 상황 3: 약을 먹을 때, 물이 아닌 오렌지 주스나 우유와 함께 먹는 장면 [활동 3: 약은 절대 혼자 먹지 않아요. – 안전하게 복용하는 방법] ⑤ 약을 안전하게 복용하는 방법에 대해 알아보고, 소리 내어 함께 따라 해 본다. [활동 4: 이로운 약, 해로운 약 (O, X 퀴즈)] ⑥ 위에서 배운 '이로운 약, 해로운 약'에 대한 O, X 퀴즈활동을 통해 약을 안전하게 복용하는 방법에 대해 알아본다.		

활동사진	 이야기 나누기  제가 생각하는 것은 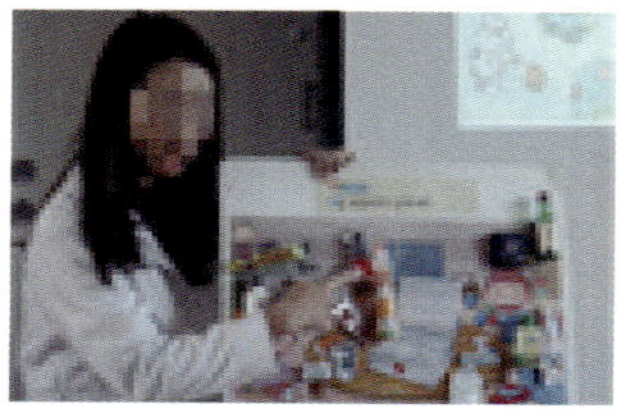 약사 선생님과 알아 보아요  O, X 퀴즈
활동평가	감기에 걸린 유아들이 많아서 약을 투약하는 아동이 많이 있었다. 약을 투약할 때 부모님이 주시는 약을 투약하는 경우가 많이 있어서 다양한 약에 대해서 알아보고, 약의 양면성(이로움과 해로움)을 알고, 올바르게 약을 복용하는 방법에 대해 알아보았다. 유아들이 가정에 있는 약을 가족과 함께 살펴보면서 표시도 해 보고, 유효기간도 살펴보는 활동을 진행해 보아야겠다.

출처 : '경찰청 어린이집' 재구성.

〈표 9-32〉 비상시 업무분장 및 비상시 대처방안

담당	일반 업무 내용	환경정리 구역	비상시 업무 내용
원장			
교사공통			

※ 어린이집에서 필요한 경우, 비상시 업무 내용란에 재난대비, 안전사고, 아동학대 관련 내용을 구분하여 포함 가능

– 비상시 대피요령 –

- 침착하게 대처한다.
- 총지휘자에게 보고한다.
- 119 등 필요한 기관에 도움을 요청한다.
- 비상대피로를 확보한다.
- 교직원은 비상 시 역할 분담에 따라 행동한다.
- 원아를 신속하게 인솔해서 안전지역으로 대피한다.
- 남은 원아가 있는지 반드시 확인한다.
- 필요한 응급조치를 취한다.
- 보호자에게 연락한다.
- 영유아들을 안정시킨다.

출처: 보건복지부(2020). 2020년 보육사업안내 부록.

3) 안전점검

(1) 안전점검 원칙

안전은 “인간의 행동 수정에 의해 만들어진 조건, 상태, 위험 가능성을 줄일 수 있도록 물리적 환경을 고안함으로써 사고를 감소시키는 것”이라고 정의할 수 있다(Marland, 1973). 영유아 교육기관에서의 안전점검은 사고의 요인이 되는 물리적 환경을 정비하고 영유아의 위험한 행동을 조기에 발견하여 위험요소를 제거하는 것이다. 영유아가 스스로 안전하게 행동하고 위험을 인식하는 능력을 길러 주는 안전교육을 정기적으로 실시함으로써 영유아가 재해를 당할 위험이 없는 상태로 만드는 것이 중요하다. 즉, 영유아 교육기관의 안전점검의 목적은 잠재적 위험요인을 조기에 발견하고 그 요인을 신속하게 제거하여 사고나 재해를 미연에 방지하는 데 있다.

영유아 교육기관 관리자는 영유아가 안전하고 건강하게 성장 · 발달할 수 있도록 안전한 환경을 제공하고 감독하여 영유아에게 사고 발생의 잠재적 가능성을 인식시키고 자신을 보호하기 위한 행동양식, 태도를 형성시키기 위한 안전교육을 실시해야 한다(이기숙 외, 2016). 또한, 안전사고를 예방하기 위해서는 안전사고가 발생하지 않도록 시설 · 설비를 하는 것이 가장 중요하며, 연령과 발달 특성을 고려하여 정기적으로 안전점검을 실시해야 한다. 영유아 교육기관에서는 정기점검표를 작성하여 일일 · 주간 · 월간 · 분기별 · 연간 점검사항을 체크하고 위험을 발견하는 즉시 대책을 마련하여 위험물을 처리하고 안전교육을 생활화하여 영유아, 교직원은 물론 가정에서도 함께 실시할 수 있도록 안내하여야 한다. 소방대피훈련은 매달 실시해야 하며, 교실 및 통학버스 역시 매일 점검하고 관리해야 한다.

영유아에게 안전사고가 발생했을 때 반드시 부모에게 알리고 부모가 지정한 병원에서 치료를 받을 수 있도록 해야 하며, 사고 발생 후 반드시 사고일지를 기록하여 다시 경험하는 일이 없도록 기록하고 사고가 빈번하게 일어나는 장소는 사고의 원인을 잘 살펴보아야 한다.

(2) 안전점검 실시

영유아 교육기관 평가에서도 안전은 하나의 영역으로 중요하게 다루어지고 있다. 영유아 교육기관 평가지표에서도 교실 시설 · 설비(매일)와 실외 시설 · 설비(월 1회), 차량 등은 수시로 안전점검이 이루어져야 함을 제시하고 있다. 특히, 실내는 영유아가 영유아 교육기관에서 가장 많은 시간을 보내는 중요한 공간이므로 실내 환경을 안전하게 구성하고 잠재적 위험성 여부를 수시로 점검하여 안전한 환경을 제공해야 한다.

영유아 교육기관에서 안점점검 시 교실, 화장실, 실외시설, 실내 · 외 놀잇감, 차량 등 장소에 따리 확인해야 할 점검사항은 다음과 같다.

■ 안전분야 일별점검체크리스트 참고사항

1) 실외환경

– 어린이집 보호벽 및 어린이집 주변의 관리 상태는 양호한가?

(조치사항) 담, 울타리, 창살, 가스 혹은 난방기 등의 계량기, 보일러 설비, 퓨즈박스, 비상미끄럼틀, 외부 차양 등 설비의 안전 상태를 확인하여 위험요소를 즉시 안전하게 제거 · 수리 및 관리한다.

– 놀이터 바닥에 오물, 방치된 물웅덩이가 없는가?

(조치사항) 오물 및 물웅덩이는 전염성 질환을 야기시키는 해충의 서식지가 될 수 있으므로 발견 즉시 제거하고, 물웅덩이는 물 제거 후 웅덩이를 관리하여 영유아가 넘어질 수 있음을 방지한다.

2) 실내환경

– 문과 창문 등의 추락 위험은 없는가?

(조치사항) 문과 창문의 안전상태 확인 및 창문 등의 가까이에 오를 수 있는 물품이 있어 추락 위험이 있는지 확인하고 즉시 제거한다.

– 바닥에는 다칠 수 있거나 미끄러운 곳이 없는가?

(조치사항) 화장실, 계단, 실내 보육실 등에 미끄러운 곳, 물이 고인 곳을 확인한다. 미끄럼방지 시트 또는 타일을 부착하거나 물기가 많으면 물기를 제거한다. 또한, 바닥의 단차가 있는 경우 영유아가 넘어지는 사고가 많이 발생하므로 바닥에는 단의 차이가 없도록 한다.

– 복도, 계단, 비상계단, 미끄럼대 등에 방치된 물건이 없어 피난계단, 미끄럼대 등을 사용하기에 양호한가?

(조치사항) 유사 시 대피에 장애가 되는 물건이 방치되었는지를 확인하고 방치된 물건은 안전한 곳으로 즉시 이동한다.

3) 놀잇감 및 놀이기구

– 영유아가 삼킬만한 작은 놀잇감이나 부품은 없는가?

(조치사항) 놀잇감의 크기가 영유아의 입, 코, 귀 등에 들어가지 않도록 3.5cm 이상의 놀잇감을 준비한다.

– 놀잇감 및 놀이기구의 수납 상태가 양호한가?

(조치사항) 놀잇감이 영유아가 수납하기에 적당한지, 무거운 놀잇감이 높은 곳에 있지 않은지 확인한다. 유아의 신체특성을 고려하여 수납 위치를 바꾸고, 무겁거나 추락 위험이 있는 놀잇감은 즉시 안전한 위치로 이동한다. 방치된 놀잇감은 영유아가 올라가 추락하는 위험도 발생할 수 있으므로 안전하게 보관한다.

4) 전기 · 화기 · 위험물

– 화기에 의한 안전사고 위험은 없는가?

(조치사항) 라디에이터, 난로, 히터 등의 보호덮개, 라이터, 성냥, 양초, 폭죽 등이 방치된 것이 있는지, 가스 중간밸브 잠김, 화기시설 주변의 가연물 등을 확인하여 위험물품은 즉시 제거한다. 보호덮개가 필요한 경우 전문업체에 의뢰한다.

– 위험물에 의한 안전사고 위험은 없는가?

(조치사항) 화학용품 및 약품, 살충제, 세제, 기타 위험한 약품 등이 방치되었다면, 즉시 안전한 곳으로 이동한다. 특히, 약품의 경우 보육실 영유아용 책상 위에 놓여져 영유아가 만지거나 먹을 수 있기에 주의를 더 요한다. 필요시 전문기관에 의뢰하여 처리한다.

※ 관련법: 「영유아보육법 시행규칙」 별표 1, 「위험물 안전관리법」 제14조

– 가스밸브와 가스중간밸브 잠금은 양호한가?

(조치사항) 가스와 가스중간밸브 잠금 상태, 가스누설 탐지기의 상태 · 위치 등를 확인하여 가스누출을 예방한다. 가스를 사용하는 모든 설비에는 중간밸브를 설치해야 한다. 가스밸브 주위의 누출 여부를 점검하고, 가스누설탐지기의 위치(LNG: 천장에서 30cm, LPG: 바닥에서 30cm 이내)를 점검하고 손상 여부, 전원 연결 상태 등을 점검한다. 이상이 있을 시 전문업체에 점검 및 수리를 의뢰한다.

※「도시가스사업법」 제7조에 따라 정기검사대상자로 선정되면 연1회 한국가스안전공사에 의한 점검을 받는다. 단, 지자체에 따라 차이가 있을 수 있다(이 외는 도시가스회사에서 검사).

■ 월별점검체크리스트 참고사항

1) 안전관리

– 안전관리의 책임 및 위기관리 체계가 적합한가?

(조치사항) 원장의 안전관리 책임성, 화재 등 비상사태 발생 시 대응체계의 적절성을 확인한다. 원장이 안전관리에 관한 책임, 전문성(방화관리자 자격 등)확보하도록 하고, 교사가 안전관련 교육에 적극적으로 참여하도록 한다. 비상사태에 대비한 대응체계가 수립되도록 한다.

– 응급전화번호 및 비상연락망 등이 잘 관리되고 있는가?

(조치사항) 비상시 소방서 · 병원 · 경찰소 등의 응급전화번호 및 비상연락망 등이 전화기 옆에서 잘 관리되고 있는지 확인한다. 지속적으로 소방서, 병원의 응급전화번호 및 비상 연락망의 전화번호 변경 여부를 확인하여 관리한다.

2) 실외 환경

– 어린이집 주변에 감전위험은 없는가?

(조치사항) 어린이집 50m 이내에 고압선, 전선, 가로등 등의 감전위험을 확인한다. 확인물 발견 시 관련 기관 및 지방자치단체에 통보하고 안전조치를 요청한다.

– 위험한 적치물, 축대 붕괴, 맨홀 등에 대한 위험은 없는가?

(조치사항) 어린이집 주변 50m 이내에 위험한 물건 · 물품(방치된 자동차, 생활쓰레기 적치, 붕괴위험이 있는 축대, 맨홀, 파인 곳, 공사장 등)이 확인되면 지방자치단체(주민자치센터 포함)에 통보하고 안전조치를 요청한다.

3) 실내환경

– 모든 설비는 움직이거나 떨어지지 않도록 바닥과 벽면에 단단히 고정되어 있는가?

(조치사항) 건축설비의 전기, 난방, 조명, 급배수 등의 설비물의 고정 상태와 벽 천장 등에 고정된 물품과 장식물 등이 안전하게 고정되어 있는지 확인하여 수리 필요시 전문업체 의뢰한다.

– 창문, 방충망의 상태는 안전한가?

(조치사항) 창문의 깨짐, 창문 테두리의 실리콘 상태, 방충망의 노화상태를 정기적으로 확인하여 즉시 조치한다.

4) 현관 · 통로 · 계단 · 비상구

- 출입문, 현관문의 안전장치는 정상 작동하는가?

(조치사항) 보안을 위한 잠김 문이나 인터폰 · 초인종이 정상작동 여부 확인 후 응급조치와 필요시 전문업체에 의뢰한다. 또한, 출입문과 현관문의 손끼임 방지를 위한 안전 고무 바, 도어클로저 등을 설치한다.

- 계단의 안전 상태는 양호한가?

(조치사항) 안전손잡이, 적치물, 난간의 간격 고정 상태를 확인한다. 응급조치 후 필요시 전문업체에 의뢰한다.

※ 계단의 단 높이는 16cm 이하이며 단의 높이가 일정해야 하며, 단 너비는 26cm 이상이어야 하며 일정하게 구성되어야 한다, 난간의 높이는 110cm 이상, 난간살의 간격은 10cm 이하로 설치한다(안전매뉴얼연구. 중앙보육정보센터, 2008).

5) 화장실 · 세면대

- 화장실 내 전기 콘센트 등 전기용품은 안전한가?

(조치사항) 방수용 콘센트 및 물에 의한 전기 위험 여부를 확인한다. 콘센트는 방수용으로 교체하고, 물에 젖거나 고인 물(욕조 등)에 추락이 가능한 물품은 안전한 곳으로 이동 또는 제거한다.

- 세면대의 고정 상태는 안전한가?

(조치사항) 고정상태 확인 시 나사 풀림 상태 등을 정기적으로 확인하여 필요시 수리하거나 교체한다.

6) 실내외 놀이기구와 공간

- 모든 놀이기구가 안전하게 고정되어 있는가?

(조치사항) 놀이기구의 고정상태, 매설된 지지대의 노출, 윤활유 보충 등을 확인하고 즉각적인 안전조치 후 필요시 관련업체에 의뢰한다.

- 놀이시설물의 상태(틈새나 간격)가 영유아의 몸에 끼이지 않는 넓이인가?

(조치사항) 집합놀이기구 등의 틈새나 간격의 너비 확인 및 노후로 인한 영유아 신체의 빠짐 및 끼임 등을 확인한다(손가락: 8mm 이하 · 25mm 이상, 발: 30mm 이하, 머리: 9cm 이하 · 23cm 이상). 안전관리 필요시에는 1차 안전조치로 접근금지 표시 및 전문업체 수리 의뢰한다.

- 모든 놀이기구의 아래와 주위(안전지대)에 충격흡수제의 성능은 양호한가?

(조치사항) 영유아가 추락할 가능성이 있는 놀이 시설물 아래와 주변의 공간(안전지대)은

충격을 흡수할 수 있도록 설치되어야 한다(25~30cm 이상의 모래, 우레탄 바닥, 매트 등). 충격흡수제 사용 시 마모되어 구멍이 나거나 끝 부분이 말림으로 인해 영유아가 걸려 넘어질 수 있다. 따라서 즉각적인 안전조치 후 전문업체에 의뢰한다.

- 놀이기구의 높이가 영유아에게 적합 한가?

(조치사항) 놀이기구의 구입 시 연령에 따른 영유아의 신체 등에 적합한지 확인한다. 참고로 놀이기구의 높이는 2.5m 이하로 설치한다(어린이시설 안전점검 매뉴얼. 소방방재청, 2005).

7) 전기 · 가스 · 위험물 안전관리

- 전선, 콘센트, 플러그 등이 손상된 부분은 없는가?

(조치사항) 실내 전선의 노후, 피복손상, 파손된 콘센트 및 플러그 등을 확인한다. 벗겨진 전선은 절연 테이프로 감싸고, 파손된 콘센트 플러그 등은 즉시 교체한다. 필요시 전문업체에 수리 · 점검을 의뢰한다.

- 분배전반 및 각종 전기기구의 노후 및 파손된 것은 없는가?

(조치사항) 노후하거나 파손된 분배전반 및 각종 전기기구는 전기전문업체에 의뢰하여 수리 · 교체하도록 한다. 또한, 「전기사업법」이 정하는 바에 따라 인가 시 전기 안전점검과 정기점검이 실시될 수 있도록 한다.

※ 관련법: 「전기사업법」 제65조~제66조의 2 및 동법 시행규칙 제35조~제35조의 4 등

- 가스경보기의 설치상태가 양호한가?

(조치사항) LNG 또는 LPG에 따른 가스경보기의 위치 · 설치 상태 · 정상작동 여부 및 관련법에 의해 점검을 받았는지 확인한다. 필요시 가스경보기를 전문업체에 의뢰하여 이동설치 · 수리 · 교체하도록 한다.

※ 관련법: 「소방시설의 설치 및 유지관리에 관한 법률 시행령」 제15조

8) 소방시설 관리

- 소화기, 스프링클러 등 소화장비의 관리 상태는 적합한가?

(조치사항) 소화기의 비치 위치, 압력 등의 적합한 관리상태 확인한다. 소화기는 연면적 33m^2 이상에 1대 이상을 비치한다. 또한, 공간의 제약성 등을 확인 후 필요시 추가로 비치한다. 소화기는 눈에 잘 띠는 곳에 위치하고 있는지를 확인하되 영유아 보행 시 충돌 방지를 감안하여 적절한 위치에 놓는다. 소화기는 압력 상태를 월 1회 이상 점검한다. 이상이 있는 것은 새것으로 교체하거나 소방전문

업체에 점검을 의뢰한다. 스프링클러 설비의 정상적인 작동 여부를 확인하고 필요시 소방전문업체에 수리 · 점검을 받도록 한다.

- 자동화재 탐지설비의 설치상태가 양호한가?

(조치사항) 자동화재 탐지설비가 있는 경우에 한하는 것으로 자동화재 탐지설비의 정상적인 작동 여부를 확인하고 필요시 소방전문업체에 수리 · 점검을 받도록 한다.

- 옥내소화전의 관리 및 작동 상태가 양호한가?

(조치사항) 옥외소화전 설비가 있는 경우에 한하는 것으로 소화전 함의 내용물을 확인(관창 1, 호스 2), 방수 시 수평거리 17m 도달 시 정상이다. 옥내소화전 설비의 정상적인 작동 여부를 확인하고 필요시 소방전문업체에 수리 · 점검을 받도록 한다.

※「소방시설의 설치 · 유지 및 안전관리에 관한 법률」제9조 등에 의거 소방시설을 유지 · 관리

9) 비상대피시설관리

- 비상계단 및 미끄럼대 등이 화재 등 유사시 사용이 가능한가?

(조치사항) 설치기준에 적합한 상태, 평상시 영유가 개폐할 수 없는 상태, 유사시 용이한 개방 가능 등의 정상적인 작동 여부를 확인하고 필요시 전문업체에 수리 · 점검을 받도록 한다.

※ 관련법: 영유아보육법 시행규칙 제9조(별표 1)

- 피난유도등 유도표지 등이 잘 갖추어져 있고 정상 작동하는가?

(조치사항) 유도등 유도표지의 위치, 유도등의 상태 · 점등 등을 확인한다. 피난구 유도등의 경우 30m 거리에서 문자 및 색채 식별이 가능해야 한다. 설치기준에 적합성 및 위치 · 작동 여부를 확인하고 필요시 전문업체에 수리 · 점검을 받도록 한다.

- 건물 내 대피경로에 장애가 되는 요소는 없는가?

(조치사항) 계단. 통로, 출입문 등 피난경로에 적치물 방치, 피난에 필요한 유효너비 확보, 비상출구의 잠금장치 설치 여부를 확인한다. 계단, 통로, 출입문 등 피난에 장애가 되는 물건 등은 즉시 이동조치한다. 계단 · 통로 · 출입구의 유효너비, 출입문의 개폐방향, 비상구의 잠금장치 등을 확인하고 시정조치하도록 한다.

※ 관련법:「소방시설의 설치 및 유지관리에 관한 법률 시행령」제15조

〈표 9-33〉 안전관리 월별 점검표

월별 점검표

(점검 상태: 양호○, 보통△, 불량×)

구분	점검항목	점검결과	조치시항
		월	
안전관리	안전관리의 책임 및 위기관리 체계가 적합한가?		
	일별 안전점검 체크리스트에 의해 관리되고 있는가?		
	응급전화번호 및 비상연락망 등이 잘 관리되고 있는가?		
실외환경	어린이집 주변에 감전 위험은 없는가?		
	위험한 적치물, 축대 붕괴, 맨홀 등에 대한 위험은 없는가?		
실내 환경	모든 설비는 움직이거나 떨어지지 않도록 바닥과 벽면에 단단히 고정되어 있는가?		
	창문, 방충망의 상태는 안전한가?		
현관 · 통로 · 계단 · 비상구	출입문, 현관문 등의 안전장치는 정상 작동하는가?		
	계단, 통로부분에 미끄럼 방지처리가 되어있는가?		
	계단의 안전 상태는 양호한가?		
화장실 · 세면대	화장실 내 전기 콘센트 등 전기용품은 안전한가?		
	세면대의 고정 상태는 안전한가?		
실내외놀이 기구 및 공간	모든 놀이기구가 바닥에 안전하게 고정되어 있는가?		
	놀이 시설물의 상태(틈새나 간격)가 영유아의 몸에 끼이지 않는 넓이인가?		
	기초대, 지지대 등 매설부분이 노출되지 않았는가?		
	모든 놀이기구 아래와 주위(안전지대)의 충격흡수재 성능은 양호한가?		
	보수가 필요한 놀잇감 및 놀이기구가 방치되어 있는가?		
	놀이기구의 높이가 영유아에게 적합한가?		
	어린이제품안전특별법, 품질경영 및 공산품 안전관리법 등에 의한 안전검사(KC 인증 등)를 필한 제품인가?		

구분	점검항목	점검결과	조치사항
		월	
전기 · 가스 · 위험물 안전관리	전선, 콘센트, 플러그 등 손상된 부분은 없는가?		
	한 개의 콘센트에 용량을 초과해 사용하고 있지 않은가?		
	분배전반 및 각종 전기기구의 노후 및 파손된 것은 없는가?		
	가스경보기의 설치상태가 양호한가?		
소방시설 관리	대피를 위한 대피도가 잘 관리되어 있는가?		
	소화기, 스프링클러 등 소화장비의 작동 및 관리상태는 양호한가?		
	자동화재 탐지설비의 설치상태가 양호한가?		
	옥내소화전의 관리 및 작동이 양호한가?		
비상대피 시설관리	비상계단 및 미끄럼대 등이 화재 등 유사시 사용이 가능한가?		
	피난유도등 유도표지 등이 잘 갖추어져 있고 정상 작동하는가?		
	건물 내 대피경로에 장애가 되는 요소는 없는가?		

출처: 보건복지부(2020). 2020년 보육사업안내 부록.

또한, 사고발생 시, 감염병 발생 시 보고서 예시는 다음과 같다.

〈표 9-34〉 사고보고서

<table>
<tr><td>어린이집명
(유형)</td><td colspan="2">(　　　　)
* 전담지정종류 포함</td><td>인가일</td><td colspan="3">최초:　　년　월　일
변경:　　년　월　일</td></tr>
<tr><td>주소</td><td colspan="2"></td><td>연락처</td><td colspan="3"></td></tr>
<tr><td>어린이집 현황</td><td colspan="6">정원(　　)명, 현원(　　)명, 보육교직원(　　)명</td></tr>
<tr><td>반별 현황</td><td colspan="6">0세반(　)명　1세반(　)명　2세반(　)명　3세반(　)명　4세반(　)명　5세반(　)명
시간제(　)명　방과후(　)명　시간연장(　)명　24시간(　)명</td></tr>
<tr><td>사고아동명</td><td></td><td>성별</td><td>남/여</td><td>생년월일</td><td colspan="2">년　월　일</td></tr>
<tr><td>사고일자</td><td>년 월 일</td><td>목격자명</td><td></td><td>사고시간</td><td colspan="2">오전/오후</td></tr>
<tr><td>사고 당시 원장 및
담임교사 근무상황</td><td colspan="6"></td></tr>
<tr><td>부모연락사항</td><td colspan="6"></td></tr>
<tr><td>연락시간</td><td>오전/오후</td><td colspan="2">119 신고 여부</td><td colspan="3">□ 안 함　□ 신고함(오전/오후　시)</td></tr>
<tr><td>사고발생 장소</td><td colspan="2">□ 수송 중
□ 실내놀이실
□ 주방
□ 식당</td><td colspan="2">□ 견학 중
□ 화장실
□ 대근육활동실(유희실)
□ 계단</td><td colspan="2">□ 실외놀이장
□ 복도
□ 교사실
□ 기타(　　　　)</td></tr>
<tr><td>사고 당시
활동내용</td><td colspan="2">□ 목욕 및 배변 시간
□ 실내자유놀이
□ 계획된 실외놀이
□ 견학</td><td colspan="2">□ 교실활동
□ 점심/간식/수유 시간
□ 놀이시설 설비
□ 낮잠</td><td colspan="2">□ 계단 오르내리기
□ 실외자유놀이
□ 물놀이
□ 기타(　　　　)</td></tr>
<tr><td>상해를 입은
시설 설비</td><td colspan="2">□ 오르기시설
□ 장애설비
□ 회전대
□ 미끄럼틀
□ 바퀴 달린 장난감</td><td colspan="2">□ 평균대
□ 현관문/교실문
□ 놀이집
□ 그네
□ 잘 모르겠음</td><td colspan="2">□ 크롤(기어나가는 시설)
□ 실외고정물
□ 시소
□ 바퀴 달린 탈 것
□ 기타(　　　　)</td></tr>
<tr><td>상해의 유형</td><td colspan="2">□ 화상
□ 물체에 끼임
□ 압박, 눌림
□ 삠
□ 식중독
□ 기타(　　　　)</td><td colspan="2">□ 쇼크/질식
□ 찢어짐
□ 베임
□ 물림
□ 기타 중독</td><td colspan="2">□ 추락/강타
□ 뼈가 부러지거나 탈구
□ 찰과상(벗겨짐)
□ 찔림
□ 호흡곤란</td></tr>
</table>

상해를 입은 다른 아동이 있는가 ?		□ 예 □ 아니오
사고원인	□ 바닥으로 떨어짐: 떨어진 높이 약 m 바닥의 형태: □ 뛰거나 발을 헛디뎌 넘어짐 □ 다른 유아에게 물림 □ 다른 유아에게 맞거나 밀림 □ 바퀴 달린 탈것(인라인 스케이트 등) □ 물체에 의해 다침 □ 음식물에 의한 질식 □ 곤충에 물리거나 쏘임 □ 동물에게 물림 □ 열, 추위에 노출 □ 기타( )	
다친 부위 (좌, 우 표시)	□ 머리 □ 눈(좌, 우) □ 귀(좌, 우) □ 코 □ 입 □ 목 □ 가슴 □ 등 □ 엉덩이(좌, 우) □ 생식기 □ 팔(좌, 우) □ 손(좌, 우) □ 다리(좌, 우) □ 발(좌, 우)	
사고 관련 특이사항		
보육기관에서 행해진 응급처치(상술 예:압박붕대, 세척, 붕대, 위로 등)		

상해 · 배상보험 가입 현황			
□ 상해 □ 배상 □ 기타( ) 보험금 최고한도 인당( )만 원 건당( )만 원			
응급처치자		의료기관 진료여부	□ 안 함 □ 함
의료기관 진료를 한 경우	□ 외래 진료를 받음(예: 진료실, 응급실) □ 입원(시간/일)		
기타 사후처리 상황 (경찰조사, 피해합의 등)			
사고아동 보호(치료)를 위한 추후 계획			
재발방지를 위한 조치사항			
직원 서명	(인) 날짜: . . 오전/오후		
부모 서명	(인) 날짜: . . 오전/오후		

출처: 보건복지부(2020). 2020년 보육사업안내 부록.

〈표 9-35〉 감염병 발생현황 보고서

〈작성 방법〉

▶ 보고 질환: 10가지 감염병(수족구병 외 9종)에 한함
※ 질병 종류는 유행 정도에 따라 변경될 수 있음

▶ 보고대상자: 해당 질병으로 '의사진단을 받은 아동'에 한하여 연령별 아동 수 기재

▶ 보고시기: 매주 월요일에 보고(지난주 월~토에 발생한 현황을 집계하여 보고)

보고 대상 기간	년 월 주(전주 월~토까지)					
질병명 \ 연령별	0세	1세	2세	3세	4세	5세 이상
수족구병	명	명	명	명	명	명
풍진	명	명	명	명	명	명
유행성 결막염	명	명	명	명	명	명
인플루엔자(유행성 독감)	명	명	명	명	명	명
장염	명	명	명	명	명	명
홍역	명	명	명	명	명	명
유행성이하선염(볼거리)	명	명	명	명	명	명
전염성농가진	명	명	명	명	명	명
수두	명	명	명	명	명	명
무균성수막염	명	명	명	명	명	명
아동상태	□ 자택격리 중: ㅇ명 □ 등원 중: ㅇ명 □ 사망: ㅇ명 □ 기타( ) 직접 입력					
조치사항	(해당 사항을 모두 체크) □ 어린이집 소독 실시 □ 타 아동의 감염 여부 확인(검진 실시 등) ※ 의심 증상 아동은 즉시 병원 내원 조치 □ 각 가정에 감염병 발생 사실 공지 □ 기타( ) 직접 입력					
조치계획	(해당 사항을 모두 체크) □ 어린이집 소독 실시 □ 타 아동의 감염 여부 확인 □ 각 가정에 감염병 발생 사실 공지 □ 기타( ) 직접 입력					

출처: 보건복지부(2020). 2020년 보육사업안내 부록.

4. 아동학대 예방 및 조치요령

아동학대는 "보호자를 포함한 성인이 아동의 건강 또는 복지를 해치거나 정상적 발달을 저해할 수 있는 신체적 · 정신적 · 성적 폭력이나 가혹행위를 하는 것과 아동의 보호자가 아동을 유기하거나 방임하는 것"을 의미하며(「아동복지법」 제3조 제7호), 아동학대 중 보호자에 의한 아동학대를 아동학대범죄로 규정한다(「아동학대범죄의 처벌 등에 관한 특례법」 제2조 제4호). 따라서 아동이 유아교육기관에서 보육을 받는 시간 동안 당해 아동을 담당하는 보육교직원도 보호자에 해당된다.

아동학대 신고는 2014년 9월 29일부터 112로 통합되었다.

❖ 수사기관 및 아동보호전문기관의 아동학대 개입절차

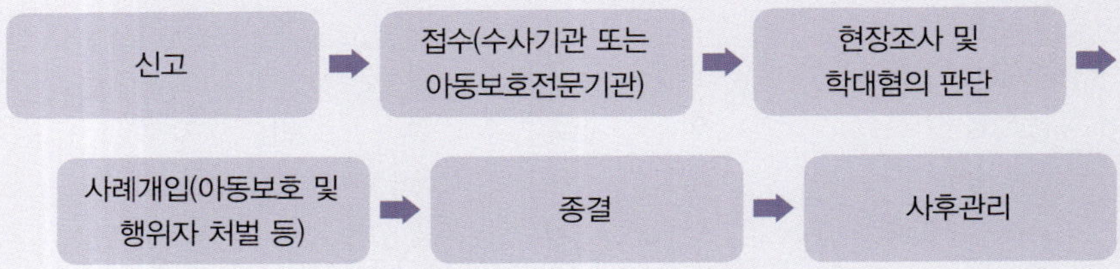

출처: 보건복지부(2020). 2020년 보육사업안내.

어린이집 보육교직원은 「아동학대범죄의 처벌 등에 관한 특례법」 제10조의 규정에 의한 신고의무자로서 직무상 아동학대를 알게 된 경우 및 의심되는 경우 즉시 아동보호전문기관 또는 수사기관에 신고해야 한다. 만약, 신고의무를 이행하지 않을 경우 500만 원 이하의 과태료가 부과된다(「아동학대범죄의 처벌 등에 관한 특례법」 제63조). 보육교사 자격 취득 과정이나 보수교육 과정에 아동학대예방 및 신고의무와 관련된 교육내용이 1시간 이상 포함되어 있고, 어린이집 원장은 보육교직원(「아동복지법」 제26조 제3항에 따라 소속 신고의무자)에게 아동학대 예방 및 신고의무와 관련한 교육을 매년 1시간 이상 실시한다(「아동복지법」 시행령 제26조). 법 제48조 규정에 따라, 보건복지부 장관은 어린이집의 원장 또는 보육교사가 「아동복지법」 제3조 제7호의 2에 따른 아동학대 관련 범죄로 처벌을 받은 경우에는 그 자격을 취소할 수 있다. 또한, 어린이집 설치 · 운영자(보육교직원 등 설치 · 운영자의 관리 · 감독하에 있는 자 포함)가 「아동복지법」 제3조 제7호에 따른 아동학대 행위를 한 경우에는 법 제45조에 따라 1년 이내의 어린이집 운영정지 또는 어린이집의 폐쇄를 명할 수 있다(다만, 설치 · 운영자가 그 행위를 방지하기 위하여 상당한 주의와 감독을 게을리하지 아니한 경우 제외, 설치 · 운영자의 상당한 주의와 감독 여부에 대해서는 학대행위 신고 여부 등을 종합적으로 고려하여 판단). 해당 어린이집 및 시 · 군 · 구는 아동학대 사례 인지 시 수사기관(관할 경찰서 또는 112)에 신고 및 관할 아동보호전문기관에 통보하여 합동조사하거나 피해아동에 필요한 조치를 취하고 관련 내용을 시 · 도 및 보건복지부에 즉시 보고하고, 평가 어린이집의 대표자, 원장 또는 보육교직원이 「아동복지법」 또는 「아동 · 청소년의 성보호에 관한 법률」을 위반한 경우 등급 조정된다.

CHAPTER 10

가정 및 지역사회와의 연계 교류

최근 영유아 교육현장에서는 가정과 영유아 교육기관의 협력을 통한 부모의 지원이 더욱 중시되고 있다. 영유아 교육기관에 재원 중인 영유아는 대부분 영유아 교육기관과 인접한 위치에서 오기 때문에 그 가정이 속한 지역사회를 이해하는 것이 무엇보다 중요하다. 영유아 교육기관에서는 가정과 지역사회와의 연계 교류를 통해 효과적인 교육이 이루어질 수 있도록 방안 마련을 위해 노력해야 한다. 따라서 본 장에서는 가정과 지역사회 연계 교류의 필요성, 가정과 지역사회 연계 교류 방법 및 프로그램에 대해 구체적으로 살펴보고자 한다.

1. 가정과의 연계 교류

1) 가정과 영유아 교육기관 간 협력의 필요성

영유아 교육기관은 기관이 위치한 환경과 문화, 지역사회를 중심으로 운영되므로 교육과 보육의 효과를 최대한 높이기 위해서는 부모, 영유아, 교육기관, 지역사회가 협력하는 것이 중요하다. 가정과 영유아 교육기관의 협력을 통해 가정에서는 자녀 양육의 긍정적 효과뿐만 아니라 영유아 교육기관과 서로 정보를 공유하면서 교육에 관심을 가지며 질 좋은 교육을 위해 상호 노력한다.

과거에는 영유아 교육기관에서 주로 부모를 피교육자로 생각하여 양육 방법에 대한 지식을 증진시키는 프로그램을 제공하는 부모교육을 주로 진행해 왔다. 그러나 최근에는 부모를 교육하는 것이 아닌 부모와 기관 간 협력을 통한 장점과 부모와 기관이 함께할 수 있는 역할에 대한 인식이 커지면서 '부모교육'이라는 용어보다 '부모참여'라는 용어가 사용되고 있다(김경희 · 김서영 · 김신영, 2006). 즉, 부모를 '도움을 주어야 할 대상'으로 인식하고 교육 프로그램을 통해 지식을 전달하고 건강한 자녀 양육을 목적으로 부모를 변화시키고자 하는 것이 부모교육이라면, 부모참여는 부모를 '동반자로 함께하거나 오히려 도움을 받는 대상'으로 인식하고 함께 동

등한 위치에서 협력적인 관계로 교육에 참여하고자 하는 것이다. 그러므로 부모참여는 최근 다양한 형태로 적극적 방식으로 활발한 교류 속에 이루어지고 있는 가정 연계의 현대적 개념이다(김은설 · 최진 · 조혜주, 2009).

가정과 영유아 교육기관의 협력을 통해 영유아는 안정적인 환경을 제공받을 수 있을 뿐만 아니라 일관성 있는 성인의 반응을 통해 자아 개념이 향상된다. 교사는 영유아의 긍정적인 반응을 통해 자신감이 향상되고 부모와의 정보 공유 및 다양한 상호 지원을 통한 교육의 질이 개선된다. 부모는 양육 지원을 받는다는 긍정적인 인식과 양육에 대한 지식과 기술 습득, 양육 효능감의 향상, 교육기관에 대한 관심 증가 등 긍정적인 효과를 기대할 수 있다.

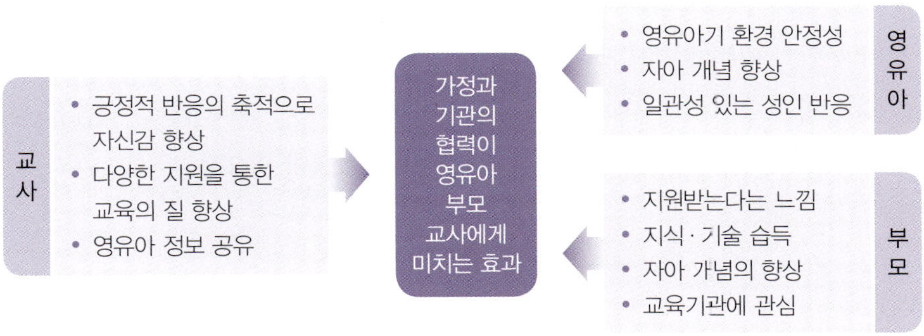

[그림 10-1] 가정과 기관의 협력이 영유아 · 부모 · 교사에게 미치는 효과

출처: 이기숙 외(2016) 재구성.

현대사회에서 다양한 부모교육과 지원이 필요한 이유에 대해 다음과 같이 제시하였다(김희진, 2011).

첫째, 영유아기는 영유아 교육기관뿐만 아니라 가정에서의 영향도 크기 때문에 교육과 양육의 효율성을 위해 부모교육과 지원이 필요하다.

둘째, 현대사회의 부모는 맞벌이, 다양한 가족 형태로 인하여 자녀를 양육하는 환경도 다양하기 때문에 부모교육과 지원이 필요하다.

셋째, 부모는 자녀 교육활동에 참여하면서 자녀교육에 대한 의무감을 실현하며 자기효율성을 증가시키고 자녀교육에 대한 교수방법, 행동관리기법, 의사소통기술 등의 습득을 통해 자기 만족감을 위해 부모교육과 지원이 필요하다.

넷째, 영유아 자녀 양육과 교육에 대하여 다양한 정보로 인한 혼란으로 이를 해소하고 중압감에서 벗어나 부모가 주관 있는 양육을 하기 위해 부모교육과 지원이 필요하다.

다섯째, 교사는 부모참여로 인하여 지속적으로 협력과 상호작용을 통해 영유아에 대한 이해의 폭을 넓힐 수 있고 영유아의 요구에 부응하는 교육과정을 운영하기 위해 부모교육과 지원이 필요하다.

여섯째, 과거와 다르게 현대 사회는 부모의 역할 모델을 삼고 조언을 구할 인물을 찾기 어렵기 때문에 부모교육과 지원이 필요하다.

일곱째, 영유아가 미래 사회에 잘 적응하기 위해 영유아 교육기관과 연계를 통해 더 효과적으로 지원될 수 있기 때문에 부모교육과 지원이 필요하다.

2) 부모참여 및 교육 프로그램

영유아 성장과 발달은 가정에서 부모의 영향을 많이 받으므로 영유아 교육이 성공적으로 이루어지기 위해서는 영유아 교육기관과 가정이 연계되어야 하며, 영유아 교육기관에서는 부모와의 협력을 위한 다양한 부모참여 및 부모교육 프로그램을 계획·수립하여 운영해야 한다. 이를 통해 부모는 영유아 교육기관에 대한 이해를 도모하고 적극적인 협력자로서 역할을 수행할 수 있게 된다.

부모참여는 기관 특성과 개방의 정도에 따라 허용의 정도가 달라진다. 부모 참여 형태를 목적에 따라 다음의 4가지로 구분하였다(김경희 외, 2006).

- 인적 자원을 제공하는 형태이다. 의사, 소방관, 경찰관 등 다양한 전문 분야에 대한 특수한 지식을 가진 부모가 수업활동에 참여하거나 현장을 방문해

봄으로 부모참여를 유도하는 형태가 있다.

- 자원봉사를 통한 유형이다. 교사가 주도하는 활동에 부모가 조력자로 참여하도록 부모에게 요청하는 것이다.
- 의사결정자로 참여하는 유형이다. 기관의 운영위원회, 주요 행사, 운영계획을 결정하거나 예산의 수립과 운용, 결산 등의 과정을 살펴보는 것이 있다.
- 단순 참여 유형이다. 자녀의 공개수업 참석, 작품 전시회, 발표회에 참석하는 등 단순히 기관에서 주최하는 행사에 참여하여 자녀의 활동을 보는 참여도 부모참여의 형태이다.

'영유아 교육기관 평가지표'를 살펴보면, 2017년부터 시행되고 있는 통합지표에서는 영유아 교육기관과 가정 연계를 위해 부모와의 상호 협의 하에 영유아 교육기관 개방, 가정과의 상호작용 및 소통을 위한 방법으로 일일보고서, 대화수첩, 알림장 등을 포함하여 세 가지 이상의 다양한 방법으로 가정과 의사소통을 실시하도록 안내하고 있다. 또한, 가정통신문, 양육정보지, 양육안내, 편지, 리플릿, 소책자 등 지면을 활용하거나 홈페이지, 카페, 블로그 등 컴퓨터를 이용한 통신, 영유아 적응 및 문제행동 수정을 위한 개별면담, 소모임, 부모 강연회, 워크숍 등의 집단모임 중 세 가지 이상의 다양한 부모교육 방법을 실행하도록 하고 있다.

- 부모와 상호 협의 하에 어린이집 개방(기록 확인 자료: 참관 안내문, 운영계획서)
- 부모교육 방법으로 연간 부모교육계획 자료를 다음의 방법 중 세 가지 이상은 실행(지면을 이용한 부모교육 안내, 컴퓨터를 이용한 부모교육 안내, 개별 면담, 집단모임, 어린이집에서 연합하거나 육아종합지원센터 등에서 공동으로 실시하는 부모교육에 참여하도록 안내하는 것도 포함 가능)
- 어린이집과 가정 간 의사소통으로 알림장(일일보고서, 대화수첩, 스마트 알림장 등)을 포함하여 세 가지 이상 방법으로 의사소통(필수기재사항: 보육계획안, 급·간식 식단)
- 부모와 소통이 양방향으로 이루어지며 이에 대한 기록이 유지되고 있음(수첩, 통화내용 요약, 인터넷 기반 통신 교류 기록 면담이나 행사 참여에 대한 부모 댓글, 소감, 평가 등)
- 부모만족도 조사 필수(재원 중인 부모에게 교육기관은 서비스 전반 및 운영에 대한 조사 진행, 연 1회 이상)

부모가 영유아 교육기관의 다양한 활동에 참여하고 협력하는 방법에 대해 구체적으로 살펴보면 다음과 같다.

(1) 관찰 및 참관

부모는 자녀가 영유아 교육기관에서 어떻게 생활하는지 궁금해하므로 영유아 교육기관에서는 부모가 직접 방문하여 자녀의 생활과 활동을 관찰하게 함으로써 부모가 자녀의 생활과 발달 특성을 이해할 수 있도록 하는 것이 바람직하다. 자연스럽게 영유아의 일상생활을 관찰해 보는 경우도 있고 참관수업을 통해 수업, 활동, 특별 프로그램 등을 참관하도록 한다. 이때 주간계획안이나 가정통신문을 이용하여 수업 참관 당일 참관 활동 및 참관 요령 등을 미리 공지하는 것이 좋다. 관찰 및 참관을 통해 부모는 자녀에 대한 이해와 영유아 교육기관에 대한 이해를 높일 수 있다.

(2) 가정통신문

가정통신문은 부모참여 및 교육 운영 방법 중 개인과 가정 대상으로 가장 많이 사용되고 있는 정보 교환 및 의사소통 방법이다. 이것은 부모와 교사가 직접적인 대면은 하지 않지만 문서를 통해 정보를 교류함으로써 간접적 유대를 갖는 것이다. 가정통신문의 목표는 현재 교실에서 진행되는 활동의 정보를 알릴 수 있고 활동의 근거가 되는 보육 및 교육의 목적에 대한 통찰력을 제공할 수 있다. 즉, 영유아 교육기관과 가정 간 대화의 연계를 촉진시키는 역할을 하며, 부모는 가정통신문을 통해 기관과 영유아에 대한 정보를 얻게 된다.

가정통신문은 교육비, 부모교육 계획 및 운영, 건강 및 안전 정보, 영유아 활동과 관련된 정보 등 부모에게 전달하기 위해 매주 혹은 매월 발행되거나 영유아 교육기관이나 부모의 필요에 의해 수시로 발간되는 것 등 매우 다양하다.

가정통신문에 포함되는 내용은 다음과 같다(성영혜 · 이상희, 1993, 재구성).

- 견학, 소풍, 관람에 관련된 정보 안내로서 시간, 장소, 준비물, 도착 시간 등
- 간식 통신문일 경우 간식의 종류와 양, 영양, 대체 식품에 대한 정보
- 입학 초 적응 기간이 영유아에게 필요하므로 부모의 정서적 불안을 덜어 줄 수 있는 따뜻한 내용의 통신문
- 계절에 따른 건강 및 양육과 관련된 정보 안내 등
- 영유아의 건강과 영양을 관리할 수 있는 정보 안내 등
- 영유아 교육기관에 관련된 변경사항 및 안내사항 등
- 활동통신문일 경우 교과과정 중 필요한 재료(폐품, 가정 연계 활동)를 준비할 수 있도록 안내
- 면담을 원하는 부모에게 전화로 시간과 날짜를 정하여 면담을 안내
- 부모가 영유아 교육기관에 보낼 수 있는 통신란을 만들어 가정에서의 생활태도, 바람, 요구사항 등
- 교사가 수시로 영유아 교육기관에서 생긴 일, 전달사항 등
- 부모참여에 대한 제안으로 보조교사, 일일교사, 특별활동의 참가 여부

〈표 10-1〉 가정과 연계하여 유아교육기관 관련된 정보 제공 서류 예시

3월 2주 가정통신문

부모님께.

따스한 봄을 맞이하여 인사드립니다.
저희 ○○어린이집에서는 부모님들의 자녀 양육을 돕고자 가능한 시간을 서로 의논하여 어린이집을 개방하고 있습니다. 이를 통해 부모님께 보육일과를 지켜보거나 활동의 일부를 자녀와 함께할 수 있도록 기회를 제공하고자 합니다. 자녀와 함께하는 이러한 보육 경험은 자녀의 행동 및 어린이집을 이해하는 데 도움이 될 것입니다.

반별 보육실 개방에 대해서는 담임선생님과 협의하여 주시기 바랍니다. 그리고 어린이집 개방과 관련하여 다음 사항을 지킬 수 있도록 사전 협조 부탁드립니다.

1. 부모님의 보육실 입실 과정에서 영유아들의 안정된 생활과 선생님들의 보육활동이 원활히 진행될 수 있도록 협조 부탁드립니다.
2. 특히, 영아반 부모님께서는 보육실 입실 시 어린이집 원아들의 건강과 청결한 위생을 위해 손을 깨끗이 씻고 입실하여 주시기 바랍니다.

※ 기타: 영유아의 침구(개인 이불 및 베개)를 세탁하여 ○○월 ○○일까지 보내 주시기 바랍니다.

20 년 월 일

○○ 어린이집

알림장

년 월 일 요일

가정에서			어린이집에서		
원아 상태	기분	좋음 / 보통 / 나쁨 (이유:)	원아 상태	기분	좋음 / 보통 / 나쁨 (이유:)
	건강	좋음 / 보통 / 나쁨 (이유:)		건강	좋음 / 보통 / 나쁨 (이유:)
	체온	열이 있음 / 많음 / 정상		체온	열이 있음 / 많음 / 정상
식사	저녁		식사	간식	
	간식			점심	
	아침			간식	
배변	저녁	안 했음 / 했음 (딱딱함 보통 설사)	배변	오전	안 했음 / 했음 (딱딱함 보통 설사)
	아침	안 했음 / 했음 (딱딱함 보통 설사)		오후	안 했음 / 했음 (딱딱함 보통 설사)
수면	시 분부터 시 분까지		수면	시 분부터 시 분까지 시 분부터 시 분까지	
투약	약의 종류		투약	증상	
	약의 용량			약의 용량	
	투약 시간/횟수			투약 시간	
	의뢰자			투약자	
전달 내용			전달 내용		

※ 가정에서 투약용 약을 가져온 경우에는 반드시 기록한다.
※ 각 내용은 영유아의 연령에 따라 필요한 내용으로 기록한다.

(3) 부모참여

부모참여수업과 같이 부모가 직접 참여할 수 있는 활동을 통해 자녀와 함께 활동하고 관찰도 할 수 있다. 참여수업을 통해 부모는 영유아의 일상적 일과뿐만 아니라 이야기 나누기, 게임, 동작, 만들기, 특별활동, 운동회, 소풍, 체육대회 등 다양한 활동을 경험할 수 있다. 부모참여수업은 1년에 1~2회 정도 실시하는 것이 효과적이다. 부모참여수업 후에는 평가 설문지를 통해 평가를 받은 후 결과를 다음 부모참여수업에 반영할 수 있도록 한다.

일반적인 부모참여수업 형태는 어머니 참여수업, 아버지 참여수업, 조부모 참여수업 등으로 이루어져 왔으나 최근에는 다양한 가족 형태가 많아지면서 학부모 참여수업으로 부와 모 누구든지 참석 가능하도록 하고 있으며, 부모님이 참여하지 못할 경우 다른 가족도 참여할 수 있도록 배려해야 한다.

부모참여 프로그램 사전 계획 시 고려해야 할 사항은 다음과 같다(정옥분 · 정순화, 2010).

- 한 번으로 끝나는 일회성 교육으로는 효과를 기대하기 힘들기 때문에 장기적이고 지속적인 교육이 이루어지도록 계획해야 한다.
- 부모참여 계획을 세우는 과정에 부모들을 참여시켜 그들이 필요하고 관심 있어 하는 활동으로 계획한다. 자녀를 교육하면서 직면하는 구체적이고 실제적인 문제를 다루는 것 등 부모의 욕구가 충분히 반영되도록 해야 한다. 프로그램 대상은 비슷한 연령, 비슷한 문제를 가진 자녀의 부모로 세분화하여 일반적 원리나 학습적 용어보다 부모가 적용할 수 있는 사례나 실습 위주의 내용을 구성하는 것이 좋다.
- 지역사회의 특성, 집단의 특성에 적절한 교육내용, 방법, 일정을 고려하여 교육의 효과를 높이도록 한다.
- 부모참여계획은 연간, 월간으로 수립되어야 할 뿐만 아니라 구체적이고 실천 가능하도록 일일계획을 수립하는 것이 효과적이다. 연간계획안은 모든 계획

안의 기본 틀이 되는 것이므로 실시하고자 하는 부모참여 프로그램의 방향을 파악하는 데 도움이 된다.

- 실천 가능성이 크고 구체적이고 쉬운 일부터 시작하여 점차 활동의 폭을 확대해 나가는 것이 바람직하다.

부모님과 함께하는 참여수업

부모참여 수업 안내문 및 평가서 예시는 다음과 같다.

〈표 10-2〉 부모참여 수업 안내문 및 평가서 예시

부모참여수업 안내

학부모님 안녕하세요?
평소 우리 아이들이 원에서 어떻게 생활하고 있는지 많이 궁금해하셨을 것 같습니다. 그래서 ㅇㅇ유치원/어린이집에서는 아이들의 생활 모습을 보고 수업에 함께 참여할 수 있는 기회를 마련했습니다. 우리 아이들과 부모님 사이에 공감대가 형성될 수 있는 수업 주제를 가지고 다양한 활동을 하며 유익한 시간을 보내려 합니다. 원의 전반적인 교육활동과 실제적인 프로그램을 경험할 수 있는 좋은 기회가 될 것입니다. 모든 부모님이 참석하셔서 아이들과 함께 즐거운 추억을 만드시길 바랍니다.
감사합니다.

〈프로그램 안내〉

시간	내용
13:00 ~ 13:30	언어활동 – 사계절 이야기
13:30 ~ 14:00	미술활동 – 동식물, 게시판 꾸미기
14:10 ~ 14:40	요리활동 – 봄나물 주먹밥
14:40 ~ 15:10	정리 및 평가

일시 ㅇㅇㅇㅇ년 ㅇㅇ월 ㅇㅇ일 오후 ㅇㅇ시 ~ ㅇㅇ시
장소 ㅇㅇ유치원 / 어린이집

안내사항
– 부모참여수업은 정시에 시작하므로 반드시 시간을 지켜 주시기 바랍니다.
– 신청을 하였으나 참석하지 못할 경우 사전에 원으로 연락하여 주시기 바랍니다.

절 취 선

부모참여수업 참석 신청서

반명: ____________ 원아명: ________________ 보호자: (인)

참석	참석하지 않음

부모참여수업 평가 설문지

안녕하세요. ○○원 가족 여러분!
바쁘신 가운데도 부모참여수업에 참석해 주셔서 진심으로 감사드립니다.
오늘 하루 우리 아이들과 함께 즐겁고 행복한 시간을 보내셨나요?
설문지를 읽어 보시고 오늘 수업에 대해 꼼꼼히 평가해 주세요.

본 설문지는 이번에 진행한 부모참여수업에 대한 의견을 수렴하여, 다음 부모참여수업 계획에 참고하기 위한 자료입니다. 작성하셔서 ○○월 ○○일 ○요일까지 원으로 회신해 주시길 부탁드립니다.

1. 해당란에 ○표해 주세요.

참여수업에 참석하신 분은?	아버지(　　)	어머니(　　)	기타(　　)
내용	만족	보통	미흡(이유 기재)
참여수업 주제는 적절하였습니까?			
참여수업 방법은 적절하였습니까?			
참여수업 시간은 적절하였습니까?			
교사와 아이들의 상호작용이 잘 이루어졌나요?			

2. 오늘 참석한 '부모참여수업' 활동 중 우리 아이는 무엇을 가장 재미있어했나요?

3. 추후 계획되는 부모님과 함께하는 행사의 주제 및 활동으로 제안하고 싶은 것이 있다면 알려 주세요.

4. 오늘 아이와 함께한 '부모참여수업'에서 느낀 점을 적어 주세요.

출처: 키드키즈(www.kidkids.net).

(4) 부모교육

영유아 교육기관에서는 부모교육을 통해 자녀 양육이나 기관 협조에 필요한 정보를 제공할 수 있다. 부모교육은 대집단, 반별 집단, 개별 등의 방법으로 실시될 수 있으며, 강사 초빙, 교사가 직접 진행하는 워크숍, 칼럼 등 다양한 방식이 제공된다.

강연은 강의 전 부모들의 요구에 의해 정해진 전문가가 대 · 소집단의 학부모들에게 강의를 하는 것으로 전문가 강의 후 학부모들이 궁금한 것을 질의할 수 있는 시간을 제공할 수 있다. 한 번에 많은 학부모들을 교육할 수 있다는 장점이 있으나 강사에 대한 관심이나 주제 선정을 신중히 하지 않으면 참여율이 낮아질 수 있다는 단점이 있으므로 학부모들의 요구뿐만 아니라 최근 이슈에 대해 사전 조사를 하여 주제를 선정하고 그 분야의 강사를 섭외한다.

워크숍은 소집단을 대상으로 한 가지 주제에 대하여 서로 이야기를 나누며 실제 활동을 경험하는 것이다. 이론과 실제가 함께 이루어지는 특성을 가지고 있어 자유롭고 실제적인 활동에 참여할 수 있는 기회를 제공한다. 자녀와 함께할 수 있는 놀이를 경험해 보거나 책 만들기, 음식 만들기 등 실제와 활동을 함께 경험해 볼 수 있다.

부모님과 함께하는 책 만들기 교육

부모교육 행사 연간 주제 및 행사계획안 예시는 다음과 같다.

〈표 10-3〉 부모교육 행사 예시

월	주	주제	월	주	주제
3월	1	어린이집(유치원)에 잘 적응해요	9월	1	오감을 자극하는 요리활동
	2	분리 불안이란?		2	독서하는 부모, 독서하는 아이
	3	부모님이 먼저 존중해 주세요		3	우리 아이 자존감 높이기
	4	수줍음이 많은 아이		4	두뇌발달을 위한 '손' 자극 팁
4월	1	아이도 스트레스를 받아요	10월	1	웃어른께 인사해요
	2	가정에서 할 수 있는 간단 오감놀이		2	반항하는 아이 지도 방법
	3	황사와 미세먼지로부터 건강을 지켜요		3	아빠와 함께하는 숲 놀이
	4	양치하는 습관을 길러요		4	타인 존중과 배려, 어떻게 가르쳐야 할까?
5월	1	행복해지는 대화 비결		5	우리 아이 범죄로부터 지키기
	2	사랑받기 위해 태어난 아이들	11월	1	지구를 보호하는 방법
	3	'I 메시지'로 말해요		2	우리 아이 건강 성교육
	4	아이의 정서두뇌를 키워 주는 감정놀이		3	환절기, 급성 편도염을 주의해요
	5	스마트폰 중독 예방법		4	좋은 대화의 기술: 경청하기
6월	1	편식하는 아이를 위한 특별한 방법	12월	1	아이가 느낄 수 있는 사랑 표현
	2	칭찬 잘 하는 비결		2	감기 예방에 좋은 음식
	3	우울해하는 아이, 어떻게 할까요?		3	이웃에게 나누어 주는 기쁨
	4	저축하는 습관 들이기		4	스스로 결정할 수 있어요
7월	1	건강하게 물 마시는 습관	1월	1	감사하는 마음을 지닌 아이로 키우기
	2	또래보다 말이 느린 아이		2	화가 많은 우리 아이 지도법
	3	도덕성, 어떻게 교육할까요?		3	우리 아이의 꿈은 무엇일까요?
	4	청결한 습관을 길러요		4	미디어 올바르게 이용하기
	5	책임감 있는 아이로 성장시키기		5	창의력을 키우는 양육 방법
8월	1	여름에 더욱 조심해야 할 음식 관리	2월	1	차량 장거리 이동 시 주의해요
	2	퇴근 후 10분 놀이하기		2	인성이 쑥쑥 자라나는 말
	3	교통 규칙을 잘 지키는 어린이		3	겨울철 화상 대처법
	4	틱 증상을 보이는 아이		4	자기조절력을 키워 주어요

부모교육 행사 계획안

<table>
<tr><td>행사명</td><td>부모 역할의 중요성, 놀이실습</td></tr>
<tr><td>목표</td><td>• 자녀와의 친밀한 관계 형성을 위한 의사소통기술을 안다.
• 가정에서 부모와 자녀가 함께할 수 있는 놀이 방법을 배우고 실천한다.</td></tr>
<tr><td>견학일시</td><td>년 월 일 pm 19:00 ~ 21:00</td></tr>
<tr><td>대상</td><td>어린이집 부모, 원아(부모교육 신청자에 한함)</td></tr>
<tr><td>장소</td><td>어린이집 지하 강당</td></tr>
<tr><td>소요시간</td><td>약 2시간</td></tr>
<tr><td>준비사항</td><td>– 부모교육 신청서 배부로 부모교육 일정 알림
[어린이집 준비사항]
– 노트북, 빔 연결, 볼펜, 카메라, 저녁 식사, 생수, 쓰레기통, 신발장</td></tr>
<tr><td>진행 과정</td><td>
<table>
<tr><td rowspan="2">과정</td><td>교육시간</td><td rowspan="2">교육내용</td></tr>
<tr><td>오후</td></tr>
<tr><td>1</td><td>19:00</td><td>사업 소개, 강사 소개, 프로그램 시작</td></tr>
<tr><td>2</td><td>19:05</td><td>간단한 스트레칭
(손 제로 게임, 아빠! 외치기 등)</td></tr>
<tr><td>3</td><td>19:15</td><td>아버지 역할의 중요성
– 동영상 ‘초등학생이 쓴 시’: 아빠는 왜 있는지 모르겠다 등</td></tr>
<tr><td>4</td><td>19:40</td><td>감정코칭 대화법(들어 보기, 공감하기 등)
– 동영상 ‘금붕어 관련 아빠의 반응’
: 축소 전환형(새로 사 줄게), 억압형(그깟 금붕어, 뚝 그쳐), 방임형(슬프면 울어야지), 감정코치형(감정 포착, 공감, 스스로 해결 지지)
– 감정 인식 → 감정적 순간을 친밀감 조성과 교육의 기회로 삼기 → 감정이 타당함을 인정하고 공감 → 자기감정 표현하도록 돕기 → 스스로 문제를 해결하도록 이끌면서 행동의 한계 정해 주기</td></tr>
</table>
</td></tr>
</table>

<table>
<tr><td>진행 과정</td><td>
<table>
<tr><th rowspan="2">과정</th><th>교육시간</th><th rowspan="2">교육내용</th></tr>
<tr><th>오후</th></tr>
<tr><td>5</td><td>20:10</td><td>아빠와 자녀의 사랑을 두 배로 키워 주는 놀이법
– 칭찬, 격려, 억압된 감정 표현, 마음 주고받기, 즐거운, 사람 중심, 탐색적인, 창의적인, 자유로운 활동
– TV 쇼 방청객이 되어, 일관성 있는 태도로, 동심으로 돌아가서, 놀이를 생활화하고 피곤할 땐 쉬자</td></tr>
<tr><td>6</td><td>20:30</td><td>부모 자녀와 함께하는 체험활동
– ㅇㅇ가 예뻐하며 스티커 붙이기, 콩 숨기기, 콩 흩뿌리기, 줍기
– 빙글빙글, 슈퍼맨, 방귀쟁이 놀이체육
– 신문지 놀이, 상황 설정, 찢기, 뭉치기 정리하기
– 봉 넘기, 걷기, 상황 설정(철봉 등)</td></tr>
<tr><td>7</td><td>21:30</td><td>Q&A, 만족도 조사 및 프로그램 종료</td></tr>
</table>
</td></tr>
<tr><td>행사비</td><td></td></tr>
<tr><td>전화번호</td><td></td></tr>
<tr><td>기타
참고사항</td><td></td></tr>
</table>

출처: 경찰청 어린이집.

(5) 부모면담

부모면담은 학부모와 교사의 직접적인 의사소통을 의미한다. 학부모와 교사는 면담을 통해 영유아에 대한 정보를 얻을 수 있고 부모는 영유아 교육기관에서 영유아가 어떻게 생활하는지 알 수 있다. 면담은 방문 · 전화 · 서면을 통하여 가능하며, 면담 기간을 정해서 정기적인 면담을 진행하는 것이 좋다. 영유아 교육기관에서는 1년에 2회 정도 정기적인 면담을 실시하는 것이 바람직하며, 수시 면담이나 추가 면담을 희망하는 경우 교사와 부모의 일정을 맞추어 실시하는 것이 좋다.

면담은 크게 개인면담과 집단면담으로 나눌 수 있다. 개인면담은 한 영유아의 부모와 교사가 만나 일대일로 형성되는 만남이기 때문에 깊은 의견을 교환할 수 있는 장점이 있다. 성공적인 개인면담을 위해 교사는 면담 전 궁금하거나 이야기 나누고 싶은 부분을 서류를 통하여 알아본 후 영유아를 충분히 관찰하고 이해함으로써 많은 정보와 지도 방법에 대한 계획을 가지고 있어야 한다. 집단면담은 여러 학부모와 동시에 공개적으로 하는 면담으로 기관, 반에 대한 다양한 의견을 제시하거나 학부모가 비슷한 경험에 대한 의견을 교환할 수 있다는 장점이 있다. 그러나 공개된 면담이기 때문에 솔직한 이야기를 나누거나 깊이 있게 문제에 접근하기 힘들다는 단점이 있다.

부모님들과 함께 집단면담을 실시하고 있는 모습

〈표 10-4〉 영유아 관찰 및 평가기록일지 및 부모 면담일지 예시

〈영유아 관찰 및 평가 기록〉 * 영유아 개별 마련하여 사용

반명		이름		생년월일	

월	관찰내용
3월	☞ (작성 Tip) 놀이, 활동, 일상생활에서 개별 영유아의 반응, 행동을 객관적으로 관찰하여 기록
4월	
5월	
6월	
⋮	
영유아발달 평가	☞ (작성 Tip) 관찰기록, 활동결과물 등 영유아의 발달 변화를 파악할 수 있는 자료를 활용하여 종합적으로 평가

〈부모 개별 면담 기록〉

□ 상반기

일시	2017. 04. 02.	대상	○○○ 어머니	면담자	○○○ 교사
부모 의견					
교사 의견					
면담 결과					

<table>
<tr><td rowspan="2">결재</td><td>담당</td><td>선임</td><td>원장</td></tr>
<tr><td></td><td></td><td></td></tr>
</table>

부모면담일지

면담일자: 년 월 일

<table>
<tr><td colspan="2">영유아명</td><td></td><td>생년월일</td><td></td></tr>
<tr><td colspan="2">영유아와 내담자의 관계</td><td></td><td>면담자</td><td>담임</td></tr>
<tr><td rowspan="5">발달
사항</td><td>신체 · 운동건강</td><td colspan="3"></td></tr>
<tr><td>의사소통</td><td colspan="3"></td></tr>
<tr><td>사회관계</td><td colspan="3"></td></tr>
<tr><td>예술경험</td><td colspan="3"></td></tr>
<tr><td>자연탐구</td><td colspan="3"></td></tr>
<tr><td colspan="2">총 평</td><td colspan="3"></td></tr>
<tr><td colspan="2">면담 내용</td><td colspan="3"></td></tr>
<tr><td colspan="2">비고</td><td colspan="3"></td></tr>
</table>

출처: 보건복지부(2020). 2020년 보육사업안내 부록.

(6) 부모자원봉사

부모자원봉사는 현장 견학, 소풍, 운동회 및 행사 도우미, 간식 및 식사 준비, 교구 제작, 놀잇감 세척 등 영유아 교육기관에서 이루어지는 다양한 활동에 부모가 봉사자로 직접 참여하는 것이다. 부모에게 자원봉사활동의 기회를 제공하는 것은 부모로 하여금 자녀를 보다 잘 이해하도록 도움을 줄 뿐만 아니라 자녀 양육과 가정환경의 변화도 기대할 수 있으며, 영유아 교육기관에 대한 더 많은 이해와 협력적 관계를 유지할 수 있어 유치원 운영관리 측면에서도 효과적이다. 따라서 자원봉사활동이 효과적으로 이루어지기 위해 자원봉사자에 대한 사전준비와 교육이 필요하며, 영유아 교육기관의 모든 교직원이 자원봉사자의 역할에 관심을 가지고 지지해 줌으로써 자원봉사자가 자신의 역할에 대한 보람을 느낄 수 있도록 해야 한다.

(7) 운영위원회

영유아 교육기관에서 운영위원회는 운영의 투명성, 합리성, 민주성을 높이고 기관의 의사결정에 직접적인 목소리를 내며 참여하는 것이다. 즉, 영유아 교육기관 운영의 전반적인 철학과 교육과정에 대한 의견을 수렴하고 결정하는 학부모 대표자의 역할을 하게 된다. 유치원의 경우 「유아교육법」 제19조의 3에 의거하여 유치원 운영에 대한 학부모의 공식적 참여 통로로 유치원 운영위원회를 운영하고 있다. 유치원 운영위원회 구성은 「유아교육법 시행령」 제22조의 3에 따라 당연직 교원위원인 원장을 비롯한 교원위원과 학부모위원으로 이루어지고, 원아가 100명 미만 기관은 5명 이상 8명 이하, 100명 이상 기관은 9명 이상 11명 이하로 구성한다. 운영위원회를 통해 영유아 교육기관의 운영과 관련된 주요 사항과 방침의 변경에 대하여 함께 의논하고 구성원의 의견이나 요구를 수렴하여 운영에 반영할 수 있도록 하고 있다. 운영위원회는 국 · 공립 유치원의 경우 심의기구로, 사립 유치원의 경우 자문기구로 운영된다. 어린이집의 경우 운영위원회는 원장, 보육교사 대표, 학부모와 지역사회 인사를 포함하여 5명 이상 10명 이내로 어린이집 운영과 관련된 주요

사항과 방침의 변경 등에 대해 함께 의논한다. 영유아 교육기관에서는 운영위원회 개최 후 회의 결과는 반드시 공개하여 모든 부모가 운영위원회의 주요 논의와 회의 결과에 대해 알 수 있도록 게시한다.

〈표 10-5〉 유치원과 어린이집 운영위원회 기능 비교

국 · 공립 유치원	어린이집
• 유치원 규칙의 개정에 관한 사항 • 유치원 예산 및 결산에 관한 사항 • 유치원 교육과정의 운영 방법에 관한 사항 • 학부모가 부담하는 경비에 관한 사항 • 유치원 급식에 관한 사항 • 방과후 과정 운영에 관한 사항 • 유치원 운영에 대한 제안 및 건의에 관한 사항 • 원장의 공모 방법, 임용, 평가 등에 관한 사항 • 초빙교사의 추천에 관한 사항 등	• 어린이집 운영 규정 제정, 개정에 관한 사항 • 어린이집 예산 및 결산의 보고에 관한 사항 • 영유아의 건강 · 영양 및 안전에 관한 사항 • 보육 시간, 보육과정의 운영 방법 등 어린이집의 운영에 관한 사항 • 보육교직원의 근무환경 개선에 관한 사항 • 영유아의 보육환경 개선에 관한 사항 • 어린이집과 지역사회의 협력에 관한 사항 • 그 밖에 어린이집 운영에 대한 제안 및 건의사항

출처: 「유아교육법」 제19조의 2~6, 「유아교육법 시행령」 제22조의 2 및 12, 「영아보육법」 제2조 / 「영유아보육법 시행령」 제21조의 2, 「영유아보육법 시행규칙」 제26조.

어린이집 운영위원회 회칙 및 규정 점검
- ☞ 운영위원 적정 수 확인(3월 1일 보육정원 기준)
- ☞ 필요시 회칙 및 규정 개정 [운영위원회]

⬇

어린이집 운영위원회 구성계획 수립
- ☞ 어린이집 운영위원회 구성계획 수립
- ☞ 부모에게 가정통신문 배포

⬇

부모위원 선출
- ☞ 부모에게 선출 관련 가정통신문 배포
- ☞ 2월 부모 오리엔테이션 기간이나 3월 초 선출공고 후 선출

⬇

보육교사위원 선출
- ☞ 교직원 회의를 통해 추천 후 선출 또는 원장이 위촉

⬇

지역사회위원 선출
- ☞ 상반기 최초 운영위원회 실시 전까지 선출
- ☞ 부모 및 보육교사 위원의 추천으로 선출
- ☞ 법인이나 직장의 경우 생략 가능

⬇

어린이집 운영위원회 구성

[그림 10-2] 어린이집 운영위원회 구성절차

출처: 보건복지부(2012). 보육시설 운영위원회 매뉴얼.

〈표 10-6〉 **월별 어린이집 운영위원회 운영일정표 (예시)**

<table>
<tr><th>월</th><th>1월</th><th>2월</th><th>3월</th><th>4월</th><th>5월</th><th>6월</th></tr>
<tr><td rowspan="5">일정</td><td rowspan="2">• 어린이집 운영위원회 회칙 및 규정 점검
• 어린이집 운영위원회 구성계획 수립</td><td colspan="2">• 부모에게 위원(부모, 지역) 선출 관련 가정통신문 배포</td><td colspan="2">• 상반기 정기 운영위원회 개최 알림 가정통신문 배포</td><td>• 운영위원회 심의 내용 및 회의록 게시</td></tr>
<tr><td colspan="2"></td><td colspan="2">• 상반기 정기운영위원회 개최</td><td></td></tr>
<tr><td rowspan="3"></td><td colspan="2">• 부모 위원 선출</td><td></td><td rowspan="3">• 위원장 선출</td><td rowspan="3"></td></tr>
<tr><td rowspan="2"></td><td colspan="2">• 보육교사 위원 선출</td></tr>
<tr><td colspan="2">• 지역사회 위원 선출</td></tr>
<tr><th>월</th><th>7월</th><th>8월</th><th>9월</th><th>10월</th><th>11월</th><th>12월</th></tr>
<tr><td>일정</td><td></td><td></td><td></td><td colspan="2">• 하반기 정기 운영위원회 개최 알림 가정통신문 배포
• 하반기 정기운영위원회 개최</td><td>• 운영위원회 심의 내용 및 회의록 게시</td></tr>
</table>

출처: 보건복지부(2012). 보육시설 운영위원회 매뉴얼.

〈표 10-7〉 운영위원회 관련 서류 양식

ㅇㅇ년도 ㅇㅇ어린이집 운영위원회 구성 계획

■ 의의

보육시설 운영위원회는 보육시설 운영에 교직원, 부모, 지역사회 인사가 참여함으로써 보육시설 운영의 자율성 및 투명성을 확보하고 지역 실정과 보육시설 특성에 맞는 다양한 보육을 창의적으로 실시할 수 있도록 심의·자문하는 기구이다. 보육시설은 부모 및 지역사회와 긴밀하게 협력하여 동반자적인 관계를 유지할 때 보육에서 최선의 효과를 얻을 수 있다.
즉, 보육시설 운영위원회를 통하여 보육시설과 부모, 지역사회가 서로의 의견이나 요구를 나눌 수 있는 공식적 통로를 마련할 수 있고 협력하여 영유아를 위한 질적인 보육서비스를 제공할 수 있다.

■ 법적 근거

「영유아보육법」 제25조

■ 보육시설 운영위원회 구성

1. 구성 시기: ㅇㅇㅇㅇ년 ㅇㅇ월 ㅇㅇ일까지

2. 위원 적정 수

위원별 / 구분	시설장	보육교사 위원	부모 위원	지역사회 위원	계	비고
위원정수	ㅇ명	ㅇ명	ㅇ명	ㅇ명	ㅇㅇ명	

3. 보육시설 운영위원회 위원회 선출
   가. 부모 위원 선출
      ① 선출 기간: ㅇㅇㅇㅇ년 ㅇㅇ월 ㅇㅇ일부터 ㅇㅇㅇㅇ년 ㅇㅇ월 ㅇㅇ일까지
      ② 선출 방법: 직접선거 또는 위촉 방법으로 선출
   나. 지역사회 위원 선출
      ① 선출 기간: ㅇㅇㅇㅇ년 ㅇㅇ월 ㅇㅇ일부터 ㅇㅇㅇㅇ년 ㅇㅇ월 ㅇㅇ일까지
      ② 선출 방법: 위촉 방법으로 선출

4. 연간 보육시설 운영위원회 회의 일정

운영위원 선출 안내문

안녕하십니까?
○○어린이집에서는 보육시설 운영의 자율성 및 투명성을 확보하고, 지역설정과 보육시설 특성에 맞는 다양한 보육을 창의적으로 실시할 수 있도록 시설장과 보육교사 대표, 부모대표, 지역사회(직장) 인사를 위원으로 하는 보육시설 운영위원회를 구성하여 운영하고 있습니다.
앞으로 전체 부모를 대상으로 운영위원 선출 절차를 거치게 됩니다. 특별한 결격 사유가 없는 한 여러 부모님은 누구나 운영위원 후보가 될 수 있으며, 보육시설 운영위원이 되면 보육시설 운영과 관련된 중요한 의사결정에 참여하는 등 보육 전반에 대한 동반자격 역할을 수행할 수 있습니다.
우리의 자녀들이 안전한 보육환경 속에서 질 높은 보육을 받을 수 있도록 여러 부모님의 적극적인 협조 부탁드립니다.

구분	인원	자격	비고
보육교사 위원	명	• 본 어린이집에 재직하고 있는 보육 교사	
부모 위원	명	• 본 어린이집에 자녀를 보내는 부모	
지역사회 위원	명	• 당해 보육시설 지역을 생활 근거지로 하는 보육 전문가 • 기타 지역 및 보육시설 운영에 이바지하고자 하는 자 • 법인 담당자 및 직장의 보육시설 업무 담당자	
계	명		

년 월 일

○○ 어린이집

어린이집 운영위원회 구성 결과 안내문

부모님들의 적극적인 참여로 선출된 부모 위원과 보육교사 위원이 지역사회 위원을 선출하고 제○기 보육시설 운영위원회를 구성하였습니다.
운영위원회 구성 현황을 아래와 같이 안내해 드리니 부모 위원 및 지역사회 위원을 통한 보육시설 운영에도 적극적으로 참여하시고 앞으로도 어린이집과 자녀보육에 부모님들의 많은 관심과 성원을 보내 주실 것을 기대합니다.

〈보육시설 운영위원 명단〉

<table>
<tr><th>구성</th><th>성명</th><th>성별</th><th>비고</th></tr>
<tr><td>시설장</td><td></td><td></td><td></td></tr>
<tr><td rowspan="2">보육교사 위원</td><td></td><td></td><td></td></tr>
<tr><td></td><td></td><td></td></tr>
<tr><td rowspan="4">부모 위원</td><td></td><td></td><td></td></tr>
<tr><td></td><td></td><td></td></tr>
<tr><td></td><td></td><td></td></tr>
<tr><td></td><td></td><td></td></tr>
<tr><td>지역사회 위원</td><td></td><td></td><td></td></tr>
</table>

년 월 일

○○ 어린이집

ㅇㅇ어린이집 운영위원회 안내

안녕하십니까?
봄바람이 솔솔 불어오고, 연두빛 새싹은 새록새록 돋아나고 개나리, 진단래, 목련의 꽃망울은 봄을 맞아 화사하고 상큼한 미소로 기분 좋은 봄인사를 하고 있습니다.
바람직한 보육이 되기 위해서는 아이를 바라보는 부모와 교사의 상이 같아야 하기 때문에 보육관을 서로 나누고 맞추어 가는 일은 매우 중요하다고 할 수 있습니다. 이에 ㅇㅇ어린이집은 보육방침, 보육 프로그램, 하루일과, 부모가 원하는 어린이집의 상 등을 운영위원회를 통해 함께 나누어 보고자 합니다.
ㅇㅇ어린이집의 ㅇㅇ년도 운영위원회 운영현황 및 일정은 아래와 같습니다.

– 아 래 –

■ 운영위원회 회의 일정

구분	내용	일시
1	운영위원 선출	부모 오리엔테이션(2월) 3월초 가정통신문으로 공지 후 선출 교사회의를 통해 보육교사 위원 선출
2	위원장 선출(4월) 안건 협의	상반기 정기회의(4월) 하반기 정기회의(11월)

■ ㅇㅇㅇㅇ년도 상반기 운영위원회 정기 일정
일시: ㅇㅇㅇㅇ년 ㅇ월 ㅇ일( )
장소: ㅇㅇㅇ어린이집

■ 운영위원 명단

구분	성명	반	자녀명	연락처	이메일	비고
시설장						
보육교사위원						
부모위원						
지역사회 (직장)위원						

출처: 보건복지부(2012). 보육시설 운영위원회 매뉴얼.

2. 지역사회와의 연계 교류

1) 영유아 교육기관과 지역사회와의 협력의 필요성

영유아가 자신이 살고 있는 지역사회에 대해 이해하고 지역사회에 원만하게 적응하도록 돕기 위해서는 영유아 교육기관의 주변 환경과 자원을 적극 활용하는 등 지역사회와 긴밀한 협력이 필요하다(이경희 외, 2014). 지역사회와 협력관계를 유지하는 것은 성공적인 영유아 교육기관 운영의 바탕이 되므로 영유아 교육기관에서는 영유아의 실생활 및 주변 환경과 밀접한 관계가 있는 프로그램을 계획 · 운영하고 영유아가 가정 및 영유아 교육기관 외에 지역사회 환경을 보다 친밀하게 이해할 수 있도록 지역사회기관과 긴밀한 협조관계를 유지해야 한다. 즉, 영유아 교육기관은 기관이 속한 지역사회의 특성을 파악하고, 이를 기관 운영에 반영함으로써 보다 효율적으로 운영할 수 있다. 또한, 영유아 교육기관에서는 지역사회의 인적 자원과 물적 자원을 효율적으로 활용함으로써 보다 질 높은 교육을 제공할 수 있으며, 지역사회의 한 구성원으로 지역사회의 여러 기관과 협력하며 서로 도움을 주고받으면서 발전해 나갈 수 있다.

지역사회와 영유아 교육기관의 협력을 통해 영유아는 지역사회의 다양한 자원을 활용하여 다양한 체험활동이 가능하고 지역사회 봉사활동에 참여할 수 있는 기회를 제공받을 수 있으며, 다양한 지역사회 지원서비스를 통해 삶의 질이 향상될 수 있다. 교사는 지역사회 지원서비스를 통해 다양한 교육 자료를 제공받음으로써 교사의 전문성을 향상시킬 수 있다. 또한, 영유아 교육기관은 다양한 인적 · 물적 · 문화적 자원을 제공받음으로써 교육과정의 질 향상 등 긍정적인 효과를 기대할 수 있다.

영유아 교육기관 평가지표를 살펴보면, 2017년부터 시행되고 있는 통합지표에서는 영유아 교육기관과 지역사회 연계 활동은 영아의 경우 2개월에 1회 이상, 유아의 경우 월 1회 이상 지역사회 자원을 활용한 연계 활동을 실행하고, 그 결과를 기록하도록 하고 있다. 또한, 지역사회 주민과 연계하는 영유아 활동은 연 1회 이상 실시하도록 안내하고 있다.

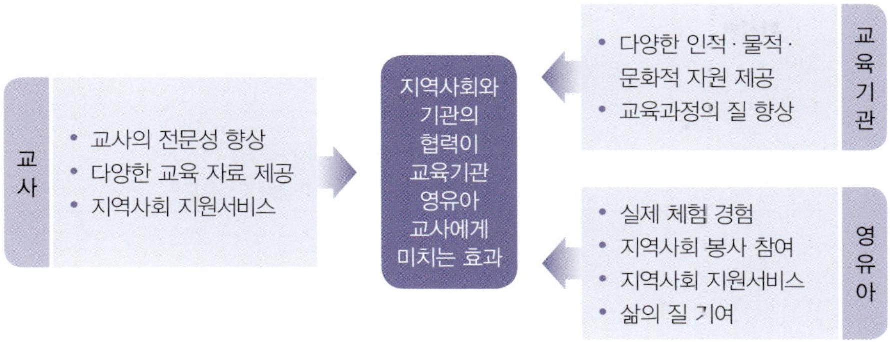

[그림 10-3] 지역사회와 기관의 협력이 교육기관 · 영유아 · 교사에게 미치는 효과

출처: 이기숙 외(2014) 재구성.

2) 지역사회 연계교육 프로그램

지역사회는 영유아 교육기관과 생태학적으로 관련되어 있으므로 영유아 교육기관에서 교육과 보육을 받는 영유아에게 지역사회의 다양한 자원과 서비스를 활용하여 통합지원이 이루어질 수 있도록 할 뿐만 아니라 영유아의 사회적 · 정서적 · 교육적으로 안정된 성장과 발달을 경험할 수 있는 기회를 제공한다. 따라서 지역사회 연계는 영유아에 대한 투자이자 지역사회의 발전이라는 공생적 성장 의미를 가지므로 영유아 교육기관에서는 지역사회 단체 및 주민들과 원만하고 긍정적인 관계를 형성하고 인적 · 물적 자원을 교류함으로써 질 높은 교육활동이 가능하도록 해야 한다.

매체의 발달로 인하여 유아가 자신이 속한 지역사회와 우리나라를 대표하는 것들, 그리고 세계 여러 나라에 대해 경험하는 기회가 과거보다 다양하고 풍부해졌다. 또한, 유아기는 다름에 대한 편견 없이 다양한 문화를 경험하기 시작하기에 적당한 시기이다. 유아가 내가 사는 동네, 지역사회, 우리나라에 대한 이해를 바탕으로 세계 다양한 나라와 문화에 대하여도 관심을 갖도록 하는 것은 다양성을 수용할 수 있으므로 중요하다. 사회관계 영역 중에서 내용범주 '사회에 관심 가지기'에 속한 내용을 살펴보면 다음과 같다.

〈표 10-8〉 만 3~5세 누리과정 사회관계 영역의 목표

영역	내용범주	내용
사회관계 영역	사회에 관심 가지기	내가 살고 있는 곳에 대해 궁금한 것을 알아본다.
		우리나라에 대해 자부심을 가진다.
		다양한 문화에 관심을 가진다.

출처: 보건복지부 · 교육과학기술부 (2020). 3-5세 연령별 누리과정 해설서.

내용범주 '사회에 관심 가지기'에 속한 내용 중에서 '내가 살고 있는 곳에 대해 궁금한 것을 알아본다.'는 유아가 자주 접하는 가까운 주변 지역과 이웃에 대해 관심을 가지고, 궁금한 것을 알아보며, 지역 구성원으로서 유대감과 소속감을 느끼는 내용을 포함한다. 유아는 자신이 살고 있는 지역사회에 대한 관심을 통해 동네의 이름과 동네가 갖고 있는 특성, 함께 어울려 사는 사람들과 이웃의 다양한 직업 등 지역사회와 이웃들에 대한 구체적인 특성을 알아가게 된다.

(1) 지역사회 자원을 이용한 활동

- 지역사회 병원과 연계하여 응급 시 협조
- 병원, 보건소에서 기관으로 방문하여 건강교육
- 지역사회 도서관과 연계하여 책, 놀잇감 대여
- 아동보호전문기관과 협조하여 교육

지역사회 소방서를 방문하여 안전교육을 하는 영유아의 모습

(2) 지역사회기관 활용 부분

- 현장학습을 위해 공공건물과 시설 활용
- 지역사회와 의사소통을 위해 유아교육기관 개방
- 대학생에게 실습을 허용하여 보육현장에 이해 도움
- 시청, 구청, 동사무소, 경찰서, 소방서, 보건소,
- 의료기관, 대형마트, 은행, 과수원, 재래시장
- 문화회관, 초등학교, 아동보호 전문기관 등

마트, 장터를 활용하여 지역사회 연계 활동을 하는 영유아의 모습

지역사회기관을 활용하여 활동을 하는 영유아의 모습

(3) 지역사회 자원 활용 부분

- 지역사회의 인적 자원을 기관이 운영에 참여할 수 있도록 운영위원회 위원(지역사회 대표)로 위촉
- 지역사회 인사, 직업 등 다양한 인적 자원을 적극적으로 활용

기관에 방문하여 안전교육을 하는 영유아의 모습

이야기할머니 이야기를 듣는 영유아의 모습

(4) 자원봉사자 활용 부분

- 지역사회 주민과 접촉하며 대인관계 풍부
- 육아종합지원센터, 자원봉사센터, 대학 등을 통하여 자원봉사자 모집

실습 선생님과 활동하는 영유아의 모습

건강가족지원센터에서는 지역사회 전문가, 전문기관과 영유아 교육기관 및 가정 연계를 위해 아이 돌봄이, 가족교육, 가족상담 등 다양하게 이용할 수 있도록 가정에 안내하거나 영유아의 정서나 행동 발달상의 문제가 있는 경우 인지, 음악, 언어, 사회성, 놀이치료 등의 다양한 치료를 통하여 도움을 준다. 또한, 아동보호사업으로 아동학대가 의심되는 상황에 대한 도움, 아동학대 예방치료 사업, 아동보호전문기관에서 피해 학대아동을 일시보호하거나 심리치료 등을 병행할 수 있도록 다양한 사업을 진행하고 있다. 영유아 교육기관에서는 영유아와 가정이 지역사회 전문가의 지원서비스를 제공받을 수 있도록 다양한 정보를 제공하고 연계 협력 체계를 구축하여 도움을 받을 수 있도록 해야 한다.

3) 지역사회 참여 및 연계교육 프로그램

(1) 지역사회 연계 프로그램

지역사회 연계 프로그램은 지역이나 사회경제적 · 문화적 배경의 차이에 따라 보육과 교육에 대한 욕구가 서로 다르므로 영유아의 발달과 실생활에 미치는 영향을 고려하여 지역사회에서도 사회적 · 문화적으로 가치 있는 활동을 선정하여 제공해야 한다. 영유아는 영유아 교육기관에서 교육을 받는 동시에 지역사회 안에서 성장하고 발달하므로 지역사회의 다양한 경험은 영유아의 성장 발달에 영향을 미친다. 따라서 지역사회 연계 프로그램은 지역사회의 요구와 특성을 반영한 프로그램으로 구성하여 통합적으로 운영하는 것이 매우 중요하다.

또한, 지역사회 연계는 영유아 교육기관과 지역사회와의 관계가 원만할 때 영유아의 사회적 기능 향상을 도울 수 있을 뿐만 아니라 지역사회 발전에도 기여할 수 있다. 영유아 교육기관은 지역사회기관과의 다양한 교류를 통해 영유아가 자신의 주변 환경에 대해 더욱 잘 이해하고 적응할 수 있도록 도와주어야 하며, 지역사회의 다양한 인적 · 물적 자원을 적극적으로 활용함으로써 영유아 교육기관 내에서 발생하는 문제점에 대해 조금 더 전문적인 지원체계를 구축하여 도움을 받을 수 있다. 즉, 영유아 교육기관이 지역사회로부터 지원을 받는 동시에 지역 발전에 기여하고 운영에 필요한 제반 사항을 협조받을 수 있다.

영유아 교육기관과 지역사회와의 협력은 교육 및 보육과정 안에서 연계가 이루어져야 하며, 영유아가 지역사회 기관을 경험할 수 있도록 영유아 교육기관에서는 1년 동안 체계적으로 지역사회와 연계가 이루어질 수 있는 연간계획을 수립한 지역사회연계 프로그램을 구축하는 것이 바람직하다. 지역사회 연계활동 연간계획안과 연계활동의 진행과정을 살펴보면 다음과 같다(중앙육아종합지원센터, 2014).

〈표 10-9〉 지역사회 연계활동 연간계획안 예시

시기	기관	활동명	내용	참여자	비고
매월	○○산 둘레길	산책과 등반	신체운동발달 자연친화생태교육	숲해설가 공원관리요원	월 1회 진행
4, 6, 9, 11월	○○치과	주치의제 연계	치과 검진 치아건강관리 및 위생교육	치과의사 치위생사	월 4회 진행
5월	어린이 축제	지역축제 참여	지역사회 문화체험 지역사회 다양한 사람들과의 어울림	축제 진행자 자원봉사자	자원봉사 연계
6월	재래시장	시장 견학	재래시장의 모습 견학 돈의 사용 알기	시장의 상인들	요리활동 연계
7월	작은 도서관	도서관 견학	도서관 이용방법과 태도 알기 책 읽기에 대한 관심과 태도	도서관 사서	가정 연계
3, 5, 10, 12월	육아종합 지원센터	놀이실 이용	놀이실의 시설, 놀잇감 활용 창의력 발달 및 사회성 증진	놀이실 교사 센터의 직원	연 4회 진행
10월	주민센터	벽화 그리기	지역사회 자원봉사 참여 기회	주민센터 직원 미술전공 대학생	사전 신청
11월	소방서	현장학습	소방서의 역할 이해 화재예방 및 소방대피훈련	소방관 소방서 교육팀	교통편 확인
12월	노인복지관	효도의 날	어르신들과 전통놀이 함께하기 존경하는 마음 표현하기	노인복지관어르신 사회복지사	가정 연계

출처: 신라대학교 보육교사 보수교육 자료집.

〈표 10-10〉 지역사회 연계 활동 예시

<table>
<tr><td>교육명</td><td colspan="2">현장학습–치과가 궁금해요!</td></tr>
<tr><td>목표</td><td colspan="2">치과를 직접 방문하여 치아와 치과에 대해 궁금한 점을 알아본다.</td></tr>
<tr><td>사전준비</td><td colspan="2">• 2주 전 병원에 연락하여 현장학습이 가능한 날짜와 시간을 의논하여 정한다.
• 일주일 전에는 가정통신에 현장학습에 대한 안내를 알린다.
• 반 내에서는 치과에 가서 질문한 궁금증 목록을 아이들과 함께 미리 작성하여 의사 선생님께 보내드린다.</td></tr>
<tr><td>
궁금증 목록을
함께 읽어 봐요~</td><td colspan="2">〈치과 방문하기〉
치과 방문에 대해 이야기한다.
의사 선생님께 물어볼 궁금한 것을 이야기한다.
병원에서 지켜야 할 약속을 정한다.

〈아이들의 궁금증 목록〉
"치과에는 어떤 환자가 가장 많나요?"<br>"이가 다쳤을 때 어떻게 치료하나요?"<br>"수술은 어떻게 하나요?"<br>"엑스레이는 어떻게 촬영하나요?"</td></tr>
<tr><td>
우리 동네 주치의 병원으로
길을 건너 가요.</td><td>
의사 선생님~ 안녕하세요.
치과에 도착했어요.</td><td>
어서와요~ 반갑습니다.
우리 아이들을 반갑게
맞이해 주세요.</td></tr>
<tr><td>평가</td><td colspan="2">• 의사 선생님의 세심한 배려로 병원 이곳저곳을 둘러볼 수 있어서 좋았다.
• 아이들이 엑스레이 촬영과 수술에 대해 특히 궁금해 하면서 궁금한 것을 목록으로 작성하고 의사 선생님께 직접 물어보고 들어 볼 수 있어서 좋았다.</td></tr>
</table>

<table>
<tr>
<td rowspan="2">학부모님들의 전하는 이야기</td>
<td></td>
<td>〈장애통합 어머니의 글〉
우리 아이는 장애아로 병원 진료받기가 힘이 듭니다. 어린이집에서 의사 선생님을 만나는 경험을 하고 병원을 가니 거부감이 많이 줄었어요. 우리 아이가 가면 반갑게 이름도 불러 주시고, 고집을 피워도 여유롭게 기다려 주시니 안심이 됩니다.</td>
</tr>
<tr>
<td>〈주치의 활동에 대한 평가서〉
1년에 1회씩 주치의 활동에 대한 평가를 하고 다음 연도의 계획에 반영될 수 있도록 합니다.</td>
<td></td>
</tr>
<tr>
<td>아이들이 전하는 이야기</td>
<td>
검진과 교육 후 의사 선생님께 감사의 편지, 그림 편지를 적어 예쁘게 묶어 선물로 드려요.</td>
<td>
선생님 감사합니다.</td>
</tr>
<tr>
<td colspan="2">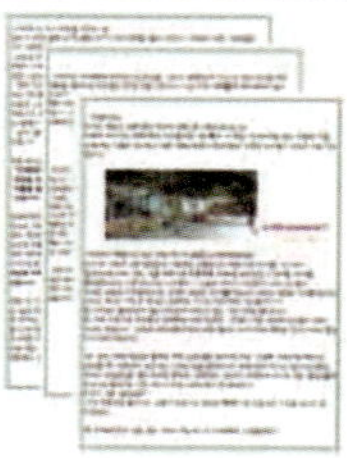
MBC 라디오 '칭찬합시다' 코너에 사연을 보내 주치의 선생님을 자랑했어요.</td>
<td>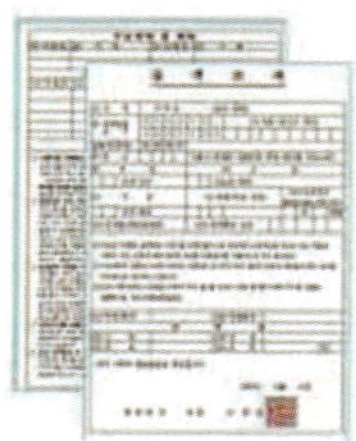
구청에 감사한 마음을 알려서 치과 선생님께서 구청장님께 상을 받으셨어요.</td>
</tr>
</table>

출처: 육아종합지원센터(2014).

최근 이혼이나 빈곤, 다문화가족, 조손가족 등 다양한 가족이 필요로 하는 요구를 파악하여 이들에게 필요한 서비스를 지역사회기관으로부터 찾아내어 적절히 연계해 주어야 한다. 가족이 겪는 문제가 다양하고 영유아의 개별적 발달 차이가 있으므로 어린이집이 가족의 문제를 획일적으로 접근하지 않아야 한다. 영유아와 가족이 심리적으로 안전한 생활을 영위하고 어린이집과 원만한 관계를 유지하도록 전문기관과 연계하여야 하며, 정보를 수집하고 계획을 수립하여 이를 가족에게 제공하여야 한다. 지역사회 전문기관 및 전문가 정보안내는 다음과 같다.

〈표 10-11〉 지역사회 전문기관 및 전문가 정보안내의 예

대상	연계기관	전문가	내용	기관안내
장애아	장애인복지관	상담원 치료사	• 부모교육 및 상담 • 음악치료, 물리치료, 언어치료 • 교육진단, 개별수업, 그룹수업 • 표준화 검사	
영유아	아동상담센터	상담원 치료사	• 부적응 행동완화 및 사회적응력 • 심리적 안정감, 의사소통능력	한국아동상담센터 (www.adongclinic.co.kr)
학대 영유아	아동학대 예방센터	아동학대 전문상담원	• 아동학대 사례를 아동보호전문기관으로 조사의뢰 • 의료기관, 상담치료기관, 복지시설과 연계	중앙아동보호전문기관 (www.korea1391.go.kr)
가족	가족상담센터	상담전문가	• 심리검사, 무료상담 • 가족치유세미나, 부부사랑세미나	한국가족상담센터 (www.familykorea.org)
	사회복지관	사회복지사 상담원 치료사	• 가정폭력상담 • 장애아가족을 위한 상담 및 서비스 • 기초생활지원서비스 • 경제지원서비스	한국사회복지관협회 (www.kaswc.or.kr)
	보건소	보건진료원 의사	• 각종 진료 및 예방접종 • 방문보건사업 • 선천성 대사이상 검사, 발달검사 • 성교육 및 모자 보건	
	주민센터	사회복지 담당지원	• 장애인 복지카드 신청 • 기초생활수습자, 차상위계층, 지원서비스	

출처: 서영숙 외(2013). 보육학개론. pp. 220-221에서 수정보완함.

(2) 외부인 관리

영유아 교육기관에서는 식자재 배송자, 교재 · 교구 배달자, 특별활동 강사, 실습생, 자원봉사자, 견학자 등 외부인 출입이 잦다. 영유아 교육기관에서는 일회성 방문자를 제외한 정기 방문자는 기본적으로 성범죄 및 아동학대 전력 조회를 반드시 실시해야 하며, 비정기적으로 방문하는 인력도 반드시 신분을 확인하고 들어와야 한다. 평가 · 점검과 관련된 방문자도 방문 일시, 점검 목적, 주요 지도내용, 점검자 소속과 지위, 연락처 등을 기록하고 날인을 받는다. 기관을 견학하기 위해 방문한 사람에게는 영유아의 일과 진행에 영향을 받지 않도록 일정 시간과 규칙을 정하여 지켜줄 것을 요청한다. 견학자는 명찰을 패용하고 방명록에 성명, 방문 목적, 방문 일시, 소속, 연락처 등을 기재하도록 한다.

특히, 실습생 및 자원봉사자의 경우에는 대부분 영유아 발달에 대한 지식이 부족하고 다양한 동기, 목적을 가지고 있기 때문에 각각 다른 지도가 필요하다. 실습생은 경력교사가 담당하여 지도할 수 있도록 하고 실습 전 실습과 관련된 지도 절차에 대해 이야기를 나누고 기관에 대한 오리엔테이션을 실시한다. 실습생 오리엔테이션 시에는 실습 점수의 평가 기준, 기관의 운영방침, 일과 시간, 근무시간, 교직원의 서열과 보고 과정, 지도교사에게 갖춰야 할 예의, 실습생 간의 예의, 해당 학급 영유아의 특성, 교재 · 교구의 사용 범위, 용모 관리 등을 교육한다. 실습은 대학에 따라 보육실습 6주간 실습 외에 실습 전 교육, 실습 후 교육으로 참관을 의뢰하기도 한다. 실습은 각 기관에서 인력 동원이 아닌 영유아 교육전문가 양성 과정에 일조하는 과정이고 지역사회와 협력 · 교류하는 과정이라는 교육적인 차원에서 지도해야 한다.

어린이집의 경우, 보육실습생 등록 및 관리는 '어린이집지원시스템'을 통해 이루어지며, 등록된 정보는 자격 취득을 위한 정보로 '자격관리시스템'에 전송된다. 또한, 보육실습확인서는 '어린이집지원시스템'을 통해 입력 · 저장된 보육실습생 및 실습지도 교사 정보가 자동으로 연동되므로 입력된 정보가 정확한지 확인 후 '보육실습확인서'를 출력하여 어린이집 직인 날인 후 양성교육기관으로 송부해야 한다.

이때 어린이집 인가증 사본, 지도교사 자격증 사본, 실습 지도교사 1인당 3명 이내 보육실습생 지도확인서 등 첨부 서류는 제출하지 않아도 된다. 단, 교육과정과 방과후 과정을 운영하는 유치원에서 실습한 경우에는 첨부 서류를 반드시 제출하여야 하며, 보육실습을 2회로 나누어 실시하는 경우 보육실습생 등록은 각각 해야 한다(한국보육진흥원, 2017).

실습생 관련 서류는 다음과 같다.

〈표 10-12〉 범죄 경력 성범죄 및 아동학대 경력 조회서

○○ 보육시설

수신 ○○경찰서장

제목 청소년 관련 교육기관 취업예정자에 대한 범죄 경력 조회 요청

1. 귀서의 무궁한 발전을 기원합니다.
2. 관련 근거
   - 「아동 · 청소년의 성보호에 관한 법률」 제56조 및 동법 시행령 제25조와 「아동복지법」 제29조의 3
   - 「형의 실효 등에 관한 법률」 제6조
3. 위 법률에 근거하여 우리 시설에 취업예정인 자에 대하여 아래와 같이 범죄 경력 조회를 요청하오니 그 결과를 회신하여 주시기 바랍니다.

신청인	성명			
	주소			
대상자	성명		주민등록번호	–
	주소			
취업예정직위		필요할 경우 기재		

※ 붙임: 보육시설인가증 사본 1부. 끝.

○○ 보육시설장

〈표 10-13〉 성범죄 및 아동학대 범죄전력 조회 동의서(예시)

성범죄 경력 조회 및 아동학대 범죄전력 조회 동의서

대상자	성명			
	주민등록번호 (외국인의 경우 생년월일)	–	외국인등록번호 (외국인인 경우만 기입)	
	연락처 (휴대폰 등)			

본인은 을지대학교병원 기관(시설)(예: 유치원, 어린이집, 아동복지시설, 청소년쉼터, 청소년활동시설, 의료기관 등) 취업자(취업예정자)로서, 「아동 · 청소년의 성보호에 관한 법률」 제56조 및 같은 법 시행령 제25조에 따른 성범죄 경력 조회, 「아동복지법」 제29조의 3에 따른 아동학대 범죄전력 조회 신청에 동의합니다.

년 월 일

동의자 (서명 또는 인)

※ 붙임: 보육시설인가증 사본 1부. 끝.

____________ 경찰서장 귀하

■ 유의사항 ■

1. 개인정보 수집항목: * 표 항목(성명, 주민등록번호, 외국인의 경우 외국인등록번호)
2. 대상자가 외국인의 경우 성명(영문), 외국인등록번호를 적습니다.
3. 개인정보 제공 거부에 따른 제한사항: 귀하는 개인정보 제공 동의를 거부할 권리가 있으나, 동의 거부 시에는 취업에 제한을 받을 수 있습니다.
4. 개인정보의 보유: 수집된 고객의 개인정보는 성범죄 경력 조회 신청 등을 위하여 사용됩니다.

출처: 중앙육아종합지원센터.

〈표 10-14〉 실습생 관련 신상카드(예시)

보육실습생 신상카드

<table>
<tr><td rowspan="2">성명</td><td>한글</td><td colspan="3">(남 / 여)</td><td rowspan="4">(사진)</td></tr>
<tr><td>한자</td><td colspan="3"></td></tr>
<tr><td>주민등록번호</td><td colspan="4"></td></tr>
<tr><td>소속 대학(교)
(보육교사교육원)</td><td colspan="4"></td></tr>
<tr><td>집주소</td><td colspan="5"></td></tr>
<tr><td rowspan="3">학력</td><td colspan="5"></td></tr>
<tr><td colspan="5"></td></tr>
<tr><td colspan="5"></td></tr>
<tr><td rowspan="6">가족사항</td><td>성명</td><td>연령</td><td>관계</td><td>주소</td><td>비고</td></tr>
<tr><td></td><td></td><td></td><td></td><td></td></tr>
<tr><td></td><td></td><td></td><td></td><td></td></tr>
<tr><td></td><td></td><td></td><td></td><td></td></tr>
<tr><td></td><td></td><td></td><td></td><td></td></tr>
<tr><td></td><td></td><td></td><td></td><td></td></tr>
<tr><td>보육 관련
이수 교과목</td><td></td><td></td><td></td><td></td><td></td></tr>
<tr><td>취미</td><td colspan="3"></td><td>특기</td><td></td></tr>
<tr><td>보육 관련 경험</td><td colspan="5">(예: 캠프교사, 종교시설 내 유치부 활동 등)</td></tr>
</table>

위 사항이 틀림없음을 확인합니다.

년 월 알

본인 서명 (인)

____________ 보육시설장 귀하

출처: 한국보육진흥원.

〈표 10-15〉 보육실습생 서약서(예시)

<table>
<tr><td>

보육실습생 서약서

대학 학과(학부) 학년
보육교사교육원

상기 본인은 귀 어린이집의 보육실습생으로서 보육실습의 목적과 중요성을
충분히 이해하고 어린이집의 제반 규정을 성실히 준수하여
보육 능력 향상에 최선을 다할 것을 서약합니다.

년 월 일

보육실습생 (인)

○○ 어린이집 보육시설장 귀하

</td></tr>
</table>

출처: 한국보육진흥원.

〈표 10-16〉 보육실습확인서(예시)

보육실습확인서

1. 실습 이수자 기본사항 (필수)

이름	주민등록번호	양성교육기관명

2. 실습기관

실습기관명		실습기관 보육 정원	
기관 종류		최초인가일	년 월 일
평가인증 유지 기간	년 월 일 ~ 년 월 일	연락처	
주소			

3. 실습 지도교사

이름	자격 종류	자격 번호

4. 실습 기간

실습 기간	년 월 일 ~ 년 월 일(주간)
실습 시간	총 시간(매주 요일 ~ 요일까지, 오전 시 ~ 오후 시)

위 사람은 「영유아보육법 시행규칙」 제12조 제1항에 따른 보육실습 기준을 준수하여 보육실습을 충실히 이수하였음을 확인합니다.

년 월 일

어린이집 원장 (서명 또는 인)

학과장 (서명 또는 인)

※ 첨부서류

1. 실습기관 시설인가증 사본 1부
2. 보육실습 지도교사 자격증 사본 1부
3. 실습 지도교사 1인당 3명 이내의 보육실습생 지도 확인서(단, '13. 3. 1. 이후 '어린이집지원시스템'을 통하여 보육실습확인서를 출력한 경우 첨부서류를 제출하지 않아도 됨)

출처: 보건복지부(2017). 보육사업안내.

〈표 10-17〉 보육실습 동의서(예시)

보육실습 동의서

학생 정보

성명		학과		학번	
보육실습 기간	년 월 일 ~ 년 월 일				
집 주소					
개인 연락처			이메일		

보육실습기관 정보

기관명	(정원: 명)	원장명	
기관 주소			
전화번호		팩스	
평가인증 여부	① 예( ) / ② 아니오( )		
보육실습 지도교사	이름:	보육교사 1급( ) 유치원 정교사 1급( ) ※ 해당 자격에 ○표 하세요.	

위 학생이 본 기관에서 보육실습을 수행함에 동의합니다.

년 월 일

보육실습기관 원장: (서명 또는 인)

〈표 10-18〉 보육실습 평가서(예시)

보육실습 평가서

성　　　　명 :
주민등록번호 :
보육실습 기관명 :
보육실습 기간 :

평가 영역(배점)	평가 항목		배점	점수
근무태도와 자질 (20점)	근무사항	출석, 결석, 지각, 조퇴 등	5	
	태도	성실성, 근면성, 친절, 적극성, 복장 및 용모, 예절	5	
	자질	영유아 존중, 책임감, 인성, 열의	5	
	관계형성	실습지도교사와의 관계 동료실습생과의 관계	5	
보육활동 계획과 실행(30점)	보육활동 계획	영역별, 반일(일일)보육활동계획의 적합성과 충실한 준비	15	
	보육활동 실행	영역별, 반일(일일)보육활동의 효과적이고 적절한 실행 정도	15	
예비보육교사로서 역할수행(30점)	영유아 행동 및 놀이 관찰, 보육환경 관찰		5	
	보육일과 진행 보조와 일상생활지도		10	
	영유아 상호작용과 놀이 참여		15	
보육실습일지 작성(10점)	구체적이고 충실한 보육실습일지 작성과 일일자기평가 및 지도교사 평가 반영		10	
총평(10점)	실습 기간 동안 예비보육교사로서 향상 정도		10	
총점			100	

년　　　월　　　일

보육실습기관 원장:　　　　　　(서명 또는 인)

출처 : 한국보육진흥원.

(3) 지역사회에 영유아 교육기관 공개

지역사회에 영유아 교육기관을 공개한다는 것은 지역사회와 영유아 교육기관 간의 소통과 협력을 하기 위함이다. 영유아 교육기관은 일정 기간을 정해 지역사회 주민들에게 영유아 교육기관의 실내 · 외 환경을 소개하거나 개방한다. 이를 통해 영유아 교육기관은 지역사회와 잠재적으로 학부모에게 영유아 교육기관의 환경, 교육철학, 시설, 기관 운영에 대해 자연스럽게 안내할 수 있으며, 원아모집을 위한 설명회, 동생 초청, 졸업생 초청 등 영유아 교육기관의 특성을 이해할 수 있는 안내 활동을 계획 및 실행할 수 있다.

영유아 교육기관에서 지역사회를 위한 개방 및 행사

지역사회에 영유아 교육기관 관련 안내 책자, 브로슈어 등 영유아 교육기관에 대한 자세한 정보는 학부모뿐만 아니라 지역사회의 다양한 사람들이 영유아 교육기관에 대한 정보를 쉽게 얻을 수 있다는 장점이 있다. 지역사회는 정보 매체를 통해 기관에 대한 정확한 정보를 제공받아 기관을 직접 방문하지 않아도 기관에 대한 이해를 높일 수 있게 된다. 영유아 교육기관 안내 자료에 포함되어야 할 내용은 기관을 잘 나타내는 상징 또는 사진, 연혁, 교육목표 및 철학, 교육과정, 교육환경, 교육활동, 하루일과, 부모대상 활동, 행사, 연구 및 수상 등이며, 안내 책자에는 유아교육과 보육의 전문용어를 일반인도 이해할 수 있는 쉬운 용어로 설명하고 글보다는 사진과 그림 위주로 제시하여 영유아 교육기관에 대한 이해를 도울 수 있도록 하는 것이 좋다(이기숙 외, 2016).

(4) 지역사회 행사 참여

영유아 교육기관에 대한 공적 재정지원은 대부분 지자체 예산을 통해 이루어지고 있기 때문에 지역구 내의 유치원과 어린이집은 관할 구청과 밀접한 관계를 가질 수밖에 없다. 지역사회 행사 참여는 지역사회에서 주최하는 다양한 행사에 기관장이 참여하거나 영유아를 위한 행사에 함께 참여하는 것으로 바자회, 시 · 구의 지자체가 연계한 사생대회, 발표회 등의 행사에 참가자로 참여하는 방법이 있다. 특히, 바자회는 각 가정의 물건 수거, 물품 분류, 행사 참여, 불우한 이웃에 대한 지원까지 전 과정에 참여할 수 있어 영유아가 이웃사랑을 직접 체험할 수 있는 지역사회 연계 활동이라는 데 의의가 있다.

발표회에 참가하는 영유아들의 모습

지역사회 캠페인에 참여하는 영유아들의 모습

(5) 유보협력 현장 체험

유보협력 현장 체험 활동은 유아교육과 보육 협력 활동으로, 같은 지역사회 내 어린이집과 유치원이 함께 실시할 수 있다. 지역 특성을 살린 다양한 활동을 협력하여 유치원과 어린이집의 영유아들이 함께 실시함으로써 영유아의 인성 및 사회성 발달을 도우며 지역사회에 대한 공동체 의식을 기를 수 있다.

또한, 유치원과 어린이집 교사들은 활동을 계획하기 위해 함께 모여 적절한 활동 주제 선정 및 활동 계획을 세우고 진행함으로써 다양한 정보를 상호 교류하고 활동 후 평가하여 차후 활동 자료로 활용한다(이경희 외, 2014).

CHAPTER 11

평가관리

2018년 12월 11일 「영유아보육법」 개정안이 공포됨에 따라 2019년 6월 12일부터 어린이집 평가제가 시행되었다. 평가제 시행은 평가인증을 신청한 어린이집에 한해서만 이루어진 어린이집 질 관리가 전국 모든 어린이집으로 확대되었다는 점에서 의미가 크다. 따라서 본 장에서는 영유아 교육기관(어린이집 평가제, 유치원 5주기 평가)에 대해 구체적으로 살펴보고자 한다.

1. 영유아 교육기관 평가의 목적 및 필요성

영유아 교육기관 평가의 목적은 영유아의 보육 · 학습 · 발달의 목적에 따른 영유아 성장의 질과 표준을 평가하고 영유아 교육기관 운영 전반을 체계적이고 종합적으로 점검 및 개선이 필요한 부분을 확인하고자 하는 것이다. 영유아 교육기관의 평가로 인하여 표준보육과정, 누리과정을 충실히 운영할 수 있는 영유아 교육기관 운영체계 구축 및 책무성 제고를 통해 영유아 교육기관 서비스의 질적 수준 향상에 도움을 줄 수 있다. 또한, 영유아 교사의 전문성 향상과 영유아가 안전한 환경에서 건강하게 성장하는 것을 지원하고 평가 결과 환류 및 맞춤형 지원을 통해 학부모에게 알 권리 및 교육의 서비스의 질적 수준에 대한 정보를 제공하여 합리적으로 영유아 교육기관을 선택하여 교육에 대한 만족도 높일 수 있다. 또한, 정부의 지원 및 관리를 효율적으로 지원하고, 관리하는 체계를 확립할 수 있기 때문에 영유아 교육기관의 평가가 이루어지고 있다(교육부, 2017).

정보지식기반 사회에서 인적 자원은 국가 경쟁력의 기본이며, 영유아는 가까운 미래의 국가 경쟁력이자 주역이다. 영유아기의 중요성을 고려할 때 영유아는 질적 수준이 높은 보육 및 교육서비스를 제공받아야 하며, 이는 UN에서 제시한 어린이 인권 선언의 주장인 좋은 보호 및 교육받을 권리를 보장한다는 측면에서도 매우 의미 있는 일이다. 보육 및 교육은 매우 전문적인 영역으로 영유아 교육기관의 의미와 영유아 교사의 전문적인 노력 없이 질적 수준의 향상은 불가능하기 때문에 영유아 교육기관 평가는 보육 및 교육의 질을 고양할 수 있는 가장 효과적인 대안이라고 할 수 있다(중앙보육정보센터).

또한, 영유아 교육기관 평가의 필요성에 따른 다양한 학자들(교육부, 2017; 김연진 · 이상희 · 김종일, 2013; 이경희 외, 2014; 1997; Decker & Decker, 1992)의 견해를 종합해 보면, 영유아 교육기관 평가를 통해서 영유아의 행동 변화에 따른 현재 발달 상태를 이해하고, 적절한 학급 배치에 필요한 기초 자료를 제공해 줄 수 있다. 또한, 현재 영유아의 행동, 언어, 인지발달, 정서 · 사회성 발달 등 제반 사항과 관련된 발달의 측면을 기술 및 설명하고, 영유아에게 적합한 학습목표를 제공해 주며, 유아의 흥미와 발달 단계를 이해하여 학습동기 유발 수준을 높이는 데 도움을 줄 수 있다.

교사는 평가를 통하여 교육과정과 교수방법의 효율성을 결정하고 측정할 수 있으며, 영유아 교육기관이 처한 특수한 상황과 특정한 교육목표에 부합하는 프로그램을 제공하고 있는지 알 수 있다. 표준보육과정 및 누리과정을 충실히 운영할 수 있는 영유아 교육기관 운영체계 구축 및 책무성 제고를 통해 영유아 교육기관 서비스의 질적 수준을 향상시킬 수 있기 때문이다. 또한, 유치원과 어린이집 평가의 수단으로 활용할 뿐만 아니라 자발적인 모니터링을 위한 기준으로 활용 가능하고, 영유아 교육기관의 수준과 질 관리를 유지하는 데 도움이 되므로 영유아 교육기관 평가는 반드시 필요하다.

이와 같이, 영유아 교육기관 평가를 통해 영유아의 발달과 성취를 도울 수 있고 보육 · 교육과정에 교수-학습방법의 적절한 적용 및 보육 · 교육과정의 발전을 마련하고 교사의 전문성 신장과 부모의 자녀 양육의 역량을 기를 수 있다(이경희 외, 2014). 또한, 학부모의 교육에 대한 만족도 제고와 영유아 교육기관 운영체계 구축 및 책무성을 통해 서비스의 질적 수준을 향상시킬 수 있을 뿐만 아니라 행정당국과 보육 · 교육의 책무를 다할 수 있다.

2. 영유아 교육기관 평가체계

1) 어린이집 평가

(1) 어린이집 평가제 전환

평가인증제도가 도입된 2005년 이후 현재까지 저출산 및 양육부담에 대한 사회적 책임 강화로 보육서비스에 투입되는 재정 규모가 증가하였고, 영유아 시기의 중요성 및 아동권리에 대한 부모의 관심과 사회적 인식이 높아졌다. 보육서비스의 질 관리와 유지를 위해 도입된 평가인증제도가 어린이집의 자발적 신청에 의해 운영됨에 따라 미인증 어린이집으로 인한 질 관리 사각지대 문제가 발생하였으며, 최근 아동권리 보호, 아동학대 예방, 안전관리 강화에 대한 사회적 요구 증가로 전체 어린이집 질 관리에 대한 필요성이 제기되었다. 이에 2018년 12월 「영유아보육법」 개정을 통하여 보육 · 양육에 대한 사회적 책임 강화(국정과제 48-3) 실현과 영유아의 건강한 성장 및 발달을 위해 모든 어린이집을 대상으로 하는 의무평가제의 법적 근거가 마련되었으며, 2019년 6월 12일부터 어린이집 평가제가 시행되었다.

〈표 11-1〉 평가제 추진경과

구분	내용
2018. 12. 11.	「영유아보육법」 개정, 공포
2018. 12. 18.~19. 3. 31.	평가제 시행방안 연구용역
2019. 2. 26.~19. 4. 4.	의견수렴 실시(공청회, 간담회, 대국민 의견 수렴, 협의체)
19. 4. 15.	중앙보육정책위원회 심의
19. 6. 12.	어린이집 평가제 시행

출처: 보건복지부 · 한국보육진흥원(2020). 2020 어린이집 평가 매뉴얼.

〈표 11-2〉 평가인증제 및 평가제 특징 비교

구분	평가인증제	평가제
평가대상	평가인증 신청 어린이집	전체 어린이집
평가절차	어린이집 신청→기본사항 확인→자체점검→현장평가→종합평가(총 4개월) 신청 (어린이집) ▶ 기본사항 확인 (지자체) ▶ 자체점검 보고서 제출 (어린이집) ▶ 현장 평가 (현장 관찰자) ▶ 종합평가 결과통보 (종합평가 위원회)	평가대상통보→기본사항 확인 및 자체점검→현장평가→종합평가(총 3개월) 대상 통보 (어린이집) ▶ 기본사항 확인 및 자체점검 보고서 제출 (지자체, 어린이집) ▶ 현장 평가 (현장 관찰자) ▶ 종합결과 결과통보 (종합평가 위원회)
	참여수수료 어린이집 납부	참여수수료 전액 국가 부담
	기본사항: 필수항목 9개, 기본항목 – 필수항목 미준수는 참여 제외, 기본항목 미준수는 차하위 등급 부여	**기본사항:** 사전점검사항 5개, 위반이력사항 – 사전점검사항 미준수는 D등급, 위반이력사항 발생 시 차하위 등급 부여
	소위원회와 종합평가위원회에서 심의, 등급 결정	소위원회와 종합평가위원회에서 심의, 등급 결정 * 필수지표 및 요소 미충족 A등급 불가
	재참여, 재평가 과정 운영	재참여, 재평가 과정 폐지
평가결과	4등급(A, B, C, D), D등급 불인증	4등급(A, B, C, D)
평가주기	(유효기간) 3년(A등급 1년 연장 가능)	A, B등급 3년 / C, D등급 2년
결과공표	평가받은 어린이집의 결과 공시 – 평가인증 결과, 인증이력 등 공개	전체 어린이집의 결과 공시 – 평가 결과, 평가이력 등 공개
사후관리 및 등급조정	• **인증 어린이집 사후관리** – 연차별 자체점검보고서 제출 – 확인점검(무작위, 월 단위 시기 안내) – 확인방문(배우자 및 직계존비속 또는 1년 이상 재직교사로 대표자 변경, 주소 변경) – 인증유효기간 종료 • **법 위반 및 행정처분 발생 시 인증 취소**	• **평가 등급별 사후관리** – 연차별 자체점검보고서 제출 – 사후방문지원(C, D등급 의무 실시) – 확인점검(평가 관련 민원 발생, 법 위반 및 행정처분, 정보공시 부실어린이집 등에 대하여 불시점검) • **평가등급 조정 및 관리** – 법 위반 및 행정처분 발생 시 최하위 등급 조정
결과 활용	인증 어린이집에 대한 행·재정적 지원	– 평가 등급별 행·재정적 지원 등 – 지도점검 연계(2회 연속 D등급 어린이집)

출처: 보건복지부 · 한국보육진흥원(2020). 2020 어린이집 평가 매뉴얼.

(2) 추진경과

2018년 12월 「영유아보육법」 제30조에 법적 근거가 마련된 이후, 본격적인 평가

제 시행을 위해 '보육서비스 질 제고를 위한 의무평가제 시행방안' 연구용역을 실시하여 평가제 운영 체계와 지표 개발을 추진하였다. 연구를 통해 마련된 운영체계 및 지표(안)에 대해 공청회, 간담회, 온라인 대국민 의견 수렴 등 다양한 창구를 통해 의견을 수렴하였고, 이는 보육전문가, 보육교직원, 부모 등이 참여한 협의체를 통해 최종 논의되었으며, 이후 중앙보육정책위원회의 심의를 거쳐 평가제 시행을 위한 운영체계 및 지표가 최종 확정되었다. 구체적인 추진경과와 평가인증제 및 평가제의 특징을 비교한 것은 다음과 같다.

(3) 운영체계

어린이집 평가는 정해진 주기에 따라 대상을 선정하여 통보함으로써 시작된다. 대상통보는 총 2회에 걸쳐 진행되는데 선정통보(1차)는 현장평가 6개월 이전, 확정통보(2차)는 현장평가 2개월 전에 통보된다. 확정통보를 받은 어린이집에 대해서는 통보 익월부터 기본사항 확인 및 자체점검, 현장평가, 종합평가 등 과정이 3개월간 진행된다.

각 어린이집 평가 시기는 평가주기와 연계하여 정해지는데 정해진 평가주기 외 신규 개원, 대표자 변경, 행정처분 등의 사유 발생 시에는 별도로 정해진 평가시기에 맞춰 통보가 이루어진다. 또한, 평가제 시행 이후에는 평가 참여수수료를 국가가 전액 부담한다.

2020년에는 품질변동 요인별로 다르게 적용하였던 평가대상 선정 시기를 일괄되게 적용하도록 하였으며, 종전 운영자 변동 없이 국 · 공립 어린이집으로 전환한 신규 개원 어린이집은 기존평가 결과와 유효기관을 유지하되 확인점검을 통하여 보육서비스 품질 유지 여부를 모니터링하도록 개선하였다. 또한, 기본사항 확인의 위반 이력사항 및 평가과정 중 변동사항 확인의 적용 기준일을 선정통보월로 변경하였다.

어린이집 평가과정은 평가대상 어린이집의 선정 및 통보로 시작되며, 기본사항 확인, 자체 점검보고서 제출, 현장평가, 종합평가 순으로 진행되고, 어린이집 평가 운영체계는 다음과 같다.

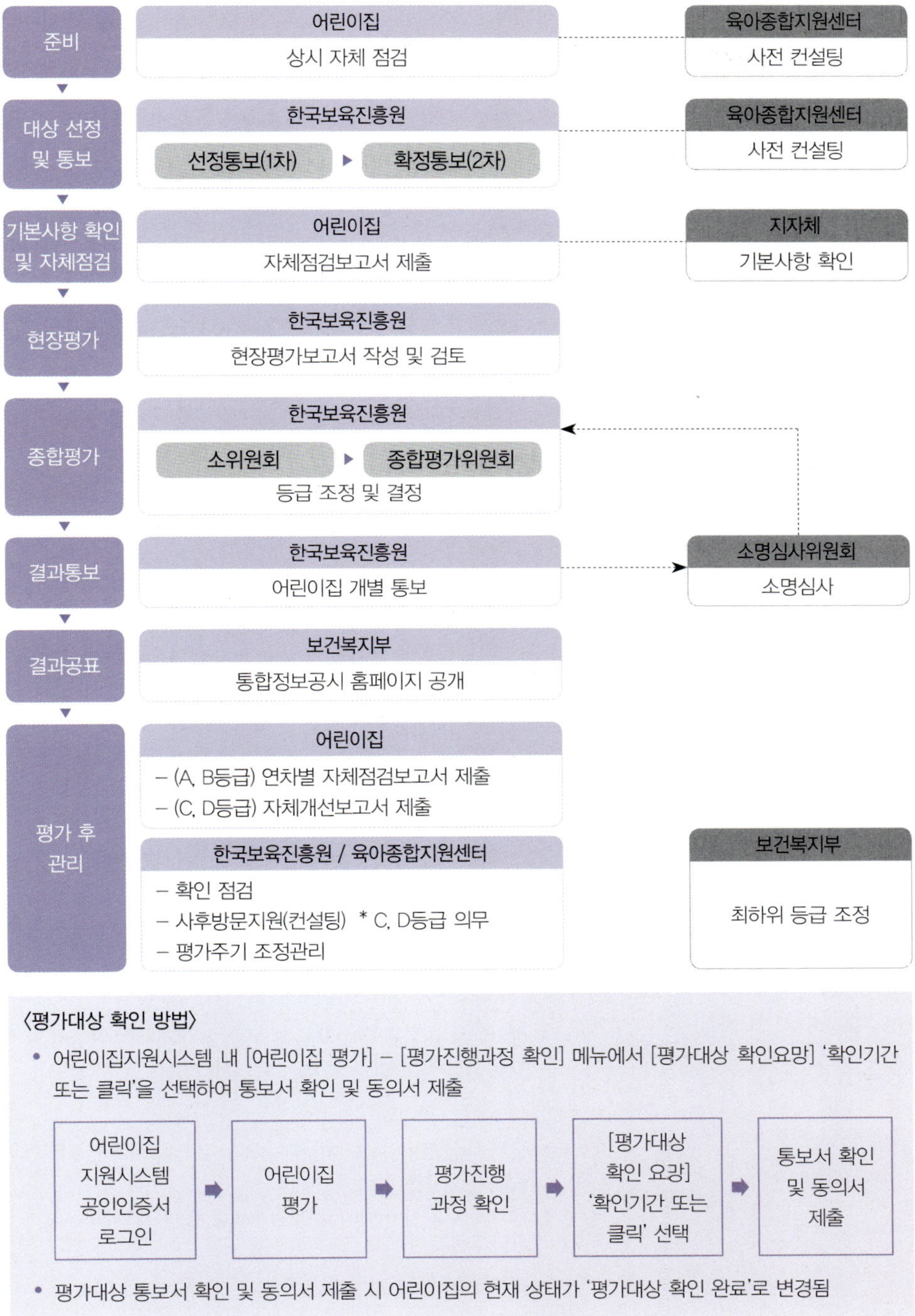

[그림 11-1] 어린이집 평가 운영체계

출처: 보건복지부 · 한국보육진흥원(2020). 2020 어린이집 평가 매뉴얼.

❶ 평가대상 선정 및 통보

한국보육진흥원에서 평가주기에 따라 평가대상을 선정하여 해당어린이집 및 지자체에 통보한다.

대상선정 및 통보 (선정통보(1차) ▶ 선정통보(2차)) ➡ 기본사항 확인 / 자체점검 보고서 제출 ➡ 현장평가 ➡ 종합평가

평가대상은 「영유아보육법」에 따라 설치한 모든 어린이집(방과 후 전담 어린이집 제외)을 평가대상으로 하여 평가주기에 따라 평가대상을 선정하여 통보하고, 선정통보일로부터 6개월 경과 시 현장평가를 진행한다.

어린이집 평가과정은 평가대상 어린이집의 선정 및 통보로 시작되며, 기본사항 확인, 자체 점검보고서 제출, 현장평가, 종합평가 순으로 진행되고, 어린이집 평가 운영체계는 다음과 같다.

업무주체	주요업무	내용
한국보육진흥원	평가대상 선정통보(1차)	• 평가 대상 어린이집 선정 → 어린이집지원시스템을 통해 평가대상 어린이집에 선정통보 안내 • 평가대상 선정 어린이집 명단 통보 (진흥원 → 지자체–육아종합지원센터)
⬇ 어린이집	대상 확인	• 평가대상 선정통보서 확인 후 '평가실시에 대한 동의서' 및 '어린이집 정보 확인 및 제공 동의서' 제출(10일 이내)
⬇ 한국보육진흥원	평가대상 선정통보(2차)	• 평가 대상 선정 통보(1차) 후 동의서 제출을 완료한 어린이집에 대해 확정 통보 • 평가대상 확정 어린이집 명단 통보(진흥원→지자체)

[그림 11-2] 평가대상 통보 업무 흐름도

출처: 보건복지부 · 한국보육진흥원(2020). 2020 어린이집 평가 매뉴얼.

평가 시기는 어린이집의 특정 사유로 인해 통보된 일정에 참여하기 어려운 경우 3개월 전 · 후로 평가시기 조정이 가능하다. 평가시기 조정 희망 어린이집은 평가대상 선정통보일(1차)로부터 익월 1개월 내 어린이집지원시스템을 통해 조정신청(조정신청서 및 증빙서류 제출)을 하고, 한국 보육진흥원은 어린이집에서 제출한 조정 사유를 최종 확인 후 결과를 해당 어린이집으로 통보한다.

❷ 기본사항 확인 및 자체점검보고서 제출

기본사항 확인 및 자체점검보고서 제출에서는 지자체(시 · 군 · 구)는 평가대상에 확정 통보된 어린이집에 대해 기본사항을 확인하고, 어린이집은 자체점검보고서를 작성하여 제출한다.

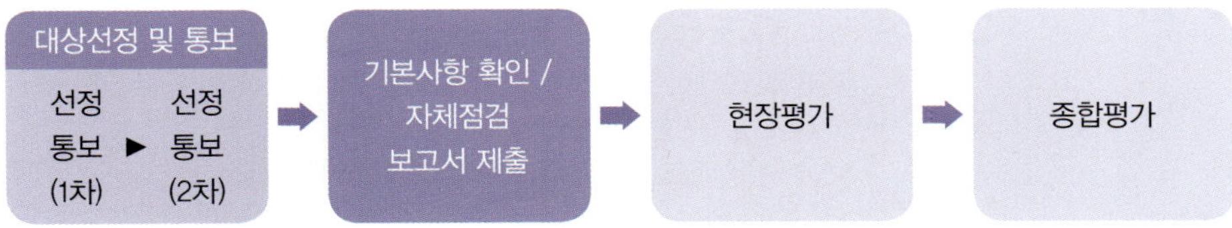

지자체의 기본사항 확인에서는 사전점검 사항 및 위반 이력사항을 확인하여 기한 내 시 · 도에 통보를 한다. 기본사항 확인 내용은 사전점검사항(5항목), 위반이력사항을 포함하고 있는데 사전점검사항과 위반이력사항의 자세한 내용은 다음과 같다.

〈표 11-3〉 사전점검사항 5항목(세부내용)과 위반이력사항

항목	평정	평정기준
영유아 및 보육교직원 관련 보험 가입	준수	• 모든 영유아에 대한 상해보험과 어린이집에 대한 화재 및 배상보험에 가입되어 있는 경우 • 임용된 모든 보육교직원에 대한 4대 보험에 가입되어 있는 경우
	미준수	• 영유아 상해보험에 가입되지 않은 경우 • 화재보험 또는 배상보험에 가입되지 않은 경우 • 임용된 모든 보육교직원에 대한 4대 보험에 가입되지 않은 경우
어린이집의 설치기준	준수	• 어린이집 내 영유아용 화장실, 목욕실, 조리실이 설치되어 있고, 폐쇄회로 텔레비전이 보육실, 공동놀이실 등에 설치되어 있는 경우 ※ 폐쇄회로 텔레비전의 경우 보호자 전원이 서면으로 동의하여 시·군·구청장에게 설치하지 않을 것으로 신고하거나, 네트워크 카메라를 설치한 경우 설치 면제 ※ 「영유아보육법 시행규칙」 제9조 [별표 1] 참조
	미준수	• 어린이집 내 영유아용 화장실, 목욕실, 조리실이 설치되어 있지 않거나, 폐쇄회로 텔레비전이 보육실, 공동놀이실 등에 설치되어 있지 않은 경우 • 인가공간을 무단 전용하는 경우 ※ 「영유아보육법 시행규칙」 제9조 [별표 1] 참조 • 정원 50인 이상 어린이집에 놀이터가 설치되어 있지 않은 경우
보육실의 설치기준	준수	• 인가정원 대비 보육실의 면적이 설치기준을 충족한 경우 ※ 「영유아보육법 시행규칙」 제9조 [별표 1] 참조 ※ 기존 어린이집('05. 1. 29. 이전 설치 신고된 어린이집)은 구(舊)법 적용
	미준수	• 인가정원 대비 보육실의 면적이 설치기준 미만인 경우 • 인가공간을 무단 전용하는 경우 ※ 「영유아보육법 시행규칙」 제9조 [별표 1] 참조
보육교직원의 배치기준	준수	• 보육교직원 배치기준 중 일반기준을 모두 충족한 경우 ※ 「영유아보육법」 시행규칙 제10조 [별표 2] 참조
	미준수	• 보육교직원 배치기준 중 일반기준을 모두 충족하지 못한 경우 ※ 「영유아보육법 시행규칙」 제10조 [별표 2] 참조
비상재해 대비시설 설치	준수	• 비상재해대비시설 설치기준을 충족한 경우(보육사업안내 Ⅰ-11 참조) ※ 「영유아보육법 시행규칙」 제9조 [별표 1] 참조
	미준수	• 비상재해대비시설 설치기준을 충족하지 못한 경우(보육사업안내 Ⅰ-11 참조) ※ 「영유아보육법 시행규칙」 제9조 [별표 1] 참조

※ 사전점검사항 미준수 항목이 종합평가 때까지 개선되지 않은 경우 종합평가에서 최하위 등급(D등급)을 부여함

구분	평정기준	
운영정지	「영유아보육법」 제45조 제1항 제1호에 따라 3백만 원 이상 보조금을 거짓이나 그밖의 부정한 방법으로 교부받거나 유용하여 6개월 이상의 운영정지 행정처분을 받은 경우	종합평가 시 차하위 등급 부여
	「영유아보육법」 제45조 제1항 제2호에 따라 3백만 원 이상 비용 또는 보조금 반환명령을 받고 반환하지 않는 경우	
	「영유아보육법」 제45조 제1항 제3호에 따라 제44조에 따른 시정 또는 변경명령을 위반하여 6개월 이상의 운영정지 행정처분을 받은 경우	
	「영유아보육법」 제45조 제1항 제4호에 따라 운영정지 이상의 행정처분을 받은 경우	
	「영유아보육법」 제45조 제1항 제5호에 따라 6개월 이상의 운영정지 행정처분을 받은 경우	
과징금 처분	「영유아보육법」 제4조의 2에 따라 제45조 제1항 제1호, 제2호, 제3호, 제4호의 6개월 이상의 운영정지 행정처분에 갈음한 과징금을 부과받은 경우	
	「영유아보육법」 제45조의 2에 따라 제45조 제1항 제4호의 운영정지 이상의 행정처분에 갈음한 과징금을 부과받은 경우	
보조금 반환명령	「영유아보육법」 제40조 제2호 또는 제3호에 따라 3백만 원 이상 보조금의 반환명령을 받은 경우	
원장 자격정지 또는 자격취소	「영유아보육법」 제46조에 따른 자격정지 6개월 이상인 경우	
	「영유아보육법」 제48조에 따른 자격취소	
보육교사 자격정지 또는 자격취소	「영유아보육법」 제47조에 따른 자격정지 6개월 이상인 경우	
	「영유아보육법」 제48조에 따른 자격취소	
금고 이상의 형	어린이집의 설치·운영자가 「영유아보육법」을 위반하여 금고 이상의 형을 선고받고 그 형이 확정된 경우	
아동법지법 등 위반	「아동복지법」 제17조를 위반하거나, 「아동·청소년의 성보호에 관한 법률」 제2조 제2호의 아동·청소년대상 성범죄 또는 제2조 제3호의 아동·청소년대상 성폭력범죄를 저지른 경우(수사, 재판 계류 중에 있는 경우 포함)	
식품위생법 위반	「식품위생법」 제94조 제1항 제1호 또는 제2호, 제95조 제1호 또는 제4호, 제97조 제1호 또는 제2호를 위반하여 징역 또는 벌금형을 받은 경우	

※ 선정통보 직전월 말일로부터 최근 3년 이내에 위의 위반이력사항이 발생한 경우 종합평가 시 차하위 등급으로 조정

자체점검보고서

■ 어린이집 정보

참여유형 / 가수		작성일	
어린이집 ID		어린이집명	
대표자명		원장명	
어린이집 유형		정원 / 현원	/
어린이집 특성	□ 일반 □ 영아전담 □ 장애아전문 □ 장애아통합 □ 방과후 통합 □ 시간연장형 □ 휴일보육 □ 24시간 □ 시간제보육		
정부지원 여부	□ 지원 □ 미지원	농어촌 특례 여부	□ 예 □ 아니오

※ 어린이집 정보는 어린이집지원시스템 내 설치운영관리 정보와 자동 연동되어 표시됨

본 어린이집은 원장, 보육교사, 원아 부모 각 1인 이상을 포함한 자체점검위원회*를 구성하여 평가지표를 기준으로 운영 전반에 대해 자체점검을 실시하고 연차별 자체점검보고서를 작성하였습니다. 보고서에 포함된 모든 내용은 사실임을 확인합니다.

* 자체점검위원회는 3~7인 이내, 어린이집 운영위원회에서 수행 가능

년 월 일

원장명:

법 위반 및 행정처분 사항 확인

해당 어린이집에서 평가대상 선정통보 직전월 말일로부터 최근 3년 이내에 발생한 법 위반 및 행정처분 이력 여부를 체크하고, 발생이력이 있는 경우 해당 법 조항을 확인하여 체크하여 주시기 바랍니다.

법 위반 및 행정처분 발생 이력: □ 있음 □ 없음

항목	관련 기준	해당 여부
운영정지	「영유아보육법」 제45조 제1항 제1호에 따라 보조금을 거짓이나 그밖의 부정한 방법으로 교부받거나 유용하여 운영정지 행정처분을 받은 경우	□
	「영유아보육법」 제45조 제1항 제2호에 따라 비용 또는 보조금 반환명령을 받고 반환하지 않는 경우	□
	「영유아보육법」 제45조 제1항 제3호에 따라 제44조에 따른 시정 또는 변경명령을 위반하여 운영정지 행정처분을 받은 경우	□
	「영유아보육법」 제45조 제1항 제4호에 따라 운영정지 이상의 행정처분을 받은 경우	□
	「영유아보육법」 제45조 제1항 제5호에 따라 운영정지 행정처분을 받은 경우	□
과징금 처분	「영유아보육법」 제45조의 2에 따라 제45조 제1항 제1호, 제2호, 제3호, 제5호의 운영정지 행정처분에 갈음한 과징금을 부과받은 경우	□
	「영유아보육법」 제45조의 2에 따라 제45조 제1항 제4호의 운영정지 이상의 행정처분에 갈음한 과징금을 부과받은 경우	□
보조금 반환명령	「영유아보육법」 제40조 제2호 또는 제3호에 따라 보조금의 반환명령을 받은 경우	□
원장 자격정지	「영유아보육법」 제46조에 따른 자격정지	□
원장 자격취소	「영유아보육법」 제48조에 따른 자격취소	□
보육교사 자격정지	「영유아보육법」 제47조에 따른 자격정지	□

출처 : 한국보육진흥원(2020). 2020 어린이집 평가 매뉴얼.

한국보육진흥원은 평가대상으로 확정 통보된 어린이집을 대상으로 자체점검보고서를 작성하여 제출하고, 어린이집은 자체점검을 실시하고 통보된 기한 내에 자체점검보고서를 작성하여 제출한다.

❸ 현장평가

현장평가단계에서는 기본사항 확인 및 자체점검보고서 제출을 완료한 어린이집을 대상으로 평가지표에 따라 어린이집 질적 수준에 대한 현장평가 및 보고가 이루어진다. 현장평가 직전월 말에 1주간의 현장평가 주간을 지정하여 통보하고, 해당 평가 주간 중 현장평가일을 정하여 사전 고지 없이 현장평가지를 어린이집에 파견한다. 어린이집에서는 현장평가 주간을 현장평가월 1주일 전에 어린이집지원시스템에서 확인할 수 있다.

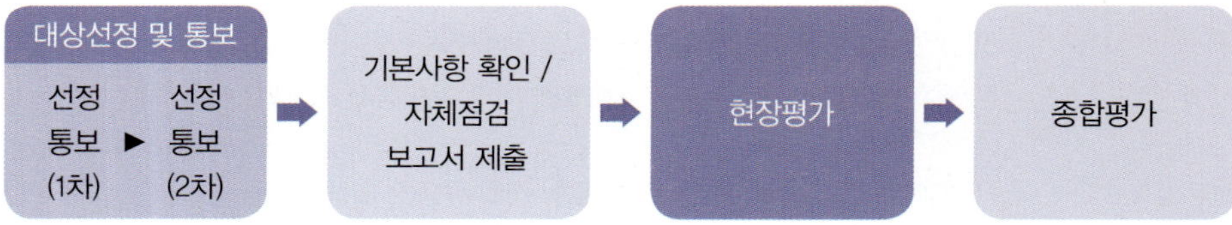

현장평가 어린이집 1개소 당 2인(정원 99인 이하 어린이집) 또는 3인(정원 100인 이상 어린이집)의 현장평가자가 방문하여 1일간 실시한다. 현장평가자는 평가대상 어린이집의 보육교직원 근무 및 영유아 재원사황, 어린이집에서 제시한 하루일과표와 실내외배치도를 확인한 후 현장평가를 시작한다. 현장평가자는 무작위로 선정된 보육실 2개 반을 중심으로 어린이집의 실내외 전체(인가공간)를 관찰하고, 어린이집의 운영사항을 고려하여 어린이집에서 희망하는 경우(영유아 재원 시 영아반, 유아반 각 1반씩 포함되어야 함) 관찰반을 선정할 수 있다.

현장평가는 하루 일과 전반에 걸쳐 관찰, 기록(문서)검토, 면담 등의 방법을 통해 진행하고, 현장 평가일에는 미임용 보육교직원을 확인하며, 타 어린이집에 임용 중인 보육교직원(원장 포함)은 평가대상 어린이집에 근무하거나 지원 활동을 할 수 없다. 현장평가 종료 전 어린이집의 원장과 현장평가자는 상호확인 항목에 대해 확인한 후 '현장평가 상호확인서'에 서명을 한다.

〈표 11-4〉 현장평가 시 어린이집에서 준비해야 할 사항

1) 일상적 일과 진행 및 출석 기준 충족

- 현장평가 주간에는 어린이집에 견학 등 행사 없이 일상적 일과가 진행되어야 함
- 현장평가 당일에는 영유아 현원의 2/3 이상이 출석하여야 함
  ※ 현장평가일에 출석기준이 충족되지 않아 진행이 불가능한 경우 현장평가가 중단되며, 사유 확인 후 현장평가자를 재파견함
- 방과후 아동이 있는 경우의 현원 대비 출석인원 산정
  – 방과후 아동을 제외한 현원의 2/3 이상
  (예시) 현원 33명(영유아 25명, 방과후 아동 8명)의 경우, 방과후 아동을 제외한 영유아 현원(25명)의 2/3 이상 → 따라서 2/3 이상 = 16명 이상

2) 현장평가 시 필요한 서류 준비

① 원아명단
– 평가 당일, 현장평가자가 보육통합시스템을 통해 원아명단을 출력할 수 있도록 협조

② 어린이집 실내외 배치도(배치도는 실제 인가받은 공간과 통일하게 준비)

③ 하루일과표 혹은 일일보육계획안(활동에 따른 시간 명시)

④ 보육교직원(원장, 보육교사) 자격증 사본

⑤ 임면사항 관련 서류
– 보육통합정보시스템 관련 내용 출력물, 임면대장 등

⑥ 보육교직원 경력 관련 서류
– 경력증명서, 직무 및 승급교육 수료증 등
※ 직무 및 승급교육 대상자 확인을 위하여 임용되어 있는 모든 보육교직원의 경력증명서를 비치하여야 함
※ 직무 및 승급교육의 경우, 보건복지부 장관이 정하는 직무 및 승급교육 수료증을 반드시 비치하여야 함(보육사업안내 서식 참조)

⑦ 평가지표 관련 문서
– 예: 보육계획안, 보육일지, 식단표 등
※ ①, ②, ③은 현장평가자에게 제출하며 지표 평정에 필요한 경우 관련 증빙서류(재정 관련 서류 등)에 대한 확인을 요청할 수 있음

출처: 보건복지부 · 한국보육진흥원(2020). 2020 어린이집 평가 매뉴얼.

❹ 종합평가

종합평가 단계에서는 평가등급 결정(조정)이 필요한 어린이집을 대상으로 기본사항확인서, 자체점검보고서, 현장평가보고서 등을 토대로 종합평가가 진행된다.

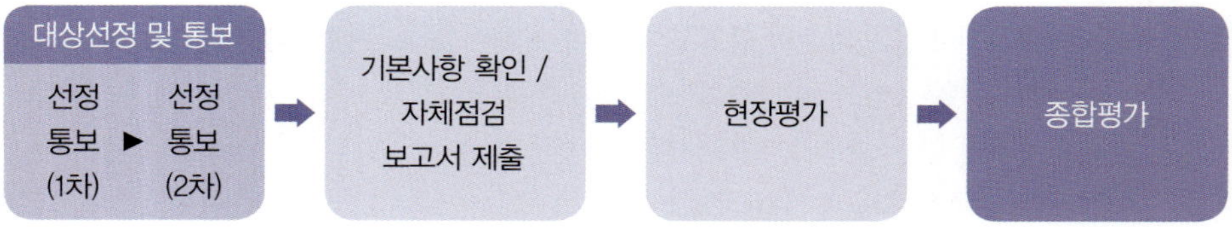

종합평가위원회는 학계전문가, 현장전문가, 보육담당공무원으로 구성하여 소위원회(기본사항확인서, 자체점검보고서, 현장평가보고서 등을 검토한 후 등급 및 평가결과에 영향을 미치는 사안 등에 대해 심의하여 종합평가위원회에 안건을 상정)와 종합평가위원회(소위원회를 거쳐 상정된 안건에 대해 심의 후 전체 종합평가 대상 어린이집의 최종등급 및 평가주기를 확정)에서 진행한다. 검토한 결과를 토대로 어린이집의 질적 개선 방향을 평가 결과서에 제시한다.

〈표 11-5〉 종합평가 절차 및 내용

구분	내용
(1단계) 소위원회	■ 기본사항확인서, 자체점검보고서, 현장평가보고서 등을 검토한 후 종합평가 기준에 맞추어 등급 및 평가결과에 영향을 미치는 사안 등에 대해 심의하여 종합평가위원회에 안건 상정 ※ 자체점검보고서 작성 시 심각하게 허위로 작성한 경우 등급조정 가능 – 선정통보 직전월 말일로부터 최근 3년 이내에 위반이력사항이 발생한 경우 종합평가 시 차하위 등급으로 조정 – 평가과정에서 아래 사항 중 하나 이상 해당되면 최하위 등급(D등급)으로 조정 • 「영유아보육법」 제30조 제4항 및 동법 시행규칙 제32조의 평가등급을 최하위로 조정해야 하는 사유가 발생한 경우 • 평가 진행 일정을 준수하지 않은 경우 • 평가와 관련하여 허위 사실이 발견된 경우 • 현장평가 시 발견한 어린이집 운영기준 개선필요사항이 종합평가 전까지 개선되지 않은 경우 • 사전점검사항 미준수 항목이 종합평가 전까지 개선되지 않은 경우

구분	내용
(2단계) 종합평가 위원회	■ 소위원회를 거쳐 상정된 안건에 대해 심의 후 전체 종합평가 대상 어린이집의 최종등급 및 평가주기를 확정함 ■ 기타 등급조정이 필요하다고 판단되는 경우 심의하여 어린이집의 최종등급 및 평가주기를 확정함

※ 각 기수별로 종합평가 종료부터 결과통보 전까지 '종합평가 시 최하위 등급 결정 사유'에 대해 해당 여부 재확인

출처: 보건복지부 · 한국보육진흥원(2020). 2020 어린이집 평가 매뉴얼.

어린이집 평가등급은 4등급(A, B, C, D)으로 구분하며, A, B등급은 3년, C, D 등급은 2년의 평가주기를 부여한다.

〈표 11-6〉 평가등급 기준 및 평가주기

등급구준(정의)		등급 부여기준	평가주기
A	국가 평가에서 제시하고 있는 기준을 모든 영역에서 충족함	4개 영역 모두 '우수'인 경우 (필수지표 및 요소 충족)	3년
B	국가 평가에서 제시하고 있는 기준을 대부분 충족함	'우수' 영역이 3개 이하이며 '개선필요' 영역이 없는 경우	
C	국가 평가에서 제시하고 있는 기준 대비 부분적으로 개선이 필요함	'개선필요' 영역이 1개 있는 경우	2년
D	국가 평가에서 제시하고 있는 기준 대비 상당한 개선이 필요함	'개선필요' 영역이 2개 이상인 경우	

출처: 보건복지부 · 한국보육진흥원(2020). 2020 어린이집 평가 매뉴얼.

❺ 결과공표

어린이집 평가결과는 매월 15일 전 · 후에 어린이집지원시스템 업무연락 등을 통해 통보한다. 평가결과 통보 전 어린이집에서는 변동사항 확인서 및 어린이집용 설문지를 작성해야 한다. 또한, 어린이집지원시스템 내 어린이집 평가 메뉴를 통해 평가결과를 확인을 하고, 평가결과에 대한 소명신청이 가능하다. 평가결과(A~D등급) 등 전체 어린이집에 대한 평가 이력정보를 통합정보공시(www.childinfo.go.kr)를 통해 공개되고 평가결과에 따라 어린이집 보육서비스 관리, 보육사업에 대한 재정적 · 행정적 지원 등 필요한 조치를 취할 수 있다(「영유아보육법」 제30조 제2항).

〈표 11-7〉 평가인증지표와 평가제지표 비교

구분	평가인증제		평가인증제	
영역(4)	지표(21)	항목(79)	지표(18)	항목(59)
Ⅰ. 보육과정 및 상호작용 (31→18)	1-1. 보육계획 수립 및 실행	4	1-1. 영유아 권리 존중 필수	2
	1-2. 일과 운영	5	1-2. 보육계획 수립 및 실행	6
	1-3. 교수-학습방법 및 놀이 지원	6	1-3. 놀이 및 활동 지원	9
	1-4. 교사-영유아 상호작용	6	1-4. 영유아 간 상호작용 지원	4
	1-5. 영유아 간 상호작용 시 교사 역할	4	1-5. 보육과정 평가	3
	1-6. 평가	4		
	1-7. 일상생활	2		
	소계	31	소계	18
Ⅱ. 보육환경 및 운영관리 (19→14)	2-1. 실내 공간 구성	5	2-1. 실내 공간 구성 및 운영	4
	2-2. 실외 공간 구성	3	2-2. 실외 공간 구성 및 운영	3
	2-3. 기관 운영	4	2-3. 기관 운영	4
	2-4. 가정 및 지역사회와의 연계	5	2-4. 가정 및 지역사회와의 연계	3
	2-5. 어린이집 이용 보장	2		
	소계	19	소계	14
Ⅲ. 건강 · 안전 (15→15)	3-1. 실내외 공간의 청결 및 안전	4	3-1. 실내외 공간의 청결 및 안전	3
	3-2. 급 · 간식	3	3-2. 급 · 간식	3
	3-3. 건강 증진을 위한 교육 및 관리	3	3-3. 건강 증진을 위한 교육 및 관리	3
	3-4. 등 · 하원의 안전	2	3-4. 등 · 하원의 안전	3
	3-5. 안전교육 및 사고 대책	3	3-5. 안전교육과 사고예방	3
	소계	15	소계	15
Ⅳ. 교직원 (14→12)	4-1. 원장의 리더십	4	4-1. 원장의 리더십	3
	4-2. 보육교직원의 근무환경	3	4-2. 보육교직원의 근무환경	3
	4-3. 보육교직원의 처우와 복지	3	4-3. 보육교직원의 처우와 복지	3
	4-4. 보육교직원의 전문성 제도	4	4-4. 보육교직원의 전문성 제고	3
	소계	14	소계	12

* 3-2, 3-4, 3-5 지표 내 필수요소 8개 포함

출처: 보건복지부 · 한국보육진흥원(2020). 2020 어린이집 평가 매뉴얼.

〈표 11-8〉 평가제 세부 지표 내용

영역 1. 보육과정 및 상호작용				
1-1 (필수) 영유아 권리존중 (2개)	1-2 보육계획 수립 및 실행 (6개)	1-3 놀이 및 활동지원 (3개)	1-4 영유아 간 상호작용 지원 (4개)	1-5 보육과정 평가 (3개)
지표등급 우수: 2개 보통: 1개 개선필요: 0개	**지표등급(일반)** 우수: 5개 보통: 3~4개 개선필요: 2개 이하 **지표등급(장애)** 우수: 6개 보통: 3~5개 개선필요: 2개 이하	**지표등급** 우수: 3개 보통: 2개 개선필요: 1개 이하	**지표등급** 우수: 4개 보통: 2~3개 개선필요: 1개 이하	**지표등급** 우수: 4개 보통: 2~3개 개선필요: 1개 이하

1-1. (필수) 영유아 권리존중(2개)

1-1-1. 교사는 영유아를 존중한다. (4개 모두 충족해야 Y)	
1) 교사는 영유아의 개별적 요구나 질문을 주의 깊게 듣고 적절하게 반응함	관찰
2) 교사는 영유아가 이해할 수 있는 내용으로 눈을 마주치며 이야기함	관찰
3) 교사는 안정과 격려를 통해 영유아의 말과 행동, 생각 및 감정을 지지해 줌	관찰
4) 교사는 위협, 비난, 조롱 등 부정적 언어를 사용하지 않음	관찰
1-1-2. 교사는 영유아를 차별 없이 대한다. (4개 모두 충족해야 Y)	
1) 교사는 영유아의 사회·경제적 지위, 문화적 배경, 종교, 인종, 성별, 신체적 능력에 대해 차별적인 말과 행동을 하지 않음.	관찰
2) 교사는 영유아의 외모, 옷차림, 성격, 행동 등을 평가하지 않음	관찰

1-2. 보육계획 수립 및 실행(6개)

1-2-1. 표준보육과정을 바탕으로 어린이집의 철학을 반영한 보육계획을 수립한다. (2개 모두 충족해야 Y)	
1) 표준보육과정과 어린이집의 철학을 반영하여 연간보육계획을 수립함	기록, 면담
2) 영유아의 흥미와 요구를 반영한 월간 또는 주간 또는 일일보육계획을 반별로 수립함	기록, 면담

1-2-2. 영유아가 편안한 분위기에서 일상경험을 할 수 있도록 운영한다. (4개 모두 충족해야 Y)	
1) 등원 시 영유아를 반갑게 맞이하고 하원 시 안정된 분위기에서 귀가하도록 지도함	관찰
2) 식사와 간식 시간에 서두르지 않고 편안히 먹을 수 있도록 지도함	관찰
3) 영유아의 연령(월령)과 준비 정도, 개인차를 고려하여 배변경험이 개별적으로 일관되게 이루어지도록 지도함	관찰
4) 영유아의 개별적 특성에 맞게 편안하게 잠들 수 있는 환경과 분위기를 마련해 줌 ⇒ 만 3세 이하의 종일반 영유아는 일과 중 반드시 낮잠 시간을 계획 및 실행하며, 만 4, 5세의 경우에는 필요에 따라 낮잠 또는 휴식 시간을 운영함	관찰
1-2-3. 하루 일과에서 영유아의 자유놀이가 충분히 이루어지도록 한다. (2개 모두 충족해야 Y)	
1) 매일 실내 자유놀이 시간을 기준시간 이상으로 배정하여 운영함. ⇒ 6시간 이하 운영(맞춤반 영아): 매일 1시간 이상 ⇒ 6시간 초과 운영(종일반 영아, 유아): 매일 2시간 이상(기준시간 내에서 매일 오전 1시간 이상 연속적으로 운영하여야 함 ⇒ 프로그램의 특성 상 바깥놀이 위주로 운영하는 어린이집은 실내 자유놀이 시간을 바깥놀이 시간으로 대체할 수 있음	관찰, 기록
2) 일과를 시간단위로 분절하여 교과목 형태의 활동을 진행하지 않음	관찰, 기록
1-2-4. 바깥놀이 시간을 매일 충분히 배정하여 운영한다. (1개 모두 충족해야 Y)	
1) 매일 바깥놀이를 기준시간 이상으로 배정하여 운영함 ⇒ 미세먼지 등으로 바깥놀이가 어려울 경우, 실내 대근육활동을 포함한 자유놀이로 대체가능 ⇒ 영아: 만 0세는 주 3회, 30분 이상 / 만 1, 2세는 매일 30분 이상 ⇒ 유아: 매일 1시간 이상 ⇒ 장애아전문: 주 1회 이상 장애유형, 장애정도, 발달수준에 따라 융통성 있게 운영	관찰, 기록
1-2-5. 특별활동은 운영 지침에 따라 운영한다. (3개 모두 충족하거나 특별활동 미실시 Y)	
1) 특별활동을 24개월 이상 영유아를 대상으로 부모동의서를 받은 영유아에 한해서만 별도로 제공하고 있음	관찰, 기록
2) 특별활동에 참여하지 않는 영유아를 대상으로 표준보육과정에 기초한 자유놀이 등을 운영하고 있음	관찰, 기록
3) 특별활동은 오후에 운영됨	관찰, 기록
1-2-6. 장애영유아를 위한 관련서비스(치료지원 포함)를 일과 중에 통합적으로 제공한다. (2개 모두 충족해야 Y)	
1) 장애영유아를 위한 관련서비스(치료지원 포함)를 계획, 제공하고 있음	기록
2) 장애영유아를 위한 관련서비스(치료지원 포함)를 장애영유아가 속해 있는 반의 일과와 연계하거나 일과 내에서 제공하고 있음 ⇒ 특수교사나 장애영유아를 위한 보육교사가 배치된 경우에 해당	기록

1–3. 놀이 및 활동 지원(3개)

1–3–1. 교사는 놀이와 활동이 영유아의 자발적 선택에 의해 주도적으로 이루어지도록 격려한다. (3개 모두 충족해야 Y)	
1) 교사는 실내 자유놀이 및 바깥놀이 시간에 영유아가 자유롭게 탐색하여 놀이나 활동을 자발적으로 할 수 있도록 지원함 ⇒ 영아: 의도적인 대집단 활동을 실시하지 않음	관찰
2) 교사는 개별 영유아가 좋아하는 놀이와 활동을 주도적으로 진행하도록 격려함	관찰
3) 놀이에 참여하지 못하고 배회하거나 방관하는 영유아가 있는 경우 영유아가 놀이에 자발적인 흥미를 가질 수 있도록 지원함	관찰
1–3–2. 교사는 영유아의 놀이 상황을 관찰하면서 놀이와 관련된 상호작용을 한다. (3개 모두 충족해야 Y)	
1) 교사는 실내 자유놀이 및 바깥놀이 시간에 놀이와 활동이 이루어지는 장소 전체를 수시로 살펴 영유아의 놀이 진행과정을 파악함	관찰
2) 교사는 영유아의 놀이상황을 관찰하면서 놀이와 관련하여 적절한 수준의 지원을 함	관찰
3) 교사는 영유아의 놀이와 활동에 즐겁게 참여함	관찰
1–3–3. 영유아의 다양한 놀이와 활동에 필요한 자료를 제공한다. (3개 모두 충족해야 Y)	
1) 교사는 영유아의 발달수준, 연령, 사전경험을 고려하여 놀이 및 활동자료를 준비함	관찰
2) 현재 이루어지고 있는 놀이 및 활동에 필요한 자료를 제공함	관찰, 면담
3) 놀잇감과 활동자료는 영유아가 수월하게 꺼내어 사용할 수 있도록 배치함	관찰

1–4. 영유아 간 상호작용 지원(4개)

1–4–1. 교사는 영유아의 감정에 공감하고 스스로의 감정을 다룰 수 있도록 돕는다. (2개 모두 충족해야 Y)	
1) 영유아가 불안정하고 부정적인 정서를 표현할 때 그대로 수용하고 안정감을 느끼도록 반응함	관찰
2) 영유아의 정서 상태나 기분을 파악하여 언어적·비언어적으로 반응하며 수용함	관찰
1–4–2. 교사는 영유아가 일상에서 자신의 의견, 생각 등을 또래와 나눌 수 있도록 격려한다. (2개 모두 충족해야 Y)	
1) 교사는 영유아가 자신의 감정이나 생각을 또래에게 말로 표현하도록 격려함	관찰
2) 교사는 놀이나 활동 상황에서 또래 간 학습이 일어나도록 영유아 간의 상호작용을 격려함 ⇒ 영아: 교사는 영아가 또래에 관심을 가질 수 있도록 영아의 행동이나 말을 또래에게 묘사함	관찰
1–4–3. 교사는 영유아가 적절한 약속과 규칙을 지키도록 격려한다. (2개 모두 충족해야 Y)	
1) 반별로 영유아의 연령과 발달수준에 적합한 최소한의 약속과 규칙이 있음	관찰, 면담
2) 교사는 영유아가 약속과 규칙을 자율적으로 지켜가도록 일상에서 반복적이고 일관되게 격려함	관찰

1-4-4. 교사는 영유아 간 다툼이나 문제가 발생할 경우 다양한 해결방식을 사용한다. (3개 모두 충족해야 Y)	
1) 교사는 영유아 간 다툼이나 문제 상황이 발생하지 않도록 놀잇감과 공간을 충분히 확보함	관찰
2) 영유아 간 다툼이나 문제상황이 발생했을 경우, 연령에 적합하게 개입함 ⇒ 유아: 교사가 유아에게 스스로 문제를 해결할 수 있는 기회를 먼저 제공함 ⇒ 영아: 교사는 문제상황에 적절히 개입하여 영아의 감정을 수용하고, 영아가 이해할 수 있도록 영아의 행동에 대해 설명함	관찰
3) 영유아가 다양한 긍정적 해결방안을 사용하도록 격려함(요청, 교환, 함께 쓰기, 번갈아 하기)	관찰

1-5. 보육과정 평가(3개)

1-5-1. 반별 보육일지에 하루일과 및 놀이실행에 대해 평가한 내용이 있고, 필요한 경우 평가 내용을 다음 보육계획에 반영한다. (2개 모두 충족해야 Y)	
1) 반별 보육일지에 영유아의 하루일과와 놀이실행에 대한 평가기록이 있음	기록
2) 보육일지에 평가한 내용을 필요한 경우 다음 보육계획에 반영하고 있음	기록
1-5-2. 개별 영유아의 일상생활, 실내외 놀이 및 활동에 대한 관찰 내용을 기록하고 영유아의 발달특성과 변화를 평가한다. (일반: 3개, 장애영유아: 4개 모두 충족해야 Y)	
1) 일상생활, 놀이, 활동에서 개별 영유아의 반응과 행동을 관찰하여 기록함	기록
2) 영유아 관찰 결과를 활용하여 영유아의 발달특성과 변화의 정도에 대한 총평을 연 2회 이상 기록함	기록
3) 영유아 평가 결과를 영유아의 놀이지원, 부모면담 등에 반영하고 있음	면담
4) 장애영유아: 개별 장애영유아의 교육진단과 발달평가를 위한 진단·평가도구 및 참고자료를 구비하여 활용하고 있음	면담
1-5-3. 원장은 각 반별 보육과정 운영에 대한 평가를 통해 어린이집 전체 보육과정 운영을 파악하고 있다. (2개 모두 충족해야 Y)	
1) 원장은 반별 보육과정 운영에 대한 평가를 실시하여 어린이집 전체의 보육과정 운영을 파악하고 있음	면담
2) 원장은 반별 보육과정 평가 결과를 어린이집 운영에 반영함	면담

영역 2. 보육환경 및 운영관리			
2–1 실내 공간 구성 및 운영 (4개)	2–2 실외 공간 구성 및 운영 (3개)	2–3 기관 운영 (4개)	2–4 가정 및 지역사회와의 연계 (3개)
지표등급 우수: 4개 보통: 2~3개 개선필요: 1개 이하	지표등급 우수: 3개 보통: 2개 개선필요: 1개 이하	지표등급 우수: 4개 보통: 2~3개 개선필요: 1개 이하	지표등급 우수: 3개 보통: 2개 개선필요: 1개 이하

2–1. 실내 공간 구성 및 운영(4개)

2–1–1. 보육실 내 흥미영역 또는 놀이영역은 영유아의 연령 및 발달 특성을 고려하여 영유아의 놀이와 연계하여 구성한다.	
1) 보육실은 영유아의 연령, 발달특성, 어린이집의 프로그램을 반영한 흥미영역 또는 놀이영역으로 구성되어 있음	관찰
2) 흥미영역 또는 놀이영역은 영유아의 놀이가 방해받지 않을 정도의 크기로 구성되어 있음	관찰
2–1–2. 실내 시설 설비가 영유아의 발달 수준에 적합하다.	
1) 실내 시설 및 설비가 영유아의 연령 및 신체에 적합한 크기와 높이로 되어 있어 영유아 스스로 사용하기에 용이함	관찰
2) (영아) 기저귀 갈이대, 수유공간 등 영아를 위한 공간이 마련되어 있으며, 일정 공간에 수유와 기저귀 갈이 시 필요한 물품을 비치하여 사용하고 있음	관찰
3) (장애아 전문) 실내 시설 및 설비는 장애영유아의 특성에 적절하게 설치되어 있으며, 장애영유아를 위한 보조도구가 마련되어 있음	관찰
2–1–3. 영유아의 요구를 충족하는 보육실 이외의 별도의 공간을 마련하고 있다.	
1) 영유아의 요구를 충족하는 보육실 이외의 별도의 공간(유희실, 도서공간, 양호공간, 식당 등)이 어린이집 내에 두 군데 이상 마련되어 있음	관찰
2) 보육실 내 영유아의 휴식공간이 있음	관찰
3) 영유아의 개별 물품을 보관할 수 있는 공간이 마련되어 있음	관찰
2–1–4. 비품과 활동자료를 보관하는 별도의 공간이 있고 체계적으로 정리하고 있다.	
1) 비품과 활동자료를 보관하는 별도의 공간(창고나 자료실, 베란다 등)이 있고, 체계적인 분류기준에 따라 명칭, 내용, 관련 영역 등을 표시하여 보관하고 있음	관찰

2-2. 실외 공간 구성 및 운영(3개)

2-2-1. 옥외 놀이터 등을 구비하고 있다.	
1) 옥외놀이터가 구비되어 있음	관찰
2) 옥외놀이터가 구비되어 있지 않은 경우, 대체놀이터를 이용하고 있음	관찰
2-2-2. 영유아의 발달을 지원하는 다양한 놀이 및 활동자료가 준비되어 있다.	
1) 영유아의 발달을 지원하는 다양한 놀이기구 또는 놀이 및 활동자료가 구비되어 있음	관찰
2) 놀이기구 또는 놀이 및 활동자료는 영유아의 발달에 적합한 크기와 기능을 가지고 있음	관찰
3) 자연을 경험할 수 있는 바깥놀이 환경이 마련되어 있음	관찰, 면담
2-2-3. 영유아의 발달에 적합한 다양한 바깥놀이 및 활동이 이루어진다.	
1) 바깥놀이 시 영유아의 발달에 적합한 다양한 놀이와 활동이 이루어짐	관찰, 면담
2) 바깥놀이 시 자연과 친숙해지는 경험이 이루어짐	관찰, 면담

2-3. 기관 운영(4개)

2-3-1. 모든 반을 편성 규정에 맞게 운영하고 있다.	
1) 모든 반이 편성 기준을 준수하고 있음 ⇒ 혼합연령반은 낮은 연령의 교사 대 영유아 비율을 준수하고 있음 ⇒ 반별 정원 탄력편성 가능인원, 농어촌 특례 인정 범위는 보육사업안내 기준에 준함	관찰, 기록
2) 연령별 반 규모는 만 0세의 경우 3배, 만 1세 이상의 경우 2배를 초과하지 않음 만 0세: 3명(9명 1반), 만 1세: 5명(10명 1반), 만 2세: 7명(14명 1반), 만 3세: 15명(30명 1반), 만 4세 이상: 20명(40명 1반)	관찰, 기록
2-3-2. 어린이집 운영계획을 수립하여 부모에게 안내한다.	
1) 수요조사를 통해 어린이집 운영시간과 방법 등의 운영계획을 수립함	기록
2) 어린이집 운영계획이 부모에게 안내됨	기록
3) 17시 이후 보육되고 있는 영유아에 대해 자유놀이 등이 운영되고 있음	기록
2-3-3. 신규 보육교직원에게 오리엔테이션을 실시하고 있다.	
1) 모든 신규 보육교직원에게 업무 관련 오리엔테이션을 실시함	기록
2-3-4. 신입 영유아 적응을 위한 지원을 하고 있다.	
1) 신입 영유아 적응 지원 안내문과 적응과정에 대한 관찰기록이 있음	기록, 면담
2) 신입 영유아의 부모를 위한 오리엔테이션을 실시함	기록, 면담

2-4. 가정 및 지역사회와의 연계(3개)

2-4-1. 어린이집을 개방하여 다양한 부모참여와 교육이 이루어진다.	
1) 부모가 보육실 활동을 참관할 수 있는 구체적인 절차와 방법을 안내하고 있음	기록, 면담
2) 부모가 부모모임, 자원봉사 등의 방법으로 어린이집 운영지원에 참여하고 있음	면담
3) 부모교육을 두 가지 이상의 방법으로 실시하고 있음. ⇒ 지면: 가정통신문, 양육정보지, 양육안내 편지, 리플릿, 소책자 등 ⇒ 온라인 매체: 홈페이지, 카페, 블로그 등 ⇒ 집단 모임: 소모임, 부모 강연회, 워크숍 등	기록
2-4-2. 평소 가정과 다양한 방법으로 소통하고 정기적인 개별면담을 통해 가족을 지원한다.	
1) 평소 두 가지 이상의 방법으로 가정과 소통하고 있음 ⇒ 지면: 가정통신문, 알림장, 소책자, 게시판 등 ⇒ 전화 및 온라인 매체: 문자메세지, SNS, 스마트알림장, 홈페이지, 카페, 블로그 등 ⇒ 수시면담: 영유아의 특성이나 가정의 배경을 고려한 비정기적인 면담 등 ⇒ 집단모임: 소모임, 행사 등 ⇒ 부모만족도조사: 어린이집 운영 전반에 대한 만족도 조사(연 1회 이상)	기록
2) 모든 영유아의 부모와 연 2회 이상 개별면담하고 주요 면담내용을 기록, 관리함	기록
3) 영유아나 가족의 문제를 파악하고 이해하고자 노력하고 있음	면담
2-4-3. 지역사회와 연계한 다양한 활동을 실시하고 있다.	
1) 지역사회 자원을 이용한 활동을 월 1회 이상(영아의 경우 2개월에 1회) 실시한 기록이 있음	기록

영역 3. 보육과정 및 상호작용				
3-1 실내외 공간의 청결 및 안전 (3개)	3-2 (필수) 급 · 간식 (3개)	3-3 건강증진을 위한 교육 및 관리 (3개)	3-4 (필수) 등 · 하원 안전 (3개)	3-5 (필수) 안전교육과 사고예방 (3개)
지표등급 우수: 3개 보통: 2개 개선필요: 1개 이하	지표등급 우수: 3개 보통: 2개 개선필요: 1개 이하	지표등급 우수: 3개 보통: 2개 개선필요: 1개 이하	지표등급 우수: 3개 보통: 2개 개선필요: 1개 이하	지표등급 우수: 3개 보통: 2개 개선필요: 1개 이하

3-1. 실내외 공간의 청결 및 안전(3개)

3-1-1. 실내외 공간을 청결하고 쾌적하게 관리한다.	
1) 실내외 공간을 청결하게 유지함	관찰
2) 실내외 놀잇감을 청결하게 유지함	관찰, 면담
3) 개별 침구를 청결하게 유지함	관찰, 면담
4) 실내의 공기질, 온도, 습도, 채광, 조명을 적정하게 유지함 ⇒ 공기 질 확인을 위해 공기청정기 유무, 작동 여부, 청결상태 등 확인	관찰, 기록, 면담
3-1-2. 실내외 공간과 설비를 위험요인 없이 안전하게 관리한다.	
1) 현관문, 출입문, 창문, 천장, 바닥, 벽면을 위험요인 없이 안전하게 관리함	관찰
2) 실내외 공간의 고정식 이동식 시설 · 설비, 전기설비 등을 위험요인 없이 안전하게 관리함	관찰
3) 세면대, 정수기의 온수 사용을 위험요인 없이 안전하게 관리함	관찰
4) 영유아가 성인이 주로 사용하는 실내외 공간에 출입하지 않도록 관리함	관찰
3-1-3. 실내외 공간의 놀잇감 및 활동자료와 위험한 물건을 안전하게 관리한다.	
1) 보육실 내 놀잇감 및 활동자료를 안전하게 관리함	관찰
2) 실내외 공간에 비치된 놀잇감 및 활동자료를 안전하게 관리함	관찰
3) 보육실 내의 위험한 물건을 안전하게 보관 · 관리함	관찰
4) 실내외 공간의 위험한 물건을 안전하게 보관 · 관리함 ⇒ 영아가 삼킬 수 있는 크기(직경 3.5cm이하)의 놀잇감과 활동자료⇒'만 1세 이하'로 조정	관찰

3-2. 급 · 간식(3개)

3-2-1. 영양의 균형을 고려한 급 · 간식을 제공함	
1) 영양사가 작성한 식단에 따라 급 · 간식을 제공함	기록, 관찰
2) 영유아의 연령 특성을 고려한 급 · 간식(양, 크기, 맛, 조리형태 등)을 제공함	관찰
3) 인스턴트 식품보다 자연식품 위주로 급 · 간식을 제공함	기록
4) 식품 알레르기 질환에 대한 지침을 마련하여 실행함	기록, 면담
3-2-2. 식자재의 구입 · 보관 및 조리공간을 위생적으로 관리하고 있다.	
1) 식자재는 신선한 것을 구입하고 이를 위생적으로 보관함 (필수)	관찰
2) 유통기한 경과 식품(식자재 등)이 없음 (필수)	관찰
3) 조리실 공간(바닥, 벽, 천장 등)과 조리실 내 시설 · 설비(개수대, 조리대, 식기수납장, 가스레인지, 후드, 환풍기, 주방가전 등)를 청결하게 유지함	관찰
4) 식기류(컵 등)와 조리실 비품(조리도구, 행주 등)을 위생적으로 관리함	관찰, 면담
3-2-3. 조리 및 배식과정을 청결하고 위생적으로 관리하고 있다.	
1) 조리가 위생적으로 이루어짐	관찰
2) 배식과정이 위생적으로 이루어짐	관찰
3) 1회 조리된 음식은 당일 소모하고 재배식하지 않음 (필수)	관찰, 면담
4) 마실 물, 우유 등을 위생적으로 관리함	관찰

3-3. 건강증진을 위한 교육 및 관리(3개)

3-3-1. 손 씻기, 양치질 등 청결한 위생습관을 실천한다.	
1) 교사는 손을 씻어야 하는 상황에서 반드시 손을 씻음	관찰
2) 영유아는 손을 씻어야 하는 상황에서 반드시 손을 씻음	관찰
3) 식사 후 연령에 적합한 방법으로 이를 닦고 칫솔과 양치 컵을 위생적으로 관리함	관찰
4) 교사는 영유아 배변 후 뒤처리를 위생적으로 함	관찰
3-3-2. 교사는 영유아의 건강상태를 살펴보고 적절하게 지원한다.	
1) 아프거나 다친 영유아에 대한 지침을 구비함	기록
2) 교사는 일과 중 영유아의 건강상태를 주의 깊게 살펴보고 적절히 조치함	관찰, 면담
3) 투약의뢰서를 관리하고 부모에게 투약보고를 함	관찰, 기록
4) 비상약품을 용도별로 구비하여 유효기간 내로 관리함	관찰, 면담

3-3-3. 영유아와 보육교직원의 건강 증진을 위한 예방관리와 교육을 실시한다.	
1) 개별 영유아의 건강검진 서류, 응급처치동의서를 작성 · 관리함	기록
2) 영유아와 보육교직원을 대상으로 다양한 건강 및 영양교육을 실시함	관찰, 기록, 면담
3) 보육교직원의 건강검진이 정기적으로 이루어짐 ⇒ 대상: 임용된 보육교직원, 미임용 보육교직원 중 매일 1개월 이상 지속적으로 근무하는 자, 어린이집 보육실습생, 어린이집에서 함께 거주하는 자, 특별활동 강사, 노인일자리 파견자 등	기록
4) 영유아 및 보육교직원에 대한 감염병 관리수칙을 수립하여 실천함	기록, 관찰, 면담

3-4. 등 · 하원 안전(3개)

3-4-1. 교사는 영유아의 출석을 확인하며 인계규정에 따라 귀가지도를 한다.	
1) 영유아의 인계과정에 대한 체계적인 규정이 수립되어 있음	기록
2) 영유아의 보호자에게 받은 귀가동의서를 구비하고 있음	기록
3) 교사는 매일 일과를 시작할 때 영유아의 등원 여부를 확인함	관찰, 면담
4) 영유아의 인계과정이 규정에 따라 안전하게 이루어짐 (필수)	관찰, 면담
3-4-2. 영유아는 등원부터 하원까지 성인의 보호 하에 있다.	
1) 교사는 영유아의 안전을 위해 항상 전체 상황을 주시함	관찰
2) 교사는 일과가 바뀔 때마다 전체 영유아를 확인함	관찰
3) 통합보육 시 담당교사는 담당 영유아의 인원과 특이사항을 파악함	관찰, 면담
4) 영유아를 두고 자리를 비울 때에는 책임 있는 성인에게 인계함 (필수)	관찰
3-4-3. 등 · 하원 차량을 운행할 경우 안전요건을 갖추어 관리한다.	
1) 차량에 안전수칙, 영아용 보호장구, 개별 안전띠, 차량용 소화기, 잠자는 아이 확인 장치, 비상약품을 구비함	관찰, 면담
2) 운전자는 매일 차량 안전점검을 실시함	기록
3) 운전자와 차량에 동승하는 모든 성인은 어린이통합버스 안전교육을 받음 ⇒ 운전자, 운영자: 「도로교통법」 제 53조 3에 따른 교통안전교육 ⇒ 차량동승 보육교직원: 차량 등하원지도 관련 교육	기록
4) 운전자와 함께 차량에 동승한 성인은 영유아를 안전하게 보호함 (필수)	관찰, 면담

3-5. 안전교육과 사고예방(3개)

3-5-1. 영유아를 대상으로 발달에 적합한 안전교육을 정기적으로 실시함	
1) 영유아를 대상으로 발달에 적합한 안전교육을 정기적으로 실시함	기록, 면담
2) 영유아가 정기 소방대피훈련에 참여함	기록, 면담
3) 영유아가 놀잇감 및 활동자료, 놀이기구를 안전하게 사용하도록 지도함	관찰
4) 계절 및 날씨 관련 놀이 안전수칙을 준수함	관찰, 면담
3-5-2. 보육교직원은 안전교육을 받고 영유아 학대 예방 지침을 준수한다.	
1) 보육교직원을 대상으로 기본적인 안전교육을 정기적으로 실시함(영유아 학대예방교육 포함) (필수)	기록, 면담
2) 비상시 보육교직원의 대처방안과 업무분장이 체계적으로 수립되어 있고, 보육교직원은 자신의 역할을 숙지하고 있음	기록, 면담
3) 응급처치(심폐소생술) 관련 교육에 참여한 보육교직원이 있음	기록, 면담
4) 영유아 학대예방지침(체벌금지 포함)을 준수함 (필수)	기록, 관찰, 면담
3-5-3. 안전설비를 비상시 효율적으로 사용할 수 있도록 관리하고 있다.	
1) 비상사태를 대비한 피난설비(비상구, 비상계단, 피난구 유도등 등)를 비상시 원활하게 대피할 수 있도록 관리하고 있음	관찰
2) 비상사태를 대비한 소화설비(소화기 등)를 비상시 제대로 작동되도록 관리하고 있음	관찰
3) 비상사태를 대비한 경보시설(단독경보형 감지기 등)를 비상시 제대로 작동되도록 관리하고 있음	관찰
4) 보육교직원은 안전시설 및 설비(소화기 등)의 사용법을 숙지하고 있음	면담

영역 4. 교직원			
4-1 원장의 리더십 (3개)	4-2 보육교직원의 근무환경 (3개)	4-3 보육교직원의 처우와 복지 (3개)	4-4 보육교직원의 전문성 제고 (3개)
지표등급 우수: 3개 보통: 2개 개선필요: 1개 이하	지표등급 우수: 3개 보통: 2개 개선필요: 1개 이하	지표등급 우수: 3개 보통: 2개 개선필요: 1개 이하	지표등급 우수: 3개 보통: 2개 개선필요: 1개 이하

4-1. 원장의 리더십(3개)

4-1-1. 원장은 자신의 전문성 향상을 통해 어린이집 발전에 기여한다.	
1) 원장은 어린이집 운영에 대한 철학과 소신을 가지고, 보육의 질을 높이기 위한 다양한 노력을 하고 있음	면담
2) 원장은 전문가로서의 전문성 향상을 위해 관련 교육에 참여하고 있음	면담
3) 2년 이상 근속한 교사가 전체교사의 50% 이상임	기록
4-1-2. 원장은 보육교직원을 존중한다.	
1) 원장은 보육교직원에게 존중하는 말과 태도를 보임	관찰, 면담
2) 원장은 보육교직원에게 의견을 묻거나 제안을 경청하고 이를 반영함	면담
4-1-3. 원장은 건전한 조직문화 조성을 위해 노력한다.	
1) 교사회의를 월 1회 이상 정기적으로 실시하고 민주적으로 운영함	기록, 면담
2) 보육교직원의 업무가 효율적으로 분장되어 있고, 자신이 담당하고 있는 업무를 정확히 알고 있음	기록, 면담
3) 원장은 보육교직원과 사전에 계획된 일정대로 정기적인 개별면담을 실시함 ⇒ 대상: 6개월 이상 근속한 보육교사	기록, 면담

4-2. 보육교직원의 근무환경(3개)

4-2-1. 보육교사를 위한 별도의 공간을 마련하고 있다.	
1) 교사실이 별도로 마련되어 있거나 보육교사의 휴식을 위한 공간 또는 설비가 마련되어 있음 ⇒ 다음 기준 중 1가지를 충족하면 인정 ① 교사실 ② 휴식을 취할 수 있는 공간 ③ 휴식용 의자, 쿠션 등의 설비	관찰

4-2-2. 보육교사를 위한 개인사물함과 업무지원 설비를 마련하고 있다.	
1) 어린이집 내에 보육교사가 개인별로 사용할 수 있는 사물함을 마련하고 있음	관찰
2) 보육교사가 개별 또는 공동으로 사용할 수 있는 업무용 책상, 의자, 기타 업무 지원 설비(컴퓨터, 프린트 등)를 마련하고 있음	관찰
4-2-3. 성인용 화장실을 영유아용과 별도로 설치하여 사용하고 있다.	
1) 보육교직원, 부모 및 방문객이 사용할 수 있는 성인용 화장실을 어린이집 내에 마련하고 있음 ⇒ 성인용 화장실을 별도로 마련하기 어려운 경우, 영유아용 화장실 내 한 칸에 성인용 변기를 설치하여 사용하고 있음. 어린이집 내 화장실이 1개인 소규모 어린이집(정원 20인 이하)의 경우, 평정 제외	관찰

4-3. 보육교직원의 처우와 복지(3개)

4-3-1. 보육교직원의 복무와 보수에 관한 규정이 있으며, 이를 준수하고 있다.	
1) 모든 보육교직원과 근로계약을 체결하고 있으며, 근로계약서에는 보수, 근로 및 휴게시간, 휴일, 연차(유급휴가) 등이 명시되어 있음	기록, 면담
2) 취업규칙(복무규정)이 문서화되어 접근 가능한 공간에 게시되어 있거나 근로계약서에 포함되어 있음	기록, 면담
3) 보수 관련 규정에 준하여 보육교직원의 보수가 지급되고 있음	기록, 면담
4-3-2. 보육교사의 직무스트레스를 예방하고 관리할 수 있는 서비스를 안내하거나 제공한다.	
1) 보육교사의 직무스트레스를 완화하고 신체 및 정신건강을 유지할 수 있는 기회를 제공함	면담
2) 보육교사의 직무스트레스를 효과적으로 해결하기 위해 유관기관에서 제공하는 서비스를 안내함	면담
4-3-3. 보육교직원을 위한 복지제도를 운영하고 있다.	
1) 보육교직원을 위한 복지 혜택이 마련되어 있음	기록, 면담
2) 복지 혜택이 모든 보육교직원에게 골고루 제공됨	기록, 면담

4-4. 보육교직원의 전문성 제고(3개)

4-4-1. 보육교직원의 전문성 제고를 위한 다양한 연수 기회를 부여하고 있다.	
1) 보육교직원의 경력과 요구를 고려한 연간 교육(연수)계획이 수립되어 있음	기록, 면담
2) 모든 보육교직원에서 역량 계발을 위한 교육(연수)의 기회를 제공하고 있음	기록, 면담

4-4-2. 보육교사의 상호작용에 대한 관찰과 지원을 실시하고 있다.	
1) 보육교사의 상호작용에 대한 관찰과 지원이 보육교사별로 연 1회 이상 이루어짐	기록, 면담
4-4-3. 보육교사에 대한 근무평가를 실시하고 있다.	
1) 보육교사에 대한 근무평가가 보육교사별로 연 1회 이상 이루어짐	기록, 면담

출처: 보건복지부 · 한국보육진흥원(2019). 2020 어린이집 평가 매뉴얼 재구성.

2) 유치원 평가

(1) 제5주기(2020~2022년) 평가

유치원 평가는 「유아교육법」 제19조, 「유아교육법 시행령」 제20조, 제21조, 제22조에 근거하여 유치원 교육활동 진단 및 개선을 통한 단위 유치원 교육의 질 개선, 유치원 자체평가를 통한 유치원 현장의 자율성 및 책무성 강화, 유아의 건전한 성장 지원과 학부모 만족 제고, 유치원 평가 결과 환류를 통한 교육과정 운영 내실화를 위한 것이다.

공 · 사립 유치원 전체를 대상으로 유치원 자체평가를 실시하고, 평가 내용은 영역-지표-항목으로 구성되어 있다. 평가결과는 유치원 교육과정 운영 개선을 위한 자료로 활용되어 있고, 유아교육진흥원은 유치원 평가 수행을 위해 '유치원 평가위원회' 구성, '현장 맞춤형 컨설팅' 운영을 하고 있고, 시교육청은 평가 기본계획 수립, 유아교육진흥원은 평가 시행을 위한 세부추진 계획 수립 및 평가 시행이다.

(2) 추진절차

유치원 평가의 추진절차는 유치원 평가 기본 계획 수립 및 의뢰, 유치원 평가 세부 계획 수립, 단위 유치원 평가 계획 수립, 단위 유치원 평가 결과보고서 작성, 평가 결과 관리의 절차를 거치게 되며, 자세한 추진 절차는 다음과 같다.

단계	내용	주관
유치원 평가 기본 계획 수립 및 의뢰	• 2020 유치원 평가 기본 계획 수립(2월)	시교육청
유치원 평가 세부 계획 수립	• 유치원 평가위원회 구성 및 평가 세부계획 수립(4월) • 2020 유치원 평가 세부추진계획 현장 안내(4월)	유아교육진흥원
단위 유치원 평가 계획 수립	• 유치원 자체평가 계획 수립(5~6월) (내부결제 / 유아교육진흥원 홈페이지 탑재)	유치원
	• 현장 맞춤형 컨설팅 운영(6~11월)	유아교육진흥원
단위 유치원 평가 결과 보고서 작성	• 유치원 평가결과 보고서 작성 및 제출(11월) 내부결제: 평가결과 전체 공문제출: 유치원 평가결과 보고서, 정보공시 탑재용 보고서	유치원
평가 결과 관리	• 2020학년도 유치원 평가결과 시교육청 보고(2021년 2월) • 2020학년도 유치원 자체평가 현장만족도 조사 • 2020학년도 유치원 평가 업무담당자 협의회(2021년 2월)	유아교육진흥원
정보공시의 공시정보 입력	• 유치원 정보공시(2021년 4월 중) 입력	유치원
정보공시의 공시정보 관리	• 유치원별 평가결과 자료 입력 검증(2021년 상반기)	유아교육진흥원

[그림 11-3] **평가 추진 절차**

출처: 유아교육진흥원(2020). 제5주기 유치원 평가 시행 계획.

(3) 평가지표

유치원 평가지표는 영역-지표-항목으로 구성되어 있으며, 공통영역과 자율영역으로 나누어진다. 공통영역은 Ⅱ. 교육환경 및 운영관리, Ⅲ. 건강 · 안전, Ⅴ. 학교문화혁신, 제시된 평가영역, 평가지표, 평가항목 공통 적용(변경 불가)으로 되어 있고, 자율영역은 Ⅰ. 교육과정 및 방과후 과정, Ⅳ. 교직원, 평가항목을 단위 유치원의 여건을 반영하여 자율적으로 변경, 조정하여 구성한다. 또한, 2019 개정 교육과정 구성 방향 및 현장 적합성, 안전한 교육환경 조성, 유치원 학교문화혁신 등을 반영하여 평가 내용이 구성되어 있다. 총 5가지 영역에 55가지 항목으로 되어 있으며, 4주기에서 변화된 5주기 평가지표는 다음과 같다.

〈표 11-9〉 4주기 평가지표와 5주기 평가지표 비교

제4주기(2017~2019년)

평가영역	평가지표	항목수	비고
Ⅰ. 교육과정	1. 교육목표 및 교육계획 수립의 적절성	3	공통
	2. 일과 운영 및 교수-학습방법의 적합성	3	
	3. 평가 방법 및 활용의 적절성	2	
Ⅱ. 교육환경	4. 실내·외 교육환경 구성 및 활용의 적합성	3	
	5. 교재·교구의 제공 및 관리의 적절성	2	
Ⅲ. 건강 및 안전	6. 유아의 건강관리 및 지도의 적절성	3	
	7. 유아의 안전관리 및 지도의 적절성	3	
Ⅳ. 운영관리	8. 교직원의 근무여건 및 전문성 제고	3	
	9. 예산편성 및 운영의 적절성	2	
	10. 가정 및 지역사회와의 연계	3	
	11. 방과후 과정 운영의 적절성	3	
Ⅴ. 자제치표	12. 유아·놀이 중심 교육 충실도	3	
	13. 학교문화혁신 충실도	4	
총계	13개	37	

제5주기(2020~2022년)

평가영역	평가지표	항목수	비고
Ⅰ. 교육과정 및 방과후 과정	1-1. 교육 계획 수립	3	자율영역
	1-2. 일과 운영	2	
	1-3. 교수-학습 및 평가	4	
	1-4. 교사와 유아 상호작용	3	
	1-5. 방과후 과정	2	
Ⅱ. 교육환경 및 운영관리	2-1. 놀이 공간의 다양성	2	공통영역
	2-2. 시설·설비의 적합성	2	
	2-3. 놀이 자료의 구비 및 관리	2	
	2-4. 행·재정 관리	3	
Ⅲ. 건강·안전	3-1. 시설 및 환경	5	공통영역
	3-2. 건강 및 안전 증진	4	
	3-3. 급·간식 건강 및 안전	3	
	3-4. 등·하원 안전	2	
Ⅳ. 교직원	4-1. 원장의 전문성	3	자율영역
	4-2. 교사의 전문성	2	
	4-3. 교사의 업무지원	2	
	4-4. 교직원 복지	3	
Ⅴ. 학교문화혁신	5-1. 수업 혁신	2	공통영역
	5-2. 생활교육 혁신	2	
	5-3. 교직문화 혁신	2	
	5-4. 업무 혁신	2	
총계	21개	55	

출처: 유아교육진흥원(2020). 제5주기 유치원 평가 시행 계획.

〈표 11-10〉 유치원 5주기 평가지표 세부사항

평가영역	평가지표	평가항목
Ⅰ. 교육과정 및 방과후 과정	1-1. 교육계획 수립	1-1-1. 국가 수준의 공통 교육과정을 바탕으로 각 유치원의 실정을 반영한 교육계획을 수립한다.
		1-1-2. 유아의 발달과 장애 정도를 고려하여 교육계획을 수립한다.
		1-1-3. 가정과 지역사회와의 협력과 참여를 포함하여 교육계획을 수립한다.
	1-2. 일과 운영	1-2-1. 놀이와 활동을 융통성 있게 운영한다.
		1-2-2. 성, 신체적 특성, 장애, 종교, 가족 및 문화적 배경 등으로 인한 차별이 없도록 운영한다.
	1-3. 교수-학습 및 평가	1-3-1. 유아중심 놀이가 이루어지도록 지원한다.
		1-3-2. 교사는 유아가 놀이에 대한 흥미와 관심을 갖도록 지원한다.
		1-3-3. 유아의 특성 및 변화 정도와 교육과정 운영에 대한 평가를 실시한다.
		1-3-4. 유아와 교육과정 운영에 대한 평가 결과를 다음 계획에 반영한다.
	1-4. 교사와 유아 상호작용	1-4-1. 교사는 유아의 요구나 질문에 적절하게 반응한다.
		1-4-2. 교사는 유아의 감정에 공감하고 유아가 스스로의 감정을 다룰 수 있도록 돕는다.
		1-4-3. 교사는 유아의 놀이 상황을 주의 깊게 관찰하고 적절히 지원한다.
	1-5. 방과후 과정	1-5-1. 방과후 과정을 적절하게 계획하여 운영하고 있다.
		1-5-2. 방과후 과정을 위한 환경을 갖추고 있다.
Ⅱ. 교육환경 및 운영관리	2-1. 놀이 공간의 다양성	2-1-1. 실내외 공간을 다양한 놀이와 활동이 가능하도록 구성하고 있다.
		2-1-2. 놀이 영역 간의 연계 및 놀이 확장이 가능하도록 실내외 공간을 구성하고 있다.
	2-2. 시설·설비의 적합성	2-2-1. 실내외 시설·설비가 유아의 발달 수준에 적합하다.
		2-2-2. 유아의 놀이와 활동을 지원하는 공간을 다련하고 있다
	2-3. 놀이 자료의 구비 및 관리	2-3-1. 다양한 놀이와 활동이 가능한 놀이 자료를 충분히 구비하고 있다.
		2-3-2. 놀이 자료 및 비품을 보관하는 공간이 있고 체계적으로 관리하고 있다.
	2-4. 행·재정 관리	2-4-1. 유치원 운영위원회를 구성·운영하고 있다.
		2-4-2. 유치원 생활기록부 작성 및 관리지침에 따라 생활기록부를 작성·관리하고 있다.
		2-4-3. 유치원 예산·회계를 체계적으로 관리하고 있다.
Ⅲ. 건강·안전	3-1. 시설 및 환경	3-1-1. 실내 공간을 청결하고 안전하게 관리한다.
		3-1-2. 실외 공간을 청결하고 안전하게 관리한다.
		3-1-3. 수도시설 공간을 청결하고 안전하게 관리한다.
		3-1-4. 전기 및 가스를 안전하게 관리한다.
		3-1-5. 안전시설 및 용품을 충실히 관리하고 사용법을 숙지한다.

평가영역	평가지표	평가항목
Ⅲ. 건강 · 안전	3-2. 건강 및 안전 증진	3-2-1. 질병 및 상해 관리와 감염병 대응관리가 적절히 이루어진다.
		3-2-2. 의약품을 철저하게 관리하고 있다.
		3-2-3. 건강 및 안전 증진을 위한 예방 관리를 실시하고 있다.
		3-2-4. 건강 및 안전 증진을 위한 교육이 충실히 이루어지고 있다.
	3-3. 급 · 간식 건강 및 안전	3-3-1. 균형 잡힌 급 · 간식 계획을 수립 · 제공하고 있으며, 식자재 관리가 적절하게 이루어진다.
		3-3-2. 조리 및 배식과정이 안전하고 위생적이다.
		3-3-3. 급 · 간식 시간 및 이후 관리가 위생적으로 이루어진다.
	3-4. 등 · 하원 안전	3-4-1. 등 · 하원 계획 및 지도가 안전하게 이루어진다.
		3-4-2. 통학차량(유): 차량 관리 및 운행이 안전하게 이루어진다. 3-4-2. 통학차량(무): 등 · 하원 시 유아의 건강 상태를 확인한다.
Ⅳ. 교직원	4-1. 원장의 전문성	4-1-1. 수평적 리더십으로 조직을 운영한다.
		4-1-2. 2019 개정 누리과정에 대한 이해를 바탕으로 놀이중심 수업을 지원한다.
		4-1-3. 교육공동체의 협력을 위해 노력한다.
	4-2. 교사의 전문성	4-2-1. 교직원은 교수-학습에 대한 전문성 개발 등을 위한 다양한 연수에 적극적으로 참여한다.
		4-2-2. 교육과정과 방과후 과정을 담당하는 교직원은 열린 사고와 개방적 태도를 가지고 학습 공동체와 협력하여 전문성을 향상시킬 수 있는 기회를 갖는다.
	4-3. 교사의 업무지원	4-3-1. 교사의 업무지원을 위한 교사실, 설비 및 자료를 적정하게 갖추고 있다.
		4-3-2. 교사는 교육과정 준비를 위한 시간을 확보하고 있다.
	4-4. 교직원 복지	4-4-1. 교직원이 이용하는 시설을 유아용과 별도로 설치하고 있다.
		4-4-2. 교직원의 직무공간에 냉난방설비 및 공기정화설비를 갖추고 있다.
		4-4-3. 교직원 처우에 대한 규정이 있으며, 이에 따라 교직원의 복지를 향상시키기 위해 노력하고 있다.
Ⅴ. 학교문화 혁신	5-1. 수업 혁신	5-1-1. 유아의 적극적 참여와 협력을 통한 배움과 성장이 일어나는 유아 · 놀이 중심 수업이 이루어지고 있다.
		5-1-2. 교원의 자발성을 기반으로 한 수업 나눔을 실천하고 있다.
	5-2. 생활교육 혁신	5-2-1. 유아 개개인을 공정하게 대하고 인격체로서 존중하고 있다.
		5-2-2. 유아들이 더불어 살아가는 민주시민(바른 인성, 애향심)으로 성장해 나가도록 노력하고 있다.
	5-3. 교직문화 혁신	5-3-1. 교육공동체가 함께 민주적 의사결정을 통해 유치원 운영에 참여한다.
		5-3-2. 청렴한 유치원 문화 만들기를 실천하고 있다.
	5-4. 업무 혁신	5-4-1. 유치원 운영계획서 중심으로 유치원을 운영한다.
		5-4-2. 관행적 행사 폐지 · 개선, 일하는 방식 개선 등 업무정상화를 위해 노력하고 있다.

출처: 유아교육진흥원(2020). 제5주기 유치원 평가 시행 계획.

평가방법은 5단 척도 체크리스트와 자유서술식을 병행하거나 충족 또는 미충족으로 표시하여 평가를 진행한다. 영역별 평가방법은 다음과 같다.

〈표 11-11〉 5주기 평가방법

제5주기(2020~2022년)				
평가 영역	지표 수	항목 수	평가 방법	비고
Ⅰ. 교육과정 및 방과후 과정	5	14	5단 척도 체크리스트와 자유서술식 병행	자율 영역
Ⅱ. 교육환경 및 운영관리	4	9	5단 척도 체크리스트와 자유서술식 병행	공통 영역
Ⅲ. 건강 · 안전	4	14	[항목 평가] • 항목에 대한 평가 결과를 충족(Y), 또는 미충족(N)으로 표시 • 평가 세부 기준은 유치원 자체평가 매뉴얼 참고 (유아교육진흥원 홈페이지 탑재) [영역 평가] • 영역 전체 항목에 대한 평가 결과 '충족' 개수에 따라 3개 등급(우수, 적합, 개선필요)으로 책정 – 우수(80% 이상): 충족 10개 이상 – 적합(60%~80% 미만): 충족 8~9개 – 개선필요(60% 미만): 충족 7개 이하	공통 영역
Ⅳ. 교직원	4	10	5단 척도 체크리스트와 자유서술식 병행	자율 영역
Ⅴ. 학교문화 혁신	4	8	5단 척도 체크리스트와 자유서술식 병행	공통 영역
계	21	55		

출처: 유아교육진흥원(2020). 제5주기 유치원 평가 시행 계획.

평가 결과 보고서 처리는 공문으로 제출하고, 평가 결과는 다음 연도 유치원 교육계획 수립 시 반영을 한다. 또한, 결과는 유치원 정보공시(유치원 알리미)에 정보공시 탑재용 평가 결과서를 탑재하게 된다.

단계	추진 절차	주요 내용	시기
준비	1. 2019 유치원 평가 결과 환류	• 2019년 평가 결과를 2020년 유치원 교육과정 수립 기초자료로 활용	1~2월
	2. 유치원 자체평가 계획 수립	• 유치원 자체평가 계획 수립(내부결재) 유치원 전체 구성원의 협의를 통해 모두가 공감하는 계획 수립	4~6월
	3. 유치원 자체평가 계획서 탑재	• 유치원 자체평가 계획서 탑재 유아교육진흥원 홈페이지 〉 유치원 평가	5~6월
실행	4. 유치원 교육활동	• 유치원 자체평가 지표를 반영한 유치원 운영	3~12월
	5. 유치원 자체평가 중간 점검	• 현장 맞춤형 컨설팅 실시(희망하는 유치원)	6~11월
	6. 유치원 자체평가 최종 점검	• 유치원 자체평가 최종 점검	11월
환류	7. 보고서 작성 및 제출	• 유치원 자체평가 결과 보고서 공문 제출 제출내용: 평가 결과 보고서, 정보공시 탑재용 • 평가 결과 유치원 홈페이지 탑재(2021년 1월) 및 유치원 알리미에 공시(4월)	11월
		• 현장 맞춤형 컨설팅 실시(희망하는 유치원 및 건강 · 안전영역 평가 결과, '개선필요' 유치원	11월
	8. 유치원 자체평가 결과 환류	• 2021 유치원 교육계획 수립 시 반영 • 유치원 중장기 발전계획 수립 시 반영	2021년 1~2월

[그림 11-4] 유치원 자체평가 운영 절차

출처 : 유아교육진흥원(2020). 제5주기 유치원 평가 시행 계획.

이러한 평가를 통하여 유치원 평가 내실화를 통한 유치원 자율운영체제 기반을 조성하고, 교육공동체 간의 참여와 소통으로 유치원 자치문화를 조성한다. 또한, 유치원의 자율성 · 책무성 제고를 통한 유치원 교육력을 강화시킬 수 있을 뿐만 아니라 안전한 교육환경 조성을 위한 노력으로 학부모의 신뢰와 만족도를 향상시킬 수 있다.

참고문헌

강문희 · 윤애희 · 이경희 · 정정옥 (2010). 유치원 · 보육시설 운영관리. 서울: 학지사.

곽덕영 · 김미화 (1999). 유아교육기관 운영관리의 이론과 실제: 유치원. 어린이집. 가정탁아. 놀이방. 서울: 학문사.

광주광역시 서부교육지원청 (2016). 사립 유치원 교원 임용, 해임 등 업무 처리 요령.

교육과학기술부 (2007). 유치원 교육과정. 서울: 교육인적자원부 고시 제2007-153호.

교육부 (2013). 유치원 정보공시 항목 및 지침.

_____ (2017). 제4주기 유치원 평가 중앙연수.

_____ (2017). 제4주기 유치원 평가메뉴얼.

교육과학기술부 (2019). 유치원교육과정. 서울:교육인적자원부

교육과학기술부 · 보건복지부 (2013). 3-5세 연령별 누리과정 해설서.

교육과학기술부 · 보건복지부 (2019). 3-5세 연령별 누리과정 해설서.

권옥자 · 유혜숙 (1993). 유아교사를 위한 창의적인 교재.교구 활동집. 서울: 보육사.

김경회 · 김서영 · 김신영 · 김지은 · 김혜금 · 문혁준 · 서소정 · 안선희 · 안효진 · 이희경 · 정선아 · 황혜원 (2006). 보육학개론. 서울: 창지사.

김남식 (2002). 우리나라 보육정책의 발전방안: 공보육의 실현을 위하여. 명지대학교 대학원 석사학위 논문.

김명희 · 신화식 (2010). 유아교육기관 운영관리. 경기: 양서원.

김수향 · 이용주 · 이은진 (2013). 유아교육기관 운영관리. 서울: 동문사.

김연진 · 이상희 · 고영자 (2015). 유아교육기관 운영관리. 서울: 태영출판사.

김연진 · 이상희 · 김종일 (2013). 유아교육기관 운영관리. 서울: 태영출판사.

김영옥 (1986). 한국유아교육의 변천과정과 개선방향. 영전 전문대학 논문집, 8, 105-115.

김유정 · 김정원 (2011). 영유아교육과정을 중심으로 한 교재-교구 연구 및 지도법. 경기: 양서원.

김은설 · 최진 · 조혜주 · 김경미 (2009). 육아지원기관 부모교육, 참여 활성화 방안 연구. 육아정책연구소.

김정규 · 이광자 · 조정숙 (2003). 교과 교재연구 및 지도법. 서울: 정민사.

김혜경 (2005). 영유아 교육기관경영. 서울: 창지사.

_____ (2016). 영유아기관 운영과 관리. 서울: 창지사.

류윤석 (2017). 유아교육기관 운영관리. 서울: 공동체.

문혁준 · 안효진 · 김경회 · 김영심 · 김정희 · 김혜연 · 배지희 · 서소정 · 이미정 · 이희경 · 정다운 · 조혜정 (2014). 보육교사론. 서울: 창지사.

박란규 (2005). 연령별, 생활주제별, 홍미영역별 교구의 실태 및 질적 수준에 관한 연구. 배재대학교 교육대학원 석사학위 논문.

박승자 (2003). 한국 유아교육의 중요성과 발전과정에 관한 연구. 지역개발연구, 11(0), 157-172.

박은혜 (2017). 유아교사론(제5판). 서울: 창지사.

박찬옥 · 전경화 · 조희순 · 이순이 · 이완희 · 유경숙 · 김성혜 · 안은정 (2016). 영유아교육기관 운영관리. 경기: 정민사.

백미열 · 이성희 · 이경자 · 송유진 (2000). 유아교육기관 운영관리. 경기: 양지.

백혜리 (2013). 보육교사론. 서울: 동문사.

보건복지부 (2010). 2010 보육사업안내.

________ (2010). 2010 보육통계.

________ (2010). 보육사업안내.

________ (2010). 보육시설 운영위원회 매뉴얼.

________ (2011). 어린이집 건강 관리 매뉴얼.

________ (2012). 보육사업안내.

________ (2012). 보육시설 운영위원회 매뉴얼.

________ (2013). 어린이집 평가인증 안내(40인 이상 어린이집).

________ (2013). 어린이집 표준보육과정의 이해.

________ (2014). 어린이집 평가인증 안내(40인 이상 어린이집).

________ (2016). 2016 보육통계.

________ (2016). 2016년도 보육사업안내.

________ (2017) 보육사업안내.

________ (2017). 제3차 어린이집 평가인증 안내.

________ (2018). 보육사업안내.

________ (2020). 2020 보육사업안내.

보건복지부 · 중앙보육정보센터 (2013). 2013년 설치운영컨설팅 매누얼.

보건복지부 · 한국보육진흥원 (2016). 2016 어린이집 평가인증 안내.

________________ (2019). 2020 어린이집 평가 매뉴얼.

부산광역시 남부교육지원청 (2017). 임면 업무절차 및 서식.

부산광역시교육청 (2017). 유치원 교육과정 편성 · 운영 디딤돌.

부산육아종합지원센터 (2017). 2017년 보육사업안내 부록.

서문희 · 이상헌 · 임유경 (2000). 보육시설 평가인증제도 도입방안 연구. 서울: 한국보건사회연구원.

서영숙 · 서혜전 · 김영명 · 채혜선 · 김진숙 (2013). 보육학개론. 파주: 양서원.

서예석 · 송경섭 · 오용환 (2010). 교재 교구 개발. 서울: 형설출판사.

서울특별시교육청 (2005). 유치원 에듀케어 운영 우수사례집.

__________ (2010). 유치원 교직실무편람.

성영혜 · 이상희 (2002). 최신 유아교육기관 운영관리. 서울: 동문사.

손정희 (2002). 부산 시내 유치원의 실외 놀이시설 및 설비에 관한 조사연구. 동아대학교 교육대학원 석사학위 논문.

신동주 (1999). 실외놀이 환경 구성 지침. 서울: 교육과학사.

신은수 · 조형숙 (2006). 초등학교 입학 연령을 통하여 분석한 유아교육의 사회 경제적 효과. 유아교육학논집, 10(4), 77-102.

신화식 · 김명희 (2007). 개인생활을 위한 교수전략과 유아의 반응. 한국열린유아교육학회, 207-224.

__________ (2010). 유아교육기관 운영관리(2판). 경기: 양서원.

신화식 · 이영미 · 윤길근 · 이희경 · 김지영 · 진성애 · 심윤희 · 김민선 (2014). 유아교육기관 운영관리(개정). 경기: 양서원.

심유미 (2012). 어린이집 영아반 교재 · 교구 실태 분석. 공주대학교 교육대학원 석사학위논문.

심은희 (2010). 한국사립 유치원의 변천 과정. 이화여자대학교 대학원 박사학위 청구논문.

양옥승 · 김미경 · 김숙령 · 김영연 · 김진영 · 박선희 · 서현아 · 오문자 · 장혜순 · 조성연 · 조은진 · 최양미 · 현은자 (2001). 유아교육개론. 서울: 학지사.

양인정 (2003). 보육시설 물리적 환경실태와 종사자 인식 간의 차이 연구: 성남시 국 · 공립 어린이집을 중심으로. 중앙대학교 사회개발대학원 석사학위 논문.

오경희 (2005). 한국 보육사의 고찰. 성균관대학교 대학원 석사학위 논문.

우수경 · 김현자 · 신선희 · 유영의 · 김호 · 김현정 (2016). 유아교육개론. 서울: 학지사.

유아교육진흥원 (2020). 제5주기(2020-2022년) 유치원 평가 시행 계획.

유은영 (2011). 멀티미디어를 활용한 유아건강교육 프로그램 개발 및 효과. 중앙대학교 박사학위 논문.

유해인 (1990). 유아교사 자질에 대한 부모들의 기대와 평가. 숙명여자대학교 석사학위 논문.

이경숙 (1982). 놀이 영역별 놀이 실태에 관한 연구. 중앙대학교 교육대학원 석사학위 논문.

이경화 · 김정원 (2014). 영유아교육기관 운영관리. 서울: 공동체.
이경희 · 정정옥 (2014). 영유아교육기관 운영관리. 서울: 학지사.
이기숙 · 김순환 · 조혜진 (2014). 유아교육기관 운영관리. 경기: 양서원.
이기숙 · 이영자 (1991). 유아교육 프로그램: 이론과 적용 실제. 서울: 교문사.
이대균 · 송정원 (2002). 최신 유아교재 · 교구 연구 및 지도. 경기: 양서원.
__________ (2005). 최신 유아교육기관의 운영관리. 경기: 양서원.
이미정 · 윤숙현 (2006). 우리나라 영유아보육정책의 변천과 발전방안. 한국보육학회지, 6(1), 81-98.
이숙재 (1988). 유아의 놀이와 문제해결력에 관한 연구. 연구논문총. 27, 203-218.
이순례 · 이현옥 · 박희숙 (2012). 영유아 교육기관의 운영관리. 서울: 공동체.
이연섭 (1999). 유아교육개론. 서울: 정민사.
이영자 · 권영례 (1998). 유아교육기관의 운영관리. 서울: 창지사.
이영자 · 신동주 (2006). 유아교육기관 운영관리. 서울: 창지사.
__________ (2012). 유아교육기관 운영관리(개정). 서울: 창지사.
이영자 · 이영 · 박미라 · 김온기 · 유희정 · 최경애 (1993). 유치원 교사용 지도서: 종일반 운영지도 자료. 교육부.
이은화 · 이정환 · 이기숙 · 홍용희 · 박은혜 · 김희진 (2003). 유아교육개론. 서울: 이화여자대학교 출판부.
이인원 · 김호년 · 전정희 · 김의석 · 김영애 (2012). 유아교육기관의 운영관리(2판). 경기: 양서원.
이혜원 · 임미혜 · 황윤세 (2013). 유치원 및 어린이집 운영관리. 서울: 공동체.
임재택 (1999). 유아교육기관 운영관리. 경기: 양서원.
_____ (2005). 유아교육기관 운영관리. 경기: 양서원.
장민영 (2013). 16개 시 · 도교육청 유치원 교구설비 기준의 현황 및 적합성 분석. 이화 여자대학교 대학원 석사학위 논문.
정미라 · 배소연 · 이영미 (2008). 영유아를 위한 건강 및 영양교육. 경기: 양서원.
정선희 (2010). 보육시설 유아반 교재 · 교구 기준안 마련을 위한 기초 연구. 공주대학교 교육대학원 석사학위 논문.
정옥분 · 정순화 (2010). 부모교육. 서울: 학지사.
정정옥 (2011). 보육시설과 운영관리. 서울: 교육아카데미.
중앙보육지원센터 (2017). 어린이집 문서 서식.
중앙육아종합지원센터 (2014). 어린이집 주치의제 우수사례집.

________ (2016). 어린이집 문서 및 서식 자료집.

________ (2016). 어린이집 원장 및 보육교사 윤리강령.

________ (2017). 어린이집 문서 및 서식 자료집.

지옥정 (2008). 유아교육개론. 서울: 창지사.

질병관리본부 (2018). 어린이집, 유치원, 학교 대상 감염병 관리 안내서.

최미희 · 이명순 · 구원옥 · 원정아 · 김영 (2017). 어린이집 운영관리. 서울: 공동체.

최애경 · 좌승화 · 최진원 (2013). 영유아 교육기관 운영관리. 서울: 파란마음.

최혜순 · 이미현 (2015). 유아교육기관 운영관리. 서울: 동문사.

한국교육개발원 (2016). 교육통계연보.

________ (2017). 2017 어린이집 평가인증 3차 지표 시범사업.

________ (2017). 양성교육기관에서의 보육실습지도.

________ (2017). 어린이집 평가인증 안내.

한미라 · 전예화 · 신혜영 · 서현아 · 천희영 · 최미현 · 안부금 (2005). 현대 유아교육의 이해. 경기: 양서원.

황윤세 · 임미혜 · 이혜원 (2011). 유아교육기관 및 보육시설 운영관리. 서울: 공동체.

Decker, C. A. & Decker, J. R. (1992). *Planning and administering early childhood programs*(5th ed.). New York: MacMillan Publishing Co.

________ (2001). *Planning and administering early childhood progras*(7th ed.). Columbus, OH: Prentice Hall.

Frost, J. L. (1992). *Play and Playscapes*. Albany, NY: Delmar Publishers Inc.

Kolbe, L. J. (2005). A framework for school health programs in 21st century. *Journal of School Health*, *75*(6), 226-228.

NAEYC (2002). *Healthy young children: A manual for programs*(4th ed). Washington, DC: NAEYC.

Marland, S. K. (1973). *Fundamentals of safety education*(2nd ed.). New York: Macmillian Co.

Osmon, F. L. (1971). *Patterns for designing children's centers*. New York: Educational Facilites Laboratories, Inc.

Shoemaker, C. J. (1995). *Administration and management of programs for young children*. Englewood Cliffs, NJ: Merril.

Spodek, B. (1993). *Handbook of research on the education of young children*. New York: Macmillan Pub.

Tyler, B. J. (1979). *Early childhood programs management: People and procedures*. Columbus: Merril Publishing Company.

WHO (1986). *Ottawa charter for health promotion*. Geneva, Switzerland: World Health Organization.

경찰청 어린이집 http://police.hansolhope.or.kr

교육부 www.moe.go.kr

법제처 국가법령정보센터 www.law.go.kr

보건복지부 www.mohw.go.kr

부산 사상구 육아종합지원센터(꿈자람터) https://www.sasangicare.kr

어린이급식관리지원센터 ccfsm.foodnara.go.kr

중앙보육정보센터 central.childcare.go.kr

질병관리본부 예방접종도우미 nip.cdc.go.kr

키드키즈 www.kidkids.net

저자소개

* 홍순옥
경성대학교 유아교육과 교수

* 안영혜
창신대학교 유아교육과 조교수

* 서은주
경성대학교 유아교육과 강사

* 이미란
부산광역시 육아종합지원센터 보육장학지도사

* 송민서
서영대학교 유아교육과 조교수

* 이서연
Delaware State University Research Scholar

* 정은주
국공립 센텀트루엘어린이집 원장

제2판

영유아 교육기관 운영관리

초 판 1쇄 발행 2018년 8월 30일
제2판 1쇄 발행 2020년 9월 29일

지 은 이 | 홍순옥 · 안영혜 · 서은주 · 이미란 · 송민서 · 이서연 · 정은주
펴 낸 이 | 김기섭
편 집 인 | 이혜란
펴 낸 곳 | 창지사 www.changjisa.com
08589 서울시 금천구 가산디지털 1로 83 파트너스타워 1차 9층
전화 (02)719-2211~3
팩스 (02)701-9386
등 록 | 1977년 4월 28일 · 제1-421호

ISBN 978-89-426-1388-5 (93370)

값 25,000원

「이 도서의 국립중앙도서관 출판예정도서목록 (CIP) 은 서지정보유통지원시스템 홈페이지 (http://seoji.nl.go.kr) 와 국가자료공동목록시스템 (http://www.nl.go.kr/kolisnet) 에서 이용하실 수 있습니다 .(CIP 제어번호 : CIP2020040924)」